SOPHIA · 爱智文丛

即物以穷理

一种有我的物理主义世界观

Physicalism grounding
in the Self

梅剑华 著

北京大学出版社
PEKING UNIVERSITY PRESS

图书在版编目(CIP)数据

即物以穷理：一种有我的物理主义世界观 / 梅剑华著. — 北京：北京大学出版社，2023.9

（爱智文丛）

ISBN 978-7-301-34430-9

Ⅰ.①即… Ⅱ.①梅… Ⅲ.①西方哲学－研究 Ⅳ.①B5

中国国家版本馆CIP数据核字（2023）第174705号

书　　名	即物以穷理：一种有我的物理主义世界观	
	JIWU YI QIONGLI：YIZHONG YOUWO DE WULI ZHUYI SHIJIEGUA	
著作责任者	梅剑华　著	
责 任 编 辑	张晋旗　吴敏	
标 准 书 号	ISBN 978-7-301-34430-9	
出 版 发 行	北京大学出版社	
地　　址	北京市海淀区成府路205 号　100871	
网　　址	http://www.pup.cn　新浪微博：@北京大学出版社	
电 子 邮 箱	编辑部 wsz@pup.cn　总编室 zpup@pup.cn	
电　　话	邮购部 010-62752015　发行部 010-62750672　编辑部 010-627505	
印 刷 者	大厂回族自治县彩虹印刷有限公司	
经 销 者	新华书店	
	720毫米×1020毫米　16开本　23.5印张　300千字	
	2023年9月第1版　2023年9月第1次印刷	
定　　价	82.00元	

目　录

序言：意识问题之为时代的哲学问题　　　　　　　001

第一章　物理主义世界观　　　　　　　　　　　　015
　　1.1 唯物主义、物理主义与自然主义　　　　　015
　　1.2 当代物理主义简论　　　　　　　　　　　019

第二章　物理概念与物理性质　　　　　　　　　　033
　　2.1 理解物理概念的困难：亨普尔两难　　　　033
　　2.2 物理性质　　　　　　　　　　　　　　　058

第三章　物理主义传统　　　　　　　　　　　　　075
　　3.1 还原的物理主义　　　　　　　　　　　　075
　　3.2 非还原的物理主义　　　　　　　　　　　090
　　3.3 物理主义的反面　　　　　　　　　　　　093

第四章　物理主义的新形式　　　　　　　　　　　101
　　4.1 认识论物理主义　　　　　　　　　　　　101
　　4.2 奠基物理主义　　　　　　　　　　　　　138
　　4.3 常识物理主义　　　　　　　　　　　　　157

第五章　有我的非还原物理主义　171

　　5.1　如何理解物理主义的基本主张　172

　　5.2　对物理主义批评的回应　176

　　5.3　当前对意识的三种解决方案的困难　183

　　5.4　从有知到无知的认识论物理主义立场　189

　　5.5　从无我到有我的本体论物理主义立场　196

第六章　物理主义世界观之下的意识问题　207

　　6.1　重新认识解释鸿沟　207

　　6.2　自盲与内省：反思内感觉理论　229

第七章　物理主义世界观之下的因果问题　239

　　7.1　因果推断是人的基本能力：人工智能与因果推断　239

　　7.2　客观性、因果性与自然律　256

　　7.3　理解与理论：意识、因果与人工智能　276

第八章　物理主义世界观之下的规范问题　291

　　8.1　如何理解客观性：对象、意义和世界　291

　　8.2　真实自我的规范性　309

　　8.3　反思与道德行为关系的两个面向　321

参考文献　343

后记　367

序言：意识问题之为时代的哲学问题
——物理主义世界观

　　每一个时代都有它所面临的独特问题。20 世纪上半叶，物理学获得了巨大的突破，其标志性成果是相对论和量子力学。一批受过科学训练的哲学家开始研究科学中的哲学问题。石里克、纽拉特、卡尔纳普等，他们从当时最重要的科学成果和数理逻辑成果中吸取资源，建立了逻辑经验主义学派。第二次世界大战，纳粹德国对欧洲的侵袭，纳粹集中营中灭绝人性的屠杀与戕害之恐怖，广岛原子弹爆炸伤亡十余万平民，这一切让哲学家更加反思人类的生存处境。法国存在主义的兴起与二战造成的人类巨大伤痛有关。科学革命和政治战争造成人类生存环境的巨大改变，我们所思考的哲学问题也因此与时代环境密切相关。

　　分析哲学传入中国已有一百余年的历史。这种传入之过程，从人物来看，最早是罗素，然后是维特根斯坦、罗尔斯。从学科门类来看，最早是科学哲学、语言哲学，然后是政治哲学、伦理学，最近则是心灵哲学、行动哲学等。从思潮来看，早期是逻辑经验主义，近期则是各种形态的自然主义。从逻辑经验主义到自然主义，二者一脉相承，背后都有自然科学的强烈影响。不妨说，西学东渐最大的影响仍然是科学思想的传入。潘雨廷先生谈到中国学术史上两次大的外学传入造成的文化兴盛，一次是佛学传入，一次乃是 20 世纪科学思想的传入。（潘雨廷 2020，第 11 页）

　　回顾中国哲学史，冯友兰先生将其总结为六个典型阶段：先秦子学、两汉经学、魏晋玄学、隋唐佛学、宋明理学、清代朴学。每一个阶段都有其自身的特点，在《魏晋玄学论稿》的《言意之辩》一文中，汤用彤先生提出学术演变受到两个方面的影响：

> 研究时代学术之不同，虽当注意其变迁之迹，而尤应识其所以变迁之理由。理由又可分为二：一则受之于时风。二则谓其治学之眼光之方法。新学术之兴起，虽因于时风环境，然无新眼光、新方法，则亦只有支离片段之言论，而不能有组织完备之新学。故学术，新时代之托始，恒依赖新方法之发现。（汤用彤 2010，第 32 页）

这里所谓的时风，指魏晋初期，名士雅好谈玄说理。魏晋时期的政治环境严酷，知识分子很难在仕途上有所作为，甚至遭受迫害，不得已转向了非政治的清谈。其新眼光新方法则是经过佛学洗礼之后的辨名析理之法。恰恰因为政治容不得士人置喙，于是士人开始在《易经》《老子》《庄子》、佛经中寻找精神寄托。时风和新方法之间的关系，并非截然二分。时代风气之转向和新方法之引入乃是一个事情的两个方面。

如何理解哲学和时代的关系本身是非常重要的哲学问题。哲学的时代问题要满足三个基本条件：第一，哲学的时代问题必须本身就是哲学的基本问题或本源问题之一；第二，哲学的时代问题必须受到时代的剧烈影响；第三，时代影响中要有解决这一问题的新方法与新立场。满足以上三个条件，方称得上时代之哲学问题。

笔者认为意识问题是我们时代的哲学问题，首先它是哲学的本源性问题，其次它反映了时代科学和哲学的紧密联系，最后对意识问题的基本解决依靠了自然科学和概念分析的新方法，关于意识问题的主流立场是一种物理主义世界观，而这种世界观乃时代影响的结果。

从 20 世纪中叶到 21 世纪初期，哲学研究的主题发生了巨大的变化，产生了相当多的思想流派。其中最重要的问题是意识问题，以及与意识密切相关的心灵、大脑、自我问题。不管是哲学传统中苏格拉底的"认识你自己"、笛卡尔的"我思故我在"，还是当代哲学中的"我即我脑"或"我非我脑"，都表明意识问题是一个恒久弥新的问题，是哲学的本源性问题。

赵汀阳教授提出哲学的本源性问题必须具备三个特征：直接性、自明性和普遍性。

> 哪些问题符合此三种性质而构成本源问题，需要通过"逻辑考古"和"知识考古"来确定，大概应该是人类只要行为或只要思想就必然遭遇的问题，这样才足够基本。我在有限的逻辑考古和知识考古中，试图推断至少有两个满足直接性、自明性和普遍性要求的本源问题：一个是否定词。否定词是对可能性的开荒，或者说，否定词发明了可能性，因此"不"是第一个哲学词汇；另一个是"共在"。对于任何可能的存在，共在先于存在，所以共在是任何一个世界之所以可能的初始状态。……显然还有更多的本源问题有待发现，在此不论，但肯定都是具有形而上学性质的"简单"问题。至于自由、真理、意义、伦理或政治，这些问题特别重大，却不是本源问题，而是人类建立了制度化秩序和知识化解释之后才形成的复杂问题，即制度和知识所生成的问题，而本源问题却是先于知识的或前解释学的问题。（赵汀阳 2020，第 5 页）

意识问题符合赵汀阳教授所说的三个特征：直接性、自明性和普遍性。第一，意识是直接的，我们对外部世界的认识是间接的，需要依赖我的感觉器官、推理能力等，但我们可以直接把握意识自身。严格来说，意识就是我们主体的核心，意识是我们认识其他事物的先决条件。我们把对自我意识状态的把握称为第一人称权威。第二，意识也是自明的、自证的，它自身确立自身的存在。我们对于外部世界会产生关于外部世界是否存在的怀疑论。但是，意识本身不需要论证其存在。尽管有人会认为意识是一种幻觉，但幻觉也是觉，也是一种意识，知其为幻觉，则知其为意识。第三，意识也具有普遍性。"有人的地方就有江湖"，有人类文明的存在，就有意识的存在。亚里士多德说在某种意义上，心灵就是世界的一切。[1] 当代的泛心论者认为心灵是世界的基本特征，一切事物都是具有意识的。抛开亚里士多德和泛心论这些需要更多解释的主张，意识的普遍性在于每一个人都是有意识的生物，世界也因为我们的意识而被认识和理解。因此，意识的普遍性特征是不可否认的。意识问题并不是具有形而上学性质的"简单"问题，也不是制度和知识所生成的问题，而是人类认识自身和世界的本源问题。"不"和"共在"也是哲学的本源性问题，但是它们都依赖于意识问题的存在。人类能够否定，能够说不，首先源于自我意识的觉醒。共在的前提是我在，而我在的前提是我思或我具有意识。我们可以从否定词和共在推论出，意识是二者存在的前提。

陈嘉映教授谈到"意识问题"：

> 就此而言，解释鸿沟虽然是在当代知识背景和问题意识的脉络中提出并讨论的，它的核心困惑则仍然是主客观问题、身心问题、物质 / 精神这些古老的问题。（陈嘉映 2023，第 1 页）

东西方哲学传统里都曾深入触及意识问题，倪梁康教授指出：

> "意识"就是在笛卡尔那里被称作"直接意识"的东西，就是在胡塞尔的意识现象学中被称作"原意识"或"内觉知"或"内感受"的东西，就是在心灵哲学与海德堡学派那里也被称作"自身意识"或"自我意识"的东西；而且它们同样也是在古

---

[1] 不过也应该注意到，亚里士多德并没有一个概念完全对应于我们的心灵概念，他的心灵概念包含了我们今天认为非心灵的东西，例如消化和繁殖。

代东方的瑜伽唯识学派那里被称作"自证"的东西；最后，它们
与在心理学和科学哲学中被称作"感受质"的东西也是一致的。
（倪梁康 2020，第 88 页）

意识问题是西方哲学史研究中的重要问题，也是佛教哲学、分
析哲学和现象学领域共同关注的问题。可能没有第二个问题能够像意
识问题这般如此基本、如此重要。我们也看到过这种总结：思维与存
在的关系问题、物质与意识的关系问题是两个重大的哲学问题。可以
说，从古至今，意识问题从未退场，一直属于哲学的核心话题。

但意识问题作为我们的时代问题，有其独特的理由。当今，公
认有三大悬而未决的科学问题：宇宙的起源、生命的起源和意识的起
源。关于宇宙的研究属于天体物理学，关于生命起源的研究属于生物
学，但关于意识起源及其相关研究并不单单属于某一个学科。时至今
日，你会看到脑科学、生物学、认知科学、神经科学、心理学、人工
智能、哲学、佛教，这些彼此互有重叠的学科都有自己关心的意识问
题、方法和理论。

首先要区分两个概念心灵 / 心智和意识。mind 的翻译有两种，一
种是"心灵"，一种是"心智"。这两种翻译的侧重点不同，从本体
论上讨论意识问题的时候，用"心灵"更合适；从认识上讨论意识问
题的时候，用"心智"更合适。通常我们会说，心灵哲学研究心灵，
包括研究心灵与大脑、身体的关系；研究心灵的基本性质——意识。
从领域来说，意识哲学的领域要小于心灵哲学，意识域是心灵域的一
个子集。但也可以争辩说，意识哲学就是心灵哲学，如果我们对意识
哲学做一个更为宽泛理解的话。我们区分现象意识与功能意识，这是
典型的意识哲学问题，当然也是心灵哲学问题。如果考虑心理因果问
题，我们首先觉得这是一个心灵哲学问题（心身问题）。

在查尔默斯主持的在线哲学论文数据库的分类系统里，心灵哲
学分为：意识哲学、意向性、知觉、心灵的形而上学（各种主义、

心理因果等）、心理状态与过程、心灵的认识论（自我知识、他心问题）。我们通常所说的现象意识、意向性、心理因果、规范性等问题，在查尔默斯的区分下，只有现象意识才属于意识哲学的领域，意向性是一个独立的话题，心理因果属于心灵的形而上学，规范性则属于一般的心灵哲学范围。在意识问题这个领域里包含了：解释鸿沟、意识与物理主义、自我意识等。这种划分过于狭窄，应该说意向性、心理因果和规范性问题也属于意识哲学研究的范围。但仍然可以看到，这种狭义划分的意识问题是有一定的理由的。心理因果、他心问题、规范问题都已经被严格划入了其他心灵哲学范围之内。意识哲学所包含的意识问题并不仅仅是哲学家关心的，科学家也非常关心，它是二者的重叠研究领域。这并不是说科学家不去研究其他心灵哲学问题，而是说，在其他领域，我们可以比较明显地区分哲学家和科学家的工作。

科学家不关注心理因果所造成的哲学难题。从笛卡尔提出实体二元论以来，我们就困惑于为什么心理状态会导致大脑的物理活动。因为我们认为物理世界具有因果封闭性，物理的原因产生物理的结果，承认心理因果和科学的世界观是矛盾的。科学家更在意的是如何获得大脑内部的具体信息、意识的神经相关物问题，以及如何通过有意识的操控更深入认识大脑。也许一个科学家并不是一个心灵哲学上的物理主义者，而是一个二元论者，甚至他并没有哲学上的各种主义立场。但心理因果这个问题不会造成对科学研究的障碍。科学家也不关注能否证明他人具有心灵的问题。他会认为有或者没有，然后从事自己的研究。如果科学家想做人工情感，那么就会自己想办法让机器人具有人一样的外部表象，例如微笑、皱眉等。科学家只考虑这些具体的技术问题，而不去讨论机器人到底是否具有心灵、具有情感、具有意识的问题。所以图灵测试出来之后，塞尔和布洛克两位心灵哲学家认为，即便机器人可以通过图灵测试，也不能证明机器人具有意向性、具有心理状态等，这是源自哲学家的视角。当然，这并不是说科学家不关心心理因果和他心的问题，像儿童心理学家高普尼克就通过大量的实验研究表明幼儿在很小的时候就懂得心理因果，也能识别他人的情感。但这并不是心理因果和他心的哲学问题，而是比较典型的科学问题。

意识问题和这些问题有根本不同，哲学家和科学家都对意识可以有自己的主张，意识领域是"古今中外，兵家必争之地"。查尔默斯说"意识"是基底概念，对意识问题的争论并非语词之争，例如哲学家可以在意识 1 的意义上讨论意识，而科学家可以在意识 2 的意义上讨论意识。如果这样，双方就不会形成实质争论。1995 年，查尔默斯在图森意识科学大会上提出意识的"难问题"，不仅仅是针对哲学家的，也是针对科学家的，所以造成了意识研究的热潮。可以说，意识问题的一个特殊之处，就是目前我们还不能完全断定其问题的学科性质，或者说意识本身就是一个跨学科研究的领域。我们当然可以说自我意识要更接近哲学探究，功能意识要更接近科学探究。但对这些概念、问题的分析本身就不能完全由某一个单一的学科来完成。

如果用一句话来概括意识问题，就是如何理解意识和大脑、行为、环境的关系。这个问题的背景是当代自然科学，尤其是神经科学的兴起。因此更加具体的问题是追问能否把意识状态还原为物理状态（大脑状态以及与之相关的物理状态），从而运用自然科学方法来探究其机制。对还原和运用自然科学方法持拥抱态度的理论、流派中，物理主义是其典型代表。

在心灵哲学内部，对意识的解释，有四个先后兴起的物理主义流派：第一是行为主义，研究心理状态就是研究人的行为；第二是同一论，意识状态就是人的大脑状态；第三是功能主义，意识状态所承担的功能可以被实现在物理状态里（严格来说，功能主义不是物理主义，只是物理主义的友军）；第四是取消主义，常识心理学是错误的，应该代之以科学心理学。

这四个流派都和科学有着密切的关系。20 世纪 40 年代，心理学的行为主义受到心理学的影响，哲学的（或分析的、逻辑的）行为主义和逻辑经验主义联系紧密。20世纪50年代，人工智能兴起，图灵发表了《计算机与机器智能》，1956年召开了达特茅斯人工智能会议；哲学方面则是心脑同一论主张所有的意识过程都是大脑过程。20世纪60年代，功能主义兴起并受到计算机理论的影响。20世纪70年代末期，取消主义受到心理学、神经科学的影响，取消主义者丘奇兰德主张通过理解大脑而理解心灵。这四种流派都属于物理主义，主张一切都是物理的，一切都可以通过物理科学来进行描述和解释。因此，心理学、计算机科学、神经科学和认知科学都为理解意识状态提供了基本的科学解释资源。

一方面，哲学家希望把心灵还原为物理事实，这是当代物理主义者的主要趋向；另一方面，认知科学家则将这种还原为物理事实的心灵不断扩充，产生了延展心灵、具身认知、延展认知等新的认知科学范式。当代的心灵哲学研究，都要从某种意义上走出笛卡尔式的心灵观，不再截然区分心灵和物理，而是把认识主体置身于环境之中，大脑连着身体，身体连着世界，主体认识世界是一个连续的认识过程，而不是单纯的心灵和世界的关系。在认知科学的发展中，这一点已经表现得十分清楚。

如果说意识问题是当代的一个哲学问题，除了受到科学发展状况的影响，它的发展也依托于新方法，这个新方法就是笔者称之为哲学研究的二重证据法：概念分析和经验探索。

首先，概念分析源于弗雷格和罗素的新逻辑。更宽泛地说，概念分析是语言转向的体现。通过探究语言来探究世界。更为具体的概念分析则是通过定义概念、区分概念、寻找概念的充分必要条件、寻找一种概念成立的可能性等来探究哲学。其代表人物是弗雷格、克里普克、查尔默斯等。查尔默斯在提出意识的难问题之后，用可设想论证来反驳物理主义，他认为我们能够设想现象意识和身体分离的可能性，那就表明在另外一个可能世界存在哲学僵尸，因此物理主义的主张就是错误的。不难看出，查尔默斯继承了笛卡尔的传统。

其次，是经验探索，这就是自然主义所倡导的自然化方法，以自然科学的方法为哲学方法去研究意识问题。自然主义的代表有奎因、丘奇兰德、丹尼特等。丹尼特提出意识只是幻觉，丘奇兰德提出像信念这样的心理状态是不存在的，其理论根据在于认知科学、心理学。

正是新方法，使得意识问题以一种新的方式展现出来。根据这种新方法，我们可以发现物理主义与二元论是两种最为主要的哲学立场，但是物理主义要更加符合当代科学的图景。

不管是物理主义者还是反物理主义者，都接受这两种方法作为研究意识问题的基本方法。对于两种方法的重视程度仍然存在一些差异，这体现在对物理主义的理解有所不同，即物理主义是一个经验科学归纳总结后的主张，还是一个科学的形而上学主张？以自然化为主要方法的哲学家会把物理主义的主张当作一个归纳命题，以概念分析为主要方法的哲学家会把物理主义的主张当作一个分析命题。

在物理主义阵营中，哲学方法 / 概念分析方法和科学方法 / 经验探索都具有重要地位，区别在于侧重点不同：分析的行为主义认为可以从对心理语词的分析获得心理的本质，并且可以从概念分析获知心理语词的意义。当分析的行为主义认为心理现象等同于行为倾向时，并不诉诸科学。与此相反，斯金纳和华生的科学行为主义只用科学手段研究人的行为倾向，研究的行为就是人的心灵。分析的行为主义有其形而上学预设，即认为没有心灵状态的存在。而科学行为主义并不在本体论上承诺心灵状态的存在与否。这是两种行为主义的差异所在。

早期的同一论者（斯马特、普莱斯、费格尔）采用了科学优先的路径，他们认为心理词汇和大脑词汇是共指称的，心理状态同一于大脑状态完全以科学证据为依据。但是，以刘易斯和阿姆斯特朗为代表的同一论者则更强调概念分析，他们认为心理语词指称那些承担特定功能作用的状态；尽管他们也认为科学是必需的，但是更重视概念分析。

先天物理主义和后天物理主义的区分也体现了他们的侧重点不同。先天物理主义更加侧重于概念分析，后天物理主义更加侧重经验科学。至于取消主义，他们的研究态度是科学的，但他们对心理状态的拒斥，也依赖于概念分析，由于科学心理学没有发现和通常我们所认为的信念相联系的那些性质，因此认为"信念"这个词缺乏指称，从而进一步得出不存在信念这一心理状态的结论。

物理主义在其自身发展中，既有经验科学的方法，也有概念分析的方法。无论人们同意与否，物理主义都已成为当代的一种比较主流的理解意识的基本立场。叶峰教授在近些年的工作中发展出一种无我的物理主义世界观，他认为并不存在人这一主体，存在的只有微观粒子，因此他在本体论上取消了人的存在地位。（叶峰 2016; Feng Y. 2023）这种立场既有当代科学的影响，也有佛教哲学的因素。叶峰教授的立场违反常识直觉，却和科学图景具有一致性，是一种非常值得认真对待的物理主义立场。目前大家接受的还是一种非还原的物理主义立场，承认心理性质不可还原为物理性质，但是心理性质奠基于或依赖于物理性质。不过，非还原的物理主义者对于人是种什么样的存在，并没有做出特定的讨论，而是从非还原的角度出发去处理心理因果、现象意识等哲学问题。

在本书中，笔者试图提出一种不同的非还原的物理主义观念。人应该是基本存在物，并且与人产生相互作用的周边事物也是基本存在物，二者都不能被还原为微观粒子。因此笔者主张一种有我的非还原的物理主义。韩林合教授将人这样的基本存在物称之为经验主体，在他看来维特根斯坦和庄子都是要处理经验主体的问题，但是这种主体不是经验主义意义上的主体，而是人生在世、面对世界的经验主体。

　　世界是由不计其数、千差万别的事物组成的整体。不妨称这个整体为"经验世界"。我们每一个人均作为这样的世界的一个微不足道的部分而生活于其中。关于人在这样的世界中的位置，

庄子做出了如下生动的描述……不妨将这样的人称做"经验主体"。（韩林合 2006，第 2 页）

在《维特根斯坦〈哲学研究〉解读》中，他用大量篇幅讨论维特根斯坦对心灵问题的理解，实际上是一种和当前形而上学概念分析与自然化经验探索不同的思路，可以认为是日常语言分析的进路。陈嘉映教授区分了机制解释与经验解释，机制解释就是科学解释，经验解释可以与经验主体是一致的，不是经验主义下的纯粹的经验，而是日常经验（陈嘉映 2023）。经验解释、经验主体、经验世界，这里的经验意思是一致的，指的是我们日常经验生活中的人和周边世界。

因此，笔者所提出的有我的立场就是把经验主体和经验事物作为基本存在物。之所以还坚持了物理主义，而不是二元论、泛心论或者反主义的立场，是因为笔者承认以下两个事实：

第一，在我们这个时代，影响力最大的就是自然科学，完全否认自然科学对意识的解释，是要付出代价的。在关于意识的解释中，自然科学在某些方面具有约束作用，在某些方面承担部分解释功能。在谈到哲学与哲学史的关系时，韩林合教授在"中国分析哲学百年"的座谈会上说"哲学史不是哲学，但没有哲学史也没有哲学"。笔者借这个说法来说明意识的科学解释和哲学解释的关系，科学解释代替不了哲学解释，但没有科学解释也没有哲学解释。

第二，与主流的物理主义不同，笔者认为物理不仅仅包括物理科学所理解的理论物理，也包括我们经验世界中的日常物理。这个思路一开始受到斯图加（Stoljar）的启发，他把日常典范的物理对象纳入物理之名，可以说重新改造了物理主义。笔者也从汉语思想语境里获得了一些灵感，中文的"物"偏旁是"牛"，"物"最早是指牛，牛耕地，在农耕时代尤其重要，最早用"物"来指牛，后来"物"可以指天地万物，指各种各样的事情。董仲舒《春秋繁露》里讲物，认为除了天、地、阴、阳、水、火、木、金、土、人十种之外的都叫物。

在中国传统文化思想里，物跟我们现在理解的物差别不是那么大，就是我们认识的周遭事物。因此，这里的"物"，更符合日常物理的概念。如果做一个不恰当的类比，可以说"天地阴阳水火木金土"是解释万物的终极根据和构成万物的基本元素。物理科学中的定律和所预设的物理对象也是解释万物的终极根据和构成万物的基本元素。因此，在笔者所理解的物理主义里，从心灵哲学的语境中来说，物理就包含了物理科学元素也包含了日常物理。从汉语思想语境来说物理里包含了天地与阴阳五行，也包含了十种之外的事物。人与通常的物不同，是心身统一体，是经验主体，但人的基础仍然是生物，我们仍然可以通过广义的物理来理解人之为人的特征。也因此，笔者在"物理主义"之前，加上"有我"。

本书名为"即物以穷理"，是受朱子《大学补传》的启发：

> 所谓致知在格物者，言欲致吾之知，在即物而穷其理也。盖人心之灵莫不有知，而天下之物莫不有理，惟于理有未穷，故其知有不尽也。是以《大学》始教，必使学者即凡天下之物，莫不因其已知之理而益穷之，以求至乎其极。至于用力之久，而一旦豁然贯通焉，则众物之表里精粗无不到，而吾心之全体大用无不明矣。此谓物格，此谓知之至也。

朱子重视经验、重视自然科学，于事事物物上去寻个理，格物之目的乃是穷理。因此对于朱子的"物"，也可以做一个拓展的理解，既可以包括日常物理事物也可以包括各种物理事物。通过这种"格物"，搞清楚物物之差异，不同物背后的道理之间的关联，正是即物以穷理之真意。因此，有我的物理主义世界观中，其中的"有我"和物理的解释与笔者对儒家和道家的认识有一定关系。就像叶峰教授的无我的物理主义世界观和佛教哲学有内在关联一样。

从基本问题、时代影响和研究方法三个方面来看，意识问题是哲学的基本问题，对它的认识受到了当代科学的巨大影响，我们关于意识的研究方法是 20 世纪所独有的：一个是以自然科学为根据的自然化方法或经验探索法；另一个是语言转向之后的概念分析、语言分析方法，正是这两种方法帮助我们建立了物理主义的基本立场，从而能够对意识问题做出进一步的探究。

　　本书始于对物理主义的基本介绍，分析物理概念和物理性质，回顾物理主义传统，考察当代物理主义新形式，在此基础上笔者提出有我的物理主义世界观，从有我的物理主义世界观出发，运用经验探索和概念分析的二重证据法探讨了意识、因果、规范、自我等问题。本书是对有我的物理主义世界观的一个初步探索，即物以穷理，或许对于理解我们自身及人在世界中的位置，能够提供一个不同的图景。

第一章　物理主义世界观

1.1

唯物主义、物理主义与自然主义

唯物主义主张世界在根本上是由物质组成的，但物质是什么却是一个相当复杂的问题。古希腊原子论者提供了最初的物质概念，古希腊哲学家留基波（Leukippos）和德谟克利特（Democritus）认为物质的唯一性质是充满或占有空间。一方面，原子占有空间不可再分，因此原子作为最基本的单元是不可穿透的（impenetrable）。另一方面，原子与原子之间存在着空隙，这就为解释原子如何运动提供了可能。原子论从漫长的中世纪一直到近代都几乎被人遗忘[1]，直到近代化学家道尔顿（Dalton）利用它来定量说明大量的化学事实，才算证明了原子论的真实性。即使这样，马赫（Mach）等哲学家也根据经验可观察原则怀疑原子的真实存在。等到汤姆逊发现了电子，我们获知了原子的基本结构，这一怀疑才完全终止。[2]

---

[1] 严格来讲，中世纪伊斯兰教神学家也提过类似的原子论主张，见斯坦福哲学百科词条：http://plato.stanford.edu/entries/arabic-islamic-natural/，访问日期 2023 年 3 月 1 日。

[2] 对原子论的详细说明见（韩林合 1995，第 257—274 页），（海森伯 2011，第 27—41 页）

与古希腊唯物主义不同，机械唯物论希望用力学定律来解释一切自然现象，[1] 笛卡尔、霍布斯、拉美特利等都是典型的机械论者。他们认为自然世界中发生的各种各样的过程和现象都是机械的。物体之间互相冲撞引起了运动。在这个意义上，宇宙就是一座巨大的机器，人也是一部机器。[2] 而且在运动变化中，自然界遵循能量守恒定律。

原子论和机械论对物质的理解既有相同的部分，又有不同的部分。二者都把基本实体理解为不可穿透、具有广延的实在。原子论认为原子是构成物质的最小单元，原子在空间中受到作用而发生运动，因此原子的运动依靠虚空。机械论则认为物质是无限可分的，因此物质是连续的，不存在完全的虚空。物质相互之间的作用是其他事物或性质得以存在的基础。对于机械论者来说，物质和空间的本质特征都是广延，以太学说就是对这一观点的刻画。"连续性假设"为物质世界的本质特征提供了一种解释：物质充满了空间，没有无物质的空间。这种理解具有一个明显的优点：当以微分方程作为数学描述手段时，物质是连续的这个前提就提供了微分方程所要求的连续性基础。

上述两种对物质概念的理解昭示了一种基本的物质概念：物质就是占据空间的材质（stuff），具有惯性（inert），没有感觉（senseless），是坚硬的（hard）、不可穿透的（impenetrable）（Stoljar 2010，p.10）。唯物主义就是建立在这种物质概念上的主张：一切事

---

[1] 在培根、笛卡尔、霍布斯所生活的时代，人们在生产劳作中主要使用杠杆、齿轮、水磨等简单的机械装置，用的能源主要是一些常见可获取的能源，如风力、畜力等自然力。因此当时的生产之中心问题是如何产生能量（力）。所以在近代自然科学初期，机械力学占有相当重要的地位。开普勒的行星运动三大定律、伽利略的落体定律、牛顿的万有引力定律等，都是机械力学的系统发挥。经典物理学的主干部分是力学，这是有深厚原因的。

[2] 霍布斯认为整个自然界是一个大机器，每一个物体都是它的一个部件，按照机械的法则不停地运动，科学的任务就在于研究各种物体的位置运动。人也不过是一架像钟表那样的自动机，心脏是发条，神经是游丝，关节是齿轮。人们的社会生活是正在结束或正在开始的机械运动。拉美特利撰写了《人是机器》，宣称人的身体是一架钟表，不过是一架巨大的、极其精细的、极其巧妙的钟表。

物在根本上都是由物质组成的。由于当代物理学的发展，尤其是广义相对论和量子力学的创建，让我们认识到有一些物理对象并不具备上述特征，例如电磁场、引力场、规范场以及不可观察的微观粒子等。此中道理不难理解，传统的物质概念建立在经典物理学（尤其是力学）的基础上，当代的物质（物理）概念建立在当代物理学（尤其是相对论和量子力学）的基础上。在这个意义上，不妨说物理主义是唯物主义的升级版本或者当代形式。时至今日，在心智哲学领域仍然有一些分析哲学家称自己为唯物主义者，如阿姆斯特朗（David Armstrong）和刘易斯（David Lewis）。阿姆斯特朗的经典著作名为《一种关于心智的唯物主义理论》（Armstrong 1968/1993），刘易斯也在各种文章之中称自己为一个唯物主义者，不过大部分持有上述立场的哲学家更青睐"物理主义者"这个称号。

严格来讲，18 世纪的唯物主义者并不是我们现在所理解的物理主义者。因为 18 世纪的唯物主义者所认定的物理对象和假设的某些基本原则，是当代物理主义者所不能接受的。18 世纪的唯物主义者把燃素作为自然界的基本要素，现在我们知道燃素是不存在的，氧气是引起物质燃烧的原因。18 世纪的唯物主义者把物理对象的经验可观察性作为物质的标准，而现在我们知道原子、电子、质子、中子、介子、轻子已不再是 18 世纪唯物主义者所理解的经验意义上的可观察对象。尽管如此，我们仍然认为 18 世纪的唯物主义者和当代的唯物主义者是一脉相承的。例如，如果一个 18 世纪的唯物主义者穿越到当代，他不会成为一个二元论者或泛心论者。而一个当代的物理主义者穿越到 18 世纪，他最合理的选择就是做那个时代的唯物主义者。唯物主义者、物理主义者和他们时代的自然科学都保持了紧密的联系，这是他们立场的内在核心。

物理主义和自然主义联系密切，自然主义通常包括方法论自然主义、本体论自然主义，在一个扩展的意义上笔者把"第二自然"自然主义也包括进来。[1] 这里的自然主义和文章开始提到自然主义不同，前者包容范围更广。方法论自然主义者相信自然科学是认识世界最可靠的方法。通过天文学理解天体运行，通过物理学理解时空，通过神经科学理解大脑的运行机制等。其极端形式乃是广受诟病的唯科学主义：科学是认识世界的唯一方法。我们经常看到科学与人文的对立，这指的是唯科学主义立场。唯科学主义以科学为世间学问的尺度，丘奇兰德就是这种激进方法论自然主义的代表，他认为解释意识就是研究意识的神经科学机制。但物理主义并不等同于这种科学主义。方法论自然主义的温和形式不妨称之为健全的科学主义：科学是认识世界的可靠方法，但科学有其界限，行于所当行止于所当止。本体论自然主义认为世界上不存在超自然的事物（灵魂、鬼魂、上帝、巫术），物理主义认为我们通常所理解的大脑中的意识也非真实存在，不过是一种物理事物而已，这是一种较强的本体论自然主义。本体论自然主义的温和形式之代表有查尔默斯所提倡的自然主义二元论：心灵性质依赖于或者产生于物理性质，但物理性质逻辑上并不蕴含心灵性质，心灵性质和物理性质同属于世界的基本性质（Chalmers 1996）。塞尔的生物自然主义二元论也属于此类：意识是自然属性，虽然意识属性和物理属性不同（Searle 2004）。对于自然主义二元论来讲，自然和物理并非等同，自然世界大于物理世界。方法论和本体论的自然主义中的"自然"指的是自然界和研究自然界的自然科学，麦肯道威尔认为后天教化也是自然的一个部分，是为第二自然的自然主义（麦肯道威尔 2011）。麦氏站在第二自然的立场上，反对只包含自然界的自然主义。温和的方法论自然主义和强的本体论自然主义的结合就是物

---

[1] 这里的"自然主义"中的自然和古希腊时期对自然的理解、先秦对自然的理解相当不同，而是指自然科学下认识的事物。叶峰对方法论自然主义也有过比较详细的讨论，叶峰：《我为什么相信自然主义及物理主义》（叶峰 2016, 第 281—343 页）罗素一元论或泛心论处在物理主义和二元论之间。对于物理主义来说，疼痛本质上就是 C 神经激活；但对于罗素一元论来说，C 神经激活本质上就是疼痛。物理主义的困难在于无法解释现象概念的透明性，但罗素一元论可以接受其透明性。二元论的困难在于如果真实的物理世界是一个物理因果封闭的世界，那么如何保留直觉上的心理因果？但罗素一元论没有这个问题，因为心理内容奠基于物理世界的本性。

理主义的一个基本合理的立场。物理主义的核心主张乃是要为万事万物提供解释，这个解释的基本模式基于物理科学。但是基于自身的生活经验和教育经历，我们会认为有很多事实似乎是物理科学不能解释的，例如意识、规范和抽象物都在物理科学解释模式之外。因此如何解释这些看起来是非物理的事物就是物理主义者必须处理的核心工作。

1.2 当代物理主义简论

"物理主义"这个术语最早是由维也纳学派的主要成员纽拉特（Neurath 1931a，1931b）提出来的，卡尔纳普（Carnap 1932/33）随后对之进行了精确的表述。维也纳学派时期的物理主义是一个语言学版本的物理主义，即其他非物理陈述原则上可以翻译成物理陈述，物理语言是普遍的科学语言，因此卡尔纳普将自己的观点称为"方法论的唯物论"（韩林合 1995，第 158 页）。从科学统一（Unity of Science）的角度来说，纽拉特要以物理语言（普适语言）为基础建立其统一的科学大厦，将自然科学、社会科学有机地联为一体，变成公共可交流的科学知识系统。对于维也纳学派而言，形而上学立场的唯物主义是应该放弃的，这不是一个科学家、科学哲学应有的哲学观。这种看法和维也纳学派对传统形而上学的拒斥密切相关。

峰回路转，到了 20 世纪五六十年代，随着形而上学的逐渐复兴，物理主义变成了一种本体论学说。[1] 这一时期的物理主义是传统

---

[1] 例如 1959 年，斯特劳森出版了《个体——论描述的形而上学》。"作为哲学理论形态或重要分支的形而上学，在早期分析哲学中失去了'第一哲学'的至尊地位，罗素、摩尔、维特根斯坦等早期分析哲学家都以背离、拒斥、改造等不同形式要求将各类形而上学从分析哲学中驱逐出去。斯特劳森作为复兴分析哲学的关键人物，通过'描述形而上学'的整体方案，不仅使分析哲学开始重新认同形而上学在哲学中的主干和核心地位，而且将形而上学引入语言哲学，实现了哲学传统与时代潮流的有机汇合。"（曾自卫 2022，第 2 页）严格来说，反对形而上学乃是后期维特根斯坦的主张，主张取消形而上学主要是以卡尔纳普为代表的逻辑经验主义者，这里面都不包括其领军人物石里克。

唯物主义和维也纳时期物理主义的双重后裔。一方面它接受了传统唯物主义关于世界的一般性断定，另一方面它接受了维也纳学派关于物理学作为统一科学的基本理念。本体论形态的物理主义有各种各样的表述形式：有的是从世界如何构成的角度入手，有的是从心灵现象和物理现象之间的关系入手，有的是从物理学能否作为底层解释入手。不管如何表述，物理主义都有一个最宽泛的或者最底线的表达形式：一切都是物理的，一切都完全为物理学所描述和解释（Jaworski 2012，p.1）。初看起来，这个定义直观上是合理的，既没有涉及特别专业的概念，又传递了物理主义的基本含义。但是严格来讲，"一切""物理的""描述""解释"这些概念都需要进一步的说明。比如"一切"包不包含数字、颜色、阳明精舍、白鹿洞书院这些对象。涉及"描述"和"解释"，人类的道德行为规范能不能为物理学所描述和解释？简略起见，我们可以对"一切都是物理的"做如下理解：自然世界中存在的一切事物，在根本上都是由基本粒子所构成的。[1] 这个断言并不否认意识经验、心理状态的存在，它只是否认了意识经验作为世界基本或底层构造的断定。至于"描述"和"解释"的问题，我们在介绍还原论的时候再来讨论。

在日常生活经验中，存在着一些和物理性质不同的心理性质（过

---

[1] 根据科学实在论，对基本粒子存在的理解有两个不同的立场，第一是实体实在论，自然世界中的一切对象最终都是由不可观察的基本粒子构成的，对象之间的关系都是由对象的属性所决定的。但实体实在论面临一个重要的困难：我们已经不能在传统的意义上理解物质的实在。"作为量子客体，电子的能量—动量描述和时空描述是互补的。氢原子的定态电子有确定的能量和角动量，但没有确定的位置，在化学上我们只能用电子云的图像来表示它的存在。既然量子力学中的电子既没有定域性也没有个体性，我们在什么意义上将它看作世界中的实体？"（郝刘祥 2013，第 15 页）第二个是结构实在论，结构就是事物之间各种关系的总称。结构实在论认为科学只能认识世界的结构。本体论的结构实在论认为结构是唯一的实在。这种观点并不否认关系项（个体、场、时空区域）的存在，只是它们的存在只能通过结构和关系才能认识。例如，根据牛顿引力定律我们知道太阳具有引力质量，根据狄拉克方程我们知道电子具有电荷等。因此那些不可观察的"实体"如电子、原子的存在仅仅是为结构限定。没有结构就没有电子或原子。在这个意义上，结构实在论就是一种柏拉图立场，它承诺了一种抽象的关系实在。物理主义既不能完全接受实体实在论的立场，也不能滑向结构实在论。如果接受当代物理学的成果，我们不会认为有一个绝对基本的实体，但是我们知道"基本粒子"都是物理对象，它们可能不是最基本的存在，但是它们总是在时空之中的物理对象，虽然它们可能不是传统上所理解的实在的实体。对它的进一步认识需要粒子物理学的进一步发展。

程、事件、状态等）。我们需要对物理性质（大脑中的神经元活动）和心理性质（意识活动）之间的关系做一个说明，这就产生了一个如何刻画物理性质和心理性质之间关系的问题。据此形成了一个最小化物理主义的表述：每一个被例示（instantiate）的性质，要么它本身是物理性质，要么它为其他某个被例示的物理性质所必然导致（Stoljar 2009, p.37）。这个表述是任何物理主义者都可以接受的，但它只是泛泛地断定物理性质和心灵性质之间有一种必然性关系，至于如何理解这种必然关系就要看论者持有哪一种物理主义立场了。同一（identity）、突现（emergency）、伴生（supervenience）、实现（realization）、依赖（dependent）、构造（constitution）都是刻画心灵性质和物理性质之间关系的概念。消除的物理主义（Eliminative Physicalism）主张根本不存在心理语汇所指称的心理状态，这种立场也是和最小化的表述一致的，因为消除主义主张只存在物理性质（状态、过程）。

从 20 世纪三四十年代的行为主义版本的还原物理主义（Reductive Physicalism）到非还原物理主义（Nonreductive Physicalism）有一条最为关键的逻辑线索：如何有效刻画心灵现象和物理现象之间的关系。如果不采取消除主义立场，就需要解释心理因果（Mental Causation）[1]是怎么一回事。而如上内容构成了当代心智哲学发展的基本版图。

在这个版图中，还原（reduction）是理解心理现象和物理现象关系的一个基本框架，心理现象能否被还原为物理现象是一个相当复杂的问题。还原具有多重含义，塞尔（Searle 2004）区分了五种类型的还原：第一，本体的还原。这是还原论最重要的一种形式，万事万物最终都是由基本的对象所构成的。比如物理对象不过就是分子的集合，基因不过是由 DNA 分子组成等。本体的还原是所有其他形式还原论实质想要表达的内容。第二，性质本体的还原。这是本体还原的

---

[1] 李㺀的博士论文《金在权心灵因果理论中的排斥论证》（2012）就是聚焦于心灵因果问题。

一种具体形式，也是第三种类型还原（理论还原）的一种结果。比如热不过就是分子的动能等，被还原的性质（如热）对应于某一个理论术语所刻画的性质（分子的动能）。第三，理论还原。理论还原实际上是帮助我们实行本体还原的一个模式。理论还原刻画的是不同理论之间的关系，如果被还原的（reduced）理论之法则能够为还原（reducing）理论的法则所推导出来，那么被还原理论不过就是还原理论的一个特殊示例而已。例如气体定律可以从统计力学推导出来。理论还原的模型是内格尔（Nagel）在《科学的结构》一书中系统提出来的，各个学科可以通过科学理论之间的还原关系统一起来。通过桥律（Bridge Laws）可以把处于较上层的科学理论 A 中的基本概念和科学定律与处于较底层的科学理论 B 中的基本概念和科学定律联系起来。我们可以在相邻两个层次中，通过处于低层的科学理论 B 将处于高层的理论 A 的全部内容推导出来，这就在两个理论之间建立起了还原关系。例如，按照这种理论还原，我们可以将社会科学还原为心理学和生物学，将心理学还原为生物学，将生物学还原为化学，将化学还原为物理学，最终将一般物理学还原为基本粒子物理学。这样，理论还原就和本体的还原——对应起来了，而承担最终解释功能的是基本粒子物理学，世界的终极实在是基本粒子。现在很少有人再坚持这种还原模型了。福多（Fodor）在《特殊科学（或科学的非统一性作为一个假说）》一文中指出：通过理论还原来建立科学统一的理想是不可能实现的。因为某一层次上的性质或定律总是可以由下一层的不同方式来实现。连接两层之间的方式多种多样，桥律难以刻画这形形色色、多种多样的连接方式。第四，逻辑的或定义的还原。这种还原曾经在逻辑经验主义时期相当盛行。它指的是语词、语句之间的关系。指称一种实体的语词或语句可以被翻译为指称另一种实体的语词或语句，这种翻译不会有任何内容的丢失。但既然语词和语句是逻辑的或定义可还原的，那么相对应的实体也就是本体上可还原的，比如数字不过就是集合的集合。第五，因果还原。如果两类事物之间具有联系，那么它们之间就存在因果效力（causal powers）。被还原事物的因果效力可以完全为还原事物的因果效力所解释。例如有一些物理对象是凝固的，因此它就是不可穿透的，可以抵抗阻力的。这些因果效力完全可以用晶格结构（lattice structure）中分子的震动来解释。

塞尔认可因果还原，即心灵的因果效力可以为物理的因果效力所解释，但这并不意味着心理现象不过就是物理现象。他认为因果还原并不蕴含本体的还原。塞尔是一种性质二元论立场，这种立场和非还原的物理主义之间的关系非常微妙。非还原的物理主义者主张在本体论上只存在物理对象，但是心理性质不能通过还原得到解释，心理谓词不能还原为物理谓词。问题在于心理谓词的不可还原和心理性质的不可还原之间似乎仅仅是说法的区别。金在权（Kim）认为非还原的物理主义并非真正的物理主义立场，物理主义只能是基于还原论的。[1] 在他看来，非还原的物理主义最终会导向一种性质二元论。非还原的物理主义者不同意这个说法，他们认为二元论承诺了性质之间具有一种形而上学的实质区分，而非还原物理主义认为心物性质之间的区分仅仅是量上的。但如果对性质赋予过强的形而上学解释，那么性质二元论也就离实体二元论不远了。我们所讨论的话题并不触及还

---

[1] 金在权认为非还原式物理主义会导致心灵事件或性质在根本上缺乏因果效力而成为副现象，从而取消了我们日常实践中视为当然的心灵因果，但要保留心灵因果，则我们只能成为一个二元论者。这种关于因果效力的论证，被称为因果闭合论证。它有三个前提：1.任何物理结果都有充分的物理原因（物理因果闭合）。2.所有心灵事件都产生物理结果（直觉）。3.所有物理结果都不是过决定的（over-determination）。从这三个前提得出的结论是心灵事件本身不会对物理事件的因果产生任何影响，因此变得没有意义。如果这个论证是对的，那么我们只能接受金在权的看法：要么拒斥心灵因果，做一个强硬的还原的物理主义者；要么接受心灵因果，做一个二元论者。对因果闭合论证的一个反驳是指出前提1和前提2中的因果概念并不是同一个概念。物理世界的因果闭合指的是 t 时刻的物理状态加上自然世界中所有的物理定律就因果决定了 t+1 时刻的物理状态。我们暂不考虑量子力学对这种因果决定的干扰。但是至为关键的一点在于：所有的物理定律都只对封闭系统有效，将封闭系统中的因果概念应用到开放系统会导致麻烦。而前提2中的因果概念是开放系统中的因果概念，所有的生命体都是开放系统。如果我们接受这一点，那么金在权的论证就是不成功的。问题的关键在于封闭系统和开放系统的区分是否可以刻画生命和其他自然物的区分，这会不会是一个循环论证？我们已经假设了心灵因果和物理因果的不同，且据此来说明封闭系统和开放系统的不同。对封闭系统和开放系统的区分必须在实质上不借助因果概念得以区分才是成立的。"封闭""开放"也许可以从物理上定义，比如有没有能量交换。

原论的细微之处，而是在其一般性框架下所展开的讨论。

不管如何刻画心物关系，一切都是物理的，一切都完全为物理学所描述和解释（Jaworski 2012，p.1）。心物问题并非一个纯粹概念思辨的问题，而是与自然科学的发展息息相关。当心理学变成了一门严格的行为科学时，与此对应的是从行为认识的行为主义；随着人们对大脑的认识的深入以及脑科学的兴起，断定心理过程就是大脑过程的同一论产生了；随着计算机科学的蓬勃发展，人们开始利用计算机软硬件之间的关系，来理解心物问题，功能主义应运而生。自然科学在某种意义上成了我们理解心物问题的背景、框架和资源。

"从某种意义上说，唯物主义（物理主义）就是我们这个时代的宗教。"（Searle 2004，p.34）物理主义为什么会成为当代分析哲学圈中一个占有主导地位的世界观呢？近代以来自然科学的巨大成功是支持物理主义的一个重要理由。曾几何时，人们认为有一种灵魂存在于磁石和铁器之中，科学用电磁力解释了有磁性的东西之间为什么相互吸引；曾几何时，人们用超自然的精神解释天体运动，天文学的出现让人们认识到天体之间的运动遵循基本的物理定律（万有引力定律等）；曾几何时，人们认为生命之物的体内存在一种活力（vital spirits）维持着他们的生存，现在我们用细胞的新陈代谢来解释；曾几何时，我们认为一个人疯疯癫癫、神志不清，也许是因为看到邪物或者受到鬼怪的侵袭，现在我们可以用大脑中某个部位的损伤来解释。科学解释了我们生活中几乎所有的现象，从宇宙大爆炸到 21 世纪，科学给出了世界的整体图景，科学观念已经融入了我们生活的方方面面，求助科学解释是人类理解自身的一种要求。

应该承认，不管历史上物理学取得如何巨大的成功，仍然有很多哲学家反对物理主义。反对物理主义的学者立场各有不同。2010 年罗伯特·孔思（Robert C. Koons）和乔治·比尔（George Bealer）编辑出版了一部论文集《唯物主义的衰落》（Koons and Bealer 2010）。在前言中，他们列举了反对物理主义的 51 名哲学家，被列入名单的美籍韩裔哲学家金在权以前是一个物理主义者，现在转变成了一个非物理主义者。在他看来，物理主义者是很难说明心理因果问题的。相反的例子则是澳大利亚哲学家弗兰克·杰克逊（Frank Jackson），他以提出知识论证（Knowledge Argument）反对物理主义而著称于世，经过物理主义者长期的诘难和批评，他自己"皈依"了物理主义（Jackson 2004）。2012年贝内迪克特·保罗·哥科（Benedikt Paul Göcke）编辑出版了一部《物理主义之后》（Göcke 2012）的论文集。其中有一些作者认为不能从物理主义的观点看人之为人的特性，也有一些作者基于宗教的理由反驳物理主义。

从物理主义的实质主张来看，反物理主义者的批评主要有三个层面：意识（Consciousness）、意向性（Intentionality）、规范性（Normativity）。反物理主义者认为意识性质，主要是现象意识（Phenomenal Consciousness）[1]不能还原为物理性质；意向性、规范性也不能还原为物理性质。

其中感受性质（Qualia）的缺席（或颠倒）论证（Block 1978）、蝙蝠论证（Bat Argument，Nagel 1974）、模态论证（Modal Argument，Kripke 1980）、知识论证（Knowledge Argument，Jackson 1982）、可设想论证（Conceivability Argument，Chalmers 1996）、解释空缺论证（Explanatory Gap Argument，Levine 1983）、全体中国公民（The Chinese Nation Argument，Block 1978）这些都是针对意识能否被还原的反物理主义论证。

中文之屋论证（Chinese Room Argument，Searle 1980）是针对意向性能否被还原的反物理主义论证。布兰顿（Brandom 1994）提出了反对规范性能够自然化的论证。这里蝙蝠论证、模态论证、知识论证、可设想论证、色谱颠倒论证可以统一称之为模态论证，因为它们具有类似的论证结构。查尔默斯（Chalmers 2002）注意到上述论证都

---

[1] 现象意识是一种主观经验的性质，一个东西对我呈现为什么样子所产生的主观意识，可以称为现象意识（Block 1995）。

是从一个认识上的断定（什么是可设想的、可想象的）开始，经过一个模态的断定（什么是可能的、什么是必然的），最后获得一个形而上学断定（我们世界中事物的本性如何如何）。

从物理主义的形式表述来看，一些反物理主义者发现理解"物理的"这一概念面临着困难，提出了"亨普尔两难"（Hempel's Dilemma）反驳物理主义。亨普尔两难对物理主义的质疑大致可以分为三种：第一种是亨普尔（Hempel 1980）在对《构造世界的多种方式》一书的评论中，主要批评了逻辑经验主义时期，尤其是卡尔纳普所理解的物理主义（语言学版本）；第二种是针对物理主义的本体论立场的批评，如赫尔曼（Hellman 1985）。以上两种都是针对物理主义表述本身所构造的反驳，如果一个物理主义者坚持认为物理主义者并不关注如何表述物理主义的问题，而只是关注物理主义作为纲领如何解决心身问题的话，那么他就会遇到麦金（McGinn 1989）的批评，在麦金看来对物理概念的理解与对心身问题的解释是密不可分的，心理能否接受物理科学的还原解释与我们对物理科学的理解以及物理概念的规定是有必然联系的。

物理主义在受到反物理主义的不断批评中修改了不合理的原则，增加了实质的细节，可以说反物理主义实质地参与了当代物理主义的建构。在《物理主义之后》一书中，编者描述了极为黯淡的当代物理主义图景：

> 还原的和非还原的物理主义都失败了，然而这并不意味着我们就应该放弃物理主义。也许有充分的证据表明存在关于物理主义的真理，即使这些真理已经超越了我们的理解。**但是到目前为止，并没有这样的论证。不过认为存在着这样的论证已经成为了物理主义者的一种信念。**（Göcke 2012, p.8）

这种说法对物理主义来说是不够公平的，实际上物理主义者并非缺乏系统论证。[1]有各种各样的物理主义存在大量的论证。笔者所支持的三种物理主义都存在大量的论证。这三种不同类型的物理主义是认识论物理主义、奠基物理主义和有我的非还原的物理主义。

第一种是认识论物理主义。认识论物理主义的核心主张是认为存在着人类原则上认识不到的物理真理，虽然认识不到，但不是心理的，仍然是物理的。自 2001 年开始，澳大利亚哲学家斯图加（Stoljar）就发表了系列论文、论著来建构《物理主义之后》一书所描述的这一立场：认识论物理主义（Epistemological Physicalism）。这个稍显奇怪别扭的名字源于凯勒斯特拉普（Kallestrup）的一篇文章《认识论物理主义与知识论证》（Kallestrup 2006），他在文章中为斯图加的物理主义立场做了系统的辩护。斯图加并没有把自己的立场称作认识论物理主义，在早期的文章（Stoljar 2001）中他称自己的立场为基于对象概念（object concept-based）的物理主义，在后来的著作（Stoljar 2006）中他称自己的立场为认识观点（Epistemic View）。

和斯图加具有相似观点的豪厄尔（Howell 2013），把自己的立场称为认识主义（Epistemicism）。这种立场认为人类认识世界的能力受到人类自身的种种限制而认识不到某些事物或真理的存在。认识论物理主义者据此进一步说明物理性质的特征：**由于人类的无知（Ignorance）状态，原则上存在着我们所认识不到的某些物理性质。** 这是认识论物理主义的核心主张。因此笔者把从人类认识局限入手建构物理主义的立场统一称作认识论物理主义。

一个物理主义者希望能够基于某种特定的物理主义立场解决所有与心灵相关的哲学问题（意识、意向性、规范性等）。但是他们在确立某个立场的时候，主要是基于某一种特殊的心灵现象，比如类

---

[1] 这里并非说物理主义没有为自己的立场提供系统论证，大部分物理主义者可能认为物理主义本身就是在当代自然科学之下必须接受的一个观点，反对其立场的人才会为之提供一种系统的理论。比如查尔默斯设想把意识作为世界的基本构造，并因此而建立一门关于意识的基础科学。实际上关于还原和非还原论，物理主义都从不同角度为之提供了系统论证。只是对于认识论物理主义的潜在立场，到目前为止还缺乏系统论证。

型同一论是针对意识尤其是感受性质提出的一种立场，异常一元论（Anomalous Monism）则是戴维森针对信念等命题态度提出来的一种立场；认识论物理主义希望提供关于心灵现象的一幅全新图景。如果说一般意义上的物理主义是在承认物理对象为基本实在的基础上解释心灵现象，认识论物理主义则是通过对"物理事项"的重新解释入手而对心灵现象进行说明。这种对物理的解释基于人的认识能力局限假设，故此称为认识论物理主义。

一些反对物理主义立场的哲学家首先提出了与认识能力局限假设类似的观点。托马斯·内格尔（Thomas Nagel）在《成为一只蝙蝠是什么样子的》（Nagel 1974）以及《本然的观点》（Nagel 1986）中提出了存在着我们认识不到或者超越了人类理解能力的实在的观点。麦金在《我们能解决心身问题吗？》（McGinn 1989）等文章中也提出了类似的观点：限于人类的认知能力，我们无法真正理解心身关系。对于我们人类来说，心身关系是神秘的。斯图加等从这两位论者中吸取了重要的理论资源用于建构认识论物理主义。

与以前的物理主义相比，斯图加等人的物理主义有两个巨大的变化：第一，他们不是从物理主义者那里，而是从反物理主义者（内格尔和麦金）那里汲取了思想灵感和资源；第二，以前的物理主义者的关注点主要是还原，即从心灵性质是否可以被还原为物理性质入手，进而刻画二者之间的关系。斯图加主要从如何理解物理概念（对象、性质）着手，从对物理性质的认识局限入手，对心物关系给出了一种解释。

2001年斯图加发表了两篇文章《两种物理的概念》（Stoljar 2001a）、《可设想论证与两种物理的概念》（Stoljar 2001b），在这两篇文章中，斯图加提出了一种基于典范物理对象（Paradigmatic physical objects-based）的物理概念，并以此提出存在着我们无法认识的典范物理对象性质，回应了知识论证和可设想论证对物理主义的攻击。针对斯图加基于对象的物理主义概念，豪威尔（Hohwy）发表了

《解释与物理的两种概念》（Hohwy 2005），从最佳解释论证角度对其提出批评，他认为我们也可以基于对象概念构造一种新的二元论来解释心物关系。凯勒斯特拉普发表了《认识论物理主义与知识论证》（Kallestrup 2006）对斯图加的论证进行了拓展，系统辩护了认识论物理主义的主张。2006 年斯图加出版了《无知与想象：意识问题的认知起源》（Stoljar 2006）一书，进一步全面系统深化了无知的假设。格特勒（Brie Gertler）发表了书评《无知在意识问题中的作用》（Gertler 2009），认为无知假设具有两面性，既危害二元论又危害物理主义。马吉德（Majeed 2013）认为并不存在一种与经验（心灵）相关的真理相关的无知。2007 年霍斯特（Horst）出版了《超越还原——心灵哲学与后还原论主义者的科学哲学》（Horst 2007），提出了认知多元论（Cognitive Pluralism）：建立在人类演化基础上的认知结构约束、限制了我们的认知模式又解释了知识的残缺零散（不统一），这里所谓的知识的残缺，指由于我们自身认知结构局限，导致我们无法认识意识的本质。2011 年佩里布姆（Derk Pereboom）出版了《意识与物理主义的前景》（Pereboom 2011），他在回应知识论证和可设想论证时提出了一个观点：我们当前无法认识的一些基本的内在性质为无法认识的物理性质提供了一个绝对基础（categorical grounds），也因此对物理性质给出了一种解释，他关于绝对基础（性质的）的讨论，承接了斯图加对绝对性质的理解。2013 年豪厄尔（Robert Howell）出版了《意识与客观性的局限——主观物理主义示例》（Howell 2013），他描述了一种新的物理性质：新笛卡尔式的物理性质。基于这种性质，他提出了新笛卡尔式的物理主义；他的部分想法和斯图加也是重合的，即承认存在着人类无法认识的新笛卡尔式物理性质。上述几种立场都或多或少与斯图加相似或接近。从方法论考虑，笔者将以上立场统称为认识论物理主义，并在行文中进一步补充完善其立场。

第二种是奠基物理主义，其核心主张是认为心理的奠基于物理的，后者比前者更为基本，二者之间的关系不仅是必然的，而且是有一个优先性的考虑，物理的在本体论上优先于，并决定心理的东西。奠基物理主义的大背景是，近些年来，形而上学研究发生了巨大的变革，以范恩（Kit Fine）、塞德（Ted Sider）和谢弗（Jonthan Schaffer）等逻辑学家、形而上学家为代表引领了一场形而上学基础领域的变革：从模态形而上学转向后模态形而上学。这一转向源于范恩等人对传统模态形而上学框架的不满，他们认为模态框架无法很好地处理一些具体的哲学问题。按照塞德（Sider 2020）的刻画：20 世纪 50—60 年代，形而上学的主要分析工具是意义概念和分析概念；20 世纪 70—90 年代，形而上学的主要分析工具是模态概念，例如可能世界、随附性等。20 世纪 90 年代到当今这 30 年以来，形而上学家提出了新的分析工具，称之为后模态概念："本质"（essence，Fine 1994）、"基础性"（fundamentality，Schaffer 2003）、"奠基"（grounding，Fine 2001，Schaffer 2009）、"建造"（building，Bennett 2017）、"结构"（structure，Sider 2012，2020），这种对形而上学基本框架的重新刻画被称为后模态形而上学。在后模态形而上学的框架内，心身问题的基本框架也因此需要相应的调整。其中用"奠基"理解物理主义就成了一种比较主流的主张。它最早出现在谢弗用奠基物理主义回应解释鸿沟的文章中（Schaffer 2017），在这之后出现了一批用"奠基"回应心身问题的文章，例如对谢弗方案的批评（Elisabetta Sassarini 2021），莫顿关于规范性问题的处理（Justin Morton 2020），对因果排斥论证的处理（Robin Stenwall 2020；Thomas Kroedel & Moritz Schulz 2016），对知识论证的处理（Philip Goff 2019），对在心灵哲学中使用奠基的统一捍卫（Alyssa Ney 2016），如何用奠基概念刻画物理主义（Jessica M. Wilson 2016，2019；Andrew Melnyk 2016）。也有一些学者从其他基本概念，例如基础性来理解物理主义（Gabriel Rabin 2022）。总的来说，这种对物理主义的理解和认识论物理主义的理解是大异其趣的。范恩有一句话："形而上学第一，认识论最后。"（Metaphysics first, Epistemology last，Mike Raven 网络哲学百科词条 kit fine）。范恩的说法背后有一个大的想法，那就是对于自由意志问题、意识问题这些根本的问题，可能我们在当代是无解的。因此哲学家的工作就是去制造概念，来刻画事物之间的关系，而不是要追问事物的存在。

但在笔者的思路里，我把认识论物理主义和后模态的物理主义结合起来，形成一个融贯的理论图景。这个图景的基本立场可以被概括为有我的非还原的物理主义。一方面，有我的非还原物理主义者接受人类认识原则上的无知性，承认存在人类不能认识的物理真理；另一方面，有我的非还原物理主义者也接受心物的奠基关系。但与前面两种不同的是，笔者把心身统一体的人以及一般的日常物理对象作为基本存在物。因此这三种立场形成了一个有机的组合，可以说是一体两翼的关系。从心身统一体的基本立场出发，一方面借助认识论物理主义回应心智问题的认识论困惑；另一方面借助奠基物理主义回应心智问题的形而上学困惑。在形成这种立场时，笔者受到了维特根斯坦、戴维森、贝克尔、斯特劳森、洛、托姆森等人的影响。其中贝克尔的《日常对象的形而上学》（Baker 2007）的立场和笔者比较接近。笔者物理主义研究的三部曲，可以概括为认识论物理主义、本体论物理主义和有我的非还原的物理主义。这种变化，反映了笔者对物理学和哲学之间关系的一种反思。

国内学界关于物理主义的研究大约和国外研究同步。

最早介绍物理主义的是 20 世纪 30 年代张申府先生和其弟张岱年先生，两位先生都曾撰文引介物理主义，洪谦先生在 20 世纪 50 年代于《哲学研究》上发文对卡尔纳普物理主义进行批判。

新一代的物理主义研究则在 2000 年以后。例如叶峰、程炼等主张的还原的物理主义对意识的解释；程炼（2008）提出了一种基于格式塔模式颠倒的解释用来回应知识论证，程炼（2015）首次对亨普尔两难给出了基于物理主义的解释，这种解释是以对物理主义的基础形而上学和物理主义对心身问题的形而上学理解之间做出合适区分为出发点。叶峰（2012，2014b）对物理主义、自然主义的整体世界观给予了充分的阐述，并对知识论证、可设想论证给出了基于神经元结构阐释的回应，系统发展出无我的物理主义世界观。

第二章　物理概念与物理性质

2.1
理解物理概念的困难：亨普尔两难

近些年来，对物理主义的批评开始逐渐转向对"物理事项"（The Physical）这个概念本身的理解上来。这种转向不难理解，虽然很多讨论意识问题的哲学家（尤其是还原论者）不关心"物理事项"这一概念，但是要对意识问题进行深入讨论就不能回避对"物理事项"进行明确的定义。在各种反物理主义论证中，论证的设计者要求我们想象我们世界中的一个物理副本（physical duplicate）在另外一个可能世界中存在但没有意识，这就需要了解所想象的这一情景的细节，而什么算作物理的对于论证就显得至关重要。对"物理事项"的笼统看法不能满足我们理解反物理主义论证的需要。[1] 认识论物理主义恰恰对"物理事项"的概念进行了区分，它认为存在基于理论的物理概念和基于对象的（或新笛卡尔式）物理概念的区分，而考察建立在对象物理概念上的物理主义能否应对亨普尔两难是本节的中心任务。

本节首先引入物理主义者对亨普尔两难的一些常规回应，其次，分析基于对象的认识论物理主义者的破解之道，再次，笔者综合石里克和基于新笛卡尔的认识论主义者的一些想法来回应亨普尔两难，

---

[1] 麦金持有类似观点，他认为当我们说心智性质可以还原为物理性质的时候，我们需要问它是可以被还原为当下的物理性质，还是未来的物理性质（McGinn 2004）。

并指出认识论物理主义面临的内在困难。最后，笔者根据对未来（理想）物理学所推设的物理性质的无知假设来破解亨普尔两难。

通常我们这样表述物理主义：一切都是物理的；一切都完全可以通过物理学获得描述和解释。如果我们从物理性质入手来表述物理主义：物理主义为真当且仅当每一个被例示的性质要么是物理的要么是某个得到例示的物理性质所必然导致的（Stoljar 2010，p.37）。物理主义作为当代心智哲学的强势理论主张已为多数分析哲学家所接受。它本身不是单一的教条而是一个理论家族，聚集在物理主义名下有各种版本的物理主义，名称各异，内容互有重合。从非物理事实能否还原为物理事实的角度看，有还原论物理主义（同一论、消除主义等）、非还原论物理主义（如伴生物理主义、构造物理主义、功能主义等）；从物理事实如何蕴含非物理事实来看，有先天物理主义和后天物理主义。这些不同类型的物理主义自身都存在一个基本的定义问题，如何准确理解"物理事项"（物理性质、物理对象等）这个概念，亨普尔两难表述了物理主义者理解"物理事项"这个概念所面临的基本困境：

如果"物理事项"意思指的是为当前物理科学[1]所假设的性质与对象的话，那么建立在当前物理学基础之上的物理主义是错误的。科学史告诉我们，当前的"物理"概念既不准确（inaccurate）也不完全（incomplete），基于亚里士多德时期物理学的物理主义会被基于牛顿时期物理学的物理主义所代替，基于牛顿时期物理学的物理主义又会被基于爱因斯坦时期物理学的物理主义所代替。用当前的物理概念来定义物理主义，物理主义就是一个本体论上错误的论题。

如果"物理事项"意思指的是被理想物理科学或者未来物理科学所假设的性质和对象的话，那么这样的物理主义是空洞无物、琐屑为真的。人类受到自身的认知限制，只能掌握当前的物理学概念，不大可能知道遥远的未来物理概念是什么样的。

---

[1] 有必要区分物理学和物理科学，物理学指狭义的物理学（physics），物理科学（physical science）则包括生物学、化学、认知科学等。

因此"物理事项"概念既不能用当前物理学来定义也不能用理想或者未来物理学来定义，这就是关于物理主义表述的亨普尔两难，在对古德曼《构造世界的方式》（Goodman 1978）一书进行评论时，亨普尔写道：

> 物理主义者关于物理学语言能够成为统一的科学语言的断言根本上是晦涩的：这是一种什么样的物理学语言呢？当然不是18世纪的物理学语言，因为后者包含了燃素这样的词汇，如此使用的理论假设现在被认为是错误的。当代物理学语言也不能承担统一语言的功能——既然它毫无疑问处在持续变化之中。物理主义论题似乎要求一种语言：在这种语言里可以表述物理现象的真理论。但是物理现象是什么意思却是相当不清楚的，尤其在语言转向的语境里。（Hempel 1980，pp.194—195）

亨普尔针对的是一种经过语言转向洗礼之后的物理主义：每一个语言陈述都等同于或者可以翻译成一个物理陈述（参见上章关于卡尔纳普的论述）。现在的物理主义是一种形而上学立场，它对世界上到底存在什么做了一般性的断定。对于大多数哲学家而言，亨普尔两难超越了原初的语言学视角，进而对形而上学版本的物理主义构成了挑战。赫尔曼就是这一观点的持有者，他认为：

> 当前物理学既不完全（甚至在本体论层次上）也不准确（在法则上）。这就提出了一个两难：要么物理主义诸原则基于当前的物理学，在此情形中，我们有充分的理由相信物理主义诸原则是错误的；或者物理主义诸原则不立足于当前的物理学，在此情形下，说得最好听，它们很难得到解释，因为它们基于一种并不存在的"物理学"——我们缺乏构造独立于物理理论的关于"物理对象、性质和法则"的通常标准。（Hellman 1985，p.609）

亨普尔两难提出了两种形式的物理主义，当前理论物理主义（current theory physicalism）和理想理论物理主义（ideal theory physicalism）。根据亨普尔两难的解释，当前理论物理主义是错误的，理想理论物理主义是不知所谓的。

在进一步讨论之前，首先有必要对理想和未来两个概念作点说明。当谈到理想物理学的时候，大部分文献中都交替使用这两个术语：理想的（ideal）和未来的（future）。在大多数哲学家那里，这两个概念都未被区分，而被用来指称一种完备正确的物理理论。实际上，它们之间确实有所区别，未来理论可能比当前理论更为完备，也许会成为理想理论，但这并不具有确定性，也许在某个不确定的未来比如 2223 年，世界终止了，我们就没有所谓的未来理论（因为未来理论是基于现实世界的），但是我们仍然可以想象一种理想理论，在世界结束之后仍然存在。另一方面，理想的理论也可以存在于过去，比如儒家所谓的王道理想（尧舜禹时期的王道政治），一直是儒家所追求的理想。理想的理论既可以存在于过去，也可以存在于未来。不过具体到本书所讨论的物理学理论，我们大致假定理想理论并不存在于过去，而可能存在于某个不确定的未来。有时候我们忽略这种区分，有时候我们又特别做出这个区分，这都将根据上下文来决定。

其次需要说明的概念是物理性质，通常对物理性质的定义：

（1）F 是一个物理性质，当且仅当 F 作为一个真的物理理论谓词所表达。

如果我们对"物理的"这个概念存在两种解释的话，那么相应地对（1）也存在两种解释。

当前理论版本：

（2）F 是一个物理性质，当且仅当 F 作为一个依据当前情形为真的物理理论谓词所表达。

理想理论版本：

（3）F 是一个物理性质，当且仅当 F 作为一个依据理想情形为真的物理理论谓词所表达。

按照上述的区分，斯图加构造了亨普尔两难的形式化论证：

H_1：如果物理性质[1]根据定义是作为当前物理理论谓词所表达的性质，那么物理主义是错误的。

H_2：如果物理性质根据定义是作为理想物理理论谓词所表达的性质，那么我们不知道物理主义的意谓。

H_3：要么物理性质根据定义是作为当前物理理论谓词所表达的性质，要么物理性质根据定义是作为理想物理理论谓词所表达的性质。

HC：要么物理主义是错误的，要么我们不知道物理主义意指何物。（Stoljar 2010，pp.97—98）

这个论证依赖三个前提，要破解它需要依次考虑三个前提（H_1、H_2、H_3）是否为真。有人质疑前提 H_1，支持当前物理学中的物理定义，这是可错解释和因果历史论的解释；有人质疑 H_2，支持理想物理学中的物理定义，相当一部分科学哲学家持有这一观点；斯图加（2010）反驳 H_3，认为当前物理学和理想物理学并没有穷尽物理学的所有概念，尚存在可能世界物理学的概念。[2]斯图加本人并不持有可能物理主义的立场，而是持有一种基于典范物理对象的物理主义立

---

[1] 我们可以用物理性质、物理对象或者物理事实来构造同样的亨普尔难题，结构是一样的。

[2] 可能世界物理学的概念与主要讨论并不相关。

场。还有一些论者从对物理学可以进行量化来描述，提出结构实在论来破解亨普尔两难。笔者认为结构实在论违反了物理主义的基本原则，基于对象的物理主义失去了物理主义的实质内容，最终我们还是要借助物理学的概念来理解物理主义。

不管如何破解亨普尔难题，重新表述物理主义都有几个基本限制：物理主义不能是明显为假的，因为没有人会持有一个完全错误的纲领；物理主义也不能琐屑为真，因为如果物理主义不具有实质内容，不对何物存在有所断定，就没有任何意义了。但这种断定并不是形而上学的产物，而是一个经验论断，是物理主义者基于物理学对世界的刻画而给出的。

2.1.1 基于物理学对亨普尔两难的回应

2.1.1.1 基于当前物理学对亨普尔两难的回应

当前的物理概念是基于量子力学和相对论建立起来的，但这个物理概念在本体论上可能是不完全的：存在着为当前物理学不能推设的物理性质、物理对象。它在法则上也可能是不准确的：当前物理学法则可能存在一些错误。因此，建立在二者之上的物理主义就不可能是必定为真的，根据亨普尔两难第一难的理解，物理主义就是一个可能具有错误的纲领。

物理主义者不会同意第一难的攻击，我们可以在物理学和物理主义之间、物理学家和物理主义者之间做出一个类比。如果物理学家可以接受物理学的不完全和不准确，那么物理主义者也可以接受建立在不完全和不准确的物理学基础之上的物理主义。我们不能以绝对为真要求物理主义，就像我们不能以绝对为真要求当前物理学一样。这个论证的背后有一个大的背景：哲学并不是建立在先验的概念分析的基础之上，而是建立在经验科学发展之上。

有些物理主义者通过区分基础形而上学（foundational metaphysics）和关于特定主题的形而上学（topic-specific metaphysics）来破解可错对当前物理主义的威胁：

当代物理主义形而上学是受物理学（确切地讲，当下的物理学）所引导的，两方面的工作都与物理学的成就相关。物理主义的基础本体论，由于依赖不断变化的基础物理学，肯定会继承后者的错误和不完整。

但是，这种基础层面上的错误和不完整，在多大程度上会影响到对生命或者心灵的性质的理解，却是非常不清楚的。在对亨普尔两难第一难的理解中，由于物理主义形而上学被当作一个整体，基础层面的缺陷自然就成为整个形而上学的缺陷。如果有很好的理由把这两方面分开，那么我们至少可以说，物理主义的心智哲学有可能不受基础形而上学的影响。（程炼 2015）

物理主义的一般立场是可错的并不影响当前物理学对心理现象的解释。要接受这个论断，从事概念分析是不行的，也要看看科学家如何认识这一问题：我们当前的物理学对于心理现象的理解是不是稳定的。程炼引用了科学家范伯格（Feinberg）的想法：我们对世界的基本构造已经有完全的掌握，进一步的科学发现不大可能会动摇我们基于当前物理学对世界图景的理解，比如我们对原子结构的了解不会因为新粒子的发现而受到颠覆。

我们现在有了一个日常物质的结构的模型，它相当完整，在其本质方面多半不会有变（Feinberg 1966，p.14）。

物理主义并不是一般泛泛地断定，它的实质内容实际上与传统的心身问题（笛卡尔）勾连在一起，我们是从对心身问题的解决上发展出了一种物理主义的理解，行为主义、同一论、功能主义都是关于心理本质的理论，这种解决通过行为倾向、大脑过程、因果作用来理解心智。我们无法独立于心身问题提出一种一般性的物理主义立场。心智哲学中关于意识问题的物理主义立场和一般的物理主义立场的关系至为紧密，并不存在一个分离的立场。如果承认一般的物理主义可错，也应该承认关于意识的物理解释总是"可错的"，[1] 但是否为错，或我们有没有理由相信它，这是一个经验的事情。

程文做拆分的初衷是要回应一种基于态度的物理主义（物理主义只是一种态度），这种表述是物理主义的必要条件，而非充分条件。为了让基于态度的物理主义变得丰满，需要对物理主义的主张添加实质内容，这就是他所说的完全接受当前物理学对大脑性质的解释。物理主义作为一种态度，其实质性也可以并不一定需要填充当前物理学对大脑性质的解释，我们完全可以对什么是一种物理主义态度做出具

---

[1] 针对笔者的解释，叶峰对此做了如下书面评论：

"我个人比较赞同程炼的这种回应。方法论自然主义者应该很自然地承认，物理主义作为一种哲学概括不会也没必要比物理学更可靠、更稳定。不过也许可以稍微补充的是，这不排除我们可以尝试将物理主义这个世界观表述尽可能地不受科学的某些发展变化的影响，比如，甚至可以表述得使得物理主义跟轮回的存在性也是相容的，因为轮回中保存的关于前世的记忆，可能是来源于一种今天我们还未探测到的新的物理场，人死的时候这种场可以离开身体独立存在，也能够保存信息即记忆，同时这种场能够影响另一个大脑中的神经元连结的形成，因此前世记忆能够进入另一个大脑，而且即使在人活着的时候，这种场也可以在起作用，因此意识不能完全归结为神经元层次上的活动，还跟这种场的物理效应有关。这不算太离谱，有的科学家（比如提出意识的量子理论的 Penrose 和 Hameroff）似乎就认为这可以与某种量子引力理论相容。但即使这些是真的，这似乎还是物理主义，所以，虽然我们不知道这是不是真的，尝试做哲学概括的我们，还是可以尝试将物理主义这个世界观表述得更稳定一些，不必蕴涵着意识可以仅仅归结为神经元活动。另一方面，假如果真如 Chalmers 所设想的，未来的基础科学把具有主观性、私有性、感受性的某种属性作为世界的基础元素，由此完美解释了意识，那么，即使我们还是把那样的基础科学叫做'物理学'，我们也不得不承认，今天意义上的物理主义是错了。所以今天的物理主义观点也可以看作是对科学将会如何发展的一个推测。在这意义上，将'物理的'理解为'不具有不可还原的主观性、私有性的、感受性'，也许可以得到对今天的所谓'物理主义'所想要说的东西的更合适的概括。也就是说，今天的'物理主义'不必太狭窄地理解为'意识可以还原为今天所认识的神经元活动'，'物理主义'可以更宽泛地理解为反属性二元论（及实体二元论），即'为解释世界包括人类意识无需假设任何具有所谓不可还原的主观性、私有性的、感受性的实体或属性作为世界的基础元素'。当然也可以尝试介于两者之间的表述，这两者之间也许可以有一系列程度各异的，关于究竟什么可以解释意识的论断。"（叶峰 2014a）

但是程文的实质是要区分一般形而上学的物理主义和关于心灵现象的物理主义，叶峰和程炼的立场大致上是一致的，都持有方法论自然主义观点；在关于一般形而上学的物理主义立场上也是一致的："物理主义作为一种哲学概括不会也没必要比物理学更可靠、更稳定。"（叶峰）"物理主义的基础本体论，由于依赖不断变化的基础物理学，肯定会继承后者的错误和不完整。"（程炼）但是他们关于心灵现象的物理主义观点是不同的，程炼接受意识可以还原为今天所认识的神经元活动，因此当前关于心灵的科学解释一定是对的。而叶峰则放弃了还原的概念，将"物理的"理解为"不具有不可还原的主观性、私有性的、感受性"。因此叶峰可以和笔者一样承认关于意识的物理解释总是"可错的"，是否错是一个经验的事情。在笔者看来物理主义的心灵哲学或生命哲学一定受到基础形而上学（与物理学相关的本体论）的影响。

体的规定（Melnyk 2003）。

基于当前物理学的另外一种解释，是从语义学入手的。如果我们把"物理主义"当作一个名字，对它的含义就会存在两种可能的解释。让我们简要回顾一下专名的两种理论 L 关于名字的意义的两种解释。一种是弗雷格－罗素式的描述理论，主张名字的意义为其所关联的描述所表达，这一个（系列）描述确定了名字的指称。另外一种是克里普克、普特南的因果历史理论：名字的意义就是其所指称的对象，我们通过最初对象的命名，以及一个历史因果链条之后而指向被命名的对象。根据克里普克的观点，名字的意义并不如描述理论所主张的那样是由与名字相关的描述所给出的。因果历史理论抓住了人们的一种直觉：一个人可以不具有与其相关的各种性质，但不可能不是这个人。尼克松可以不是 1972 年的美国总统，但尼克松不能不是尼克松。这实际上是说，关于名字的各种描述并不必然地与名字的意义关联。描述是偶然的、历史的、经验的、可错的，而名字的本身的意义却是确定、不变的，就是指称对象本身。

最近有一些哲学家指出心智哲学中的一些核心论证实际上是和语义学有关的，这种论证方式被称为"来自指称的论证"（Argument from Reference, Mallon, Machery, Nichols, Stich 2009）。比如关于心理状态是否存在的消除主义论证，消除主义认为大众心理学所解释的信念、欲望其实并不真正存在。根据指称论证的看法，消除心理状态实在的论证假设了描述理论：

首先，"信念""欲望"这样的心理状态词汇通过其在大众心理学中的功能得到定义，我们有一些关于信念和欲望的描述，如果这些心理状态词汇有指称对象，它们就是满足这些描述的事物（消除主义对心理状态词汇的阐释假设了某种版本的关于心理状态的描述理论）。

其次，消除主义宣称目前的科学研究发现没有任何事物满足大众心理学中关于"信念""欲望"这些词汇的描述。如果接受描述确定指称的话，相关的描述就没有确定指称，或者说"信念""欲望"并不指称，因此信念和欲望并不存在。

相反，如果我们接受因果历史理论对"信念"和"欲望"这些词汇的解释，就可以说科学研究虽然没有获得这些词汇所指称对象的正确描述，但并不意味着这些对象不存在，信念之为存在不依赖于不同时期对信念的各种描述。

从指称论证做一个拓展：如果我们从描述理论的视角来理解"物理的"，即"物理的"存在一个明确可靠的定义（一系列对于物理主义为真的描述），根据这个定义就能清楚确定"物理事项"一词的实质内容（指称）。不同时代我们对什么是"物理事项"有不同的看法，因此不同的定义确定了不同的"物理事项"的概念，亚里士多德时期的"物理事项"、牛顿时期的"物理事项"和20世纪的"物理事项"各不相同，利用当前的"物理事项"概念，就无法定义真正的"物理事项"这个概念。但如果接受因果历史理论的解释，就不会出现这个困难。因果历史理论承认我们可以对什么是"物理事项"采取各种各样的描述，但这些描述本身并不是"物理事项"定义的本质组分，我们通过"物理事项"这个名字指向物理事项，各个不同的物理学时期的描述与"物理事项"的真正内容是不相关的。物理事项可以不是亚里士多德时期的物理事项，也可以不是牛顿时期的物理事项，甚至可以不是爱因斯坦时期的物理事项，但物理事项不能不是物理事项。

这样一种解释能够捍卫当前物理主义吗？当前对物理主义的各种描述可能是错误的，这并不意味着物理主义本身是错误的。这似乎是一个很好的解决办法。这个思路只是把问题推后了一步，本来我们是要理解物理主义这样一个主张，有人求助于当前物理主义，这个辩护则说我们可以从当前物理主义退回到物理主义。我们可以接受当前物理主义是错误的，因为我们有一个终极的物理主义是正确的，但什么是终极的物理主义，我们并不知道。假定物理主义本身有一个充分完全的定义（上帝知道），只是我们人类限于自身的局限无法获知，当前物理主义之不完全并不蕴含物理主义本身不完全。物理主义被推到了神秘的彼岸，我们不知道物理主义究竟是什么。这种对物理主义的理解和克里普克所认可的个体的本质主义主张是类似的。有许多学者对克里普克的本质主义不满，尤其是在生物这一类别上，他们声称并不存在传统哲学所理解的本质。物理主义的主张距离科学更近，我们也不能对物理主义做类似的本质主义理解。当然，这一点也不是不可以争论的，即使作为物理主义的形而上学接受一种对物理本身的本质主义理解也是可以得到辩护的。

2.1.1.2 基于理想物理学对亨普尔两难的回应

多威尔（Dowell）从理想物理学来理解物理主义。他认为理想的物理学不管和现在的物理学有多么不同，都必然具有科学理论的基本特征：

① 可以从具有解释性的假说所组成的集合推导出经验上可检测的后果。这种解释要么是形而上学的，要么是律则的。形而上学解释的例子：热是分子运动。律则解释的例子：引力定律。

② 可以通过解释性假设的系列测试结果来获得对理论的确证。例如关于热的论题蕴含着在位置 p_1，时间 t_1 存在着热，当且仅当在位置 p_1 和时间 t_1 存在着分子运动。

③ 作为整体的理论对经验归纳提供了统一的解释。

④ 增加的经验证据与其已知独立于经验的证据要一致。

（Dowell 2006）

我们可以用专门处理关于世界相对基本元素（world's relatively fundamental elements）的科学理论来界定完全的、理想的物理理论。"完全的"指物理理论涵盖了所有的物理性质；"理想的"指这个理论可以完全得到确证。对物理性质等的处理都可以被整合到由这四条特征所刻画的基本物理理论中。按照亨普尔两难中第二难的解释，理想物理理论最大的一个问题就是空洞无物。多威尔认为科学理论是不空洞的,它在本质上可以做出预测和解释:如果某类事物自身的存在和行为既不能被解释和预测也不能出现在解释和预测中,那么它就不能被整合到完全的理想理论中,因此也就是非"物理的",它的存在也就使得物理主义为假。给出这种规定,物理主义的内容就被确定下来了,而且可以为真或者为假。

依托于当前物理学所做的类比,未来物理学如果是从当前物理学延伸出来的,那么它就和当前物理学一样可以处理相对基本的元素(或实体),也许会出现一些为当前物理学所无法推设的物理粒子和相应性质的存在,但这并不会动摇整个物理学解释的框架,也许未来物理学会发现比夸克、轻子等还小的基本粒子,但是我们已经获得了一个从原子入手理解万事万物的基本框架。不管未来物理学如何发展,万变不离其宗。我们并没有足够的证据和理由来支持未来物理学并不处理不是相对基本的实体这一论断。多威尔对理想物理学主义的表述,来自两个方面:第一,他认为理想物理学具有基本的科学特征;第二,他认为理想物理学处理相对基本的元素。

威尔森(Wilson 2006),给理想物理主义增加内容是从正反两面入手的:第一,他和多威尔一样,认为理想物理学处理相对基本的元素;第二,他认为理想物理学不处理基本上是心理(fundamental mental)的事物。但是用非心理的来定义物理主义是一个相当不明智的做法,直接和同一论的基本论断冲突。同一论认为心理事项等同于物理事项。物理主义并不是主张物理的是非心理的,而是主张物理的同一于心理的。如果站在威尔森立场上可以为其做一个小小的自我辩护:威尔森并不是用非心理的来定义物理的,而是说实际的科学研究所处理的基本上是非心理的事物,这是一个方法论、认识论的主张,而不是本体论的主张。即便如此,理想物理主义仍然显得空洞。也许问题的关键不在于对理想物理主义添加实质内容,而在于接受这一事实:我们不知道理想物理学将会是什么样子的。

对于亨普尔两难的第二难,根据现有的物理理论,我们可以对理想物理理论赋予一定的内容：首先，如我们在理想物理学定义中所述，具有基本的科学特征和处理相对基本的实体可以成为理想物理学的内容。其次，理想物理学可能还具有部分实质的内容，温伯格对终极理论给出了自己的猜想：

> 终极理论也许远在几个世纪以外，也许完全不同于我们今天想象的任何东西。不过，我们姑且假定它就在某个角落，那么，根据已经知道的东西，我们关于那个理论能猜想些什么呢？
>
> 在我看来，今天的物理学中能够不变地在终极理论中保留下来的部分是量子力学。这不仅因为量子力学是我们今天关于物质和力的一切知识的基础，经过了非常严格的实验检验；更重要的是，没有人能想出什么办法来改变量子力学，使它能以任何方式保留那些成功而不带来逻辑的荒谬。
>
> （……）量子力学使我们能想象大量不同的可能的物理学系统：由通过任何形式的力发生相互作用的任何粒子组成的系统，甚至还有任何根本不是由粒子组成的系统。近百年的物理学历史已经证明了是逐步认识对称性的历史……
>
> 根据一个世纪的经历，大家都相信最后的理论应该建立在对称性原理的基础上。我们期待着这些对称性能把引力与标准模型弱力、电磁力和强力统一起来……
>
> （……）近十年来，一个关于引力甚至也许包罗万象的崭新的量子理论框架已经发展起来了——那就是弦理论。弦理论为我们推出了第一个可能的终极理论的候选者。（温伯格 2007，第 170—171 页）

在温伯格这样的物理学家看来理想物理学的部分内容必然包含量子力学，不仅如此，他还进一步猜度理想物理理论可能就是弦理论。理想物理学虽然不具有完全确定的内容，但却具有丰富的内容，因此一个建立在理想物理学基础之上的物理主义完全可以回应第二难的攻击。温伯格的这个回应基于理想物理学与现实物理学不会相差太远这个前提，或者说二者之间具有相似的结构，因此对未来物理学的种种猜度就不是瞎猜，而是具有实质内容。这是对第二难的一个回应。另一方面，温伯格的说法同时也为第一难提供了解答，如果当前物理学和理想物理学相差不远，那么当前物理学也可以说大体是真的，这种真的证据就在于当前物理学的核心部分其实就属于理想物理学。如果当前物理学和理想物理学差距太大，以至于我们完全无法预知理想物理学的内容怎么办？这似乎是第二难中真正涉及的问题。要解决这个问题不是要给理想物理学填充实质内容，而是要从对理想物理学的无知这个前提开始去重新理解亨普尔两难。

2.1.1.3 基于量化描述对亨普尔两难的回应

当代物理学的发展似乎表明物理学完全可以用数学语言（量化语言）来表述，物理学是一门定量的科学而非定性的科学，这是一种结构实在论的立场。在纯粹的量化系统里，没有设定实体，微观粒子都是用函数方程刻画的。因此物理学可以没有一个物理实体的断定。尤其是沃勒尔（Worrall 1989）的认识论结构实在论反映了科学理论的本质。结构就是事物之间各种关系的总称，结构实在论声称科学只能研究世界的结构，这个结构其实就是物理学的物理定律，或者说结构作为存在物就是定律。重要的不是结构中的基本元素（实体）的存在，这些都可能是无足轻重的概念。不妨作个类比，我们可以回想起卡尔纳普在《世界的逻辑构造》中关于结构的观念，基本的元素可以是心理对象或物理对象，至于选择哪一种只是一个实践问题，关键在于世界的逻辑结构。结构实在论并不否认一些基本元素（或作为被关系的关系项）如个体、场、时空区域的存在，只是它特别强调科学只能认识它们之间的关系，或者说我们只能通过结构认识它们的性质。比如说根据牛顿引力定律我们知道了太阳具有引力质量这个性质；根据狄拉克方程我们才知道电子具有电荷这一性质，每一个新的性质的发现和确定都依赖于新的定律发现，或者说新结构的发现。

按照结构实在论来理解物理学和物理主义，似乎可以回避亨普尔两难。

首先，针对 H_1，我们不需要为当下物理学在本体论上的不完全而殚精竭虑，因为量化的物理学不需要一个实体的本体论（实体实在论）。依结构实在论者的说法，我们对结构的认识是比较稳定的，过去发生的科学革命并没有完全颠覆革命前对结构的认识，而只是一种积累、深化，因此我们更有把握说我们已经认识的那些结构是实在的。这种实在并非物理主义意义上要求的实体的实在。其中 H_1 的一个子问题是，当前物理主义是错误的是因为存在着为当前物理学所不能推设的基本粒子，依据结构实在论，这个论断就被消解了。结构实在论不承诺物理意义上的本体，可以说这种立场更接近工具主义立场。

但是，这种回应存在几个问题：第一，结构实在论本身要承诺一种关系的实在，有可能导致一种柏拉图意义上抽象实在论，而这离物理主义的宗旨太远。第二，作为本体论的物理主义本身要求一种实在论，物理主义主要关心物理性质和心理性质之间的依赖、伴生、实现关系，如果不假设基本元素的存在就无法对基础物理状态和其他非基础物理状态之间的关系给出说明。第三，从概念上考虑，物理学不能完全用关系来刻画，关系假定了关系项，而正是关系项将物理学和世界勾连起来。从当前物理学的发展来看，大部分物理学家都赞同用数学语言来表述物理学，但是不可能完全用数学语言来表述物理学，虽然已经不存在传统意义上的物质实体作为关系项存在，但任何现象总是关于某个东西的现象，量化描述不能完全脱离对象而存在。第四，即使量化描述不假定一种实在的本体论，这并不意味着量化描述就没有真假，就没有形而上学含义，本来现代物理学中的基本粒子和电磁场就不是传统的物质概念所理解的实体性存在，但能不能因此认为对电磁场的量化描述就没有对世界做出某种断定呢？

其次，看看结构实在论针对 H_2 的回应，按照量化物理学的解释，数学语言本身给出了物理学的实质内容。在不同的科学发展时期，我们有一个稳定的描述物理学的数学语言。但是如前所述，H_2 中所说的"空洞"应该不是说理想物理学本身没有内容，而是说我们对它一无所知，说它有数学内容似乎没有解决问题。即使理想物理学具有数学内容，它也完全可能具有一种完全不同于描述当前物理学的数学语言，对于这一点，答案也是开放的。总之，结构实在论既不能回应 H_1，也不能回应 H_2。

2.1.1.4 基于对象的认识论物理主义对亨普尔两难的回应

利用物理学来定义物理主义，借助了物理学的实质内容；利用结构实在论来表述物理主义，借助了物理学的形式表达。斯图加提出了一种新的物理概念。通常我们所理解的物理概念是基于物理理论的物理概念（theory-based conception）：物理性质要么是物理理论告诉（tell）我们的物理性质，要么是形而上学必然与之伴生（supervenes）的物理性质（Stoljar 2001a，p.3）。如果物理理论告诉我们拥有质量这个性质（the property of having mass），那么拥有质量就是一个物理性质。相似的，如果是一块岩石这个性质（property of being a rock）形而上学伴生于物理理论所告诉我们的性质，那么它也是一个物理性质。

斯图加认为存在第二种物理概念，即基于对象的物理概念：作为对典范物理对象及其组分的内在本性说明所要求的物理性质或者形而上学必然与之伴生的物理性质。例如，如果岩石、星球、树林都是所谓典范的物理对象，那么**是岩石**（星球、树林）这个性质就是物理性质。如果拥有质量是一个典范物理对象的性质，那么拥有质量就是一个物理性质。基于这种对象概念理解的性质就是基于对象的物理性质（为了行文的简便，用对象性质和对象概念代替基于对象的物理性质和概念，用理论性质和理论概念代替基于理论的物理性质和概念）。

对象性质和理论性质并不是物理性质集合中的两个子集，更不是这两个子集构成的物理性质全集；对象性质和理论性质也不是对同一种物理性质的两种不同的表述："我所感兴趣的在于这些性质的集合是否共外延。我将论证它们并不是等外延的，因为有些对象性质并不是理论性质。"（Stoljar 2001a，p.4）这里有一个明显的困难，对象性质如何独立于物理理论而得到界定？这是斯图加所面临的一个问题。一种反驳认为在对两种物理性质进行界定的时候，已经引入了物理这个概念，因此这种定义是循环的。但问题在于，相当多的基本概念很难给出非循环的定义，著名的如分析性的定义：依据意义为真。对意义的解释最后还要求助于对分析性的理解。但这并不意味着我们不知道哪些是分析命题。也许在这里可以对被定义的物理概念和用来定义的物理概念做一个区分，前者是基于理论的物理概念，但后者则是对何谓物理的一种朴素直观的理解。我们大致知道"物理的"指称什么，所谓物理的事物有一些典范的例子。我们知道桌子、椅子、树林、星球是物理对象，我们也知道拥有质量等是一种物理性质。这并不需要精确定义物理这个概念。如前所述，我们一般知道，"单身汉是未婚的"是分析句，但并不因此需要承诺对分析性给出一个非循环的定义。

上述分析表明我们在对两种物理性质进行区分时并不涉及循环定义的问题。关于这两种性质的区别，斯图加进一步给出了解释：第一，物理理论规定物理对象的倾向性质（dispositional properties），但是并不规定绝对性质（categorical properties）。第二，物理对象的倾向性质要求绝对基础（categorical grounds）。对于所有的倾向性质，必定存在非倾向性质，或者存在对于例示（instantiation）的倾向性质具有充分作用的非倾向性性质。例如杯子是易碎的，这个易碎性是由杯子的某个内在性质（非倾向性质）加以保障的。比如杯子的分子结构使得杯子是易碎的。

物理理论所讨论的都是物理对象的倾向性性质，物理理论并不讨论对象的绝对性质。关于倾向性质和绝对性质的区分存在很多讨论，这是第 2 节的主要内容。本节只是一般性地承认二者的区别。尽管在本体论上存在对象性质和理论性质的区分，但我们仍然不能在认识上完全区分二者，也不能对对象性质有充分的认识。人类有着漫长的演化史，就像 17 世纪的人认识不到电子、中子、质子一样。今天的我们也认识不到对象性质的全部特征。接受上述对典范物理对象的说明，我们就可以得到一个物理主义的表述：一切物理性质，要么是理论性质，要么是对象性质，要么是为理论性质或者对象性质所必然导致的性质。

这样一个定义回避了亨普尔两难，首先这个论点不是错误的，虽然存在不为当前物理学所推设的理论性质，但这种性质可以是对象性质；其次，这个论点也是具有实质内容的，物理概念包含了理论概念和对象概念，斯图加对"什么是物理的"刻画不会使得物理主义成为空洞的真的。虽然我们不能完全掌握与对象概念相关的物理实体和物理定律，但是我们知道一些物理实体和物理定律。

到目前为止，我们能够理解的物理概念有两个，基于物理学的物理概念和借助直观理解的物理概念，典范物理对象概念包括二者又超越二者，包括二者使得它具有实质内容，超越二者使得物理主义的真理性得以保留。但是问题在于如何理解这种超越前两种物理性质的物理性质？

我们只能基于当前的理论物理性质和对物理对象性质的日常理解来理解典范物理对象的性质，有些典范物理对象性质等同于理论物理性质，有些典范物理对象性质等同于日常物理对象的性质，这些都是可以理解的。但是我们如何知道有一种认识不到的典范物理对象性质？斯图加借用托马斯·内格尔在《本然的观点》一书中的想法：存在着不为我们感知的存在。相似的，存在着我们无法认知的对象性质。斯图加的物理主义要以承认这种我们无法感知的存在为代价，或者说他要为这种无法认知的对象性质提供论证。如果这样，那么当前的物理主义、理想的物理主义也是可以接受的。每一种接受都有一定的理论代价。当前的物理主义以接受可错为代价，但我们并不就此认为物理主义是完全错误的；理想的物理主义以实质内容为代价，通过科学理论的特征、科学理论所处理对象的特征（相对基本、根本上非心理）为理想物理理论填充了某些内容；基于对象概念的物理主义既不是错误的，也不是没有实质内容的。

物理主义的另外一个表述是：一切都是物理的；一切都完全可以通过物理科学获得描述和解释。根据理论概念和对象概念的区分，我们可以对第一句话进行改写，一切物理性质，要么是理论性质，要么是对象性质，要么是为理论性质或者对象性质所必然导致的性质。这个改写涵盖了所有物理的物理性质。但是第二句话却无法改写，我们只有理论物理科学，没有对象物理科学，既然理论性质和对象性质不是重合的，那么我们运用何种手段才能认知对象物理性质？也许我们认知这种对象性质的手段是完全违反物理主义原则的，例如直观。

如果依据对象概念无法有意义地理解物理主义，斯图加还可以尝试其他策略，一个最为可能的策略就是将物理主义的一般性表述和认识论物理主义对于心身问题的理解分开，但这种立场有可能是错误的。

2.1.1.5 基于新笛卡尔式的认识论物理主义对亨普尔两难的回应

关于如何定义物理主义我们有三种选择，第一种是利用物理学来定义，第二种是利用量化描述来定义，第三种是利用对象物理概念来定义。第一种选择的困难是，类比解释（当前物理学）和实质内容填充（理想物理学）似乎太过单薄。语义解释（当前物理学）没有实质的解决；第二条出路本身违反了物理主义原则；第三条出路也可能违反了物理主义原则。

传统的唯物主义建立在对"物质"概念的理解上，我们已经介绍了传统物质的概念：占据空间的材质（stuff）具有惯性（inert）、没有感觉（senseless）、坚硬的（hard）、不可穿透的（impenetrable）。
笛卡尔的物质概念中，物质是占据空间的，因此它是具有广延的。笛
卡尔把空间性当作一切物的本质特征：

> 物体，我是指一切能为某种形状所限定的东西；它能包含
> 在某个地方，能充满一个空间，从那里把其他任何物体都排挤出
> 去；它能由于触觉，或者由于视觉，或者由于听觉，或者由于味
> 觉，或者由于嗅觉而被感觉到；它能以若干方式被移动，不是被
> 它自己，而是被在它以外的什么东西，它受到那个东西的接触和
> 压力，从而被它所推动。（笛卡尔1986，第24—25页）

广延实际上是人对物理空间感觉的抽象。当代的物质概念不再
要求物体具有广延，物质存在的形式多种多样，不仅仅局限于一种实
体性的存在。尽管如此，我们还是可以从笛卡尔的物质概念获得一种
提示：物质和空间性是密切相关的。不管物质具有何种形态，它一定
在空间之中。电子（或基本粒子）没有广延但是在空间之中。不可否
认，电子当然是有尺寸的，但广延指的是物体在长宽高三个向量上都
具有一定的尺度，与这种尺度相联系的是物体的不可穿透性。长宽高
这些概念都是我们日常对事物形状的一种抽象式理解。

> 一个电子只是通过在其周围起支配作用的电力才显示出其
> 自身的存在。因此，对于物理学家来说"这里有一个电子"只是
> 意味着"这里存在着诸电力的特定的规则性（合规律性）"。在
> 这种情况下，电力或场强度就是一个向量。对于理论物理学家来
> 说，一个点在一个特定点的存在只是意味着一个得自于诸向量在
> 向量场中的分布的特定的数学表达式具有一个非零的特定值。这
> 个表达式就是所谓的电场强度的"发散"。电量的全部物理意义
> 也就尽在于此了。（韩林合1995，第273页）

石里克因此认为：

> 不存在始终保持自我同一的质料（stuff），在每一点上我们都只能发现变化不定的各种状态，任何地方都不存在能携带它们、它们能依附其上的实体性的承担者（substantial bearer）。自然中的状态或过程是自我持存的，它们并不是任何东西的状态或存在于任何东西之中的过程。现代物理学不是质料物理学，而是"场"的物理学。但是，场仅仅是存在于空间之中的所有状态的内在概念，而并不是作为这些状态的承担者的某种实体性的以太。物质被完全归约为状态了，它只是诸状态的复合体。（韩林合 1995，第 273—274 页）

遵循石里克的思路，物质只是一种状态，而不是某种实体性的存在，但无论物质如何变化，它总在空间之中。根据这种理解，豪厄尔（Howell）提出了一个新笛卡尔式（Neocart）的物质定义：

> 一个性质是物理的，当且仅当它能够被完全地刻画为关于事物的时空分布的条件。（Howell 2013，p.24）

假设你能够置入一个性质到世界中，你就是置入了一组新的条件，从而使得这个性质出现。物理性质可以为它们被置入世界中的时空条件所完全刻画。对于非物理性质则并非如此，非物理性质自身有一个现象层面（phenomenal feel），或许这种性质还能使具有这种性质的人（或其他生物）觉察到这种性质的存在。新笛卡尔式的物质定义对于物理性质是必要且充分的，但是对于非物理性质也许是必要的，但绝非充分，仅仅用性质产生所依据的时空条件不能刻画非物理性质。这样我们就对物理世界有了一个大致的想法：一个世界是物理的，当且仅当所有的偶然性质都伴生于这样的性质——能够完全通过它在时空之中如何分布的条件获得刻画的性质。这种物质定义把握了笛卡尔物质定义的实质。不过它也面临和基于对象的物理概念一样的困难：时空之中的物理性质的出现依然需要一个绝对基础（categorical grounds），不可避免地承诺绝对性质的存在。如何将这种绝对性质解释为物理性质是新笛卡尔式定义的一个难题。在马赫看来，心物区别不过是我们看待世界方式的区别，石里克[1] 进一步将其理解为两套概念系统的区别。按照这种思路，我们可以在本体论上拒斥存在绝对性质和倾向性质。相反，同一个性质只是被倾向的术语或者绝对的术语所描述而产生了概念上的区别。在第三章我们会对这种策略给予详细讨论，将表明无论是对象物理概念还是新笛卡尔式物理概念皆可以用一种性质双面观（Dual Aspect View）的理论来解释。

有了新笛卡尔式的物理概念，我们回头再看看亨普尔两难。时空之中的物理性质这个提法就不受限于当前或者理想的物理学概念的区分。一个性质无论是什么样的物理性质，它总在时空之中。石里克将物理性质界定为可以测量的性质。毫无疑问，可以测量的性质都是理论物理性质，但并不是所有物理性质都是可以测量的。也许存在某种

---

[1] 石里克认为传统的心身问题产生的原因是概念的混乱，一旦我们厘清了何为心何为物的概念，心身问题就不会产生了。心的概念就是和"意识内容"等同的"直接给予的东西"。心物区别的一个常见标准是区分主观的质和客观的质，"其中那些属于意识范围的，我们称之为主观的质。它们是所与的，是我们直接体验的，与此相对的是客观的质；这些质不是所与的，也不是可以直接体验的。"（石里克 2005，第 351 页）。在石里克看来，前一种可以称为"心的"，但后一种似乎不能称为"物的"。在日常生活中，有一种相当重要的物质特征，正是这种特征造成了心物问题，这就是空间性的特征。笛卡尔把空间性当作一切物的本质特征，这种理解忽视了一个最重要的差别，作为直观材料的"空间予料"和作为客观世界次序格式的"空间"之间的差别：

我们必须记住那些提出身心问题并试图解决这一问题的人是把"物的"理解为某种不同于我们的心外性质的东西，他们是基于一种直观的、有空间性广延的形体的普遍概念，但是这种形体概念，正如我们刚才所指出的，是自相矛盾的。（洪谦 1989，第 431 页）

对物质的常识理解建立在直观空间的基础之上，笛卡尔特别强调了直观空间可以为感觉器官所感知，这种可以表象的广延就成了主观性质的特性。因此在这个意义上空间性也为主观的存在所具有。这种对物质的理解与现代物理学的观点是冲突的。如果把空间性区分为心理空间和物理空间，那么物理空间是一种抽象结构，并不为我们所直接感知。物理学的进展，使得我们不再把物质仅仅当作有广延的实体，而是作为更为一般的时空概念，物质就是用自然科学的时空概念系统所指示的实在。另一方面，我们在做出主观与客观的区分时，并不需要引人物的概念。

我们对于空间的全部表象完全是由感觉的空间、场所规定里吸取来的，广延在直观的意义上只是心理的量的属性，而不是物理事物的属性。（洪谦 1989：第 441 页）

物理性质，我们还没有足够的手段能观察测量到它，这并不意味着它就不是物理的。新笛卡尔式的物理概念较好地刻画了这一直觉。新笛卡尔式的物理主义定义在本体论上是完全的，它可以接受物理学理论不能推设的物理对象的存在。

2.1.2 无知假设与亨普尔两难

我们现在有了三种关于"物理事项"的理解，第一种是基于物理学的，对这种立场的一种解读似乎可以回避亨普尔两难；第二种是基于对象的物理概念，在此基础上的物理主义可以被称为基于对象的物理主义，这种立场在解释亨普尔两难中会遇到如何将有些对象性质（或绝对性质）理解为物理性质的麻烦。第三种立场是基于笛卡尔式的物理概念，它所面临的问题和对象物理主义是一样的：为了本体论上的完全性，一方面需要解释支撑倾向性质的绝对性质是不是物理性

（接上页）

基于上述分析，石里克提出了他关于心身的"平行论"观点，如果用现代术语表示，他实际上是提出了一种一元论，所谓的平行只是心理概念系统和物理概念系统一一对应。石里克区分了三种不同的存在：第一种是实际本身（性质的复合、物自身），这种实在非心非物。第二种存在是自然科学的量的概念，它们与实际配列，其总和就构成了物理学的世界概念。第三种存在是直观的表象，它们作为第（二）项下所说的量值的代表出现在我们的意识中。根据上述规定，可以对"物"的概念进行重新理解：首先，"物的"只和那些与第二领域的概念有配列关系的实际对象有关。其次，"物的"并不表示一种特殊的实际，而是一种描述实际的特殊方法，这类似于马赫所说的看待世界的方式。"物的"这词不应当误解为一种只属于一部分实际东西而不属于另一部分实际东西的特性。相反，它是关于一类概念结构的词，正如"地理的"或"数学的"这些词一样，并不表示实际事物的某些特殊性质，而只是一种用概念来表示实际事物的方法。物理学是我们知识用以配列于全部实际的精确概念系统。石里克进而对他所理解的物理性质和心物平行论给出了如下具体规定：

凡是在证实这类命题时所使用的各种方法中的共同的东西，就一定是表明"物的"的特征的东西……物理性质是可测量的性质，它们是用测量的方法下定义的。（洪谦 1989，第 459 页）

直接体验的实际和物理的大脑活动过程之间的关系不再是一种因果依赖关系，而直接是一种同一关系。（洪谦 1989，第 438 页）

……心物平行论……它不是一种形而上学的平行论，既不是两种存在的平行论（象 Geulincx 那样），也不是唯一实体的两种属性的平行论（象 Spinoza 那样），也不是同一个"本质"的两种现象形式的平行论（象 Kant 那样），而是一种一方为心理学概念系统，另一方为物理学概念系统之间的认识论的平行论。（洪谦 1989，第 439 页）

石里克对心身问题的解决分为两个步骤：首先，他通过考察传统心身关系中涉及物的概念的用法，发现这个概念的产生是混淆了物理空间和心理空间的结果，从而得出一个基于语言分析的诊断，即心物问题是由于同一个语句中混合运用了两种不同的表述模式而产生的。其次，他借助现代物理学对物理概念重新表述，同时接受了马赫关于看待方式的论点，将心物区分成两套不同的概念系统，它们是对同一个实在的不同刻画方式，这使得他得以坚持一种心身同一论的立场。

质，另一方面，需要承诺存在着测量不到的物理性质。因此，这种立场也是一种特定的认识论物理主义。

重新考虑亨普尔两难的表述，可以发现我们对当前物理学可能是错误的和当前物理主义可能是错误的判断来自一种类比。我们把过去物理学与当前物理学之间的关系类比为当前物理学与未来（理想）物理学之间的关系；我们也已把过去物理主义与当前物理主义之间的关系类比为当前物理主义与未来（理想）物理主义之间的关系。严格来讲，这种类比是不能成立的，我们不能以为过去物理学或物理主义可能是错误的就推导出当前物理学或物理主义可能是错误的这一观点。对过去物理学或物理主义存在错误的推断之根据来自当前物理学或当前物理主义，我们知道当前的物理学，所以这种推导是没有问题的。但是我们并不知道未来（理想）物理学的具体内容，我们缺乏断定当前物理学或物理主义可能是错误的根据。

这种类比的基础实际上是归纳推理，我们对于当下的判断依赖于已有的判断，如果我们按照牛顿时期的物理主义的观点，亚里士多德时期的物理主义可能是错误的；按照爱因斯坦时期的物理主义观点，牛顿时期的物理主义也可能是错误的，那么似乎就可以归纳得出按照理想（未来）物理主义的观点，爱因斯坦时期的物理主义也可能是错误的。这种归纳推理预设了自然的齐一性（uniformity of nature），即未来与过去具有相似的结构，未观察到的事物和已观察到的事物是相似的。只有根据这个假设，我们才可能从已经观察到的现象推论出没有观察到的现象。因此如果要断定当前物理学可能是错误的，那么未来物理学和当前物理学应该具有相似的结构，只有满足这个条件，才能断定当前物理学可能是错误的。[1] 问题在于，关于未来物理学和当

---

[1] 有人提出了质疑："今天的物理学与牛顿物理学有比较相似的结构，但与亚里士多德物理学的结构可能很不同，但我们似乎可以断定亚里士多德物理学是错的。"笔者认为大家对于相似的结构理解可能存在不同，如果把亚里士多德物理学和当前物理学当成完全不同的结构，那么我们很难直接断定亚里士多德物理学是错的，我们最多只能认为亚里士多德物理学是没有意义的或者没有实际效用的。错误的断定源自我们据以判定对错的共同标准。

前物理学是否具有相似结构这个论断很可能是开放的，并没有确定的答案。一方面，未来完全可能发展出一种与当前物理学（相对论和量子力学）完全不同的物理学，我们很难根据这种物理学来判断当前物理学是不是错误的，当然也不能得出当前物理主义就是错误的观点。另一方面，如果我们接受物理学家关于未来物理学的想法，比如范伯格认为未来物理学不管如何变化一定要包含原子假设；比如温伯格认为终极理论必定包含量子力学。原子假设和量子力学都是当前物理学的核心内容，那么按照他们的观点，我们也很难得出当前物理学是错误的、当前物理主义是错误的结论。

赫尔曼在谈到亨普尔两难的第二难时，认为如果物理主义诸原则不立足于当前的物理学，而是立足于理想物理学，那就很难解释这种物理主义立场，因为它们基于一种并不存在的"物理学"——我们完全缺乏构造独立于物理理论的关于"物理对象，性质和法则"的通常标准。在笔者看来，亨普尔两难的第一难和第二难之间存在着张力：如果我们接受第二难的预设，那么第一难就是不能成立的，因为我们不知道未来（理想）物理学的内容，当前物理学和未来物理学之间的关系很可能是违反齐一性原则的；如果我们接受第一难的预设，那么第二难就是不能成立的，因为我们对当前物理学的判定依赖于对理想物理学的判定，要能得出结论说当前物理学是错误的，就意味着我们知道未来物理学的内容。[1] 因为当前物理学是否存在错误需要未来物理学作为标准。尽管物理学家（如范伯格、温伯格）对未来物理学的内容作了各种猜想，但并不意味着未来的物理学就一定是他所理解的

---

[1] 这是一个特别复杂的问题，我们判定当前物理学和未来物理学是否具有相似的结构依赖的是什么原则呢？一方面，如果未来物理学完全不同于当前物理学，那么确实可以说它们不具有相似的结构。但是我们无法想象完全不同意味着什么。在用理想物理学回应亨普尔两难一节中，我们已经说过为了给理想物理学填充实质内容，多威尔认为理想物理学具有一般科学理论的特征，而且它处理相对基本的实体，这就给理想物理学填充了内容。按照这个说法，是否可以断定理想物理学和当前物理学具有相似的结构？一种完全不同于当前的物理学是否具有一般科学理论的特征？科学史上，延续说和断裂说一直是相互竞争的两种说法，未来的物理学和当前物理学具有相当的结构或者具有完全不同的结构都是可能的，对于哲学家来说，这个问题是悬而未决的。

物理学。完全可能存在着与我们当前物理学不同的未来（理想）物理学，只要这个可能性存在，我们就不能对未来（理想）物理学填充实质的内容。

据此，笔者认为人类真正的无知不是对基于对象的或者新笛卡尔式物理性质的无知，而是对基于未来（理想）物理学所包含的物理性质和物理定律的无知，简略来说就是对未来（理想）物理学的无知，而这种无知正是人类自身状态的写照，也是我们人类可以理解的一种无知。

退回到斯图加和豪厄尔的认识立场，二者都将人类原则上认识不到的物理性质理解为绝对性质。这引出了两个关键性的问题：如何理解绝对性质在对象物理主义和新笛卡尔式物理主义中的作用？如何理解认知局限假设（或无知假设）对于认识论物理主义的作用。在下一节我们主要考察从绝对性质和倾向性质的区分来理解物理性质。

2.2 / 物理性质

我们对物理性质最为直观的认识就是，物理性质就是物理对象所具有的性质。更严格一点，可以说，就是物理理论所给出的物理性质。如果我们把物理对象区分为日常的物理对象（桌子、椅子）和物理学理论所蕴含的物理对象，那么我们也就会对物理性质做出相应的区分：日常物理性质和物理学性质。在当今的讨论语境中，我们一般使用倾向性质和绝对性质来讨论物理性质。但需要指出的是，这种两性质并不是只属于物理学性质，也包含日常物理对象的一些性质。

2.2.1 倾向性质与绝对性质

倾向性质（dispositional property）和绝对性质（categorical property）是用来刻画物理性质的一对概念。一般说来，我们把倾向性质理解为物理学性质，或者说倾向性质就是物理学理论告诉我们的物理性质。倾向性质也就是传递因果效力（power）的性质，是物体在运动中产生的性质。直观上我们觉得这种传递力（能量）的性质背后总有一个支持物，这就是所谓的绝对性质。不过对绝对性质的理解众说纷纭，绝对性质有可能是物理性质（例如日常物理对象性质），也有可能部分是非物理学性质（比如与意识经验相关的性质，是什么并不清楚，但肯定是一种性质），更有可能是二者兼有。但通常会认为绝对性质肯定不是物理学性质。

倾向性质和绝对性质具有什么样的关系？尤其是绝对性质究竟是一种什么样的性质？首先我们将明确倾向性质和绝对性质的区分以及由此形成的各种立场；其次我们考察绝对性质是否对认识论物理主义构成挑战，我们将看到绝对性质具有两面性：一方面绝对性质的存在为认识论物理主义奠定了基础，没有绝对性质就没有认识论物理主义的基本概念；另一方面认识绝对性质的办法或途径（内省）会违反物理主义者的基本原则。最后，我们将讨论根据绝对性质构造的绝对论证：存在我们认识不到的绝对真理。

关于倾向性质和绝对性质的定义本身就是一个需要讨论的问题，但是对于二者的定义和区分，我们有一些典范的例子和直观的标准。大致说来可溶性（soluble）、延展性（malleable）、磁性（magnetic）、易碎性（fragility）等性质都是典型的倾向性质。[1]卡尔纳普对于倾向性性质给出了一个示例：

> R：对于每一个对象 X，若 X 被放置于水中，X 是可溶的当且仅当 X 溶化了。（Carnap 1928）

这是一个实质条件句，一个对象是否可溶，要把它放到相关情景

---

[1] 关于倾向性的讨论参考了斯坦福哲学百科 disposition 词条。

中才能判定。但是这个规则并不能完全定义可溶性。当盐没有被放置于水中，没有出现相关的情景时，怎么来定义可溶性呢？R 规则不能对盐没有被放置于水中的情形给予分析。许多哲学家发现了这种语义学分析的缺陷，转而接受反事实条件句分析。他们用反事实条件将"X 在 T 时刻溶于水"和"如果在 T 时刻将 X 放置水中，那么 X 将会溶化"联系在一起，下面是一个广为接受的反事实条件句定义：

> SCA：当 C 发生了，一个对象倾向于例示 M 性质，当且仅当如果 C 发生了它就例示了 M 性质。（Choi, Sungho & Fara, Michael 2012）

赖尔（1963）、古德曼（1954）、奎因（1960）都支持上述分析。这个分析也有很多反例，比如杯子是易碎的，如果给杯子裹上布摔就摔不碎了。一部分哲学家选择反驳这些反例，捍卫反事实条件句分析。另一部分哲学家倾向于给出更为复杂的反事实条件句，比如刘易斯给出了这样一个分析：

> RCA：当 C 情形出现时，对象 X 倾向于溶解（M）；当且仅当 X 拥有一个内在性质 B，使得如果 C 出现了并且如果 X 充分保有 B，那么 C 和 B 合在一起就能让 X 溶解（M）。（Lewis 1997）

关于如何定义倾向性质则是形而上学中的热门话题，但并非本节重点。知道倾向性质的基本定义和一些典范的倾向性质，对于我们的讨论来说已经足够。实际上，关于倾向性质人们普遍接受以下说法：第一，物理科学只告诉我们物理科学所研究的对象的倾向性质；第二，倾向性质依赖于绝对性质或者说倾向性质需要一个绝对基础。（Schroer 2010）

如果说关于倾向性质的定义是一个麻烦的话，那么关于绝对性质的定义就更为麻烦。我们只能从否定方面来定义：绝对性质就是非倾向性质。比如形状化（being shaped）和颜色化（being colored）都是典型的绝对性质。按照这种理解，是一棵树，是一块岩石这样的性质也是绝对性质，它们并不是要给出相应的激活条件才能出现的性质。[1]

在倾向性质和绝对性质的争论中，存在三种立场。第一种立场称为倾向一元论（Dispositional Monism）：主张时空中对象的性质都是倾向性的。第二种立场称为绝对一元论（Categorical Monism）：主张时空中对象的性质都是绝对的。第三种立场称为多元论（Pluralism）：主张时空中对象的每一个性质既是倾向性的又是绝对的（Martin 1997，Heil 2005，Strawson 2008）。

上述几种观点的区别主要体现在对倾向性质**依赖于**绝对性质这个断定的理解上。对依赖关系的第一种解释是用实现（realization）来说明依赖。这种观点将倾向性质理解为高阶性质，绝对性质理解为低阶性质，二者之间存在实现的关系。普廖里（Prior 1982）认为倾向性质和绝对性质同时出现，后者实现了前者。但这种会遇到过度决定（overdetermined）的问题，约翰·海尔（John Heil）是这么解释这个问题的：

假设 H_1 和 H_2 是某个对象 O 的高阶性质（这两个性质是相继出现的）。再假设你认为是因为 O 拥有性质 H_1 导致了 O 拥有性质 H_2。进一步假设 H_1 为 P_1（某种更为复杂的物理性质）所实现，H_2 为 P_2 所实现。O 拥有性质 P_1 导致了 O 拥有性质 P_2。那么 O 拥有 H_2 就是过度决定的：H_1 和 P_2 都是 H_2 的原因。也许 H_1 导致了 H_2，间接地导致了 P_2。O 拥有 P_2 是明显过度决定的。

$$H_1 \rightarrow H_2$$

$$P_1 \rightarrow P_2$$

---

[1] 因为严格来讲物理科学并不研究形状、颜色这些日常概念描述的物理性质。这些就属于日常物理对象的性质。

这就使得 H_2 和 P_2 都有可能成为过度决定的性质。(Heil 2003, p.33) [1]

对依赖关系的第二种解释是将其理解为还原。阿姆斯特朗（Armstrong 1968）早期主张将倾向性质还原为绝对性质，倾向性质**偶然**等同于它们所依赖的绝对性质。首先，一个倾向性质被分析为一个因果角色（比如易碎性被分析为一个对象在合适的环境里被打破）；其次，倾向性质被等同于这个角色的因果基础，易碎性等同于支持上述因果作用的分子结构。阿姆斯特朗的这种观点可以被看作性质一元论，所有的性质最终都源于绝对性质。

这种绝对性质就是事物本身的因果基础，奠基了所有的倾向性质。正因为此，就可以将倾向性质还原为绝对性质。就像阿姆斯特朗在心身问题上主张意识还原为大脑状态。这种还原关系就是同一关系。倾向性质是内在性质，意识活动是大脑活动，他们将这种同一陈述与"闪电就是放电""水是 H_2O"一类的同一陈述做类比。但在当时（20 世纪五六十年代）他们认为这种同一关系仅仅是偶然等同关系，而非克里普克提出的后天必然同一。

马汀（Martin 1997）和约翰·海尔（2005）对绝对性质有一个新的解释，他们和阿姆斯特朗一样认为倾向性质等同于绝对性质，但是他们并不认为绝对性质要比倾向性质更为基本，每一个在时空之中的性质既是倾向性质也是绝对性质。倾向概念和绝对概念都没有提供一种完全的刻画。在本体论上只存在一种性质，只是被描述为倾向的或者绝对的。在马汀和海尔看来，倾向和绝对的区分只是一个概念上的区分，而不是性质上的区分。两种概念都对同一种性质进行了精确的描述，尽管从对方看来都是不完整的。这种立场和马赫、石里克对性质的理解模式很相似。在他们看来，心物之间的差异只是看待方式的

[1]　这和心理因果的过度决定问题是类似的。

差异或者说概念系统的差异，概念的区分并不表示实在的差异，同一个性质存在两种不同的表征方式。[1] 由于倾向性质是多种类型的，他们进而认为绝对性质也是多种类型的。施勒尔认为尽管倾向性质是多种类型的，但绝对性质确实只有一种类型（Schroer 2013）。

2.2.2 绝对性质对物理主义的挑战

承认存在绝对性质会面临什么后果呢？绝对性质对物理主义构成了三个挑战：第一，按照通常理解，绝对性质不是物理性质；第二，因为绝对性质不是物理性质，所以物理科学不能刻画绝对性质；第三，从认识上来说，物理主义者很难把握绝对性质的本质。必须说明的是，本节讨论的主要是绝对性质对一般物理主义立场构成的挑战，而这种对一般物理主义的挑战，恰恰被斯图加等人作为对认识论物理主义的辩护，因为认识论物理主义需要绝对性质。

绝对性质是物理对象的基础性质但同时它又不是合格的物理性质，这是对物理主义的第一个挑战，因为物理主义认为基础（底层性质）应该是物理性质。关于这个问题，有两种可能的回应：第一种回应认为虽然物理科学不能描述绝对性质，却可以最终涉及绝对性质（Frank Jackson 1998）。[2] 尽管物理科学通过对象之间互相作用产生的力（power）来描述倾向性质，但物理科学最终可以涉及绝对性质，而且绝对性质和力之间的联系在经验上是偶然的。我们完全可以想象同样的绝对性质可以与不同的力相联系。这种解决是以绝对主义为前提的，即我们仅仅在概念的层次上区分了倾向性质和绝对性质，在本体论的层面只有绝对性质，物理科学描述不了绝对性质，但可以指涉

---

[1] 石里克认为心理性质和物理性质都是同一个性质的两种不同表述方式，按照这种模式也可以说倾向性质和绝对性质都是同一个性质的两种不同表述方式。

[2] 关于物理科学只告诉（tell）我们倾向性质这个论断，杰克逊（1998）和斯图加（2001，2006）认为"tell"一词具有歧义。我们可以说物理科学通过指称一个性质来告诉我们这个性质，但并没有理由断定物理科学就不能最终指涉绝对性质。杰克逊提示了这样一种可能性（Jackson 1998，p.23），物理科学可以使用"关系名字"最终指称绝对性质，关系名字指参与到某些因果联系中的具体性质的名字。

绝对性质。第二种回应是用基于对象的物理性质来定义物理性质。按照基于对象的物理概念，绝对性质也算作物理性质。我们借助绝对性质理解物理的概念，并以此解决亨普尔两难。但绝对性质并不是一个不需要解释的概念，仅仅给出绝对性质和倾向性质之间的关系，以及一些显而易见的绝对性质是不够的。把绝对性质纳入对象物理性质，仅仅是把绝对性质变成了一种规定而缺乏进一步的说明。比如已知的绝对性质和未知的绝对性质具有什么关系？已知的倾向性质和未知的绝对性质是什么关系？未知的倾向性质和未知的绝对性质是什么关系？这些都是斯图加未能做出解释的。因此把绝对性质纳入认识论物理主义中来，也是有风险的。

　　绝对性质对物理主义的第二个挑战最为关键，如果绝对性质存在，物理科学又只能描述倾向性质，那么物理科学不能描述我们关于世界的全部图景，它遗漏了与绝对性质相关的真理，因此物理科学是不完全的。物理科学研究物理对象在不同环境中的活动以及它们之间的因果关联，它关注的是对象在不同环境下的活动（与倾向性质相关联的），而非对象（与绝对性质相关联的）本身。比如我们研究蛋白质，研究的是各种与蛋白质相关联的东西，至于蛋白质究竟是什么，这是物理科学难以回答的。对于这个挑战，物理主义者有几种回应：倾向一元论可能会接受物理科学只描述倾向性质的断定，但拒绝接受倾向性质依赖于绝对性质的断定。认识论物理主义者（斯图加）区分了理论物理概念和对象物理概念，前者描述了倾向性质，后者既可以描述倾向性质也可以描述绝对性质。宽泛的物理科学中的物理概念是基于对象的物理概念。这个解答是循环的，本来关于对象的物理概念的定义是依赖于倾向性质和绝对性质的区分，但是现在理解绝对性质的时候，却又引入了对象的物理概念。

　　物理主义者既不需要接受倾向一元论，也不需要接受认识论物理主义的概念就可以回避这个困难：前文马汀和海尔提出了一个策略，每一个性质都具有内在本性，这种本性部分为绝对性质所刻画，部分为倾向性质所刻画。他们接受了物理科学只告诉我们倾向性质的断定，同时接受了倾向性质依赖于绝对性质的断定，我们已经看到用实现和还原来解释依赖是有问题的，最好的说法是提出倾向概念和绝对概念是同一种性质的两种不同表达方式，倾向的和绝对的之间的区别是概念的区分而非性质的区分。

绝对性质对物理主义的第三个挑战是：物理主义者很难把握绝对性质的本质。杰克逊和斯图加认为人类的认识能力存在原则上的局限，这使得我们根本无法把握其本质。施勒尔认为既然物理科学不能把握其本质，我们可以求助于其他方式，比如感知、内省。以内省为例，内省可以觉察经验的绝对性质，我们知道绝对性质独立于对象的各种因果作用，绝对性质与各种因果作用发生的效力（power）之间的关系是偶然的。既然绝对性质不同于因果效力，那么就有一种逻辑可能性，两种不同的绝对性质传递相同的因果效力。这就造成了一个麻烦：假设有两种不同的现象性质 A 和 A′ 碰巧传递了相同的因果效力。如果对现象性质的内省觉察是由因果过程传递的，[1]那么我们就不能通过内省来区分 A 和 A′，而且我们也不能注意到 A′ 替换 A 时所发生的变化，因为两者以同样的因果方式影响我们。A′ 是逻辑可能的，表明我们仍然不能对实际存在的现象性质（比如 A）的本质有一个积极正面的理解。休梅克（Shomaker 1980）对上述观点有一个论证，它受到了普特南孪生地球思想实验的启发。

让我们想象一种在表面特征上（无色、透明、液体、可饮用）和水极其相似的物质，它的分子结构是 XYZ，我们把它叫作孪生水。如果你没有学过化学，而且只能通过日常感知达至对水的理解，那么你就不能区分 H_2O 和 XYZ，因为它们在表面上无法区分，都是透明无色无味的液体，都是可以饮用的。你不能通过感知来把握水的本质。

---

[1] 内感觉理论认为：在感知状态和外部对象之间存在一个因果过程，比如庭院里的一只狗因果引起了我看到庭院里有一只狗。内感觉（内省）和感觉是类似的，在内省和被内省到的状态之间也存在一个因果过程。

孪生水存在的逻辑可能性表明不能利用日常的经验感知来把握水的本质。

由于外部对象的两种不同性质 B 和 B′ 产生了相同的因果过程，因此我们不能在感知上区分 B 和 B′，这是感知的休梅克论证。绝对主义论者拒斥了休梅克论证，认为我们可以亲知到经验的现象性质，通过亲知发现现象性质 A 和 A′ 的区别，即使它们传递了相同的因果效力。亲知似乎是认识绝对性质的唯一途径，我们知道亲知包含两个层面：感知和内省。休梅克论证表明我们不能通过感知来把握意识的本质，但是我们确实可以通过内省来把握意识的本质。让我们暂且假定意识性质可以被理解为一种绝对性质，我们可以内省到自己的意识，把握其本质。按照这种理解，通过亲知（内省）可以把握到绝对性质的本质。不过这种理解就和我们最初界定的绝对性质完全不同了，认识论物理主义者要求的绝对性质，虽然不是理论物理性质，但绝对不能是心灵性质，或者说这种性质一定是非心灵性质。将绝对性质理解为心灵性质，满足了认识的要求，在本体论上却是错误的。这就面临一个两难：如果绝对性质是可以认识的，那么这种性质就是非物理的；如果绝对性质是物理性质，那么就不能认识到这种性质。认识论物理主义决定接受这一个选择：绝对性质就是我们认识不到的物理性质。

2.2.3 对绝对性质的理解

当物理主义者断定一切都是物理的时候，他们断定的是一切基本（低阶）性质都是物理性质，并不否定心理性质作为高阶性质的存在。二元论者如查尔默斯把绝对性质理解为心灵性质，心理性质就成了自然世界的基本性质，这是物理主义者不能接受的立场。最低限度的物理主义认为心理性质伴生于物理性质，按照两种物理概念的区分，可以说心理性质或者伴生于理论物理性质或者伴生于对象物理性质，也可以说心理性质或者伴生于倾向性质或者伴生于绝对性质。用日常话语来说，对象物理性质是和心理性质有联系的一种性质，绝对性质亦然。

认识论物理主义者据此引入了无知假设：人类认识不到这一事实，即存在一种与心理性质相关的绝对性质（或者存在一种与心理性质相关的对象物理性质，或者存在一种与心理性质相关的新笛卡尔式物理性质）。斯图加本人用经验性质（真理）和非经验性质（真理）来描述这一立场[1]：存在着我们人类所认识不到的一类与经验真理相关的非经验真理（Stoljar 2006，p.6）。这里经验性质（真理）是指心灵性质（真理）；非经验真理就是指物理性质（真理）。斯图加在这里有意回避使用心物概念，而是用经验和非经验来代替这个区分，重点是强调人类无知于某一类真理这一事实，但不管他怎样回避物理概念，最终都要回到对绝对性质无知这一问题上来。

为什么无知假设对于斯图加如此重要？在他看来反驳物理主义的各种论证（尤其是模态论证）之所以流行，是因为反物理主义者胡思乱想构造论证，其根源在于他们没有认识到自身的认识局限这一事实，或者说没有认识到人类对于某类与经验相关的非经验真理无知这一事实。斯图加的认知观点由以下两个论题构成：

　　Ⅰ：如果无知假设是真的，那么意识问题就是可以得到解决的。

　　Ⅱ：无知假设是真的。

首先看看论题Ⅰ，在斯图加看来，人类无知于某一类非经验真理是一个偶然的经验事实，承认这个基础是我们建构哲学论证的前提。大部分哲学家都不否定认识上的无知这一事实，但是他们不认为这个事实对于解决意识问题（传统的心身问题）有什么相关。"这些问题

---

[1] 这里的经验性质或经验真理并不是在传统经验主义和理性主义的意义上用的，斯图加用经验性质或经验真理指与主观意识相关的经验，或者经验陈述。

不是经由新的经验提供的，而是经由人们早已熟悉的东西而得到解决的。"（维特根斯坦 2013，第 86 页）这种通过概念考察解决心身问题的方式在心智哲学中也很常见。内格尔和查尔默斯都试图通过概念分析的办法理解心身问题。深入来看，物理主义者和反物理主义者在理解心身问题上的理据是根本不同的，对于物理主义者来说经验事实是理解心身问题的起点，对于反物理主义者来说概念分析是理解心身问题的起点。斯图加对概念分析派的批评可谓尖锐：概念分析派的错误在于无知的想象。一旦澄清想象背后的无知这一事实，就可以有力地回应一些反物理主义论证如知识论证、可设想论证等。

对于认识观点的两个论题，反物理主义者基于上述理由可能会强烈反对论题 I，但他们会一般性地接受论题 II，事实上像内格尔、麦金、查尔默斯这些反物理主义者都认可人类认识局限这一事实[1]，所以斯图加借用了他们关于认识局限的想法。他们之间的区别有两点：第一，内格尔他们认为人类处于无知状态这一事实不是一个偶然的经验事实，而是一个先验的必然的事实，这就是人类如其所是的本性。第二，他们认为意识性质是世界基本组分，人类所认识不到的性质和意识性质相关。斯图加则认为人类所认识不到的性质一定是物理性质。而和斯图加同一战线的其他物理主义者可能会基本接受论题 I，因为他们分享了斯图加的基本哲学立场，即经验证据对于解决心身问题的作用，但是他们不一定接受论题 II。论题 II 的一种理解是，存在着人类原则上认识不到的物理性质。按照物理主义者的理解，只要是物理性质就终究会被人类所认识，科学的发展不断地验证这一点。存在原则上不可认知的物理性质，是认识论物理主义者的"我执"，要成为一个纯粹的物理主义者，就要放弃这种思辨的假设。概念论者也会反对这种预设：

---

[1] 这里面有一点细微区别。内格尔、麦金可能会认为人类原则上也不能认识大脑究竟如何产生意识，即使未来的科学也不可能做到这一点，查尔默斯似乎只是说今天的科学做不到而建议探索一种以意识为基本对象的新科学。

……我们根本就不承认概念框架和表现手段与世界及其内的事物是彼此独立的东西；相反，世界及其内的事物最终说来都是由概念框架和表现手段构成的。但是，这并非意味着概念和表现手段是世界及其内的事物的构成成分，更非意味着概念和表现手段创造了（甚至于就是）相应的事物本身，**而是意味着我们根本无法设想独立于任何概念框架和表现手段的世界或事物。另一方面，最终说来，我们当然承认存在着某种独立于任何概念框架和表现体系的东西，它恰恰是我们借以构造任何世界及其内的事物的基础和前提。……当然，既然它是至一或绝对，我们也就不能思维它，进而也不能言说它……因此，以任何方式思考和谈论独立于任何概念框架和表现体系的世界的本然的状态都没有意义。这样，严格说来，我们也不能有意义说：存在着这样的世界状态。**（韩林合2013，第417页）

按照笔者的理解，维特根斯坦以及概念论者（韩林合2013）既反对论题 I 也反对论题 II，在他们看来只能是通过对语言结构的概念分析才能解决心身问题。心身问题的提出乃是建立在语法误解基础之上的（韩林合2010，第264—349页）。内格尔和查尔默斯以及类似的反物理主义者反对论题 I，部分接受论题 II（承认有超越我们认识能力的事实）；一般意义上的物理主义者接受论题 I，但是反对论题 II，因为论题 II 也是来自概念思辨的结果，我们的独断没有经受任何科学实践的检验，不能成为科学的论题。如前所述，本书是一个内部批判，笔者站在物理主义立场考察这一论题：无知假设是不是真的。严格来说，我们并不能证明无知假设是对的还是错的，因为完全缺乏相关的标准。斯图加也认识到这一问题，在他的相关论述中，他试图提供各种论据，以表明无知假设是一个合理的假设。前述提到认识论物理主义者为此提供了一系列支持性论证。论题 II 有两个关键组分：无知和无知的事项，因此对无知假设的论证也有不同的侧重，第一种

强调人类本性无知这一事实，这种论证和内格尔的实在论论证、麦金
关于意识的神秘性论证相同；第二种强调人类无知的物理性质是绝对
性质（对象物理性质、新笛卡尔性质），为绝对性质的存在做出辩护。
这种区分仅仅是侧重不同而已，任何关于无知假设的论证都不可避免
地涉及两个方面。下面我们重点考察斯图加对绝对性质存在的论证。

2.2.4 绝对论证与无知假设

有一个最简单的论证表明存在着绝对性质：如果一个物理对象
没有绝对性质，我们就很难区分如下两个世界，世界甲——这个世界
中的物理对象只具有倾向性质，同时这些倾向性质都没有被激活。
世界乙——空无一物的空间（empty space），没有对象，当然也就没
有依附于对象的性质。从认识角度来讲，这两个世界无法区分，我
们只能从被激活的倾向性质来识别世界。针对上述困难，阿姆斯特
朗（Armstrong 1997, p.79）从绝对主义视角提出了一个论证，他认为
倾向性质都只是虚幻的麦农式对象。假设一个易碎的玻璃瓶没有被打
碎。但 X 只能在相关条件（被摔）出现时才倾向于摔碎的，那么 X
的易碎性就与相关条件有了一种联系，实际上就是与一种反事实条件
有了一种本质的关联。在这个意义上，易碎性质仅仅与一种假设情况
相关联。世界甲中的倾向性质虽然没有被激活，但是这些性质与一些
假设情况相关联，而世界乙因为空无一物，也就没有相应的反事实条
件。阿姆斯特朗隐含假定了绝对性质是唯一的真实的存在。大部分绝
对主义者都把自己归为本性论（Quidditism）。按照这种观点，性质的
本质是由内在的本性（quiddity）组成的。

让我们考虑一种绝对论证：存在我们不能认知的绝对真理[1]。罗素
可以算作提出绝对论证的代表人物，在《物的分析》（*The Analysis of
Matter*）一书中，他写道：

---

[1] 这里所谓的绝对真理指的是与绝对性质相关的各种真陈述。

物体是事件的逻辑构造，我们或多或少了解与事件相关的因果法则以及它们的时空关系的诸个抽象逻辑性质，但是我们并不知道物体的内在特征。和物理事件一样，知觉对象也是被置入因果框架的，我们并不知道知觉对象是否具有物理事件缺乏的内在特征，既然我们并不知道哪一个内在特征是与物理学所赋予物理事件的逻辑性质不相容的。我们也就没有任何根据来假定知觉对象就不能是物理事件，也没有根据来假定它们永远不能和其他物理事件同时出现。（Russell 1927，p.384）

在这一段中，罗素给出了绝对论证的结论：首先他提出事件组成了物理对象，它的内在特征是我们不知道的，物理对象就是我们不知道其内在特征的事物。其次，由于我们对物理对象的内在性质的无知，也就没有理由假定经验（知觉对象）不是物理的。需要注意的是罗素在这里把内在特征（性质）等同于绝对性质。

绝对论证的基本想法有两点：第一，我们认知不到一些绝对性质（真理），罗素的上述说法就是对这个想法的表述；第二，我们已经知道的一些性质并非绝对性质，所知的性质并没有告诉我们关于世界的一切。如果我们已知的关于物理对象的真理没有告诉我们真相，那么一定存在一种我们所不知道的真理。接下来我们来看看，有哪些是我们已知的真理，以及为什么这些真理不能给出关于世界的全部真相。在斯图加（Stoljar 2006，pp.108—112）看来，我们有三种关于世界中事物性质的真理：关于时空性质的真理；关于第二性质的真理；关于第一性质的真理。

对象的时空性质包含了时空中的位置、形状以及态势等。显然，物理对象包含这些性质。这些时空性质并没有包含物理性质的全部。物理对象充盈（filling in）在空间之中，而不仅仅是在（being in）空间之中，或者按照阿姆斯特朗的话来说（1961），物理对象并不是虚空的。另一方面，虚空也可以展示和物理对象一样的时空性质。所以对象的时空性质不能给出世界的全部真相。当代物理学将物质和时空紧密联系在一起，但这并没有决定性地说明时空性质和物理对象没有区别。

第二种类型是物理对象的第二性质：颜色、声音、气味、温度等。洛克说：

> 物体的第二性质……正确说来，并不是物象本身所具有的东西，而是能借其第一性质在我们心中产生各种感觉的那些能力。类如颜色、声音、滋味等等，都是借物体中微细部分的体积、形相、组织和运动，表现于心中的。（洛克 1997，第 101 页）

第二性质并非物理对象的唯一特征，一定存在关于物理对象的其他真理。这一点不难理解，至大如宇宙本身，至微如电子都缺乏第二性质。宇宙的颜色是什么样子的？电子的气味是什么样的？这都是些无意义的问题。第二性质与我们人类感知世界的能力相关，不能用来刻画我们感知不到的事实如宇宙和电子的性质，因此可以说第二性质也不能给出世界的全部真相。

第三种类型的真理是物理对象的第一性质：坚固性（solidity）、硬度（hardness）等。洛克认为：

> ……第一种不论在什么情形之下，都是和物体完全不能分离的；物体不论经了什么变化，外面加于它的力量不论多大，它仍然永远保有这些性质。在体积较大而能为感官所觉察的各物质分子方面讲，"感官"是能恒常感到这些性质的，在感官所感不到的个别微细物质分子方面讲，"人心"亦是恒常能看到这些性质的。你如果把一粒麦子分成两部分，则每部分仍有其凝性、广袤、形相、可动性；你如果再把它分一次，则它仍有这些性质。你纵然一直把它们分成不可觉察的各部分，而各部分仍各个能保

留这些性质。因为分割作用（磨、杵或其他物体所能做的，亦只是能把麦子分成不可觉察的部分）并不能把任何物体的凝性、广袤、形相和可动性取消了，它只能把以前是一体的东西，分成两个或较多的单独物团，这些独立的物团，都是独立的实体，它们分割以后，就成了一些数目。总而言之，所谓凝性、广袤、形相、运动、静止、数目等等性质，我叫它们做物体的原始性质或第一性质。（洛克 1997，第 100—101 页）

在当代的讨论中，还把第一性质扩展到物理理论所赋予的物理对象的物理性质：质量、导电性。第一性质是关于物理对象的一切性质么？布莱克·本认为当我们考虑物理对象的性质时，我们通常都考虑第一性质，例如阻力（resistance）、硬度。我们发现第一性质都是倾向性质，但是倾向性质要求绝对基础，因此第一性质没有穷尽所有性质。按照本的说法，第一性质粗略等同于倾向性质的话，那么第一性质没有包含绝对性质。同时，倾向性质需要绝对性质作为基础，后者的例示对于前者的例示是形而上学充分的。有了这两条，我们就可以说第一性质不能给出世界的全部真相。时空性质、第二性质、第一性质三者之中任何一种都不能穷尽物理世界的真相。

如果三者一起是不是就可以穷尽物理世界的真相呢？如果将第一性质等同于倾向性质，那么上述说法等于承诺时空性质和第二性质是非倾向性质或者绝对性质。显然这个论断是错误的，首先时空性质不能完全归为绝对性质，物体和纯粹空间都可以具有时空性质，但只有物体才具有绝对性质。换言之，绝对性质可以包括部分时空性质，但不是所有的时空性质都是绝对性质。其次，第二性质只属于部分物理对象（人类感知范围内的物理对象）。宇观对象（宇宙、太阳系）和微观对象（电子、质子、中子、介子、微子）都不具有第二性质。所以时空性质和第二性质都不是绝对性质，上述三种类型的性质并没有穷尽物理世界的真相。因此绝对性质是存在的。由于我们当前所知道的物理性质仅仅限于上述三种，那么可以进一步得出结论：我们确实不能认识到绝对性质的存在（Stoljar 2006, pp.108—112）。

绝对性质是认识论物理主义的核心概念：如果我们接受了绝对性质和倾向性质的区分，并接受对绝对性质的无知这一假设，那么我们就能回应对物理主义的一些反驳。但对绝对性质的承诺也存在一些问题：首先，我们利用绝对性质和倾向性质的区分，有效地说明了两种物理概念，从而为认识无知假设建立了一个框架。但是我们可能在完全不需要两种物理概念的情况下，一样可以建立起这种框架，问题的关键在于我们需要绝对性质这个概念，而不是两种物理概念。其次，物理主义者承诺绝对性质的存在会面临一些根本的困难，这些困难都可以不在认识论物理主义框架中获得解决。比如绝对性质是不是物理性质，绝对性质能不能为物理学所描述。最后，如果一定要求对绝对性质有一个正面把握，要涉及亲知（内省），而亲知（内省）是违反物理主义原则的。要么放弃物理主义立场像查尔默斯一样承认绝对性质就是现象性质；要么像柯林麦金一样承认只能亲知现象性质，但亲知不到绝对性质，因而绝对性就是神秘的，要么直接承认可以亲知绝对性质。总之无论采取哪种策略，如何把握绝对性质都是一个重大的难题。这就导向了我们最终无法认识绝对性质的无知假设，最后一节为这种无知假设提供了一种辩护，主要是针对绝对性质是否存在而提出来的。

如果接受基于对未来物理学无知的无知假设，那么我们不需要神秘的基于对象的物理性质，就一样可以说明人类的无知状态。一个真正的物理主义者需要完全放弃倾向性质与绝对性质区分的框架，只从物理学性质去理解物理对象的性质，除此之外再无其他性质。关于物理对象的性质，要么是我们当下物理学所推设的，要么是未来物理学所推设的。至于这些物理学性质是否需要一个绝对基础，这是一个形而上学问题，物理主义者完全可以拒斥回答这个问题，而只从当代物理科学寻找对物理性质的理解。

第三章 物理主义传统

3.1

还原的物理主义

3.1.1 逻辑经验主义时期的物理主义 [1]

逻辑经验主义是 20 世纪最为重要的哲学思潮之一，它是近代经验主义（洛克、休谟、孔德、密尔）的后裔。逻辑经验主义的兴起演进与 19 世纪末 20 世纪初期欧洲的哲学 – 科学思潮有着至为密切的关系。爱因斯坦先后提出了狭义相对论（1905）和广义相对论（1915），当时的欧洲哲学家把相对论视作科学理论的完美典范，并试图对其进行哲学阐释[2]；相对论对物理现象的统一处理，也激发了哲学家把物理学当作基础理论实现统一科学的雄心。如何分析科学知识的逻辑结构自然成了 20 世纪初期最为重要的哲学工作。在这之前，弗雷格（Frege）通过一系列著作《概念文字—— 一种模仿算术语言构

---

[1] 关于逻辑经验主义学派，目前至少有三个名字：维也纳学派或学圈、逻辑实证主义、逻辑经验主义。但是维也纳学派不足以反映这个学派的思想主旨，逻辑实证主义过于狭隘，这一学派内部并非完全以实证为原则，也有形而上学的诉求，例如石里克。因此，笔者采用了逻辑经验主义的名称。

[2] 石里克出版过解释相对论的著作，得到爱因斯坦的高度评价。"他是最早理解并阐述了爱因斯坦的狭义相对论和广义相对论的两位职业哲学家之一（另外一位是 C.D. 布洛德）。他的论文《相对论原理的哲学意义》发表于 1915 年，他的一本小书《当代物理学中的空间和时间》出版于 1920 年。爱因斯坦本人在给他的朋友、物理学家马克斯·波尔的一封信（1919 年 12 月 9 日）中评论说，'石里克才华出众；我们必须尽力使他获得教授席位。'"（引自石里克《普通认识论》英译者序言，2007，第 3—4 页）

造的纯形式化语言》（1879）、《算术基础》（1884）建立了一套新的逻辑系统。罗素（Russell）和怀特海（Whitehead）在此基础上合作出版了《数学原理》（1900—1910），全面完成了将数学还原成逻辑的工作。同时，罗素也利用逻辑分析工具处理了一些当时困扰很多哲学家的传统哲学问题，如 1905 年在《心灵》（Mind）杂志上发表的《论指称》（"On Denoting"）一文利用逻辑分析解决了麦农（Meinong）提出的抽象对象问题。爱因斯坦的相对论和罗素的逻辑分析是 20 世纪初期的显学，用逻辑分析工具去研究分析科学知识的逻辑结构自然成为当时维也纳学派中的代表人物尤其是卡尔纳普（Rudolf Carnap）的首选。

当时欧洲哲学的重心是认识问题，即如何利用逻辑分析建构关于世界的认识系统。对认识系统的逻辑重构需要确立一个基础，在维也纳学派之前马赫提出了把要素作为分析的起点：

> 马赫的"本体论"则建立于这样的观念的基础之上，它对某种程度上说来中立的要素采取一种透视的解释。据此，根据不同的看待方式，要素既可被看作是物体，也可被看作是感觉。如果我们从这个角度看待关于物体和精神的同一性理论，那么尽管心理描述完全不同于物理描述，但是心理过程恰恰就是脑过程。这样，再将一种看待方式看作优于另一种看待方式也就没有多大意义了。（哈勒 1998，第 44 页）

> 马赫的世界是以要素为基础而构建起来的，而要素从认识论上讲是中立的，从形而上学上讲是没有任何负担的……按照马赫的理论，某物，比如 A，应被归类为物体还是感觉这个问题并非取决于知觉的可靠性，而是取决于我们看待要素的方式，而要素本身就种类归属而言从本体论上说是中立的："我们将 A 看作是感觉还是对象，这取决于我们是按照什么样的目的来看待它的。"（哈勒 1998，第 46 页）

后来的批评者（逻辑经验主义者）把马赫的要素的复合等同于感觉的复合，并由此认为马赫持有一种现象主义立场：

> 人们一般将其认识论理解为一种现象主义。这里现象主义一语意指这样的理论，它断言物理对象实际上是（或者意指）感觉之复合，更准确地说：感觉复合构成了时下的物理对象。这也就是说：在感觉中呈现的东西或者所与，因此"颜色，声调，热度，压力，空间，时间等等"，是知觉的对象。（哈勒1998，第44—45页）

按照认识优先的原则，作为构造一切其他对象的基本要素，是不经过任何中介而被直接经验到的东西，哲学家将其称之为所予（The Given）。马赫将感觉等同于所予，罗素将感觉材料等同于所予。受到格式塔心理学的影响，卡尔纳普不同意上述思路，他认为最初的直接的所予不是一个个原子式的离散的感觉要素，而是一种"作为总体和不可分的单元的经验本身"。这种经验被称为"原初经验"："原初经验应当是我们构造系统的基本要素。前科学知识和科学知识的其他一切对象都应该在这个基础上构造出来"（卡尔纳普1998，第8页）。

从认识优先的原则出发，卡尔纳普把原初经验（心理的）作为构造系统的基本要素。但是在《世界的逻辑结构》第59节，卡尔纳普也提出了另外一种可能性：

> 如果我们不要求构造的次序再现对象的认识次序，那末我们就还能有其他的系统的形式。由于所有精神对象都可还原为心理对象，而所有心理对象都可还原为物理对象，我们就可以把系统的基础放在物理的对象域中。我们可以把这种系统形式称为"唯物主义的"，因为这种形式的构造系统与唯物主义观点是特别接近的。不过重要的是要把一种理论的逻辑构造与其形而上学的方面区分开来。从构造理论的逻辑观点看，对科学唯物主义没有什

么可反对的地方。科学唯物主义关于所有心理对象和其他对象都可还原为物理对象的主张是正确的。至于形而上学唯物主义超出这一点的主张即认为所有心理过程按其本质来说都是物理的，除了物理的东西之外没有任何东西存在，构造理论和一般（理性）科学则既不提出也不否定。"本质"和"存在"（就此处所指的意义而言）在构造系统中没有位置，而且这已经表明它们是形而上学的了。（卡尔纳普 1998，第 108—109 页）

对于卡尔纳普来说，把心理要素还是物理对象作为基本要素取决于我们的理论旨趣。我们也可以采用一种从物理对象开始构造系统的办法，这其实预示了卡尔纳普转向物理主义的可能性。当然卡尔纳普是受到纽拉特的影响才从现象主义转向物理主义的，不过需要注意的是不管在现象主义时期还是在物理主义时期，卡尔纳普都没有把原初经验或者物理对象当作实在的形而上学立场，他始终把结构当作理论建构的核心，甚至可以根据建构来规定基本要素。

从现有文献来看，第一次对物理主义作出正式表述的是纽拉特（Neurath 1931a，1931b），随后卡尔纳普给出了一个更为严格的形式化表述。在《作为科学的普遍语言的物理语言》[1]（Carnap 1933/1934）中，他提出了：

---

[1] 这篇文章里，卡尔纳普仿佛独立提出了一个物理主义纲领，这既遭到了维特根斯坦的批评，也遭到了纽拉特的批评；一方面维特根斯坦认为卡尔纳普关于物理主义理解的重要想法都来自他，虽然他也许并不赞成物理主义；另一方面纽拉特也认为是他自己第一次提出了物理主义纲领，这成了 20 世纪早期物理主义的一个公案。（Stern 2007）按照卡尔纳普在其自述中的叙述，在小组讨论中纽拉特鼓吹一种物理主义的态度（physicalistic attitude），卡尔纳普强调这是一种态度而非一种信念（belief），因为这仅仅是一个实际工作中的偏爱问题，而非理论问题。一开始纽拉特借助传统的唯物主义来反对唯心主义，他完全受到政治社会因素的影响：唯物主义一直与政治和社会的进步密切相关，而唯心主义总是保守地站在进步的反面。卡尔纳普和石里克希望摆脱这种社会政治的关联而对唯物主义提供哲学的论证。卡尔纳普认为唯物主义只是一个伪问题，在反对形而上学的背景下，纽拉特接受了这种看法。但是纽拉特认为唯心主义整个都是伪问题，但唯物主义不同，它的外围是属于伪问题的，唯物主义的基本观点与我们在实践生活中接受的科学态度相关，这种唯物主义的观点要比唯心主义思考方式更接近科学的方法。卡尔纳普接受了纽拉特这个观点，认为重点不在于唯物主义和唯心主义之争，而是如何选择语言的问题，早期物理主义的一些核心观点就呼之欲出了。（Schilpp 1963，pp.50—53）

其一，按照统一科学观念，只能存在一种对象和一种事态。

其二，由于哲学正确说来不过是语言的逻辑分析，因此它的"正确的说话方式"也必须是形式的说话方式——它不谈论"对象"而谈论语词，不谈论"事态"而谈论命题。于是普遍的语言只能是这样的语言，所有局部语言的命题都可以翻译为它的命题。（……）

其三，还存在一种记录语言，它记录了所建立的命题的经验检验。所谓记录命题是指对直接的体验内容或者所与现象所做的记录。按照卡尔纳普的观点，它们是"就其本身而言不需加以证实的命题"。（哈勒 1998，第 212 页）

知识的基础问题是当时维也纳学派最为关心的，卡尔纳普把原初经验作为基础，记录命题就是直接记录我们当下体验的内容或现象，这些命题是物理学家或心理学家"原始记录"的命题。每一个主体都有他自己的记录命题，所有的记录命题可以翻译为主体间的物理命题。记录命题是不需要证实的，它们构成了科学中其他一切命题的基础。这些命题有三种可能的形式：a. 现在快乐；现在这里蓝色、那里红色。b. 现在红色圆圈。c. 在桌子上有一个红色立方体。卡尔纳普倾向于把第二种作为记录命题的具体形式。纽拉特随后发表《记录命题》一文批评了卡尔纳普的观点：

第一，卡尔纳普认为记录命题和非记录命题具有相同的语言形式。但是一个完全的记录命题必须包含一个人名。"现在红色圆圈"应该改写为"奥托·纽拉特现在看到了一个圆圈"。这种改写实际上是把一种完全表达主观感受的语句变成了一个较为客观的语句，或者说是从第一人称视角的表达转为第三人称视角的表达。

第二，纽拉特进一步加强这种更为客观的表达，他认为在普遍的科学语言中谈论什么是"自己的"记录是完全没有意义的，人名也要由坐标和物理状态的量值来代替。因此不存在"自己的记录"和"他人记录"的区分，或者说不存在第一人称记录和第三人称记录的区分，所有的语言都是普遍的、客观的。

第三，按照纽拉特的思路，不存在绝对基础的命题，所有的科学知识都是由记录命题和非记录命题构成的，科学系统处于不断的变化之中，不存在原则上不可修改、不可放弃的命题："我们没有任何办法建立起有着最终保证的、整洁的（saubere）记录命题以作为科学的出发点。……我们像船员一样，他们必须在公海上修复他们的航船，而并非总能将船拖到一个港口拆开，并用最好的零件重新装备它。"（转引自韩林合 1995，第 161—162 页）

第四，纽拉特认为卡尔纳普还保留了唯心论形而上学的残余，因为他将自己的立场称为：方法论的唯我论、方法论的证实论、方法论的唯物论。在纽拉特看来："方法论的唯我论论题是不能科学地加以表述的，这点卡尔纳普大概也不会否认。它甚至都不能再用以指示一种与其他的立场相对立的特定的立场，因为这里只有那个唯一的物理主义。可以科学地加以表述的一切都已经包含在这种物理主义之内了。"（转引自韩林合 1995，第 162 页）

针对纽拉特的批评，卡尔纳普发表了《论记录命题》，对纽拉特提出的批评一一进行了回应：

第一，他认为纽拉特对记录命题的规定和他的想法并不冲突，而只是两种构造科学语言的不同方法。第一种构造方法 A 是卡尔纳普的方法，将记录命题置于科学的系统语言之外，同时建立将记录命题翻译为系统语言内非记录命题的规则。通过翻译，消除了记录命题原初的主观性，变成了系统内的普遍语言。因此对于卡尔纳普来说，**翻译是理解其主张的关键要素**。第二种构造方法 B 是纽拉特的方法，将记录命题直接置于系统语言之内，而不需要翻译规则。这时的记录命题就要受到系统语言句法规定的制约。纽拉特的构造方式只处理统一的语言，记录命题必须包含记录者的名字和"知觉""看"之类的表达式。卡尔纳普通过翻译消除了记录命题的主观性，纽拉特则通过直接限定记录命题的形式来消除它的主观性，目的都是一样的：达致一种普遍的科学语言。因此在卡尔纳普看来，选择哪种方式构造语言只是一个实践问题，并不关乎科学语言的本性。

第二，纽拉特的第二个反驳在卡尔纳普看来并非原则性的困难。纽拉特反对使用"我""自己""他人的"这样的表达式，但是我们只要将出现这些表达式的记录命题翻译为不出现这种表达式的非记录命题就可以了。只要最终我们能获得统一的物理的语言，一切就都不是问题。

第三，卡尔纳普放弃了自己把记录命题作为基础的观念，接受了纽拉特的批评。纽拉特帮助卡尔纳普看到，记录命题不管采取什么样的形式，都不能得到绝对的保证。如果采取第一种构造方式产生了矛盾，我们将面临三种选择：修改其他非记录命题、修改翻译规则，或者放弃某些记录命题，至于具体采取哪一步行动，只是一个实际操作的问题。如果采取第二种构造方式产生了矛盾，我们也将面临三种选择：修改这个记录命题、修改系统语言的句法规则，或者修改其他具体命题。这个批评针对的是自笛卡尔以来基础主义传统（知识具有确定不移的基础），纽拉特也因此持有一种整体论的立场。

第四，卡尔纳普接受了纽拉特的这个批评，但他认为这并非实质，他放弃了形而上学的残余，将自己的立场定位为物理主义。[1]

纽拉特本人并没有对物理主义给出严格的形式化描述，他只是做了一个整体的规划，在他看来物理主义的立场首先是反对形而上学的，没有对世界的实在做一个本体论的断定，而只是就物理语言的基础性和作为科学的普遍语言做了肯定。其次，物理主义的立场是整体论的，科学大厦的重点在于结构的一致性。这种立场已经预示了奎因的自然主义路径。

---

[1] 卡尔纳普和纽拉特关于记录命题的争论参考了《石里克》（韩林合 1995，第 156—167 页）。

卡尔纳普和纽拉特在物理主义纲领上存在明显的差异，卡尔纳普采取了将记录命题翻译为系统语言内非记录命题的构造方式，使得他倾向于接受一种还原论的立场，即所有记录命题都可以还原为非记录命题，在《心理学语言中的物理学》一文中，卡尔纳普进一步发展了这种看法。纽拉特在系统语言内的构造方式，使得他采取了一种反基础主义的、反还原式的物理主义理解。纽拉特将物理主义纲领发展为百科全书式纲领：

> 纽拉特欲以其百科全书主义与卡尔纳普的研究的形式主义的风格有意识地划清界限。但是即使从内容上看他的思想与他的这个维也纳学圈鼎盛时期的战友的思想的界限也是非常清楚的。纽拉特拒绝像卡尔纳普一样转向语义学，而卡尔纳普则拒绝编辑纽拉特的《社会科学的基础》……（哈勒 1998，第 221—222 页）

维也纳学派的费格尔（Feigl）在 20 世纪 50 年代提出了同一论，他承认自己最初是受到了石里克的影响。现在来看，维也纳学派和物理主义是密不可分的。在逻辑经验主义的影响下，1958 年奥本海默（Paul Oppenheim）和普特南（Hilary Putnam）在他们合写的《统一科学作为工作假设》（Oppenheim & Putnam 1958）中提出了还原主义的工作纲领；卡尔纳普被视为心灵哲学中逻辑行为主义的代表；石里克和费格尔是同一论的提出者；纽拉特是自然主义纲领的前驱，他的物理主义还被理解为一种非还原论。物理主义和心身问题的核心论题多在逻辑经验主义时期受到重视和处理。[1]

---

[1] 洪谦教授在其主编的《逻辑经验主义》文集中，将逻辑经验主义者的文章辑为五个部分：哲学的语意分析、逻辑和语言、因果问题和概率性、心物问题、伦理学观点。其中心物问题章节下，选取的是石里克的《物的和心的》《再论心物问题》《论心理概念与物理概念的关系》、卡尔纳普的《使用物理语言的心理学》、费格尔的《物理主义、统一科学与心理学基础》、费格尔和米尔的《决定论和自由、身和心的关系》。

3.1.2 行为主义

行为主义是从 20 世纪初期到 20 世纪 60 年代左右，在美国兴起的一种思潮，其背景是心理学范式的转变。传统的心理学的研究对象是意识，其方法是内省（introspection），威廉·詹姆斯（William James）认为：

> 心理学是关于心理生活的科学，涉及心理生活的现象及其条件。我们称之为感受、欲望、认知、推理、决定等等之类的东西……（威廉·詹姆斯 2012，第 5 页）

心理学要成为一门严格的科学，其研究方法就需要从主观的内省方法转向客观的经验方法：通过研究人的行为来理解人类的心理活动。因此心理学中的行为主义是方法论意义上的行为主义：我们不再用含混模糊的术语去描述说明心灵活动，而是从可以观察的行为入手。方法论的行为主义并不在乎心灵状态是否真实存在，而是力图通过行为来理解心灵的本质，它关注的是心理学与行为的关系，而不是心灵状态与行为的关系。在华生、斯金纳这些心理学家看来，心理学应该变成一门严格的行为科学。

乔姆斯基（Chomsky 1959）批评了斯金纳的行为主义：我们如果不假定人类具有极为庞大复杂的认知结构来控制人对语言的运用，那么人的语言能力甚至在原则上也不可能获得解释。这导致了认知科学的兴起。

另外一种行为主义被称为逻辑行为主义（有时被称作分析的行为主义或哲学行为主义），指的是在心理语汇和行为语汇之间存在一种严格的逻辑关系，亨普尔持有这种观点：

> 所有具有意义的，亦即在原则上可实证的心理陈述，都可被转译成不包含心理概念而只包含物理概念的陈述。（Hempel 1949，p.18）

　　需要注意的是，逻辑行为主义也不关注心理状态的本体论地位，尤其是卡尔纳普，他的翻译纲领没有任何形而上学意涵。通常被划为逻辑行为主义的有赖尔（Gilbert Ryle）、卡尔纳普和维特根斯坦，不过维特根斯坦能否算作哲学行为主义者是有争议的。在《心的概念》（Ryle 1949/2002）一书中，赖尔用了一个有名的例子来说明对心的概念的误用，笔者将其改编成如下例子：

　　一群学生在北京大学参观，导游带领他们参观了未名湖、博雅塔、图书馆、燕南园、文史楼，也带他们听了北大教师的课程，与北大的学生做了交流，其中有一个学生问："可是你得告诉我，北京大学在哪儿？"

　　对于大多数人来说，当他参观了未名湖、博雅塔、图书馆，当他找到老师学生问道访学，就是见到了北大的真身，在这些纵览亲历背后并没有一个神秘莫测的北大。与此类似，赖尔想告诉我们：心灵就是各种外显行为的集合。一旦我们观察到了各种行为，我们就知道了心是什么。当我们描述完了各种外显行为，还要去寻找隐藏在行为背后所谓真正的心灵，这是犯了范畴错误。

　　维特根斯坦在《哲学研究》中使用了著名的甲壳虫例子来说明对心理本质的理解：假设我们每个人都有一个纸盒子，我们可以就纸盒子里的甲壳虫进行交流，谈论彼此的甲壳虫的种种事情，也许每个人的甲壳虫都不一样，有的甲壳虫在不断变化，有的已经僵死，甚至有的盒子里根本没有甲壳虫，但这并不妨碍我们可以有效地交流。交流的条件并不在于盒子里东西的类似或者同一，而在于"甲壳虫"一词在我们生活实践中的种种用法以及相关的因素。若将甲壳虫类比到心理现象：我们有一种感觉经验，我们能够谈论并理解这种感觉经验不在于这种经验的同一或相似、可辨认或可识别等，而在于我们是在一种确定的生活环境下对心理现象（感觉经验）的理解，这种理解通过主体间的交流而达致。

　　细究起来，这三位哲学行为主义者的观点各不相同。这三个观点大致可以归为两个立场：第一个是从语言入手的，将所有心理学语言都翻译为可观察的行为语言，或者更进一步翻译为物理语言；第二个是从可观察的行为入手，通过行为来理解人的心灵。

亨普尔的行为主义会遇到一个翻译上的困难，对于诸如"我相信明天下雨"这个命题态度语句的翻译，除非引入其他的心理语句，否则很难将这个语句翻译成用物理语言表述的语句。因为"我相信明天下雨"除了和其他可以翻译为行为的语句相联系，还不得不和其他与信念相关的语句相联系，我得相信或者不相信其他相关的事实才能导致我相信明天下雨。假设用"我明天会带伞"这种行为语句来作为"我相信明天下雨"的翻译，那么它必须加上另外一组心理语句："我相信伞可以遮雨""我相信我的伞没有坏"……你不得不引入其他心理语句加以组合进行翻译，而这和物理语言作为普遍语言的主张是冲突的。任何对心灵的既定状态所可能产生的行为陈述都不可避免地要涉及其他心灵状态。马尔康姆（Malcolm 1972）也因此认为不能使用纯粹的物理描述来代替心理描述，不论我如何描述我面部的各种物理性质，你还是理解不了我的愤怒或者哀伤。

从外显行为和心理状态关系入手的行为主义会遇到另外的麻烦，吉奇（P. Geach 1957）认为行为主义漏掉了心的状态和行为之间的关系，如果把心的状态等同于行为，就没有直观上的心理因果了。

普特南在《大脑与行为》（Puntam 1963）一文中对行为主义提出了一个实质的批评，他的主旨是要切断直觉上心理状态和行为之间那种看似普遍的联系。假设有一个超级勇士，他能够忍住疼痛，既没有外显的行为，也没有言语报告。一个由超级勇士组成的社会是无法用行为主义模式来理解其心理状态的；与此相反，可以假设一个超级演员，尽管他没有疼痛，但能够表现疼痛。他可以装模作样，让人觉得他在疼痛，他有外显的行为却没有内在的疼痛。有疼痛无行为或者有行为而无疼痛都是逻辑上可能的，因此行为主义者不能通过行为来理解心理的本质。行为主义更易引起后来物理主义攻击的一点在于，虽然行为主义者拒斥了对心灵做一种实体化的理解，可是他们和二元论者一样：

> 认为大脑中所发生的事件与我们说一个人处于疼痛时意味着什么没有任何联系，他甚至可以接受二元论者反对唯物主义立场的整套论证。但同时，他可以像唯物论者一样"坚决地"否认关于"疼痛""思维"和"感性"的日常谈话是指向像笛卡尔的实体那样的"心灵"。（Putnam 1975，p.25）

3.1.3 心脑同一论

20 世纪 50 年代对心灵的研究开始逐渐从关注行为转向关注大脑。1956 年普莱斯（U. T. Place）发表了《意识是大脑过程吗？》（Place 1958），正式提出同一论。1958 年，费格尔发表了《"心理的"事项和"物理的"事项》（Feigl 1958）一文，以类似的方式提出了同一论。1959 年斯马特（J. J. C. Smart）针对普莱斯没有考虑到的反驳，对同一论加以实质地补充，发表了《感知与大脑过程》（Smart 1959）一文。上述三位哲学家是当代同一论的主要代表，同一论最简单的说法就是：心理状态就是大脑状态。

当你感觉到疼痛的时候，这意味着大脑处于一种特定的物理状态（C 神经激活）。当你感觉到喜悦的时候，大脑又处于另外一种物理状态（假设 D 神经激活）。每一个心理状态都对应于一个特定的大脑状态。但这不意味着每一个大脑状态都是心理状态。大脑中存在数以百万计的神经胶质细胞（glial cells），它们起着支持和保护的作用，但是任何心理状态都不等同于神经胶质细胞的状态。同一论主张的是：所有的心理状态都等同于一些大脑状态。

当宣称意识是大脑过程的时候，并不意味着说当我们在描述梦境、幻想和感觉的时候，我们在谈论大脑中的过程，也不意味着关于感知和心理图景的陈述可以被还原为或者分析为关于大脑过程的陈述。断言关于意识的陈述就是关于大脑的陈述是明显错误的。原因在于：首先，你可以描述你的感觉和心理图像，但并不知道关于大脑的任何过程，甚至根本不知道大脑过程的存在。其次，关于某人意识状态的陈述和关于某人大脑状态的陈述是以非常不同的方式得到证实的。再次，"某人感到疼痛，但是大脑中并没有发生什么"这样的陈述是没有矛盾的。意识是大脑过程这个论断只是一个本体论的断定，即大脑中除了物理状态没有别的。

同一论中涉及如何理解心理状态是大脑状态中的"是"。对"是"有三种理解：作为谓述的是，作为定义的是，作为同一的是。考虑下面几组句子：

第一组：他的帽子是红色的，电视塔是高大的。

第二组：正方形是等边直角形，红色是一种颜色。

第三组：他的桌子是一个旧箱子，云是空中悬浮的小颗粒团，闪电是一种放电。

同一论主张心理状态是大脑状态，这里的"是"可以用"同一于"来替换，第二组和第三组可以用"同一于"来替换"是"，而第一组则不能替换。他的帽子是红色的，但帽子并不同一于红色；正方是等边直角形，正方形也同一于等边直角形；闪电是一种放电，闪电也同一于放电。因此心理状态是大脑状态这种同一关系与第二组和第三组相类似。仔细考查第二组和第三组，发现二者也有着实质区别。在讨论这个区别之前，先引入两组常见的基本概念：第一组是语言哲学中分析命题和综合命题的区分，分析命题是根据意义为真的命题，如："单身汉是未婚男人"。综合命题可以简单定义为非分析的命题，如："张三是单身汉"。第二组是认识论中先天和后天的区分。先天地知道意味着独立于任何经验知道，比如我们可以独立于任何经验知道数学和逻辑真理。后天地知道意味着这种认知需要经验基础，比如"明天北京下雨"，这句话是否为真要看明天北京是否下雨。不难看出第二组陈述（红色是一种颜色）既是分析命题也是先天命题，它们之为真是根据意义为真的，同时不需要依靠任何经验，因此可以称为先天分析命题。第三组陈述并不根据意义为真，闪电的意义并不同于放电的意义、云的意义也不等同于悬浮小颗粒团的意义。"心理状态是大脑状态"这个陈述，首先不是分析陈述，心理状态的意义和大脑状态的意义显然不同。其次我们也不能先天地认识到心理状态是大脑状态，同一论题是科学家在解释人类行为时作出的合理科学假设。因此，"心理状态是大脑状态"是一个后天综合命题。

普莱斯进一步指出，同一论更类似于闪电是放电，而非云是悬浮小颗粒团。"云是悬浮小颗粒团"这个陈述对于说明组成性同一的关系是有帮助的，但是却不能说明两种表达所指称的事态之间的同一。因为对云的观察和悬浮小颗粒团的观察都是日常观察，而意识和大脑过程各自的确认方式是不同的，这种确认方式的不同类似于"闪电就是放电"这种陈述。我们观察到闪电和观察到放电活动要借助不同的方式，正如我们观察到意识活动和大脑过程需要借助不同的方式。在普莱斯看来，同一论属于理论同一命题集合："水是 H_2O""闪电是一种放电""金的序数是 79"等。普莱斯本人认为同一论题是后天偶然为真的陈述，碰巧在这个世界上心灵状态等同于大脑状态。这是在 20 世纪 50 年代的理解。按照克里普克《命名与必然性》（Kripke 1980）一书中对同一陈述的说明，这种理论同一命题是后天必然真理，它们既是经验发现的，同时又是必然的。[1]

按照标志（token）和类型（type）的区分，同一论可以分为标志同一论和类型同一论。标志和类型的区分也是语言哲学中一种常用的区分：假设书架上有 5 本《易经》，当我问你有几本《易经》的时候，

---

[1] 按照斯图加在《物理主义》（Stoljar 2010）一书中的理解，自然科学中涉及的同一陈述，如"水是 H_2O""闪电是一种放电""金的序数是 79"等是偶然的必然陈述，这个说法看起来矛盾，实际上偶然和必然各有所指，处于两个层面。一方面，世界上有水、有闪电、有黄金这是一个偶然的事实，如果自然的演化是另外一个样子，有可能我们所处的世界就没有水、没有闪电、没有黄金。但是一旦我们所处的世界有了水，有了闪电，有了黄金，那么水的结构就必然是 H_2O，闪电也必然是一种放电，金的序数必然是 79。

如果回答是 5 本，那就是在标志的层次上回答的；如果回答是 1 本，那就是在类型的层次上回答的。关于同一论也存在两种理解，第一种是标志同一论：每一个处在心理事件种类（kinds）之下的事件也处在一个物理事件种类之下（或者每一个事件，如果它有心理性质，那么它也有物理性质）。第二种是类型同一论：心理种类就是物理种类；或者说某一类心灵性质是某一类物理性质。早期的同一论者（普莱斯、费格尔、斯马特）持有类型同一论立场，戴维森（Davidson）持有标志同一论（物理主义）立场。两种同一论的区分可以从还原和非还原的区分来进行说明，我们已经了解介绍理论间的还原和本体的还原。我们可以把被还原的理论从还原理论中推导出来，比如热力学可以从统计力学中推导出来。前者运用大气的温度、压强和体积来描述气体的活动，后者运用分子动能来描述气体的活动。这种理论之间的还原借助桥律（bridge laws）把前一理论中的术语和后一理论中的术语等同起来。温度等同为气体分子的平均动能。本体的还原指的是：看起来是两种不同类的现象事实上是同一种现象。比如水和 H_2O，当我们发现水的分子结构是 H_2O，我们就可以把水还原成 H_2O，接受 H_2O 是世界的基本要素。我们可以把心灵状态还原成大脑状态，接受大脑状态是世界的基本要素。进一步，同一论者提出如果我们能够找到合适的桥律，心理学可以被还原成神经科学。在两个还原的意义上，早期同一论都是还原的物理主义。而标志同一论者不接受理论的还原，只接受本体上的一元——只存在物理对象（性质、过程或事件）。

克里普克在《命名与必然性》第三讲中对心身同一论提出了批评，他认为心身同一陈述与理论同一陈述在本质上是完全不同的。我们完全可以想象在另外一个世界，有人疼痛却没有 C 神经激活，或者 C 神经激活了却没有疼痛。因此二者是可以分离的。水的本质是它的分子结构而不是我们对水的感受和觉察，但疼痛的本质不是它相应的大脑过程，而是我们对疼痛状态的感受和觉察。我们不能设想水和它的分子结构之间的分离，但我们总可以设想疼痛和 C 神经激活的分离，如果这是可分离的，那么意识过程就等同于大脑过程。克里普克的这个论证是反驳物理主义的一个主要论证，我们在后续的讨论中，还会接触到它的不同形式。

同一论也会遭遇到与行为主义同样的困难，我们都有一种关于心理因果的直觉：正是因为我想喝水这个念头才促使我走到桌边拿起一杯水。心里的一个想法激发了一个外在的行为，这是一种合理的日常理解。行为主义者用行为代替了心理，失去了心理因果就很难解释行为。同一论者虽然可以提出大脑的神经元活动导致了取水的行为，但这和我们的直觉是冲突的，一般来说人们会认为是心中的想法或念头才可以有效解释取水的行为。

类型同一论面临多重可实现（multiply realizable）的反驳，同一个心理状态可以为不同的物理构造所实现。用计算机的比喻来说，同一个软件可以在不同的硬件上运作。类型同一论认为一种类型的心灵状态对应于一种类型的物理状态，多重可实现论证表明同一种类型的心灵状态可以为多种类型的物理状态所实现。在上述两种论证的反驳下，物理主义从还原的物理主义转向非还原的物理主义。

3.2 非还原的物理主义

非还原主义立场有两个进路：心物关系不是一一对应，而是一对多的实现关系，这是功能主义的立场；承认心理事件伴生于物理事件，但心物之间没有像自然律一样的法则，这是戴维森的异常一元论（Anomalous Monism）。

阿姆斯特朗和刘易斯分别提出了分析的功能主义。提出这一立场的初衷是他们看到了同一论无法解释心灵本质的问题。疼痛等同于大脑中的 C 神经通路激活这个论断并没有对疼痛的现象性质给出解释，即具有疼痛这种感觉是怎么一回事。为了处理这个问题他们把同一论发展为因果角色同一论（causal role identity theory），也就是分析的功能主义。首先，为了解释心理现象，他们对心的概念给出了因果角色分析：

> 心灵状态就是这样的状态：它倾向于产生某些行为，并且在某些情况下它倾向于为某些刺激所产生。（Armstrong 1993，p.xiv）

根据这种解释，心灵状态纯粹是一种倾向（disposition），不过因果角色论和行为主义有着本质的区别：行为主义将心理理解为行为本身，而阿姆斯特朗将心理理解为行为的原因。其次，阿姆斯特朗提出产生倾向的东西就是大脑的物理状态，行为主义并不关注大脑如何运作。为了解决多重可实现的反驳，阿姆斯特朗和刘易斯提出"疼痛"这样的心理词汇应当被看作指称那些起到一定因果作用的状态，同样的疼痛可以由不同的状态产生。多重可实现的可能性就与心物类型同一论相容了。但如果"疼痛"指称不同的功能状态，那就不可能有一个单一的类型状态与之一一对应了，分析的功能主义就不是一种心物类型同一论，但可以是一种标志同一论。

如果说分析的功能主义是物理主义的一种特定形式的话，那么普特南和福多提出的机器功能主义和物理主义的关系则不能做出如此明确地断定。大致说来功能主义和物理主义是一致的，但很难把功能主义归为某个特定的物理主义。功能主义可能是当前关于心灵的最为主流的理论，它明显受到了计算机科学的影响。我们可以把心理状态和计算机的功能状态相比，计算机的软件程序可以在不同的硬件设施上实现运算，心的状态（比如疼痛、思考）也可以在不同的生物个体上实现，这解释了为什么不同或同一物种的不同生理状态可以实现相同的心理状态，比如我和你都会因为受到电击而感到疼痛，猫猫狗狗也会因为受到电击而感到疼痛。疼痛不像类型同一论者所说的那样是一个大脑的物理状态：

疼痛或疼痛状态，是整个机体的功能状态。（Putnam 1975，p.51）

我的"功能主义"坚持认为，在原则上，一个机器、一个人、一个硅化学的产品和一个无壳的精灵在相应的抽象水平上，都能以相同的方式工作，认为我们的心的实质是我们的"硬件"的观点是错误的。（Putnam 1988，p.xii）

对功能主义的诘难主要集中在感受质上面，感受质是指我们的感觉和知觉所特有的特征，或者可以说是一种主观经验。布洛克提出了色谱颠倒论证，当我和你看到同一种颜色，我所具有的颜色感觉可能刚好和你所具有的颜色感觉相反，但我们却使用相同的颜色词来谈论不同的感觉。我看到玉龙雪山皑皑白雪的颜色感觉可能和你看到北大柿子林满地黄叶的颜色感觉一样；而我看到北大柿子林满地黄叶的颜色感觉恰恰和你看到玉龙雪山皑皑白雪的颜色感觉一样。当然这并不妨碍我在看到白雪的时候把这种颜色称为"白的"，尽管其实我所拥有的是黄色的异常感觉。同样，这也不妨碍我在看到黄叶的时候把这种颜色称为"黄的"，尽管其实我所拥有的是白色的异常感觉。也许我具有一种和常人不同的看待事物颜色的感觉，但由于学习和交流，我把这种私人的感觉和大家通常都能感觉到的颜色一一对应起来。然而你我在看同一种颜色的时候，却具有完全不同的心理性质，同样的功能却对应着不同的心理性质，功能主义对心理状态的解释漏掉了关于心理实质的刻画。

戴维森（1973）提出的关于心身关系的观点被称作异常一元论，他承诺了心物之间的本体论还原，但回避了心物概念（或谓词）之间的还原。他的立场可以概括为如下三点：

① 只有一个物理实在。

② 心理事件伴生于物理事件。

③ 心理事件和物理事件之间不存在像自然法则一样的心理生理定律。

这里涉及伴生这个概念，戴维森所理解的伴生概念是这样的：如果两个事件在物理层面上没有什么不同，那么在心理层面上也没有什么不同，也即物理层面的不可区分导致心理层面的不可区分。

戴维森接受了概念（谓词）的不可还原立场，但是心理事件与物理事件的伴生关系是不清楚的。他可能不得不陷入副现象论的困境，因为他既不承认心理事件与物理事件存在因果法则，又无法对伴生关系给出一个足够清楚的解释。[1] 陷入副现象论的后果是对心灵的因果效力缺乏解释。当然戴维森自己认为不存在这个困难，因为具有因果作用的是事件而不是我们对它们的描述（Davidson 1993，p.12）。大概从戴维森开始，物理主义开始从还原论转向非还原论，在随后讨论意识问题的框架中，伴生概念成了一个核心的概念。查尔默斯在《有意识的心灵》中利用伴生概念建立了一个批评物理主义的基本框架，在他看来，伴生物理主义是一个最低限度的物理主义，一旦驳倒了这种物理主义，那么任何立场的物理主义都是站不住脚的。

3.3
物理主义的反面

3.3.1 神秘主义

认识论物理主义所汲取的理论资源除了来自物理主义之外，其新颖之处主要来自内格尔和麦金的相关论述。内格尔在《成为一只蝙蝠是什么样子的？》（1974，以下简称《蝙蝠》）一文和《本然的观点》（1986）一书中，阐述了自己的立场，他认为意识是不可能通过还原得到解释的，进一步认为对那些不可被还原的东西的把握超越了人类的理解能力。麦金在内格尔的基础上提出心智的神秘主义观点：

---

[1] 这个说法可能不够清晰明确，戴维森似乎承认一个心理事件可以是一个物理事件的原因，也认为存在描述心理事件如何导致物理事件的定律，如信念加欲望导致行动。他只是否认能够用物理语言描述属于一个心理事件的那一整类物理事件，比如，用物理语言描述会伴生出"相信下午会下雨"这一心理事件的所有物理（神经元）事件的类。

心智现象是神秘的，它超越了我们人类的认知能力。本节先论述托马斯·内格尔的观点，再论述麦金的观点。

3.3.2 托马斯·内格尔

内格尔在《蝙蝠》一文中反驳了当时流行的还原论，他构造了蝙蝠的例子来说明自己的观点，蝙蝠在整个生物谱系中离人类并不是那么遥远，我们不能否认蝙蝠具有主观意识经验这一事实，但是我们通过对蝙蝠结构的生理学知识理解不了蝙蝠的主观经验，用内格尔的话来说，我们永远都无法知道成为一只蝙蝠是怎样一回事。内格尔是第一个把"What it is like"[1]带入心灵哲学的关于意识问题的讨论中。在《蝙蝠》一文中，他写道：

> 有意识的经验是一种普遍的现象。它存在于动物生活的诸多层面，尽管我们不能确信它在更为简单的有机体中一定存在，也很难提供一般的证据来说明其存在（一些极端主义者甚至还准备否认人以外的哺乳动物具有意识经验）。毫无疑问，它以无数我们完全无法想象的形式，出现在整个宇宙其他太阳系的其他行星上。但无论其经验的形式如何变化，生物具有意识经验这一事实总是意味着：成为这种生物会具有什么样的感受。也许有意识经验还意味着这些经验——甚至该生物的行为（虽然对此我表示怀疑）——都具有一定的形式。但根本上说，生物体具有意识的心

---

[1] "What it is like" 这个说法来自维特根斯坦，在《心理学哲学评论》第一卷（1980）第 91 节，维特根斯坦写道：经验、体验的"内容"。——我知道牙痛是怎么回事，我对牙痛有切身体会。我看见红色、绿色、蓝色、黄色像什么（I know what it's like to see red...），我知道悲伤、希望、恐惧、欢乐、情感感觉起来是怎样的，我知道希望做某事，回忆曾经做了某事，打算做某事，交替地把一个图像看作兔子的头和鸭子的头，从一种意思上而不是从另一种意义上去理解一个词，如此等等感觉起来是怎样的。
"What it is like" 如何翻译成中文是一个问题。可能在某些语境下需要把英文原文放在译文之后。国内一般把"可能是什么样子"，"可能具有的东西"作为"What it is like"的翻译（见《心灵哲学》，高新民、储昭华编译）。但这个翻译没有传达出主观感受的意涵，换句话说仅仅从译文很难联想到这是在说作为一只蝙蝠的主观感觉、感受等。

理状态，当且仅当存在着成为那种生物所具有的感受。[1]（Nagel 1974，p.219）

内格尔把这种特殊的意识经验称作经验的主观特征。在他看来，对心理现象的任何还原式分析（把心理现象还原为物理现象）都不能把握这个特征。人类通过视觉和触觉来把握空间距离和方向，蝙蝠通过听觉（声纳或回声）分辨来感知外部世界，大脑通过听觉获得的信息经过编码加工使蝙蝠能够精准地分辨出距离、大小、形状、运动和构造特征。我们对蝙蝠的内在神经生理学构造有完全清楚的了解，但我们仍然不知道如何据此推测蝙蝠的主观经验特征，我们不知道成为一只蝙蝠所具有的感受是怎么样的？除非我们真的能成为和蝙蝠同样类型的生物。内格尔用这个例子来说明心物区别，我们对心理现象的把握和对物理现象的把握是完全不同的，前者是通过主观的、第一人称的视角，后者则只能通过客观的、第三人称的视角。物理科学为我们如何理解物理现象提供了一个全面的指南，但它并不能延伸到主观经验领域。在内格尔看来，还原论的主张在于一个错误的类比，他们认为心物之间的关系，与水和 H_2O、闪电就是放电、软件程序和硬件设备这类关系一样。还原论者都爱用现代科学中的例子来进行类比，认为心物同一（同一论），或者心的功能为物理事项所实现（功能主义）。

哲学家们具有人类共同的弱点，喜欢用一些适合于表示尽管是完全不同的，但却是为人们所熟悉和易于理解事物的性质去解释那些无法理解的东西。（Nagel 1974，p.219）

类比不能成立的关键有两点：首先，主观经验特征的切身性使得我们在原则上无法用一种客观的手段获取其经验特征；其次，我们关

---

[1] 此处参考了《心灵哲学》（商务印书馆，2002 年版）的翻译，但有所改动。

于意识的概念，受限于我们具有什么样的意识。[1] 盲人无法形成视觉经验，因为他缺乏视力；聋子无法形成听觉经验，因为他缺乏听力；人类也无法形成蝙蝠的经验，因为他缺乏感知蝙蝠经验的能力，这种认识能力局限影响到我们是否能够认识到 P。假设我们认识到蝙蝠的大脑如何工作，这对于我们认识到蝙蝠的主观经验特征起到很大的作用。我们认识到蝙蝠大脑的性质 P_1，并通过 P_1 建构了理论 T_1，据此我们尝试去理解蝙蝠的主观经验 B。问题在于，我们如何能够在没有理解到 B 的条件下理解理论 T_1？我们要能够理解 B 就意味着我们能够切身体会 B，但是我们不能切身体会 B。因此我们理解不了蝙蝠的主观经验，进一步：我们理解不了与我们具有不同类型的其他生物的主观特征。

更为重要的是内格尔的实在论观点：我们人类自身的概念系统无法完全把握关于世界的所有事实，世界中必定存在着我们概念系统捕捉不到的实在。[2] 这一点也为本书所论及的认识论物理主义提供了灵感：存在着我们人类无法认知的事实。不过与托马斯·内格尔不同，认识论物理主义者认为这种事实是物理事实，而不是托马斯·内格尔的主观经验事实。同样的认识局限假设导致了两种关于意识的本体论，这似乎已经蕴含了认识论物理主义的悖谬之处。

3.3.3 科林·麦金

心灵哲学的本体论讨论中，向来两分天下，哲学家不归于物理主义阵营（同一论、取消主义、功能主义），就归于二元论阵营（实体二元论、性质二元论）。麦金（1991）既不同于物理主义，又不同于二元论。他接受了二者的一些合理因素：一方面，他认为意识完全是

---

[1] 麦金认为我们不仅缺乏认识心身关系的概念，而且缺乏形成概念的能力（concept forming capacities）。与此不同的是莱文的解释，他把意识问题等同为概念的缺失或错配（Levine 1983）。

[2] 这种实在既包括其他生物的主观经验，也包括人类感知不到的物理实在。在《蝙蝠》中，内格尔强调了前者，在《本然的观点》中，内格尔似乎强调了后者。

一个自然的现象。另一方面，他认为我们对于意识这种自然现象的认知是封闭的：人类原则上不能理解意识的本质。意识没有什么神奇的（miraculous）[1]，但却是神秘的（mysterious）。马克·罗兰滋（Mark Rowlands）将麦金的观点总结为两点：本体论自然主义（ontological naturalism）——意识是世界的一个自然特征；认识上的不可还原——不存在我们能够获知的关于意识的解释。

麦金的关于意识的神秘主义观念有一个最重要的概念：认知封闭（cognitive closure）：心灵 M 的某一类型对于某一性质 P（或者理论 T）是认知封闭的，当且仅当发生在心灵中的概念形成过程不能把握 P 或者不能理解理论 T（McGinn 1989, p.395）。在麦金看来，认知封闭依照心灵类型而异，对于猴子认知封闭的，对于人类则未必；对于小孩认知封闭的，对于成人则未必；对于只有二维空间生物认知封闭的（空间性质），对于具有三维空间的生物则是认知开放的。

基于认知封闭概念，我们可以对性质 P 和理论 T 做几点说明：性质 P 对于我们人类来说是认知封闭的，并不能表明 P 是不存在的，也不蕴含解释 P 的理论 T 是不存在，充其量只能说明对于我们有限的心灵而言，认识不到性质 P 和理论 T。

麦金尝试建立一组观点来为他的神秘主义提供辩护：一、大脑中有一些性质可以自然地说明意识。二、我们认识不到这些性质。三、不存在哲学意义上的心身问题（McGinn 1989，p.396）。对于第一点可以这么理解，我们都不否认大脑产生意识，必定会存在某个性质 P 引起了心灵性质，对 P 的解释可以帮助我们理解意识。相应地也就存在指称 P 的理论 T，它能够完全解释意识是如何依赖大脑的。如果我们知道理论 T，我们就会对心身问题有一个建设性的解决。问题在于我们能否把握性质 P，能否获知理论 T。我们能否认识性质 P 是一个事实问题，而非一个概念问题。因此我们不可能通过概念反思的方法

---

[1] 这是"超自然神迹"意义上的"神奇"，如休谟的论神迹，即在上述意义上使用。

来解决认知封闭的问题，心身问题也就不是一个哲学上的问题（如果哲学等同于概念分析的话）。麦金认为第一点和第三点都不难理解，他把重点放在对第二点的论证上。麦金假设我们有两种办法来获知P：第一种是通过直接探究意识来认识P，第二种通过研究大脑中与P相关的性质来认识P。

从日常经验来看，我们能够亲知（acquaintance）各种各样的意识状态，内省（introspection）是亲知意识的最为直接的途径。问题在于内省能认知性质P吗？我们虽然可以内省到意识，却不能内省到意识状态和大脑之间的关系，我可以内省到自己处于某种情绪，但内省不到神经元如何产生这种情绪，性质P是与大脑的神经元活动相关的，因此我们不能内省到性质P。

我们能通过经验研究认识到P吗？首先，麦金认为P对我们来说是感知封闭的，P不是大脑中可以观察的特征。在他看来，我们很难想象通过感知而获得大脑产生意识的这种联系。大脑中的确存在这种复杂神奇的物理性质，但我们仍然搞不清这些性质是怎么产生出意识的。感知虽然能够认识到大脑中的部分物理性质，但是却不能认知意识，意识并不像大脑中的物理性质具有特定的空间形态，并不是由更小一些的空间过程组成的，感知对于意识过程是认知封闭的。用一个比喻来说，我们能看到外物，却看不到意识状态。感知只能认识有空间形态的性质，但是P性质与意识性质之间的连接超越了空间形态的感知概念，是感知所不能获知的。

其次，麦金把这种感知封闭扩展到概念封闭。我们在引入一个理论概念的时候，通常会遵循同质性原则（Principle of Homogeneity），我们关于原子的概念是来自我们对宏观物体概念的类比，我们把原子理解成一种微小的球体，这种类比源于我们日常生活中对各种球体的感知。科学家喜欢用身边一些特别熟悉的例子来讲解高深的科学理论，但是这种方式不能解释性质P，因为这种方式并不能解释大脑是如何产生意识的，性质P的特别之处在于它和意识相关联，通常的物理性质并不具备这一特征，因此这种同质类比不能成立。这种论述和内格尔关于错误类比的说法大致相似。

总之，我们既不能通过直接的办法也不能通过经验的办法来认识性质 P，P 本身是一个自然现象，它的神秘源于我们的认知局限，这就是麦金的神秘主义立场。

第四章　物理主义的新形式

4.1
认识论物理主义

4.1.1 认识论物理主义的基本立场

认识论物理主义并不是一个全新的立场，它继承了以往物理主义的一些基本要素；从本体论立场来看，认识论物理主义可以被划为非还原物理主义，它接受非还原论的两个断定：一、一切事物在根本上都由基本粒子构成，它的简化说法是一切都是物理的。二、意识不能通过被还原而得到解释。认识论物理主义者对这两个断定给出了新的解释。对于第一个论点，当认识论物理主义者断定一切都是物理的时候，他区分了两种不同的物理概念：基于典范对象的物理性质和基于理论的物理性质（或者基于新笛卡尔式的物理性质和基于理论的物理性质），传统非还原的物理主义者认为一切物理性质都是为物理科学所规定的性质，认识论物理主义则认为一切物理性质都是基于典范对象的物理性质（或者基于新笛卡尔式的物理性质）和基于理论的物理性质组成的[1]，其中有的物理性质可以为物理科学所规定，有的物理性质不能为物理科学所规定。如何认识那些不能为物理科学所规定的物理性质呢？认识论物理主义者在汲取意识的神秘主义观念后，提出由

---

[1]　在本书后续章节出现"对象物理概念和新笛卡尔式物理概念"这个说法时，出于简洁考虑，一律简单记为对象物理概念。在可能出现混淆的地方，我将恢复原始说法。

于人类自身的认知局限，我们认识不到这种物理科学所没有探究的物理性质的观点，这是认识论物理主义的核心立场。由此可以引出对还原论第二个断定的解释，意识不能通过被还原而得到解释，并不像戴维森所认为的那样不存在心物之间的法则，只是由于我们认识不到已知的意识性质和原则上未知的物理性质之间的关系，而实际上二者之间依然可以具有一种必然联系，但我们并不确切知道这一点。

认识论物理主义者若想以重新建立物理概念为起点来确定自己的立场，那么他就必须考虑一些典型的反物理主义论证。

首先是我们如何理解物理概念的问题。亨普尔两难表述了这一困难。既然认识论物理主义有一个不同于以往的物理概念，它也就必须被放在亨普尔两难的框架中加以考量。笔者从笛卡尔和石里克关于心物问题的想法中获得启示，并结合豪厄尔在《意识与客观性的局限》一书中所提出的新笛卡尔观点来回应亨普尔两难。认识论物理主义要克服亨普尔两难的挑战，就**需要对**对象物理概念和新笛卡尔式物理概念给出实质上不同于物理学性质的说明，而这两个概念必然都引入了绝对性质，如果绝对性质存在，亨普尔两难似乎就得以解决了。因此在本书第二章第二节中，笔者对绝对性质进行了考察。认识论物理主义的核心主张认为，人类受到认识能力的局限因而认识不到绝对性质，同时指出最终的无知应该是一种对未来物理学的无知，而非对绝对性质的无知。关于这些，笔者在本书第二章中已经论证过了。在这一节中，我们聚焦于认识论物理主义本身所依赖的认知局限假设。认识论物理主义者为认识局限假设（或无知假设）提供了四个论证[1]：

第一，关于认识局限的说法属于一个对世界本性理解的哲学传

---

[1] 还存在第五种论证即认识论论证：我们认识不到绝对性质的存在并不意味着绝对性质缺失。麦金在论证 P 性质的存在时，把这个认识论论证当作一个理由，对 P 的认知封闭并不蕴含 P 是不实在的。但是这个论证在认识论物理主义的讨论中不是一个特别实质的论证。严格来讲，这不是一个论证，只是一个说明：我们不能因为认识不到某类事物，就断定某类事物不存在；也不能因为认识不到某类事物，就断定某类事物不存在。所谓的认识论论证实际上是有意模糊了认识论和形而上学的区分。实际上，我们不能从认识论推出形而上学的结论。

统，这一传统怀疑人类的认识能力，承认存在不可认识的实在有其自身理由。罗素、查尔默斯、刘易斯、内格尔、麦金都是这一传统的捍卫者。

第二，斯图加等人借用内格尔的论证模式来为自己的立场辩护，这种论证模式的逻辑结构是类比。小孩子认识不到一些事物的存在，比如相对论、原子；将这种情况类比到我们身上，就会得到相似的结论：存在着我们认识不到的事物。通过类比，认识论物理主义者要为认识不到的物理性质（或绝对性质）的存在提供理据。

第三，反驳式论证。它通过揭露反物理主义论证存在的各种错误，来辩护认识立场。比如可设想论证的构造犯了命题混淆、模态混淆等错误，错误的产生恰恰源于我们的无知。

第四，最佳解释论证。认识论物理主义者假定存在绝对性质并且假定我们认识不到它，在这两个前提下解释意识问题似乎要比二元论的解释更为有效，也比其他物理主义更为有效。

认识论物理主义者主张：**由于人类的无知（Ignorance）状态，原则上存在着我们所认识不到的某些物理性质**。这里所谓人类原则上的无法认识之物，并非指离我们太遥远的事物（如普朗克尺度即 10^{-35} 米以下的、宇宙大爆炸之初的、黑洞最中心的等；太复杂的或者会产生混沌的，因此是不可精确预测的，如大脑神经元网络的活动，或长期天气变化等），而是指人类认识能力原则上不可达至的，这就和内格尔、麦金关于心灵性质的神秘性相关联。比如二维时空中的生物无法认识四维时空中的事物，这种生物通过不断努力学习、探索也不可能认识以前对之无知的事物，而且它在原则上就缺乏认识四维时空的官能或者能力。

这里需要对原则上认识不到的某些物理性质稍作一点解释，在认识论物理主义者那里有这样两种物理性质：基于典范物理对象的物理性质和新笛卡尔式物理性质。首先要说明的是，这两种物理性质中有一些确实属于物理学的性质，但这两种物理性质中有相当一部分不是物理学意义上的性质。理解某些性质不是物理学意义上的性质，是认识论物理主义得以建立的基础。其次，究竟什么是典范物理对象性质，根据斯图加的解释如"一块岩石""一个桌子"就是一个典范物理对象性质。通常来说，物理科学并不研究桌子、岩石这些典范的物理对象，物理科学关注的是基本粒子及其相互作用规律等。再次，什么是新笛卡尔式的物理性质，按照豪厄尔的解释，就是在时空之中的物理性质。这个定义受到了笛卡尔的启发，笛卡尔认为物质具有广延，用当代的术语可以说，物质具有空间性。这个说法显得空洞。实际上他们想说的是把与心理性质（尤其是现象性质）密切相关的性质，甚至现象性质本身就叫作物理性质。可是囿于当前物理科学的进展，物理学性质和心灵性质之间似乎缺乏我们所理解的必然联系，所以他们就引入了对象物理性质（或新笛卡尔式物理性质）来说明心理性质和物理性质之间的关联。

与以前的物理主义相比，斯图加等人的物理主义有两个巨大的变化：第一，他们不是从物理主义者那里，而是从反物理主义者（内格尔和麦金）那里汲取了思想灵感和资源；第二，以前的物理主义者的关注点主要是还原，即从心灵性质是否可以被还原为物理性质方面入手，进而刻画二者之间的关系。斯图加主要从如何理解物理概念（对象、性质）着手，从对物理性质的认识局限入手，对心物关系给出了一种解释。

从方法论来考虑，笔者假定自己是一个物理主义者，因此本书是一个内部批评。如果完全站在二元论或者其他反物理主义立场来展开讨论，那么可争议的地方就太多了，甚至对物理主义的一般性前提都不能接受，这就很有可能让我们忽视认识论物理主义立场与其他物理主义立场的关键性区别。我们希望从最小共识出发，来理解与认识论物理主义的实质差异。按照反物理主义的描述，这种缺乏系统论证的认识论物理主义是当前物理主义唯一可能的选择。本书要表明的是物理主义者确实为这种看似唯一选择的立场提供了全面系统的辩护，但是这种辩护可能存在内在困难。否定认识论物理主义进路并不意味着笔者就必须接受二元论的观点。实际上，还存在其他的认识论物理主义形式，本节即持有一种新的认识论物理主义立场：我们人类对于未来（或理想）物理学所推设的物理性质和物理规律处于无知状态。知识论上很少涉及对未来知识的无知，但这并不代表就不能谈论对未来事物的无知。我们可以对理想物理学稍作区别，在一个意义上我们总是多少知道一点理想物理学，比如它具有科学理论的一般性特征，具有可预测性、可验证性等；但是我们并不知道理想物理学的具体内容，它的外延是什么取决于未来物理学的实际发展。本节所谈论的无知是在后一个意义上进行的。

认识论物理主义有不同类型，本书暂且忽略其中的一些细微差异。笔者借鉴克里普克在《命名与必然性》中对描述理论的批评策略，克里普克所批评的并不是弗雷格的描述理论，也不是罗素或者塞尔的描述理论，克里普克重构了一种理想的描述理论，这种描述理论避免了描述论者各自论述的缺点，同时将描述理论的各个要素整合成一个理论系统。一旦克里普克反驳了这种描述理论，那么任何形式的描述理论都是错误的。笔者试图效法克里普克这一论证策略，重构认识论物理主义的图景，在其对反物理主义论证（亨普尔两难和模态论证）的回应中，系统评估其得失。

4.1.2 基于对象的认识论物理主义对知识论证的回应

认识论物理主义有三个核心概念：无知假设、对象物理概念、绝对性质。对象物理概念依靠绝对性质获得实质内容，认识论物理主义依托对绝对性质的无知之假设得以建立其立场。本节主要评论斯图加依据三个核心概念对知识论证和可设想论证的回应，并依据本书第二章中笔者提出的无知假设对知识论证和可设想论证给出一种新的回应。

澳大利亚哲学家弗兰克·杰克逊在《副现象性质》（1982）一文中提出了知识论证（Knowledge Argument）来反驳物理主义。

　　玛丽是一位杰出的科学家，不知何故，她不得不在黑白的房间借助黑白电视监视器去研究世界。她精通关于视觉的神经生理学，而且我们不妨假定，当我们看成熟的西红柿或天空，使用"红""蓝"等术语时，她得到了关于所发生的，应知的一切的物理信息。例如她发现，哪一些来自天空的波长组合刺激了视网膜，这实际上又是怎样通过中枢神经系统产生声带的挛缩、肺中气息的膨胀的，正是后者导致了"天空是蓝色的"这样的句子的说出。（几乎不能否认，从黑白电视中获取所有这些物理信息在原则上是可能的，否则电视大学就一定得用彩色电视机）。

　　当玛丽从黑白房间中被放出来了，或者被给予了一台彩色电视监视器，那么会发生什么呢？她学到了什么东西没有？似乎很明显，关于世界，关于我们对它的视觉经验，她将学到某种东西。但是这样一来，她先前的知识不可避免地具有不完整性。当然她有一切物理信息。因此还有比那多得多的东西，这一来，物理主义就是错误的。

　　很显然，知识论证的这种方式可以无一例外地推广到味觉、听觉、躯体感觉以及一般所说的各种心理状态上，它们据说有（以不同方式表述的）原感觉、现象特征或感受性质。在每种情况下，结论都一样：感受性质是物理主义描述所遗漏的东西。知识论证的富于论战性的力量在于：要否认下述核心主张是很困难的，这主张是：人们可能有一切物理信息，而并没有一切应有的信息。（高新民、储昭华2002，第85—86页）

按照物理主义的表述：一切信息都是物理信息。拥有一切物理信息的玛丽从黑白屋子被释放出来之后，却获得了一种新的东西，这种新东西并不能从玛丽已经获得的任何物理信息中推导出来，世界上存在着一种物理主义所不能涵盖的信息。如果杰克逊的知识论证成立的话，那么物理主义就是错误的。关于物理信息存在两种理解：第一种是把"物理信息"理解为"物理知识";第二种是把"物理信息"理解为"物理事实"。由于本节侧重点在"物理事项"这一概念上,因此两种理解都被采纳(程炼 2008)。知识论证可以总结如下:

1. 玛丽通过学习能够获得关于颜色经验的全部物理知识。(假设)

2. 如果玛丽获得了全部物理知识,那么她就获得了关于世界的全部知识。(物理主义的假设)

3. 玛丽在被释放之后不会获得关于颜色经验的新知识。(根据 1,2)

4. 玛丽在被释放之后获得关于颜色经验的新知识。(直觉)

5. 物理主义假设是错误的。(3 和 4 冲突)

杰克逊的知识论证至为关键的一点是,大部分人都相信**被释放出来的玛丽的确获得了某种新的东西**,分歧在于如何解释新东西。物理主义者对新东西的解释分为三种立场;第一种立场认为没有获得新知识;第二种认为获得了新的知识,这个知识是非事实性的知识,获得的只是一种能力或者亲知了一种非事实知识;第三种认为确实获得了事实性知识,但获得的是关于旧事实的新表达。三种物理主义立场,第一种最强,第三种最弱,第二种居于两者之间。

第一种立场认为玛丽没有学到新的东西,毫无疑问,所有人都同意当玛丽被释放出来时她身上确实发生了点什么变化,但是这个变化是否就等同于她学到了某种东西呢?这一点尚存疑问。丹尼特(Dennett)认为玛丽在被释放之前就获得关于物理的所有东西,释放之后并没有获得任何新的东西。玛丽既然已经知道红色感觉机制如何运行,她就能够想象正常人在正常情况下看到成熟的西红柿会有什么样的感觉。即使她出来后获得一种新的感觉,也并没有获得新的物理知识。丹尼特将杰克逊的思想实验做了延伸:

有一天，玛丽的老板决定把玛丽释放出来，让其获得新的颜色经验。他们准备了一只蓝色的香蕉给玛丽看看。玛丽拿了一只看了看说："嗨，你这是想骗我吧！香蕉是黄色的，你给我的却是蓝色的！"老板震惊了，玛丽是怎么识破的呢？

"相当简单，"玛丽回答说："你应该记得我知道所有的事实（everything）——当然知道视觉的整个发生机制。因此在你拿给我香蕉之前，我已经精确地记下了黄色物体和蓝色物体在我的神经系统中引起的物理印象。我已经精准地知道我将会拥有什么样的思想（thoughts）。我不会为自己对蓝色的经验感到吃惊，让我吃惊的是你居然跟我开了这样一个低级的玩笑。我意识到，对你来说很难想象我对自己的反应倾向（reactive disposition）知道的如此之多，以至于蓝色出现在我眼前，并未让我感到惊讶。当然，你确实难以想象这一点。对任何人来说，想象出知道所有物理事实所导致的后果也是困难的。"（Dennett 2004，p.60）

这个故事并不是要说明玛丽没有学到任何东西，而是试图说明杰克逊所设想的案例并不能表明玛丽学到了新东西。丹尼特的解释蕴含了这样一个前提：玛丽拥有完全的物理知识就必然蕴含着她能够想象颜色感觉是怎样的。但这个前提是有问题的。要知道梨子的味道就需要亲口尝一尝，如果你没有亲身感觉，光凭书本描述，怎么能知道梨子的味道呢？假如玛丽从出生起就没有机会看见颜色，很可能她的肉眼颜色识别能力就发育不全，在黑白屋子里，她最多只能识别黑白两种颜色，但她还是一样可以在黑白屋中学到所有物理知识。

后来改变立场转而支持物理主义的杰克逊认为，玛丽学到某种东西只是一个幻觉，这种幻觉源于这样一个事实：新的物理信息的呈现似乎与内在性质（intrinsic property）有关，甚于同关系性质（relational property）的关联。与此类似的立场认为，玛丽被释放之后，确实出现了一种新的东西，但是这种新的东西其实只是玛丽获得了一种新的大脑状态的物理过程，尽管玛丽能够在屋子里想象颜色感觉经验是怎样一回事情，但是她毕竟没有受到相应的刺激，产生相应的大脑状态。因此她被释放之后，的确出现了一种新的物理状态，但是这些新的物理状态都完全为物理学知识所描述（或蕴含）。

第二种立场认为玛丽确实学会（learn）了什么新的东西，但是这种知识是非事实的知识。这种区别最早来自赖尔在《心的概念》一书中所做的区分。赖尔区分了两种知道（know）：知道这点（know that）和知道如何（know how）。前一种知道指的是知道一种事实性知识或者命题性知识，比如张三知道今天下雨了；后一种知道是非事实性的知识，比如张三知道如何骑自行车，表示张三掌握了一门技术或者能力。

如果承认玛丽学会的只是一些非事实性知识，这仍然不够，我们需要问，玛丽究竟学会了什么样的非事实性知识，大卫·刘易斯（Lewis 1987）认为玛丽所获得的是一种能力，她学会了如何想象、识别和搜集经验。能力的改变而非知识的改变，这是玛丽前后的区别，这并没有危及物理主义的立场。不过关于刘易斯的这种能力假设，也存在争议。杰克逊认为并不清楚能力是不是玛丽唯一的习得。

能力假设并不是获得非事实性知识的唯一出路。另外一种假设是亲知假设（acquaintance hypothesis），当玛丽从屋子里被释放出来后，她亲知了一种性质："是红色的"性质（the property of being red）。亲知假设的要点在于：不需要更进一步的知识要求，一个人就可以知道什么是红色。一个人知道什么是红色，关键在于他亲知了红色的性质。亲知假设在第二种立场中，要比能力假设较少引人注意，而且也颇为可疑。因为并不清楚亲知到红色的性质，是不是玛丽被释放出来之后所获得的全部的新东西；其次，由于亲知在哲学中的广泛使用（比如罗素的亲知理论），使得亲知假设变成一种老生常谈。丘奇兰德（Churchland 1989）指出玛丽学到的是一种亲知的知识（knowledge by acquaintance），这并不是真正的知识，真正的知识是命题知识（propositional knowledge）。不过这种立场最近得到了系统辩护，豪厄尔就认为，物理主义者对知识论证的回应，要么就像丹尼特那样拒绝承认玛丽学到任何新东西，要么承认玛丽学到了点儿新东西。只要承认玛丽学到了新东西，不管是哪一种物理主义立场，最终都不可避免地要滑向亲知解释（Howell 2013, p.73）。

第三种立场认为如果我们放弃非事实知识的策略，进而考虑玛丽确实获得了一种事实知识，这也是可能的。我们可以承认玛丽获得了一种关于旧事实的新的表达方式。语言哲学中关于同一陈述的例子可以解释这一点，比如"晨星是晨星"和"晨星是暮星"说的是同一个事实：一个对象和自身同一。按照克里普克的理解，"晨星是暮星"是一种典型的后天必然命题，这个命题是通过经验发现的却又是必然的。因此，玛丽在被释放出来之前就知道晨星是晨星，而被释放出来之后，通过经验她知道了晨星是暮星，但这并没有给她增进新的事实知识，只是增进了关于旧知识的新表达而已，或者说增加了一种新的表征知识，这并没有威胁到物理主义。

关于旧事实的另外一种解释是不再纠缠新表达是否后天必然，而是突出这种表达本身的特征。玛丽从屋子里被释放出来，她获得了一种现象概念（phenomenal concept）。劳尔（Brain Loar 1990）认为玛丽学到了一种对于旧的物理知识的新表达。现象概念策略回应知识论证可以采取如下解释：虽然在黑白屋内玛丽获得了现象概念，但是她对与其相关的现象真理并无认知。现象概念在心灵哲学中是一个关键的概念，究竟什么是现象概念？有人解释说，拥有一个现象概念就是拥有某种能力以亲知某种性质，这就和能力假设及亲知假设联系起来了；有人解释说，现象概念的本质就在于它能直接对应不同的性质，这与后天必然表达联系起来了。现象概念在回应知识论证的同时，又引入了更多的问题（Alter & Walter 2007）。

阿姆斯特朗（Armstrong 1999）认为玛丽的确获得了新的经验，但这些新的经验所表现出来的性质实际上还是大脑视觉中的微观物理性质，由于大脑的格式塔心理学模式，这种微观物理性质被感知成了现象性质。

所有的回应都力图表明一点：知识论证的结论 3 是对的，结论 4 是错的，玛丽并没有学到新的知识，物理主义并没有受到威胁。如何解释 3 和 4 的冲突？3 表达了一种物理主义的直觉，4 表达了一种常识上的直觉。

斯图加的两种物理概念使得 3 和 4 都有各自的合理性：根据理论概念，3 是对的，4 是错的；根据对象概念，3 是错的，4 是对的。由此，可以根据理论概念重构知识论证。

t- 版本的知识论证 [1]：

1t. 玛丽通过学习获得关于颜色经验的全部 t- 物理知识。（t- 物理主义的定义）

2t. 如果玛丽获得了关于颜色经验全部 t- 物理知识，那么就获得了关于颜色经验的全部知识。（t- 物理主义的假设）

3t. 玛丽在被释放之后不会获得关于颜色经验的新知识。（根据 1、2）

4t. 玛丽在被释放之后获得关于颜色经验的新知识。（直觉）

5t. 物理主义假设是错误的。（3t 和 4t 冲突）

这应该是杰克逊心中所理解的知识论证，它反驳了 t- 物理主义。根据 t- 物理主义定义，玛丽学到了超出 t- 物理理论所要求的非 t- 物理知识，因此 3t 是错误的。要么玛丽在被释放之前的确获得关于 t- 物理的全部知识，但是玛丽被释放之后学到了新的知识，因此 t- 物理的全部知识就不等于关于世界的全部知识，t- 物理主义就是错误的，t- 版本的知识论证是一个有效反驳 t- 物理主义的论证。

---

[1] 为了行文简便，我们用 t 表示理论物理概念，用 o 表示对象物理概念。

o- 版本的知识论证：

1o. 玛丽通过学习，获得关于颜色经验的全部 o- 物理知识。
（o- 物理主义的定义）

2o. 如果玛丽获得了关于颜色经验全部 o- 物理知识，那么就
获得了关于颜色经验的全部知识。（o- 物理主义的假设的）

3o. 玛丽在被释放之后不会获得新的关于颜色经验的新知
识。（根据 1、2）

4o. 玛丽在被释放之后获得新的关于颜色经验的新知识。
（直觉）

5o. 物理主义假设是错误的。（3o 和 4o 冲突）

由于认识的局限，玛丽在黑白屋子里没能通过学习来获得 o- 物
理主义所要求的全部物理知识。玛丽只学到了部分的 o- 物理知识，
虽然她确实学到了所有基于理论的物理知识，但是有些基于对象的
知识并不是基于理论的知识。因此前提 1o "玛丽通过学习，获得关
于颜色经验的全部 o- 物理知识" 是错误的，3o 也是错的。玛丽在离
开小屋之后可以获得 o- 物理知识，因而 5o 是错误的，玛丽在屋子里
通过电脑和黑白电视机不能完全获得基于对象概念的物理知识。而
基于对象的物理知识跟人的认识能力相关，虽然我们无法获得所有
基于对象概念的物理知识，但是这并不意味着我们不能是一个 o- 物
理主义者。斯图加的这个论证利用对象物理概念直接拒斥了知识论
证的前提：被释放之前玛丽能学到完全的物理知识。同时合理地解
释了玛丽被释放之后学到新东西的事实：她学到了关于对象的物理
知识。

4.1.3 基于对象的认识论物理主义对可设想论证的回应

反驳物理主义的另一个论证是可设想论证（Conceivability

Argument，简称 CA），查尔默斯运用这个论证反驳最低限度的物理
主义（伴生物理主义[1]）。可设想论证源远流长，笛卡尔在论证心身二
元论时，就提出了这种论证，我们可以设想心灵和身体的分离，因此
心灵和身体是世界上不同的东西。克里普克的模态论证也是可设想论
证的一种类型。查尔默斯（1996）在构造可设想论证时，选用了僵尸
（zombie）作为例子，因此又叫作僵尸论证。这几种论证，结构是相
同的。

具体的论证构造如下：

1. 可以设想我有一个 zombie-twin，比如存在一个和
我在所有物理方面都一样，但缺少现象意识（phenomenal
consciousness）的 zombie-twin。

2. 如果可以设想我有一个 zombie-twin，那么我有一个
zombie-twin 就是可能的。

3. 物理主义假设：对于任何两个主体 S 和 S′、世界 W 和
W′，如果在 W 世界中的 S 和在 W′ 世界中的 S′ 在所有物理
方面都等同，那么他们在所有心理层面也都等同。

4. 物理主义假设是错的。（2 和 3 冲突）

如果僵尸是可能存在的，那么物理主义就是错误的。因为僵尸
的存在表明心灵性质和物理性质之间没有一个必然的联系，而物理主
义必须承诺心物之间的一种必然联系，不管这种必然联系是同一、实
现、依赖、构造还是伴生。

物理主义者对于可设想论证有几种回应，第一种是拒斥前提 1，
认为我们不可能清楚地设想 zombie-twin 存在的相关情形；第二种是
拒斥前提 2，2 隐含的一个基本想法是：可设想性是可能性的一个可

---

[1]　查尔默斯对伴生物理主义的理解（Chalmers 1996，第 32—42 页）认为伴生是一种全局
（global）的逻辑（logical）伴生。

靠指南。一个事物是可设想的，就意味着其在实际上是可能的。从区分两种物理概念入手，我们可以给出第三种回应，如上节对知识论证的分析一样。在理论物理概念层面上可设想论证是对的，在对象物理概念层面上可设想论证是错误的。根据两种物理概念的区分，我们可以得到两组不同的可设想论证。

t- 版本可设想论证：

1-t. 可以设想我有一个 t-"zombie-twin"，比如存在一个和我在所有 t- 物理方面都一样，但缺少现象意识的 t-"zombie-twin"。

2-t. 如果可以设想我有一个 t-"zombie-twin"，那么我有一个 t-"zombie-twin"就是可能的。

3-t. t- 物理主义假设：对于任何两个主体 S 和 S′、世界 W 和 W′，如果在 W 世界中的 S 和在 W′ 世界中的 S′ 在所有 t- 物理方面都等同，那么他们在所有心理层面也都等同。

4-t. t- 物理主义假设是错的。（2-t 和 3-t 冲突）

o- 版本可设想论证：

1-o. 可以设想我有一个 o-"zombie-twin"，比如存在一个和我在所有 o- 物理方面都一样但缺少现象意识的 o-"zombie-twin"。

2-o. 如果可以设想我有一个 o-"zombie-twin"，那么我有一个 o-"zombie-twin"就是可能的。

3-o. o- 物理主义假设：对于任何两个主体 S 和 S′、世界 W 和 W′，如果在 W 世界中的 S 和在 W′ 世界中的 S′ 在所有 o- 物理方面都等同，那么他们在所有心理层面也都等同。

4-o. o- 物理主义假设是错的。（2-o 和 3-o 冲突）

t-版本的可设想论证表明了t-物理主义是错误的。但o-版本的可设想论证不能表明o-物理主义是错误的。我们可以清楚知道有一个zombie-twin和我在所有t-物理方面等同是什么意思,因为物理理论告诉我的就是t-性质是什么,我们也知道t-性质的全部特征。但既然有一些基于对象的物理性质不是基于理论的物理性质,那么由于认识的局限,我就无法有意义地设想一个和我在所有o-物理方面一样,但缺少现象意识的zombie-twin。因为我们对于o-物理性质缺乏足够的认识,所以我们就不知道有一个zombie-twin和我在所有o-物理方面相同是什么意思。[1] 所以1-o是没有得到辩护的,但o-物理主义仍然可以是真的。坚持t-版本论证的形而上学论者只能得出有限的结论:t-物理主义是错误的。而不能得出这种o-物理主义也是错误的一般性的结论。

我们可以放弃t-物理主义,而集中讨论o-物理主义论题。有一种反驳认为o-版本可设想论证中涉及的是弱可设想概念,因此仍然可以拒斥o-物理主义。这就需要在论证中对于可设想性作出进一步的区分,一般认为存在强弱两种意义上的可设想性:

> 强可设想性:S强可设想P,如果S对P可能有一个清楚明晰的观念。
>
> 弱可设想性:S弱可设想P,如果S对于并非P不可能有一

---

[1] 叶峰认为:按这种说法我甚至不能设想一个在所有o-物理方面与这个世界相同但有(非物质的)天使的世界。直观上我们当然可以设想这样一个世界。不管o-物理性质是怎样的,它们都是物理的,我只要设想天使不是物理的,然后加到这个物理世界上就行了。(或者,假设你是认为这个世界有天使,你当然可以设想在所有o-物理方面与这个世界相同但没有天使的世界。)我们并不需要对所谓o-物理性质有那么多的认识才能设想某种东西不等同于它们。既然称它们为"物理的",那已经对它们有所限定了(叶峰2014a)。

叶峰的这种设想当然是可以的,问题在于,本书所关注的设想性是关于心身问题的。按照斯图加的理解,当我们断定僵尸是形而上学可能的时候,必须设想僵尸只具有物理层面的东西,而不具有心理层面的东西。这种设想要可能,必须牵扯到物理层面的细节。即僵尸拥有了什么类型的物理事实(o-物理事实),才使得我们可以有意义地谈论心理层面和物理层面的分离。而恰恰是我们缺乏对这种o-物理事实的认识,使得我们不能有意义地去设想这种分离情形。

个清楚明晰的观念。（Stoljar 2001b）

根据上述强弱可设想性的区分，我们可以对 o- 可设想论证进行进一步的区分，对 1-o 有两种读法：

> 1-o-w：（w 代表弱可设想）弱可设想我有一个 o-zombie-twin，比如存在一个和我在所有 o- 物理方面都一样但缺少现象意识的 o-"zombie-twin"。
> 1-o-s：（s 代表强可设想）强可设想我有一个 o-"zombie-twin"，比如存在一个和我在所有 o- 物理方面都一样的，但缺少现象意识的 o-"zombie-twin"。

在斯图加看来，可设想论证的提出者犯了模态混淆的错误，他们没有区分两种不同的可设想概念（Stoljar 2006:75）。简单说来，强可设想性指可以设想 P 是可能的，弱可设想性指不可设想 P 是不可能的。弱可设想性只需要满足逻辑一致的原则，只要这种设想不存在明显的逻辑矛盾就行。但是需要注意的是：**当我们说到"可设想性是可能性的指南"时，这里涉及的是强可设想性，并非弱可设想性。**在可设想论证的前提 2 中所涉及的是强可设想性概念。理由如下：如果我感觉到桌子上有一盏台灯，那么我在表面上相信桌子上有一盏台灯这个信念就获得了辩护。因此有很好的理由可以说我在**视觉上感到的东西**是**实际上存在的东西**的一个可靠指南。假如我没有看到桌子上缺少台灯，我们不大可能用这种证据来证明桌子上有一盏台灯。相似地，当我说我在表面上相信 P 得到辩护时，我就不可以用我不能设想 P（弱可设想）是不可能的来进行证明。这种弱可设想性在辩护事物存在的可能性上要比强可设想性差，而当说可设想性是可能性的指南时，我们需要的就是可以直接证明的一种可设想性。其次，在认识要求上，强可设想性要高于弱可设想性，比如我们不能强可设想一个有眼睛的动物不是一个有耳朵的动物，除非我们对有眼睛的动物和有耳朵的动物有一个清楚丰富的认识。弱可设想性不要求我们对进一步的细节有全面清楚的了解。**正如我不能因为没有感觉到一盏台灯不存在，我就可以证明台灯存在一样。我也不能因为我不能设想僵尸不存在，就可以证明僵尸存在。**在可设想论证中我们涉及的是强可设想概念。如上所述，对于一个命题的强可设想要求我们对这个命题有完全充分的理解。如果我不能获知基于对象的物理性质，我就不能实际地设想存在一个和我在所有 o- 物理方面都一样但缺少现象意识的 zombie-twin。因此，1-o-s 是不成立的，o- 版本的可设想论证没有成功反驳物理主义。

4.1.4 新笛卡尔式的认识论物理主义对两类模态论证的回应

豪厄尔对物理的概念的重新界定和斯图加对物理概念的重新界定具有相似性，豪厄尔把物理的定义为一个性质是物理的（物质的），当且仅当这个性质能够完全通过它在时空之中如何分布的条件获得刻画。斯图加借助了典范物理对象，豪厄尔借助了时空条件。物理学理论所推设的性质不一定完全包含典范物理对象的性质。直观上，我们很难借助现有的理解（理论性质和已知的对象性质）去把握未知的对象性质。但是对于理论性质和新笛卡尔式（Neocart）物理性质之间的区别则更好理解，我们可以说所有的理论性质都在时空之中，因此都是新笛卡尔式物理性质，相反则不成立，并不是所有新笛卡尔式物理性质都是理论性质。按照豪厄尔的看法，由于理论是认识论维度的，理论的发展完全依赖于人类认识的发展，完全有可能存在人们认识不到的时空性质。回顾知识论证和可设想论证，我们也可以得到一组基于新笛卡尔式物理性质的论证。

N 版本的知识论证（用 N 表示新笛卡尔式物理主义）：

> 1n. 玛丽通过学习，获得关于颜色经验的全部 n- 物理知识。
（n- 物理主义的定义）

2n. 如果玛丽获得了关于颜色经验的全部 n- 物理知识，那么就获得了关于颜色经验的全部知识。（n- 物理主义的定义）

3n. 玛丽在被释放之后不会获得新的关于颜色经验的新知识。（根据 1n、2n）

4n. 玛丽在释放之后获得关于颜色经验的新知识。（直觉）

5n. 物理主义假设是错误的。（3n 和 4n 冲突）

按照豪厄尔的定义，玛丽不可能在黑白屋子里学会所有的 n 物理方面的知识，因为她学会的全部知识都是理论的物理知识，并不能穷尽所有在时空之中的物理性质，在被释放之后她获得了一种新的关于时空之中物理性质的知识，知识论证可以表明 t- 物理主义是错误的，但并不能表明 n- 物理主义是错误的。再看可设想论证。

n- 版本可设想论证：

1-n. 可以设想我有一个 n-"zombie-twin"，比如存在一个和我在所有 n- 物理方面都一样但缺少现象意识的 zombie-twin。

2-n. 如果可以设想我有一个 n-"zombie-twin"，那么我有一个 n-"zombie-twin" 就是可能的。

3-n. n- 物理主义假设：对于任何两个主体 S 和 S′ 世界 W 和 W′，如果在 W 世界中的 S 和在 W′ 世界中的 S′ 在所有 n- 物理方面都等同，那么他们在所有心理层面也都等同。

4-n. n- 物理主义假设是错的。（2-n 和 3-n 冲突）

这里出现的问题是一样的，关键在于我们不能有意义地设想在 W 世界中的 S 和在 W′ 世界中的 S′ 在所有 n- 物理方面都等同，由于认知的局限我们无法获知完全的新笛卡尔式的物理性质。不管是对象物理性质还是新笛卡尔物理性质，在回应知识论证和可设想论证时，都不可避免地要引入无知的假设（Ignorance hypothesis）或者说认识局限的假设，这才是问题的关键所在。

4.1.5 认识论物理主义的无知假设：类比论证

认识论物理主义的中心论题是：存在着我们不能认识的 o- 物理性质，或 n- 物理性质或者绝对性质。认识论物理主义者为这个主张提供的论证如前所述主要有以下四种：第一种可被称为权威论证，认识论物理主义者引用了罗素、内格尔、麦金等哲学家关于存在着不可认识的事物的系列说法，来辩护无知假设。第二种是类比论证，斯图加运用鼻涕虫的思想实验，把鼻涕虫的认识地位类比为我们人类的认知地位，来辩护无知假设。第三种是反驳式论证，通过揭露反物理主义论证存在各种错误，来辩护认识论物理主义。第四种是最佳解释论证，首先假定绝对性质的存在，然后看看是否比其他物理主义者和反物理主义者更好地回应知识论证和可设想论证。

认识论物理主义者很清楚，要直接论证存在我们不能认识的物理性质是很困难的。他所给出的一些所谓的论证是要表明无知假设是有其道理的。这四种论证都是一种迂回论证。其中 1 和 3 较为外在，2 和 4 较为实质，认识论物理主义者试图将这几个论证结合在一起，从而描绘一幅理解物理性质的图画。

第一个论证力图表明无知假设在历史上有诸多先行观点，存在着不可认识的真理，这在哲学中并非一种孤立的观点，它们为认识论物理主义提供了一个思想场域。罗素等人相信内在性质的存在，戴维特（Devitt）、内格尔都是实在论者，在数学哲学中有人主张存在着认识不到的数学真理。

第三个论证是当代分析哲学中常用的一种技巧，通过反驳对方的观点，来间接捍卫自己的观点。认识论物理主义者认为模态论证犯了三个错误：命题混淆（proposition confusion）、模态混淆（modal confusion）、忽略反面证据（defeater neglect）（Stoljar 2006，pp.74—80）。但这个反驳并不是独立的，而是建立在无知假设之上，正是因为无知才会犯下上述错误。

对于无知假设，斯图加提供的核心论证实际上有两个：第一，构造直观上合理的思想实验，利用类比说明人类的无知状况，我把这种论证方式叫做类比论证，在提出亨普尔两难时，尤其是亨普尔两难的第一难中也应用过这种类比论证；第二，接受无知假设，由此来看是否能以此为前提而更加有效地解释心身问题，这是分析哲学中常见的最佳解释论证。

认识论物理主义对模态论证的回应基于如下想法：由于大脑是人类演化的产物，因此大脑的认识能力在某个时段总是受到局限，甚至在原则上无法认识某些事物，这是理解模态论证的基础。我们可以用一个虚构的故事来说明这种无知状况[1]：

假设有一群鼻涕虫生活在由瓷砖镶嵌的马赛克图案（M）上，马赛克图案有各种各样的形状：钻石形、圆形、八角形、长方形、菱形、半月形等。这些不同的形状都由两种基本形状构造而成：三角形和饼形。鼻涕虫只有两种关于形状的感知探测系统来认识马赛克图案：三角形探测系统和圆形探测系统。有一天，一个聪明的鼻涕虫出于好奇提出了一种关于马赛克形状的可设想论证：

1-m. 可以设想存在一块马赛克图案，它在所有非圆方面与M相同，但是没有圆形。

2-m. 如果可以设想存在另外一块没有圆形的马赛克图案，那么存在另外一块没有圆形的马赛克图案就是可能的。

3-m. m-物理主义假设：对于任何两块马赛克图案，如果马赛克图案M和马赛克图案M′在所有非圆形方面都等同的话，那么它们在所有圆形层面也都等同。（Stoljar 2001b）

基于这个论证，鼻涕虫可以断定世界（马赛克图案）并不是由非圆形（非圆形在这里类比为物理性质）组成的，这个世界在基本构

---

[1] 这个例子成为斯图加对认识局限解释的主要资源。（Stojlar 2001b, 2006）

成上既有圆形（类比为心灵性质）也有非圆形，鼻涕虫是关于马赛克图案基本构造的二元论者。在我们看来鼻涕虫可能犯了一个错误，事实上饼形（可以理解为 o- 物理性质或者 n- 物理性质）作为马赛克图案的基本组成部分构成了圆形，鼻涕虫不知道的是饼形和三角形都属于非圆形的集合。由于鼻涕虫的感知探测系统在探测非圆形时，只探测到三角形，而没有探测到饼形，因此它们认为三角形是唯一的非圆形，看似合理地提出了可设想论证。鼻涕虫无知于自己的无知，没有认识到有一种可以组成圆形的非圆形（饼形）。在斯图加看来，鼻涕虫混淆了如下两个命题：

> 4-m. 可以设想存在一块马赛克图案，它在所有非圆方面（三角形方面和饼形）与 M 相同，但是没有圆形。
>
> 5-m. 可以设想存在一块马赛克图案，它在所有三角形方面与 M 相同，但是没有圆形。

4-m 和 5-m 哪一个是鼻涕虫关心的命题？一方面 5-m 是强可设想的，因为鼻涕虫完全掌握了关于三角形的形状。但是尽管 5-m 是真的，却不是论证中涉及的命题。相反 4-m 才是论证关心的命题，这种可设想性才能够削弱圆形伴生于非圆形的可能性。但是 4-m 不是强可设想的，因为鼻涕虫并没有探测到饼形的存在，鼻涕虫受认识的局限，认识不到饼形。

就比喻的意义而言，鼻涕虫没有认识到一种与心理（经验）真理相联系的非经验的（物理）真理，或者说没有认识到一种非心灵（物理）的元素与心灵元素的关联。

与鼻涕虫类似，人类的认识能力也是有局限的，或许我们永远不能获得对 o- 性质或 n- 性质的理解。我们能够认识 t- 性质，也能够认识感受性质，但并不能基于同样的理由而认识 o- 性质或 n- 性质，也许我们获得 o- 性质和 n- 性质的方式与获得 t- 性质、感受性质的方式是完全不同的，但我们怎样才能知道呢？我们为什么要相信在理论物理性质之外还存在着一种奇怪的物理性质？我们为什么相信这样一种物理性质与意识性质相关？斯图加认为笛卡尔在《谈谈方法》第五章中关于语言的论证，可以帮助我们理解这种奇怪性质的作用，这个论证可以理解成一种反物理主义的论证（Stoljar 2001b）：

　　1. 可以设想有一个 machine-twin，在所有物理方面和我一样，但是缺乏语言能力。

　　2. 如果可以设想有一个 machine-twin，那么我有一个 machine-twin 就是可能的。

　　笛卡尔对物理世界的理解是贫乏的。我和我的 machine-twin 在物理方面的等同需要借助"内在信息过程"才能得到说明，在笛卡尔时代，语言能力的等同能够说明内在信息过程的等同。但是根据我们今天的观念，大脑内部的内在信息过程可以被当作复杂的计算过程。今天理解的内在信息过程（包含了语言能力）要比笛卡尔时代所理解的物理概念宽泛。不能因为我缺乏语言能力，就断定我缺乏内在信息过程，还存在其他非语言的信息过程。因此笛卡尔的论证并不能反驳物理主义。笛卡尔时代对内在信息过程的无知，导致他提出了关于语言的可设想论证。这个论证说明了我们的认识局限会随着科学的发展而不断缩小，我们能够认识的事物也越来越多。这个结论似乎并不能确切地支持人类原则上认识不到某一类性质的论断。

　　如果人类的境遇就是鼻涕虫的境遇，认识论物理主义就是唯一合理的选择吗？这里有一个明显的不对称性：我们可以巨细无遗地描述鼻涕虫无知的状态，对它们概念能力的缺失、认知能力的缺失都可以进行充分地刻画。我们知道它们不能表达，也知道它们不能认识。我们知道非圆形由三角形和饼形组成，鼻涕虫却不知道。对于鼻涕虫来说，不相信马赛克世界之中有饼形这种东西，相信圆形不可由非圆形组成，这是一种更理性的态度，虽然从我们的角度来看它们的信念是假的；相反，鼻涕虫相信马赛克世界之中有所谓饼形，相信圆形可由非圆形组成，这其实是非理性的，因为鼻涕虫不能提供任何证据去支持有饼形或圆形可由非圆形组成的信念。对于鼻涕虫来说，后面这些信念都是未经辩护的。

我们关于对象物理性质的认识和鼻涕虫对饼形的认识是不一样的。我们可以详细描述鼻涕虫如何不能认识饼形，而饼形又的确是马赛克图案的基本构成，因为我们具有马赛克世界的"上帝之眼"。但是，我们自己关于对象物理性质的无知状态的描述并不具有"上帝之眼"。我们只能从已有的科学实践中大概推知存在着我们当前不能认识的物理学性质，而不能从上帝之眼的角度推知存在着我们原则上不可能认识的对象物理性质。斯图加所举的类比论证的问题在于，我们的世界缺乏上帝之眼。或者借用物理主义者的术语"超级物理学家"来说，我们所处的世界没有超级物理学家。当代物理主义者把超级物理学家作为解释世界的一个重要概念，我认为这是物理主义者的一个错误。贾沃斯基（Jaworski）认为超级物理学家就像上帝一样拥有完备的物理知识：

> 拥有所有的物理知识，他知道宇宙中所有基本的物理个体，它们的性质和关系，以及约束行为的规律。假设这个超级物理学家没有一个心智概念框架，甚至没有一个生物的概念框架，也就没有感知或概念工具区分活物和死物、有心智之物和无心智之物。因此当他描述宇宙中的事物时，他只能完全通过位置、性质，以及所有存在的基本物理粒子之间的关系来描述。有人会觉得超级物理学家的描述遗漏了重要的东西，但是生物和死物之间的区别等的引入仅仅表明我们有特殊的描述和解释兴趣，这些特殊的兴趣并不与最终的实在对应。（Jaworski 2011，pp.70—71）

超级物理学家是一个思辨的概念，由于我们对理想物理学的无知，我们实际知道的仅是当前物理学知识，并不能根据这个玄想的概念去构想人类自身的处境。尽管这种构思并不违背物理学的原则，但是这种玄想对人类自身状况的刻画并不合适，我们无法描述一种实际上不存在的超级物理学家来反驳或者捍卫知识论。我们是马赛克世界里的"上帝之眼"，也是马赛克世界的超级物理学家。但我们不是我们自己的"上帝之眼"，也不是我们自己的超级物理学家。

4.1.6 认识论物理主义的无知假设：最佳解释

上节已经提示认识局限这一假设有两种可能形式，此节笔者从最佳解释角度来分析两种类型的认识论物理主义。对认识局限的解释存在两种解读，按照第一种解读，认识局限和内格尔对实在论的论证是类似的：

> 宇宙及其内部所发生的绝大多数事情完全独立于我们的思想；但自从我们的先民在地球上出现以来，我们逐渐形成思考、认识并表征实在越来越多的方面的能力。**有一些事物，我们现在虽不能设想它们，但可以逐渐理解它们；还可能存在另外一些我们没有能力设想的事物，这不仅因为我们处于历史发展的早期阶段，而且因为我们是我们所是的这种类型的生物。**（Nagel 1986，p.92）

认识局限来自这样一个事实，即我们就是如其所是的这种类型的生物，我们永远都不能认识所有的 o-性质或者 n-性质。这种立场可以被称为强认识论物理主义（Strong Epistemological Physicalism，简称 SEP）。

按照第二种解读，认识局限是人类演化中的一种事实，人类的发展就是一个不断拓展认识范围的过程，认识局限指人类局限于某个时段和时期认识不到某些物理性质，但是不存在原则上不可认识的性质。在 t_n 时段认识不到的某些物理性质，可以在 t_{n+1} 时段为人类所认识。至于人类最终是否能认识所有 o-性质或者 n-性质，这一点并不确定。这种立场可以称为弱认识论物理主义（Weak Epistemological Physicalism，简称

WEP）。弱认识论物理主义立场只需要坚持如下观点：存在当前不能认识的 o- 性质或者 n- 性质。关于人类漫长演化中的事实，我们很难做出一个最终的断定：我们可以认识所有的 o- 性质或者 n- 性质。本节试图论证认识论物理主义立场是错误的，构造如下论证：

> H_1. 如果认识论物理主义采取 SEP 形式，那么认识论物理主义是神秘的。
>
> H_2. 如果认识论物理主义采取 WEP 形式，那么认识论物理主义是多余的。
>
> H_3. 认识论物理主义立场要么采取 SEP 形式，要么采取 WEP 形式。
>
> C_1. 认识论物理主义是错误的。

首先考虑 H_1。SEP 主张原则上存在为人类所认识不到的物理性质。这里存在两个问题：

第一，我们不知道这种类型的物理性质究竟是什么。一种物理性质原则上为人类所不能认识，这种物理性质像意识性质一样神秘难解，我们很难想象一个有实质内容的物理主义主张其最终基础是落在神秘莫测的 o- 性质或者 n- 性质上。如果人类不能认识这种性质，我们似乎也可以有理由坚持说存在一种心灵性质，人类也不能认识。因此如果基于对象的物理主义是有意义的，那么基于对象概念的二元论也是有意义的，双方居于同等的解释地位。豪威尔（Hohwy 2005）提出和 o- 物理主义相对立的一套方案，如果 o- 物理主义是可设想的，那么 o- 二元论也是可设想的，认识论物理主义者并不能表明那个不能认识的性质是 o- 物理性质而不是 o- 心灵性质。豪威尔反驳的思路和笔者类似，他更为系统地提出了 o- 二元论来对抗 o- 物理主义，以此来论证 o- 物理主义的设定并不是最佳的解释。首先，o- 或 n- 物理主义者假定了物理的 o- 性质或者物理的 n- 性质，o- 或 n- 二元论者也可以假定心理的 o- 性质或者心理的 n- 性质。其次，o- 或 n- 物理主义者和 o- 或 n- 二元论者在本体论上都很简单，不论心灵还是物理，都只是假设了两类性质的存在：t- 性质和 o-（或 n-）性质。它们都不能很好地解释主观经验、现象性质。最后，二者都同样假设了认识上的无知。物理主义者假设了对某类物理性质的无知，二元论者假设了对某类心灵性质的无知。二者的论证结构相同，解释效力也相同，EP（认识论物理主义）如果能成为有意义的物理主义立场，就必须在某些方面优越于 ED（认识论二元论）的解释。

针对第一个反驳，SEP 可以这样回应：即使存在与物理性质相对应的心灵性质，这种说法也仅仅是表面上的。物理性质和心灵性质具有一种不对称的关系。物理性质是独立于人类存在的。[1] 这种性质不因为人类的出现或者消亡而发生变迁。而心灵性质确实跟人类本身的特性相关，o- 物理性质和 o- 心灵性质的不同在于：当我们谈论认识的时候它们会产生差异，o- 物理性质外在于人类心灵，因此有原则上认识到或者认识不到的问题；但是，对于心灵性质，则不能说存在原则上为人类所认识不到的心灵性质，也许现阶段存在为人类认识不到的心灵性质，或者存在为某类群体、某个个体所认识不到的心灵性质，或者认识不到对同一个物理事实的两种不同的心理表达之间的同一。但心灵性质是人类感受世界所产生的性质，只要个体具有足够的感官通道，原则上他就能认识所有的心灵性质，因此主张存在与 o- 物理主义对应的 o- 二元论是不能得到辩护的。

第二，如果我们无法认识这种物理性质，它如何获得一个与心灵性质有意义的区分？有哲学家就认为绝对性质其实就是心灵性质，或者至少部分是心灵性质（Chalmers 2003）。针对第二个反驳，SEP 可以这样回应：物理主义能成为有意义的主张，并不在于我们对何为物理的具体性质集有一个判定标准或者认识标准，当代的物理主义者大

---

[1]　这并不意味着人类不能认识、理解、探索物理性质。

部分是可错论者，他允许我们在使用一种判别标准来识别物理性质时可以发生错误。

SEP 的两种回应忽视了他们本来面对的问题，我们可以看一下在知识论证和可设想论证中出现的物理概念：

1-o-. 玛丽通过学习，获得关于颜色经验的全部 o-物理知识。（o-物理主义的定义）

7-o-. 可以设想我有一个 o-zombie-twin，比如存在一个和我在所有 o-物理方面都一样但缺少现象意识的 zombie-twin。

SEP 拒斥 1-o-，认为玛丽不能获得关于颜色经验的全部 o-物理知识，也即存在原则上玛丽认识不到的 o-物理性质。SEP 拒斥 7-o-在于我们不能设想一种在所有 o-物理（尤其是原则上我们认识不到的）方面都一样但缺少现象意识的 zombie-twin。是否存在这种认识不到的 o-物理性质就成为解决问题的关键。如果接受笔者的无知假设——存在着认识不到的理论物理性质，一样可以解决这个问题。因为我们对理想物理学处于无知状态，玛丽不可能获得关于颜色经验的全部理论物理知识，我们也不能有意义地设想存在一个和我在所有 t-物理方面都一样但缺少现象意识的 zombie-twin。

也许有人会反驳笔者的解决方法：让我们设想玛丽获得了完备的物理学知识，这样她真正缺少的就只是一些 o-物理知识；让我们设想关于僵尸论证的所有涉及物理学层面的知识或事实都已经巨细无遗尽在掌握，我们真正缺少的只是一些 o-物理知识或事实。如此假设实际上是僭越了我们自身的认识能力，如前所论，我们并不是自身的上帝或者超级物理学家。严格说来，我们不能有意义地使用"未知的物理性质"这一术语。

其次，考虑 H_2。WEP 主张我们可能在某个时期认识不到某些 o-物理性质，但这种物理性质可以在一个新的时期被我们认识。WEP 也可以解读为两个版本：

WEP$_1$. 我们虽然在某个人类阶段认识不到某些 o-性质，但是最终我们可以认识全部的性质。斯图加应该不会接受这个版本，如果所有的 o-性质最终能被全部认识，假设我们现在正处于那种理想状态，我们就可以获得所有的 o-物理知识。同样也能设想一种在所有 o-物理方面都一样但缺少现象意识的 zombie-twin，从而捍卫知识论证和可设想论证。

WEP$_2$. 我们总在某个阶段认识不到某些 o-性质，至于最终是否可以认识，则由于人类的认识局限而无法回答这个问题。

WEP$_1$ 和 WEP$_2$ 有一点是共同的：存在某些 o-性质，在某个时期没有被人认识，但在更长的时期里可能会被人认识。虽然我们现在理解不了这种 o-性质，但并不能证明在漫长的人类演化史上也不会有人能理解 o-性质。认识能力的局限的确可以说明当前存在不能为我们所理解的 o-性质，等到认识能力得到充分发展之后，也许我们就可以理解这种 o-性质了。运用 WEP 可以拒斥知识论证和可设想论证的前提。问题在于我们如果将认识论物理主义理解为 WEP，那么它在拒斥知识论证和可设想论证的策略上，和理论物理主义没有什么不同。从理论的简约化要求出发，我们可以直接在 t-性质上假设认识的局限性。也许认识能力得到高度发展之后，人类发现在一个新的阶段这种 o-性质可以还原（reduce）为 t-性质或通过 t-性质得到说明。假定在人类认识能力演化过程中存在三个阶段。在第一个阶段，人类既能理解一些 t-性质，也能理解一些 o-性质，但对二者之间的关系缺乏认识。在第二个阶段，人类认识到二者之间的关系：有些 o-性质不是 t-性质。在第三个阶段，人类不仅能理解这两种物理性质，而且对二者之间的关系有更清楚全面地理解：o-性质可以划归为 t 性质或通过 t 性质得到说明。换言之，在第一阶段人类对二者关系懵懂无知；在第二阶段人类根据自身经验对二者关系做出了有些 o-性质不是 t-性质的断言；在第三阶段，由于科学的发展和认识能力的进化，人类发现在第二阶段举的断言是错误的。第三阶段的发现当然是可能的，因为有些 o- 性质不是 t- 性质，而只是一个经验的规律，[1] 科学的发展可以否证这个断言。人类获得了新的关于二者联系的规律：有些 o- 性质等同于 t- 性质，并且其他不等同于 t- 性质的 o- 性质可以还原为或者形而上学伴生于 t- 性质。

我们不必假设对 o- 性质的认识局限，我们只需要假设在 t- 性质上的认识局限也可以解决问题。亚里士多德时期的物理学和牛顿时期的物理学是不一样的，牛顿时期的物理学与爱因斯坦时期的物理学也是不一样的，我们本来就存在对于 t- 性质的认识局限，正是基于对 t- 性质的认识局限，我们才提出各种各样反驳物理主义的论证。随着物理学的发展，我们在 t1 阶段所提出的反驳物理主义论证，在 t2 阶段被消解；同时在 t2 阶段又会提出新的反驳物理主义论证，这个反驳论证在 t3 阶段被消解，如此不断反复以至无穷。物理主义者和反物理主义者都不可能通过这种物理性质的理解为自身做出有效的辩护。[2] 有人会指出，这是不可能出现的情况，因为根据知识论证的原初表述，

---

[1] 对于认识论物理主义者来说，他们可能会认为两者的不同是一个概念真理。倾向性质和绝对性质不同，倾向性质要求绝对基础。t- 性质主要由倾向性质组成，o- 性质既包括倾向性质又包括绝对性质，因此在概念上二者就是不同的。按照早期物理主义者（石里克）的模式理解，o-性质和 t- 性质只是对同一种性质的两种不同概念表述，是两种不同的标记。在某一个特定的时期，人类受限于当时的物理概念系统，未能发现二者之间的联系。人类对二者之间关系的断定基于特定时期的认识，这当然是一个完全的经验真理而非概念真理。

[2] 叶峰（2014a）指出：
这样表述可能会陷入怀疑论谬误，即要求有效的辩护是绝对不可错的辩护。假如可以这样论证，那么以同样方式我将会得出说，物理学家没有为原子、电子的存在性作有效的辩护，因为未来物理学可能会否认原子、电子的存在性。我们当然同意未来物理学可能会否认原子、电子的存在性，但只是很微弱的可能。我们对"未来物理学将否认原子、电子的存在性"这个命题的信念来源于一个简单枚举归纳式，即观察到过去的物理学反反复复发生了几次变化，但我们关于"原子、电子存在性"的信念得到更丰富的、更强有力的、多方面的证据的支持，即整个物理学解释世界的成功。所以我们对后者信念度可以远高于我们对前者的信念度。
笔者此处想说的是物理主义和反物理主义对意识问题的解决会随着科学实践的进展不断发生变化，因为迄今为止意识问题还是一个困难的问题，还没有一个原则上的解决方案。但是二者对于原子、电子的存在性从来不会做出上述论证，把意识问题的争论类比到原子、电子的争论是不能成立的。因为我们已经充分认识到了与原子和电子相关的物理性质，但尚未认识到与意识性质相关的大部分物理性质。原子和电子的物理性质阐释已经成熟固定，不大可能在高一阶段被消解。而关于意识性质的物理解释却很有可能为更高一阶段的物理解释或者反物理解释所消解。

玛丽具有完备的物理学知识。但是在笔者看来这恰恰是知识论证的关键性错误。认为玛丽具有完备的物理学知识，就是认为在我们这个世界里存在着上帝之眼，就是承认玛丽是我们世界中的超级物理学家。如上一节所述，超级物理学家这个概念出现在当代物理主义者的各种论述之中，但这是一个错误的假设。

在人类漫长的演化过程中，在几千年的科学实践中，人类不断扩大自己的探索范围，发现未知的事实。但必须承认在认识的每一个阶段，我们所获得的知识都是不完备的。这种知识的不完备性就是人类生存的基本事实和前提，也是理解反物理主义论证的关键所在。在笔者看来，玛丽的思想实验违背了这一直觉，斯图加的思想实验也违背了这一直觉。叶峰（2012）认为当代的物理主义者和反物理主义者共享了一个框架，就是假设了自我这个概念，真正的物理主义者应该具有无我的世界观。在笔者看来，当代的物理主义者和反物理主义者还共享了另外一个错误的框架，就是假设了物理事实或知识的完备性，真正的物理主义者不应该假设完备性概念，尽管我们的确可以设想理想的物理学是完备的，但是由于人类的认识局限，我们在当前根本无法有意义地谈论完备的物理知识。也不可能根据这种空洞的完备性物理概念来构造物理主义论证或反物理主义论证。玛丽只具有当前物理学的完备知识。

叶峰（2014a）反驳笔者的上述看法：

> 似乎不能说知识论证假设了物理知识的完备性。知识论证的要点是物理知识与现象知识本质上不同，所以它是根据我们现有的对物理知识的理解去推测未来甚至理想物理学提供的完备物理知识是怎样的。如果我们相信 Weinberg，那么我们对完备物理知识包括什么会有一个观念，而且直观上似乎可以认为它不包括对色彩的感受经验。即使不像 Weinberg 那么乐观，我们还是可以推测，理想物理学还是用客观的语言，从因果、结构等等上描述

世界，因此完备物理知识似乎也不包括对色彩的感受经验。未来物理学有可能超出我们的想象力，但根据这种可能性来拒绝我们对未来物理学的推测可能是陷入怀疑论者的论证谬误，就像根据有可能我被魔鬼欺骗来拒绝我们对世界的普通推测。

笔者在亨普尔两难一章讨论过如何从现有的物理知识去理解完备物理知识的问题，由于我们的认识局限，不大可能对未来物理学有一个清楚的概念。温伯格对理想物理理论的推测只是一种可能，也许存在着与我们现有物理学完全不同的物理学，这在逻辑上是完全可能的，在科学实践中也是可能的。就物理学的外延和内涵而言，原则上我们不可能知道理想物理学的外延，但我们大概知道理想物理学的内涵。其内涵可以在三个层次上来理解：第一，物理学符合某一个特定阶段的物理学特征。比如牛顿时期的物理学特征，在这个层次上我们不太能够知道理想物理学的内涵。也许理想物理学的特征已经完全不同于我们当前物理学的特征。比如，诺贝尔物理学家罗斯提出时空概念必须获得革命性的阐释才能在天体物理学中获得重大突破。所谓的革命性阐释，就是要突破当前的时空观。第二，物理学符合一般的科学理论特征。在物理的概念一章我们介绍了科学理论的一般特征，假定理想物理学符合科学理论的一般要求，那么我们可以在这个意义上知道理想物理学的内涵。但是如果从"大历史"的角度看待科学特征，也许我们认为的一般科学特征和某个阶段的科学特征一样，只是为某个时段的物理学所具有，而理想的物理学可能会突破一般的科学特征。第三，不管物理学如何变化，是否符合科学的一般特征（如可观测、验证等），它都有一个实际的标准，那就是理想物理学一定要比当前的物理学更有解释力，在解决问题上有实质的进步，否则就不是理想物理学了。因此从科学实践和科学进步的角度出发，我们大致了解了理想物理学的内涵，尽管相对比较单薄。

　　理想物理学可能有几种不同的范式，也许具有和当前物理学相似的结构，也许具有和当前物理学完全不同的结构，这一点只能依赖物理学的具体发展。玛丽具有完备的物理学知识是一个毫无意义的假设，除非我们**真的**处在已建立起完备物理学的时代，但也许到了那个时候，就没有提出知识论证的必要了。知识论证的要害并不在于物理知识和现象知识的不同，而在于玛丽究竟掌握了怎样的（完备的或不完备的）物理知识。在笔者看来，玛丽掌握的物理知识就是我们这个时代所拥有的物理知识而不是理想的物理知识，这才是问题的关键。

　　由于玛丽对未来物理学、理想物理学是无知的，因此并不具有未来物理学的完备知识，更不具有理想物理学的完备知识。玛丽不是我们世界的超级物理学家，她也不可能具有完备的物理学知识。下文我们将从完全地区分三种物理学出发来分析模态论证。

4.1.7 无知假设与物理概念

　　上述论证的前提建立在未经考察的物理学概念基础之上，严格说来我们需要区分不同的理论物理概念，并在这个基础上考查反驳物理主义的论证。在关于何为理论物理性质的解释中存在如下三种解释：当前物理主义、未来物理主义、理想物理主义。因此对于知识论证和可设想论证中出现的物理概念需要加以区分。重新考虑 1t, 7-t 出现在知识论证和可设想论证中的前提（当前理论记为 [ct]、未来理论记为 [ft]、理想理论记为 [it]）。

　　　1t. 玛丽通过学习，获得关于颜色经验的全部 t- 物理知识。（t- 物理主义的定义）

　　　7-t. 可以设想我有一个 t-"zombie-twin"，比如存在一个和我在所有 t- 物理方面都一样但缺少现象意识的 zombie-twin。

当前理论版本的知识论证和可设想论证前提：

1ct. 玛丽通过学习，获得关于颜色经验的全部 ct- 物理知识。（ct- 物理主义的定义）

7-ct. 可以设想我有一个 ct-"zombie-twin"，比如存在一个和我在所有 ct- 物理方面都一样但缺少现象意识的 ct-"zombie-twin"。

未来理论版本的知识论证和可设想论证前提：

1ft. 玛丽通过学习，获得关于颜色经验的全部 ft- 物理知识。（ft- 物理主义的定义）

7-ft. 可以设想我有一个 ft-"zombie-twin"，比如存在一个和我在所有 ft- 物理方面都一样但缺少现象意识的 ft-"zombie-twin"。

理想理论版本的知识论证和可设想论证前提

1it. 玛丽通过学习，获得关于颜色经验的全部 it- 物理知识。（it- 物理主义的定义）

7-it. 可以设想我有一个 it-"zombie-twin"，比如存在一个和我在所有 it- 物理方面都一样但缺少现象意识的 it-"zombie-twin"。

如果知识论证涉及的是当前理论的物理概念，显然知识论证的前提是对的，玛丽确实学到了关于颜色经验的全部物理知识。亨普尔两难的回应者如果接受当前物理学的概念，那么他就面临如何解释知识论证的问题，因此会接受其前提，但拒绝其结论，即承认玛丽的知识是全部的知识，被释放出来之后的玛丽所学的是能力、亲知知识、现象概念等。

如果知识论证涉及的是未来理论的物理概念，则玛丽并没有学到关于未来物理理论概念的全部知识，就如 18 世纪的玛丽不可能学到 20 世纪玛丽所学的物理知识一样。限于我们当前的认知状态，我们对于当前物理学和未来物理学之间的关系并没有一个清楚的理解，我们不能有意义地描述玛丽所获得的关于未来的物理知识是怎样的。尤其是知识论证涉及关于颜色方面的未来物理学知识。我们也许对未来的物理知识有一些定性的说法，如在第二章中讲到的理想物理学的四个特征（可预测性等），但是我们对理想物理学缺乏定量的说法，或者说我们并不知道未来物理知识的具体内容是什么。问题的关键在于玛丽需要的知识不是定性的物理知识，而是定量或有具体内容的物理知识。而这一点如前所论，玛丽是无法获得的。

如果知识论证涉及的是理想理论的物理概念，21 世纪的玛丽永远无法获得理想的物理知识，因此我们可以拒斥知识论证的前提：玛丽在黑白屋子里学到了完备的物理学知识。理想理论版本的物理主义解释效力和认识论物理主义是一样的，而且它不需要假设存在解释困难的绝对性质。

如果可设想论证涉及的是当前理论的物理概念，则可设想论证是对的，确实可以设想和我在所有 ct- 物理方面都一样但缺少现象意识的 zombie-twin。如果涉及的是未来的物理概念，我们并不知道未来的物理学和当前物理学之间的关系，不可能推测未来的物理概念，所以就不能强设想存在和我在所有 ft- 物理方面都一样但缺少现象意识的 zombie-twin。对于理想物理学同样如此。可设想论证反驳了当前理论的物理主义，但是并没有反驳未来理论的物理主义和理想理论的物理主义。

斯图加实际上要在两个版本（SEP 和 WEP$_2$）的认识论物理主义之间做出选择，他对认识局限的理解只能依托上述两种版本：

H$_3'$.认识论物理主义要么采取 SEP 形式，要么采取 WEP$_2$ 形式。

正如我们所论证的，若是认识论物理主义采取 SEP 形式，它就是神秘的；若是认识论物理主义采取 WEP$_2$ 形式，则就被理论物理主义的不同版本所代替。笔者所提出的无知假设（人类对未来或理想物理学所推设的物理性质的无知），比斯图加提出的无知假设（人类原则上认识不到对象物理性质）更符合直观、更符合科学实践。这个假设是一切物理主义的底线，尤其重要的是一旦具体地坚持这个物理主义的底线，我们会发现它的重要理论后果：一些典型的反物理主义论证实际上是不能成立的。如前所论，对物理概念进行质疑的亨普尔两难，在此无知假设之下，是内在矛盾的；知识论证和可设想论证的前提在此无知假设之下，是错误的。

回顾认识论物理主义的三大基本要素——物理事项、物理性质、无知假设，其中物理事项的理解要依托于绝对性质，绝对性质的理解要依托于无知假设。斯图加的论证就像多米诺骨牌一样，只要推倒其中一个，其他几个就随之坍塌。认识论物理主义的三要素互相关联，成为一体。认识论物理主义区分了理论物理性质和对象物理性质，对象物理性质要依靠绝对性质才得以建立，无知假设其实就是说明对绝对的无知。本书旨在表明我们只需要假设对理想物理学性质的无知就可以重建认识论物理主义的三大要素，并可以在此基础上回应亨普尔两难、知识论证和可设想论证。

认识论物理主义主张：由于人类的认识局限，存在着人类原则上不能认识的物理性质，或者说人类由于自身的局限而无知于某些物理事实。围绕这个核心论点，认识论物理主义者对物理的概念、物理性质、无知假设给予了系统的说明，全面建立了认识论物理主义纲领。在此基础上认识论物理主义者回应了两类反驳物理主义的主要论证：第一类是针对物理主义表述的论证，即亨普尔两难；第二类是针对物理主义内容的论证，即知识论证、可设想论证。

认识论物理主义者提出了两种物理性质来补充说明基于物理学的物理性质：第一种是斯图加所主张的基于对象概念的物理性质，第二种是豪厄尔所主张的新笛卡尔式物理性质。有了这两种不同于物理学所推设的物理性质，我们就可以对反物理主义论证中出现的物理概念一一进行分析。

首先分析亨普尔两难中的物理概念。亨普尔两难的提出者认为：如果"物理事项"指的是当前物理学所理解的物理事项，那么物理主义很可能是错误的；如果"物理事项"指的是理想物理学所理解的物理事项，那么物理主义是空洞的。如果我们把新的物理性质引入物理主义的表述中，就回避了亨普尔两难。

其次分析知识论证和可设想论证中的物理概念。认识论物理主义者认为，反物理主义者可以表明基于物理学的知识论证和可设想论证是正确的，但是如果将物理概念理解为对象物理概念或者新笛卡尔式的物理概念，那么基于这种新物理概念的知识论证和可设想论证就是错误的。在知识论证中，黑白屋中的玛丽不能获得完备的对象物理知识（或新笛卡尔物理知识）；在可设想论证中，反物理主义者不能强可设想物理性质和心灵性质的分离。原因在于，由于人类的认识局限，我们认识不到某些基于对象的物理知识（或新笛卡尔式物理知识），这是认识论物理主义的核心观点：无知假设。为了论证这一观点的合理性，认识论物理主义者为之提供了系列论证，其中类比论证和最佳解释论证是最为关键的两个论证。

笔者从对亨普尔两难的分析入手，提出了一个与认识论物理主义不同的无知假设：由于人类的认识局限，存在着我们认识不到的未来（或理想）的物理学性质，或者说我们无知于未来（理想）物理学，这实际上是亨普尔两难中第二难的前提。这一假设较好地刻画了对人类认识局限的直觉。在这个基础上，笔者反驳了类比论证和最佳解释论证。就类比论证来说，笔者认可认识论物理主义所依赖的鼻涕虫思想实验。就最佳解释论证来说，如果接受对未来（理想）物理学无知的假设，物理主义者一样可以有效回应亨普尔两难、知识论证和可设想论证。因此认识论物理主义立场并不是一个最佳解释立场。我们曾提到认识论物理主义在整个物理主义家族中的位置：

> 还原的和非还原的物理主义都失败了，然而这并不意味着我们就应该放弃物理主义。也许有充分的证据表明存在关于物理主义的真理，即使这些真理已经超越了我们的理解。**但是到目前为止，并没有这样的论证。不过认为存在这样的论证已经成了物理主义者的一种信念。**（Göcke 2012, p.8）

根据上述作者的描述，认识论物理主义似乎成了物理主义的唯一选择，问题仅仅在于这种立场缺乏物理主义者的论证。笔者所要表明的是：一方面，的确存在对认识论物理主义的系统论证（Stoljar 2001，2006；Pereboom 2011；Howell 2013），但是为这种立场提供的论证（类比论证、最佳解释论证）是有问题的。另一方面，一种新认识论（基于对理想物理学无知）物理主义确实可以有效回应本节中所提出的反物理主义论证。

新认识论物理主义是所有物理主义必须坚持的一个最低（最薄）版本，这是笔者着力指出的，也是被已往的讨论所忽略的。需要注意的是，这种薄版本的物理主义要成为一个具有实质性的主张，还需要添加其他要素使之变厚。被已往讨论所忽略的还有新认识论物理主义的重要理论后果，在这种无知假设之下，我们可以对一系列反物理主义论证给出系统的回应。

现有的认识论物理主义立场并不合适。拥护者为其立场所提供的论证大多基于概念分析和思辨，如类比论证（鼻涕虫论证）。现有的认识论物理主义者的思路和物理主义的基本精神是相违背的。这也是很多物理主义者直到如今依然坚持还原的物理主义，很多反对者主要把物理主义理解为还原的物理主义的原因。在他们看来，还原论物理主义无论正确与否，都是一个具有实质内容的纲领，而认识论物理主义的核心主张和论证与自然科学的基本精神无关，不过是概念玄思的产物，是一种新的形而上学。

4.2 / 奠基物理主义

导言

奠基物理主义主张心理事件／性质／过程／状态奠基于物理事件／性质／过程／状态，物理事件是比心理事件更为基本的事件，物理事件决定了心理事件。但奠基物理主义并不在本体论上主张世界归根到底是物质的。只有当前和未来的物理科学、神经科学会对这一本体论主张提供经验证据。奠基物理主义是对世界结构的刻画，而不是对世界根本元素的探索，在这个思路下，奠基物理主义将会对功能主义、可设想论证等给出不同的解决方案。一方面，放弃本体论的争论，奠基物理主义可能会成为物理主义者的最低共识；另一方面，对奠基概念的科学说明（结构方程模型）会让奠基物理主义对神经科学关于大脑的探索保持一种积极且具有实质性的立场。

诗云："普天之下，莫非王土；率土之滨，莫非王臣。"（《诗经·北山》）这是对皇朝政治的一种简单而不失要旨的概括。天下都是天子的土地，管理土地的都是天子的臣子。不妨套用这句诗来描述物理主义：普天之下，莫非物理；束物之理，莫非定律（通俗版本：天下的事物都是物理事物，描述物理事物的运行机制是自然定律）。当然这个说法不够严谨，物理主义所主张的不仅仅是普天之下，应该还包括天外之物，较好的说法是：寰宇之内，莫非物理；束物之理，莫非定律。人类掌握了约束之理，在最基本的意义上，天地万物的运行因此成为可理解的。有哲学家称物理主义是我们的基本世界观。不过这个颇受当代英美分析哲学青睐的立场，似乎颇难与日常直觉吻合。物理主义也许能说明生老病死，但它能解释爱恨情仇吗？物理主义也许能说明眼耳鼻舌的生理机制，但它能说明悲欣交集的细微感受吗？物理主义也许能说明人类社会的演化，但它能解释宗教、道德、艺术吗？人世间千差万变的心理现象是物理科学可以解释的吗？[1] 本书不是要为之提供一个答案，也不是要为理解这种困惑提供一个视角。而是从一个新的角度（grounding）去理解物理主义论题中的一个基本结构：心物关系。在拉物理主义这面大旗作虎皮或作遮羞布之前，且让我们先探讨一下这面大旗的质地、颜色、形状和构成。

在心灵哲学中，对心物关系的理解，不脱还原论／非还原论的框架。简单来说，还原论主张所有的心理性质／状态／过程／事件／实体都可以还原为物理性质／状态／过程／事件／实体。非还原论主张虽然世界归根到底是物理的，但总有一些心理的东西不能被彻底还原为物理的东西，而是依附／伴随于物理的东西。心物伴随，如影随形，须臾不可离也。还原论的典型形态是同一论（心理状态就是大脑的特定物理状态），非还原论的典型形态是伴生论。从 20 世纪 50 年代计算机的黄金时代到脑科学如日中天的今日，还原论和非还原论的内战一直未能平息。伴随物理主义内耗的战火，20 世纪 70 年代以来二元论外敌强势入侵，以塞尔、查尔默斯、杰克逊等为代表的二元论者，几十年来不停提出各种论证（中文之屋、僵尸论证、知识论证）来反驳物理主义。这些争论构成了近几十年来心灵哲学研究领域的基本版图。在还原论、非还原论、二元论的"三国演义"尚未停息之时，又一支大军突起，入侵心灵哲学。这波大军乃是从形而上学挣得一席之地的 Grounding[2]。自 20 世纪初，以范恩为代表的形而上学家们从奠基入手研究实在的结构，开启了元形而上学（Metametaphysics）研究，并辐射到其他哲学领域（心灵哲学、元伦理学、美学）。（Fine 2001, 2012; Schaffer 2009）

如今奠基研究在形而上学领域中地位显赫，大有与传统本体论研

---

[1] 准确说来，不是物理主义能说明，而是坚持物理主义的基本原则，科学能够说明。物理主义本身是一个立场，物理主义者相信世界的运行最终会通过科学得到理解，尤其是通过物理科学得到理解。

[2] Grounding 很难有一个恰当的中文翻译，大概具有奠基、底定、基础、保障、保证、因为、凭借等多重含义，笔者会根据上下文作出不同的翻译，并适当附上英文术语。

究平分天下之势。范恩有句著名的话：奠基之于哲学，好比因果之于科学。本节中，笔者首先介绍分析奠基的基本概念，其次将讨论如何用奠基来理解物理主义。笔者将分析两种可能的进路：第一，利用奠基来阐释心物关系，使得这种处理优于还原论／非还原论的处理；第二，利用奠基回应物理主义所面临的传统批评（如解释鸿沟、僵尸论证、知识论证）。最后笔者将简要说明，是不是我们有了奠基这个概念，就意味着物理主义能一马平川，平定理论天下指日可待？本节开头引用的诗经名句，有着重要的隐喻。

4.2.1 奠基的基本结构

最近一些形而上学家提出一种和因果解释不同的形而上学解释：解释项和被解释项之间的关系不再通过因果机制说明，而是通过一种决定／被决定的关系来说明。范恩把这种关系叫作"本体论上的奠基"（ontological grounding）。例如 a 和 b 之间的关系，a 凭借／根据（in virtue of）b 而获得解释；a 是由 b 所奠基（ground）的；a 的存在是因为（because）b 的存在；a 依赖于（depend on）b 而获得解释；a 的存在是 b 的存在所决定的（determinate）的；等等。这些不同的术语说的是一件事：刻画两种事物之间的一种必然关系。我们可以用如下三个例子来说明：

（1）球是红色的并且是圆形的这个事实，根据球是红色的这个事实和球是圆形的这个事实而获得。

（2）粒子正在加速这个事实，根据粒子受到一些正作用力的推动这个事实而获得。

（3）他的行为是错误的这个事实，根据他在完成行为时完全具有伤害他人的意图这个事实而获得。

这三种关系分属于三种不同的领域，第一个属于形而上学领域，第二个属于自然科学领域，第三个属于规范伦理学领域。每一个关系都被看作奠基／根据关系，但按照范恩的理解，这三种关系各不相同，不存在一个统一的结构来说明这些不同领域的奠基关系。他的立场被称作多元论。威尔逊的主张极端一些：她不仅认为这三个奠基概念之间的结构不同，而且认为奠基没有重要的哲学意义。（Wilson 2014）范恩的立场被称作温和的多元论，威尔逊的立场被称作极端多元论。与多元论立场相反的是贝克的一元论立场，他认为三者之间具有共同的奠基概念。（Berker 2018）

由于本节主旨是探讨心灵哲学中的奠基概念，因此我们的论证对于这个争论保持中立，温和多元论和一元论的任何结论都与本节的论证不冲突。但本章拒斥威尔逊的极端多元论，按照她的理解，奠基这个概念对于心灵哲学是没有用处的。本章恰恰是要表明奠基这个形而上学概念对于心灵哲学具有重要的意义。

根据对奠基的读解，产生了对形而上学研究的一个区分：本体论和形而上学的区分。本体论这个术语取自奎因，他在《论何物存在》一文中认为形而上学的主要任务是研究性质、数字、意义等是否存在。奠基论者认为形而上学的主要任务是研究世界的结构、关系，尤其是世界根本存在物的性质，它和非根本存在物之间的关系。而这正是传统亚里士多德形而上学的研究领域。当代形而上学的一个趋势是要从奎因回到亚里士多德。从本书的角度来看，形而上学并不关注事物在根本上是由什么构成的，而是在接受心物二元的概念框架下，去重新理解心物之间的关系。需要注意的一点，接受心物的二元框架，并不意味着必须接受心物二元论，本书的主要目的恰恰是为物理主义一元论辩护。

奠基本身可以分为部分奠基和全面奠基：球是红色的并且是圆形的，部分奠基于球是红色的；球是红色的并且是圆形的，全部奠基于球是红色的和球是圆形的。把部分／全面的二元区分融入形而上学／规范性／自然性的三重区分中，我们就得到了六种不同的奠基类型。

除了这些区分之外，奠基自身尚具有一些基本特征。

第一，传递与非传递。大部分奠基实例遵循传递原则：如果［p］是部分[1]形而上学奠基于［q］，［q］是部分形而上学奠基于［r］，那么［p］是部分形而上学奠基于［r］。如果［p］是部分规范地奠基于［q］，［q］是部分规范地奠基于［r］，那么［p］是部分规范地奠基于［r］。我们也可以把两种不同的奠基混合起来：如果［p］是部分形而上学奠基于［q］，［q］是部分规范地奠基于［r］，那么［p］是部分奠基于［r］。如果［p］是部分形而上学奠基于［q］，［q］是部分规范地奠基于［r］，那么［p］是部分规范地奠基于［r］。但是否所有的奠基都是传递关系，则是一个有争议的问题。

第二，对称与非对称。如果［p］是形而上学奠基于［q］，那么［q］就不是形而上学奠基于［p］。如果［p］是规范地奠基于［q］，那么［q］就不是规范地奠基于［p］。这比较容易理解，奠基、凭借、因为这些词语都已经昭示了二者之间的非对称关系。

第三，事实与非事实。按照范恩的理解，事实之间的奠基关系可以通过非事实的奠基关系来定义。事实的读解：$A \cap B$ 奠基于 A 和 B，如果 A 和 B 实际为真。非事实的读解：$A \cap B$ 奠基于 A 和 B，即使 A 或者 B 并不实际为真。我们可以用非事实概念（<'）来定义事实概念（<）：$\Delta < A$ 当且仅当 $\Delta <' A$ 并且 Δ（例如，每一个 Δ 的陈述都是真的）。反之亦然。这种定义有着重要的意涵，如果事实的奠基关系可以通过非事实的奠基关系来定义的话，这也就间接说明，奠基概念关心的是实在的结构关系（形而上学），而不是实在的构成（本体论）。

奠基刻画了两个不同层次事物之间的一种关系，从类别来说，这些事物可以是形而上学的概念，也可以是自然的概念、规范的概念。从形式来说，奠基可以是全面的，也可以是局部的。不管是何种类

---

[1] 我们可以把本段中的"部分"，部分地或全部地替换为"完全"，所得到的结果是一样的。

别、何种形式的奠基概念都具有传递、非对称等基本特征。

4.2.2 堪培拉计划与奠基解释

布洛克认为不管是物理主义者还是反物理主义者都分享了对物理主义的一个基本的理解框架，就是他所称为的堪培拉计划，其中物理主义者大卫·阿姆斯特朗、金在权、乔·列文、刘易斯和反物理主义者查尔默斯、杰克逊同属于堪培拉计划这一阵营。（Block 2015）

布洛克将奠基引入对物理主义的解释，试图说明，堪培拉计划对物理主义和反物理主义都是不可取的。堪培拉计划的基本主张有两点：第一，在功能上定义被还原的物理性质；第二，寻找一个满足此功能作用的物理性质。我们挑选几个具体案例来说明堪培拉计划的要点。

首先来看物理主义者的理解。金在权提出的基于功能还原的还原物理主义模型：第一步是在功能上定义被还原的性质，例如通过基因在解码和传递基因信息中的作用来定义基因；第二步是找到功能作用的实现者或方式，比如，DNA 分子结构解码并传递了基因信息；第三步是解释实现者完成这个功能的相应机制。刘易斯认为心理词项的意义能以如下方式分析：如果心理状态 M 可以被分析为一种与因果作用 R 相关联的状态，并且如果大脑状态 B 通过经验发现具有因果作用 R，那也就表明 M=B。刘易斯认为"疼痛 =C 神经激活"是一个偶然的经验命题。"疼痛"是一个非严格指示词挑出在不同环境下具有相同因果作用的性质。同一种物理性质，在一种环境下挑选出人类的疼痛，在另一种环境下挑选出蜥蜴的疼痛。刘易斯接受了一种对心理词项的先验因果作用分析，他的观点也被看成是功能主义和物理主义的糅合。但是刘易斯的功能主义和通常的功能主义不同，后者通常把心理状态等同于因果作用，而刘易斯把心理状态等同于作用的实现者，而不是这些作用本身。

再看反物理主义者的理解，如杰克逊持有类似还原观点：第一步，气体中的温度就是在气体中具有某种作用的温度，这是概念判断；第二步，在气体中承担温度作用的就是分子的平均动能，这是经验发现；第三步，气体的温度就是分子平均动能。如查尔默斯对物理主义的理解，对于像繁殖和学习这样的概念，都可以通过其功能来分析。这些概念的核心可以通过一些功能来刻画。一旦我们解释了相关功能的运行，我们就解释了问题中的现象。

如何理解功能性质 M（二阶）和物理性质 P（一阶）之间的关系呢？金在权给出了一个关于功能性质和物理性质等同的论证，提出了一个基于内格尔还原的功能模型：为了把一个性质 M 还原到一个基本性质域，我们必须首先把 M 这个性质当作关系性质或者外在性质。（J. Kim 1998）

对于功能还原而言，我们首先把性质 M 视作一个通过其因果作用而得到定义的二阶性质，也即通过一个因果详述 H 来描述其因果效应。M 就是一个具有如此这般因果作用的性质，性质 P 就是满足其因果详述的性质。M 就是一个拥有满足说明性质 P 的性质。通常说来拥有性质 Q 的性质＝性质 Q，这就保障了心理性质和物理性质之间的等同。金在权的最后一个论断似乎违反直觉。二阶性质如何能够等同于一阶性质呢？

与金在权不同，布洛克实际上认为物理性质奠基了功能性质。心理事项包含多种：状态、事件、过程、实体和性质。布洛克格外强调性质，因为在他看来物理的相似性奠基了心理的相似性，这种相似性是源自性质之间的共享。不同的性质共享了某些东西，因此相似。其次，性质和因果也相关。既然功能主义主要从因果角度定义，因此性质也变得重要。我们也可以把类型当作性质，把事件当作在某一确定时刻具有一个性质的东西。以疼痛为例，假设你不小心坐到了钉子上，感到了疼痛，疼痛令你紧张而情不自禁叫出一声"哎呀"。我们可以这样定义疼痛：处在疼痛之中＝处于某种状态，这个状态是因为你坐在钉子上而引发的，并且进而导致了其他状态，这些状态复合在一起，导致了你的一声叫喊"哎呀"。用量化形式来表示这个功能定义：处于疼痛之中 =x 处于疼痛之中 = 成为 x 使得存在两个性质 p 和 q，如果坐到了钉子上导致了其中一个性质，那也会同时因致另外一个性质，并且这两个性质会联合导致你的叫声"哎呀"，且 x 处于 p 状态之中。

前已述及，布洛克追随范恩，认同形而上学和本体论之间的区别。形而上学就是对世界基本结构的研究，本体论是世上存在何物的研究。本体论的物理主义者否认世界上有非物质的东西；形而上学的物理主义者认为疼痛经验奠基于物理性质，相关物理机制揭示了疼痛经验。这两种物理主义立场是互相独立的：一方面如果本体论物理主义为真，形而上学物理主义就可能为假，如果取消论是成立的，那么就不存在心物的奠基关系了；另一方面，本体论物理主义可以为假，形而上学物理主义却可能为真，例如，世界上可能存在非物质的东西，但这个非物质的东西却有一个物理基础。这个区分的一个直接后果就是形而上学物理主义可以相容于某种形态的二元论、副现象论。

遵循这种区分，功能主义可以成为一个形而上学论题，而不用承诺本体论论题，换言之，功能主义可以为二元论和物理主义所共享。当我们说疼痛是物理的时候，其实是说疼痛有一个对应的物理性质，拥有疼痛是一个被这个物理性质所奠基的功能性质。按照刘易斯的理解，疼痛是一个非严格指示词，既可以指称我们身上的物理状态，也可以指火星人身上的物理状态。但拥有疼痛是一个严格指示词，它挑出二阶性质：满足具有疼痛因果作用的性质。

从布洛克这种新功能主义立场来看，当金在权认为某些心智状态可以被功能定义的时候是一个功能主义者，当他认为感受质不能被功能定义的时候就是一个二元论者。刘易斯其实主张火星人的疼和疯子的疼都从不同角度抓住了疼的本质。

如果一个人针对某类心理状态是一个形而上学物理主义者，针对另外一类心理状态是形而上学功能主义者，那就意味着他可以是一个二元论者。[1] 例如，"爱听摇滚"可以是一个功能甚至行为状态，即便具有某种现象性质是一个神经状态。布洛克认为，还原的物理主义必须满足两项条件：形而上学的物理主义条件和本体论的物理主义条件。如果还原的物理主义不能满足形而上学的物理主义条件，那仍然是失败的。实际上，他认为还原的物理主义忽视了形而上学条件（奠基），这是他批评的所在：还原的物理主义必须严肃对待心理现象，而不是简单将其还原。按笔者的理解，奠基物理主义和还原论的区别可以这样考虑：奠基物理主义应该可以和方法论上的自然主义保持一致。但并未有达到本体论上的自然主义（还原的物理主义）的要求。至少，奠基物理主义不用本体论还原。奠基物理主义者可以接受认识上还原的，或者说对认识上的还原持一种积极的态度。那么，本体论还原和认识论还原是否能够严格区分开来？笔者认为对之很难严格区分。如果说认识上可还原就一定导致本体上的还原，对此笔者持怀疑态度。

金在权拒斥了形而上学物理主义，他认为心理性质仅仅是名义上的性质，实际上根本不是什么具有因果效力的性质，而仅仅是例示了功能甚至行为的概念。金在权的还原的物理主义更接近于消除主义，与疼痛的形而上学基础无关。布洛克用奠基计划取代了堪培拉计划，同时用奠基修正了功能主义。奠基计划为物理主义和二元论者所共享，功能主义也可以为这两个对立立场所共享。实际上布洛克用奠基发展了功能主义学说，为理解心身关系提供了一个新的视角。

---

[1] 这里可能会引起一点儿误解。形而上学物理主义和新功能主义的区别究竟在哪里？严格说来形而上学物理主义只是断定了心物之间的基本结构是一种奠基关系，它也可以和某种版本的二元论立场一致，因此它也就是一种特殊的新功能主义。但从字面上来说，一个形而上学物理主义者同时是一个二元论者是比较奇怪的。虽然形而上学物理主义并没有在本体论上做进一步的断定，但是如果要有所选择的话，他更愿意成为本体论上的物理主义者而非本体论上的二元论者。而功能主义者对此可以是保持中立的，不需要预设任何特定的本体论立场。笔者猜这也是布洛克区分本体论和形而上学的原因。

4.2.3 反物理主义论证与奠基解释

心灵哲学中的一个主战场是物理主义者和反物理主义者之间的争论（现象意识、心理因果、意向性等领域[1]）。物理主义者主张心物关系是必然不可分割的（先天同一、后天同一、伴随、实现等）[2]，因此反物理主义者构想了不同的思想实验，试图说明心理事项和物理事项之间存在一条鸿沟：从本体论上讲，意识和物理过程可以独立存在；从认识上讲，对物理事项的解释并不能解释与之相联的心理事项。

谢弗提出了一个不太常见的观点：物理层面和化学层面的关系与物理层面和现象层面之间的关系是一样的。（J. Schaffer 2017）一般都认为心物关系是晦暗不明的，而物理化学层面之间的关系是明晰的。但谢弗力图让我们相信其实物理化学层面的关系也是晦暗不明的，心物关系、物化关系一明俱明，一暗俱暗，解释鸿沟并非仅仅存在于心物之间，而是普遍存在。[3] 谢弗的论证大致分为三步：1. 说明为什么物化方面的关系和心物方面的关系是同样的。2. 这个相同的关系是奠基。3. 奠基可以通过结构方程模型（Structure Equation Model）来刻画。

以水的分子结构为例，一方面在 H、H、O 和 H_2O 之间存在一种标准的联系，可以通过清楚明确的物理和化学理论来说明；另一方面对于物理层面和现象层面之间的联系，缺乏清楚明确的基础理论来说明。谢弗认为并不存在这一对比，解释鸿沟普遍存在。H、H、O 原子和 H_2O 分子之间也有一条鸿沟。通常解释鸿沟产生的原因在于物理和化学之间的关联方式与物理和心理的关联方式不同。一方面是因为我们对物化机制解释中所需要的整分原则（mereological principle）[4]

---

[1] 目前引入奠基概念讨论心灵哲学，主要集中在现象意识，心理因果，意向性及知觉。此节主要考察现象意识。

[2] 本书忽略了取消主义立场。在笔者看来一方面，取消主义的主张更需要神经科学的证据而不是概念论证来辩护，另一方面就如谢弗的基本立场：数字的存在、心理现象的存在是不言自明的，根本不需要论证，关键是要弄清楚这些基本存在物的属性。

[3] 笔者曾在《说解释鸿沟》（2015）一文中提出过大致类似的想法。

[4] 整分原则指的是刻画事物整体和部分之间关系的形而上学原则。

太熟悉了，以至于忘记其存在；另一方面是我们对解释心物关联的神经科学太陌生了，以至于忽视其存在。

　　读者一般会疑惑，通常的类比不是在"水 = H_2O"和"疼痛是 C 神经元激活"之间展开吗？谢弗并不关注"水 = H_2O"这种概念联系，他更关注的是 H、H、O 和 H_2O 之间的整分联系，他认为这里存在一条整分的鸿沟（mereological gap）。

　　既然鸿沟是解释引起的，不妨对解释做一点界说。解释是一个三元结构，包括基础 / 原因、联系和结果。以因果解释为例：起因是石头砸了玻璃，联系是自然律，结果是玻璃碎了。形而上学解释中具有相同的结构：基础（更基础的条件）、原则（奠基的形而上学原则）、被奠基的（更少基础的条件）。逻辑解释中也有相似的结构：前提、推理规则和结论。这三个领域中的结构绝非偶然巧合，结构的相同可以说反映了解释的本质。

　　解释鸿沟与晦暗相关，或者说晦暗是造成鸿沟的原因，这个晦暗性需要在三个层面上来说明：可设想性、逻辑可能性和认识的先天性。谢弗这样定义晦暗：基础状态和被奠基的状态之间的联系是晦暗的，当且仅当"基础状态出现了而被奠基的状态没有出现"这一命题是可设想的 / 逻辑上可能的 / 不是被先天排除的。物理 – 化学关系和物理 – 意识关系都在上述三种意义上是晦暗的。谢弗认同二元论者对心物关系的基本看法——心物之间的关系是晦暗的 / 神秘的，进一步提出在 H、H、O 和 H_2O 之间的关联也是晦暗的。

　　第一，他试图说明 H、H、O 三个原子有可能构成或不构成任何东西。如果我们把 H、H、O 和 H_2O 的关系看成一个部分之和构成整体的关系，普遍主义者会认为每一个不同的元素都存在一个融合，虚无主义者会认为没有一个元素能构成一个融合。如果你认为 H、H、O 三个原子组成了 H_2O，那么你持有普遍主义观点。如果你认为 H、H、O 三个原子不能组合成任何物质，那么你持有虚无主义观点。目前并没有决定性的证据支持一个理论而反对另外一个理论，普遍主义和虚无主义两种观点在形而上学上都是自洽的。用上述三种概念来说，虚无主义是可以设想的，是逻辑可能的，也不是可以先天被排除的。虚无主义观点在心物问题和物化问题上是一样的，我们都可以质疑二者关联的明晰性，实际上它们都是晦暗不清的。如果虚无主义不能被证明为假，那么从 H、H、O 三个原子到 H_2O 之间的关联就是晦暗的，二者之间存在解释鸿沟。

第二，即便 H、H、O 三个原子并不像虚无主义声称的那样什么都不构成，而是构成了某物，但也不能表明它们所构成的物质就一定是 H_2O。这里要引入一个形而上学概念：性质遗传（property inheritance）。比如，质量这个性质在原子层面和分子层面都存在。但有些性质在原子层面有，到了分子层面就消失了。谢弗论证至少有一些性质遗传的形而上学原则是晦暗的。以质量为例，我们引入一个竞争的假设，即空无主义（zeroism）：所有融合或构成的物都是零质量的，没有加速度，甚至不占有空间位置。不难看出空无主义也是可设想的、逻辑上可能的、不能被先天排除的一种立场。空无主义和牛顿力学定律也一致，如果聚合物没有空间位置，也就没有距离，没有分力作用于该聚合物，因此"F=0"。另一方面，既然聚合物没有质量，没有加速度，那么"ma=0"。在基础层面的原子也同样遵循牛顿定律，因为聚合物不影响其组分的质量、位置和加速度。

至此谢弗论证了物化关系和心物关系一样是晦暗的，由此可以推知我们不能因为心物关系的晦暗来质疑物理主义。这只是对奠基做了一些基本的解释。谢弗的新意是利用贝叶斯因果理论的结构方程模型[1] 来刻画这种奠基关系。（Pearl 2009）结构方程模型本来是用以说明事件之间的因果关系，谢弗将这个模型应用到心物关系上。其要害

---

[1] 珀尔对因果推理的刻画主要利用了图模型，这也被称为因果图模型。统计学家鲁宾（Rubin）一直反对用图模型理解因果关系，而是主张用"潜在结果"（potential product）来理解因果推理。珀尔证明了因果图模型和潜在结果模型二者是等价的。但目前，珀尔的模型主要在计算机领域流行，在统计学领域主要是运用鲁宾的潜在结果模型。这里也遗留了一个问题，如果不用因果图模型 / 结构方程，而是用潜在结果模型，是不是也能刻画奠基关系？

是看到了两个不同层面之间的关系具有和因果模型相同的结构。贝叶斯因果模型的一个基本预设就是原因和结果之间的关系是非对称的，原因决定了结果。因果模型可以由一个有向无环图（directed acyclic graph，简称 DAG）来表示。每一个节点表示变元，连接节点之间的线段表示变元之间的联系，线段的箭头表示方向。不同节点之间的关系可以用家族中的先祖和后代的关系做类比，先祖决定了后代，相邻节点之间的关系就是父母和儿女的关系，父母决定了儿女。因此在形而上学上，基本层面和非基本层面之间的关系（比如物理层面与化学层面，物理层面与意识层面等）可以通过这种结构方程模型来刻画。在这个模型中外生变元表示独立条件，内生变元表示依赖条件。结构模型是一个三元结构 "S=<U>"V""R>"。U 是外生变元的集合，V 是内生变元的集合，R 是一个从每一个属于 U 和 V 的变元映射到与该变元进行对比分配的、至少含有两个元素集合的函数。以水的原子和分子结构为例，外生变元有三个：H_1、H_2、O，它们分别表示第一个氢原子的质量、第二个氢原子的质量和一个氧原子的质量，内生变元 H_2O 表示 H_2O 的质量。关系表示如下：

$$S_1=<U_1=\{H_1,H_2,0\},\ V_1=\{H_2O\},\ R_1=\{<H_1,\{Reals\},<H_2,\{Reals\}>,<O,\{Reals\}>,<H_2O,\{Reals\}>\}>$$

再引入一个连接 "L=〈S，E〉"，E 是一个结构方程集，对于每一个内生变元，都包含一个方程，根据这个方程得到的值 V，都建立在其他两个作为 V 的父母的变元基础之上。E 接受无环的限制：没有一个变元能代替其父母的祖先从而与自身具有一个关系。我们得到：$L_1 = <S_1，E_1=\{H_2O = H_1+H_2+O\}>$。接下来就是通过确定一个为每一个外生变元赋值的函数来设定初始条件。我们需要增加一个指派 "M=<L，A>"，L 就是一个连接，A 就是一个从每一个外生变元映射到确定值的最小函数。由此得到：

$$M_1=<L_1,A_1=\{<H_1,1>,<H_2,1>,<O,16>\}>$$

我们要算出"$H_2O=18$"，就需要运用结构方程 $\{H_2O=H_1+H_2+O\}$。但我们怎么会得到这样一个方程而不是别的方程？如果我们不知道这个方程适合于刻画质量的内在遗传关系，我们就不能得到这个方程。为什么是这一个方程而不是其他方程呢？谢弗认为关键在于这个方程揭示了特定依赖的函数关系，也就是奠基关系。物理的东西为化学的东西提供了基础，也为意识提供了基础。（Schaffer 2017，p.10）

在前面讨论的三元结构"$S=<U，V，R>$"表示的是某一个后代和他／她的先祖之间的关系（也很可能是每一个子女和她／他父母之间的关系）。一个因果图模型的最基本单元至少包括三个变元，所以才有从一个变元到另外两个变元之间的映射。这实际上是因果马尔可夫链条的扩展。以语音识别为例，我们可以假设说话者说出的任意一个句子都是一个马尔科夫链条，即句子中的每一个字符都只由它的前一个字符所决定。结构模型把字符／节点之间的链条关系拓展成网络关系。不难理解，马尔科夫链条只存在一个变元映射到另外一个变元的函数，一旦拓展成网络，就至少要有三个变元。马尔可夫链条是因果模型的一个特例。

需要注意几点：1.奠基物理主义并不考虑抽象对象，如数学、虚构等。2.奠基物理主义不考虑如何定义物理概念。3.假设自然的底层是物理事物；基础物理学对世界基础构造的解释以及神经科学对大脑的解释并没有一锤定音，所以只是一种假设，尽管很有可能为真。4.奠基物理主义并不是要提供关于物理主义的一般刻画，实际上它是针对鸿沟论证而提出的一种物理主义。5.奠基的含义是形而上学的，而非自然的，它提供了理解心物必然关系的一种框架。

现在看看可设想论证（Chalmers 1996）：

1a. 心物分离是可以设想的。

2a. 如果心物分离是可以设想的，那么心物分离就是可能的。

3a. 心物分离是可能的。

4a. 如果物理主义为真，那么心物分离就是不可能的。

5a. 物理主义是错误的。

相应地，我们可以考虑物质的物理层面和化学层面之间的关系，也可以构造一个类似的反物理主义论证[1]：

1b. 物化分离是可以设想的。

2b. 如果物化分离是可以设想的，那么物化分离就是可能的。

3b. 物化分离是可能的。

4b. 如果物理主义为真，那么物化分离就是不可能的。

5b. 物理主义是错误的。

不难看出，a 论证和 b 论证，一荣俱荣，一损俱损。我们直觉上觉得物化分离是不可能的，心物分离是可能的，实际上二者都是逻辑上可能的，并非形而上学可能的，因此不能用这类论证反驳物理主义。2a/2b 中"可能的"含义，是逻辑上可能的，而非形而上学可能的。因为按照我们的读解，心物关系在形而上学上是必然的，受到奠基关系的约束。从奠基物理主义角度出发，心物／物化的分离仅仅是逻辑上可能的，并非形而上学可能的。

最近，类似的思路比较盛行。斯图加认为我们无知于某些物理事

---

[1] 叶峰指出："在 Chalmers 后来更清晰地表达的论证中，心物分离可设想是指给定了所有物理、化学等现代科学结论后，心物分离还是可设想。但 Chalmers 肯定会说，给定现代化学，物化分离肯定是不可设想的，因为化学就说了 H_2O 是两个 H 加一个 O。再说不是就会得出逻辑矛盾。这里（1b）说的可设想似乎不是假设了化学之后的可设性。"谢弗恰恰是要指出，即便给出物理、化学等现代科学结论之后，心物分离和物化分离也都是可设想的。前面已经讲到，二者分离这一命题是可设想的／逻辑上可能的／不是被先天排除的。谢弗并不是要质疑化学的结论，他想要说明的是，心物的分离也仅仅是一种设想幻觉而已，并非形而上学可能的。心物之间的鸿沟并不是科学不足以解释意识造成的，这个鸿沟和物化之间的鸿沟一样，只是违反了整分原则，并未违背基本的科学原则。

实和意识事实之间的必然联系，因此提出了可设想论证和知识论证。反对者则构造对等的论证说明：我们也可能是无知于某些物理事实和意识事实之间的偶然联系，才会认为反物理主义论证是错误的。物理主义者可以假设存在我们不知道的物理真理，二元论者也可以假设存在我们不知道的意识真理，二者之间的争论无法通过构造概念论证来平息。如果不改变思路，这注定是一场没有结果的永恒之战。

再考虑知识论证。玛丽在黑白屋子里获得了所有的物理科学知识／事实，等她出来之后，按照物理主义的假设，她就不会获得关于颜色的新知识／事实。但是我们的直觉是她也获得了关于颜色的新知识／事实。因此物理主义就是错误的。如果从奠基物理主义来看，首先我们承认玛丽被释放后学到了关于颜色的新知识／事实。心物的奠基关系并不能保证玛丽直接从物理的事实推出心理的事实，它只保证如下一点：不管玛丽如何获得新的知识，这些新的知识／事实都将满足心物的奠基关系。我们也许不能完全掌握底层的物理事实，我们也许不能完全掌握桥接规则，按照斯图加的理解，我们人类的认知能力本来就认识不到某些物理真理；但这并不意味着，我们不能做一个物理主义者。正如谢弗所言，反物理主义者的解释鸿沟无所不在。只是有些鸿沟我们是用成见去联结的，所以感受不到其存在。牛顿认为力其实也是晦涩的，他提供的只是一种机制说明。至于物理的事实是如何奠基其他事实的，的确需要更多的科学工作和概念分析，目前并未有最终定论。但这并不妨碍我们从形而上学立场出发来理解心物的结构关系。

总结：一个谦虚物理主义者的思考

一个谦虚的物理主义者接受以下事实：很可能由于我们人类自身认知能力的局限，我们认识不到某些终极真理在本体论层面上究竟是一元的（物理主义），还是二元的（心物二元论）。但我们依然可以做一个形而上学的物理主义者。我们可以用奠基这个概念去理解心物的必然关系，结合物理学、演化生物学、认知科学、神经科学来理解心脑关系、心理现象等。

麦希瑞在《恰当范围的哲学》的导论中即指出：

> 我认为解决许多传统的、当代的哲学问题超出了我们的认知范围；我们不能知道二元论是不是真的（假定实际世界中的心理事件恰恰等同于物理事件），疼痛是否等同于某些复杂的神经状态（假定实际世界中的疼痛等同于神经状态），知识究竟是什么，什么条件使得一个行为在道德上是被允许的，因果是否仅仅是事件之间的一种反事实依赖关系，是否随着自我的持续我依然是同一个人，如果我能有所选择，是否我的行为就是自由的。我认为这些哲学议题都应该消除……我们不能通过科学去获得关于可能和必然的模态事实。本书的主旨是模态怀疑论（modal skepticism）：或许有这样的事实，但我将表明我们并不知道这些事实。（Machery 2017）

麦希瑞所反驳的是本体论上的二元论和一元论主张。但这并不意味着我们不可以深入理解心理现象，比如认知科学中关于读心术（mindreading）的研究，麦希瑞、洛布、尼科尔斯等实验哲学家对现象意识、意图、自我的研究，都是在搁置本体论争议的前提下进行的探索。这种研究思路和对心灵的形而上学研究是合流的。形而上学不再追求先天知识和分析真理，而是利用概念分析来厘清和评估观点，利用奠基概念重构心物关系就是一个示例。尤为有趣的是，谢弗运用了在计算机领域大行其道的因果图模型来刻画心物关系，这是科学方法和形而上学的一个结合。

目前，对奠基概念有两种不同的理解，第一种是布洛克和谢弗的理解，即奠基是一个形而上学概念，刻画的是两种不同事物之间的必然性关系；第二种是范恩和达斯古普塔的理解，即奠基是一个解释概念。(Dasgupta 2014)当说一个事实奠基了另外一个事实时，无非是说前者为后者提供了解释。不难看出奠基解释和因果解释彼此并非完全独立，而是两种方向不同的解释。想象一下对你家里有一张书桌的解释，你想要买一个书桌，然后网上下单，京东送货到你家里，工人将其组装放在你的窗前——这是因果的解释。奠基解释是另外一种：书桌是由一些木头和钉子以某种方式组合起来，有了书桌，你可以在上面摆放台灯、书籍和电脑，用它来工作。在这个区分中，我们似乎看到亚里士多德"四因说"的迹象。实际上奠基论者也认为这个概念并非新潮，而是复苏了亚里士多德形而上学的传统。这里有两个问题，如果奠基是形而上学概念的话，那么它在什么意义上为心物关系提供一种解释？如很多人所指出的，奠基概念是一个基石／基础概念，我们只能用一些与凭借、根据、因此类似的语词去帮助理解，但依然难以捉摸。任何两个基本事物和非基本事物之间的关系，我们都可以用奠基概念。但似乎仅此而已，它不能为我们把握心身关系提供进一步的理解。所以谢弗借用科学中的因果结构模型来阐释奠基关系。如果谢弗的主张是对的话，那么这就不是一种形而上学解释，而是自然解释。虽然谢弗一再强调他只是借用了结构的相似性，因而不是一种自然解释，但物理事件和心理事件都是自然中发生的现象，因果结构模型对这一关联的刻画当然首先应是自然的解释。另一方面，如果奠基概念是一个解释概念，奠基解释和因果解释之间的区分就不是那么清楚。在书桌这个例子中，奠基解释是由功能解释（书桌是来摆放台灯、书籍和电脑从而用来工作的）和整分原则（书桌是由各个部分的木头、钉子等组合起来的）组合起来的。功能解释完全可以划归为一种因果解释，如阿姆斯特朗和刘易斯主张的因果功能主义。而整分原则也可以用因果结构模型来解释。这样的话，奠基的形而上学概念其实只是一种特定因果解释的说法而已。

　　本节的主旨是为物理事物和意识之间的关系提供一个新的理解维度。但这并非单纯的概念辨析，也可能预示着神经科学的一个方向。

近年来一些交叉领域的研究者试图利用因果网络结构模型，从人脑功能核磁共振成像的神经网络数据中去分析神经元活动的因果关系。如果还原主义者的主张是对的，那么我们就能从神经元活动的因果关联中找到大脑过程和意识之间联系。目前这方面的研究主要集中在受试个体在休息或睡眠时的大脑扫描，还没有集中到特定任务上来，也许下一步会在视觉、听觉、冥想等具体任务领域做出进一步的探索。另一方面，技术的局限也是一个难题。当我们假设大脑的神经元网络活动是一个有向无环图（实际情况也许是有环图，但出于研究的便利只能做如此假设），我们需要提取两个神经元之间的活动数据，假设我们提取的频率是 3 毫秒，而实际上因果过程发生的频率是 2 毫秒，那么机器的扫描就没有捕捉到这一因果过程，可能就会做出错误的推理。谢弗在概念上用结构方程模型来理解物理状态和意识状态之间的关系，物理状态决定意识状态，就像因果图中马尔可夫父母决定其儿女一样。验证大脑状态就是意识状态这个断定，对于神经科学家来说就是找到在执行某个具体任务时不同神经元活动之间的联系。所谓的物理状态决定意识状态，就是有一些物理状态决定了另外一些物理状态；或者有一些神经元活动的网络图构成了另外一些神经元网络图的马尔可夫"父母集"。如果神经科学家能在这方面取得突破，这将是对还原的物理主义一大支持。

　　让我们回到本节最初所刻画的主张，可以称之为奠基物理主义，它有三个基本要素：1. 它是形而上学的，而非本体论上的物理主义，本体论的问题应该由物理学和神经科学来给出答案。2. 奠基的关系或可由因果图模型来刻画。[1] 3. 奠基物理主义不仅仅会成为一个心灵哲学的立场，也可以成为神经科学家在研究大脑神经元网络关系时的一个基本纲领：运用因果图模型／结构方程模型去发现大脑状态和意识

---

[1]　虽然只有谢弗在刻画奠基关系的时候运用了因果结构模型，但笔者相信这是正确的方向，从这个思路出发，也许是形而上学、心灵哲学和神经科学的可能结合。传统的形而上学一般和科学哲学、物理学哲学结合得比较紧密，因为物理学给出了世界的基本图景，但如今神经科学在基本层面不可或缺。因此神经科学乃一般认知科学和形而上学的结合也成了一个趋势。

状态之间的因果关系。如果能做到这一点，那就是一场意识领域的革命。但是，这需要哲学家、统计学家、神经科学家、认知科学家、计算机学家的合作。物理主义解释一切的主张离开了其他领域的合作只能成为一纸空文。这就好比没有具体的民法、刑法、商法，没有相关的法律机构，没有公民的法制理念，宪法只能变成原则上可行，而非实际上可用的"根本大法"。

　　本节的一开始，笔者引用了《诗经》诗句："普天之下，莫非王土；率土之滨，莫非王臣。"历来人们只提到前几句，却遗忘了后一句："大夫不均，我从事独贤。"这是作者抱怨王君的话，那么多大夫，为什么只有我是这么劳累。这个抱怨也适用于物理主义（者）：天下学问如此之多，为什么却非要我包揽一切？各司其职，各贤其贤，不是很好的局面吗？[1]

4.3
常识物理主义

4.3.1 问题

　　当代哲学的主流是科学物理主义，主张一切事物归根到底都是物理的，一切事物都由自然科学来描述和解释。本节从常识物理主义立场出发，认为世界在基本层面是由人及其相关的宏观物理事物所组成，因此科学的解释标准不能完全满足人类理解世界的要求，尤其是神经科学不能完全解释意识经验。常识物理主义与《宗教经验之种种》一书的思路相呼应，揭示了神经科学对于宗教经验解释所面临的内在困难，并指出从日常感知探究宗教经验方为正途。

　　当代心智哲学的一个核心问题是如何理解感受质（qualia）在自

---

[1] 首都师范大学哲学系叶峰教授对本节给出了极为细致的评论，谨此致谢！山西大学哲学系陈敬坤老师和卡内基梅隆大学哲学系博士生黄碧薇同学就文中的一些问题做过多次探讨，谨此致谢！

然世界中的位置：我看到红色，就拥有一种红色的独特感受；我听到音乐，就拥有听到音乐的独特感受。这种感受如何为科学所解释？物理主义者认为感受质就是物理的，因此可以为科学所解释；二元论者认为感受质就是世界的基本存在物，感受质不是物理的，因此不能为科学所解释。[1] 从物理主义者的角度来看，感受质对物理主义者造成最为严重的挑战。在诸多心智哲学问题中，感受质问题是一个"直觉反抗"最为强烈的问题。无论我们是像取消论者一样认为感受质不存在，还是像非还原论者一样认为感受质依赖于大脑活动，我们都无法满意地获得一种关于感受质的科学解释。从第一人称所获得的感受质如何为第三人称的科学所完全把握？这一问题困扰了半个世纪以来的科学家和哲学家。

今天，物理主义已经成为当代哲学的一种主流立场。在此有必要对物理主义做进一步系统的区分。第一种不妨称为科学物理主义，其主张世界归根到底是由微观粒子组成，物理规律对这些粒子活动给出了约束。这样的立场可以称为微观物理主义，也可以称为物理规律主义。这是为学界所熟知的、为主流学界所基本接受的物理主义。[2] 第二种不妨称为常识物理主义，主张世界在基本层面是由人及其相关的宏观物理事物所组成。这是为学界所不太熟悉，甚至反对的物理主义。美国诗人弗罗斯特有句名诗："黄色的树林里有两条岔开的路／可惜我不能在同一时间走两条路／我选择了少数人行走的那条／这就造成了今后所有的差异。"科学物理主义是一条康庄大道，常识物理主义是一条人迹罕至之路。幽僻处，可有人行？选择常识物理主义，造成的结果是在科学主义和人文主义两处皆不讨好，科学主义者认为

---

[1] 让我们暂且忽略实体二元论和性质二元论的具体区分。

[2] 这里存在还原的物理主义和非还原的物理主义之间的区分，由于这种能否还原还是建立在物理科学基础之上的物理主义，因此笔者也不一一阐述，一概称之为科学物理主义。具体细节可以参考斯图加（2015）。本节也不对物理科学和自然科学、物理规律和自然规律做出严格区分。因为二者的区分并不影响本书的主旨。不妨把物理科学和自然科学视作等同，此处区分了物理学和物理科学，物理科学包括化学、生物学等自然科学。

常识物理主义坚持科学不够彻底，人文主义者会认为常识物理主义者过于重视科学的解释标准。这样一种看似中间的立场却会在哲学上引起连锁反应。

我们现在面临的是一个相当根本的问题：解释意识经验是完全依赖于自然科学方法，还是依赖于人类认知的系统反思？我们面临两种选择：或者如科学物理主义主张科学解释一切意识经验，或者如常识物理主义将科学和日常认知包括在一起作为解释意识经验的根据。在科学物理主义世界观下对宗教的解释，主要存在两种研究进路：第一种是宗教的认知科学研究（Cognitive Science of Religion），寻找宗教思想和行为的认知机制。宗教的认知科学和实验哲学研究比较接近，即通过较为宏观的现象去探究宗教认知机制。笔者把这种研究比喻为考古学研究中，对地下出土文献中有字古物的研究。第二种是宗教的神经科学（Neuroscience of Religion），在大脑的层次描述和解释宗教思想和行为，通过较为微观的现象探索宗教的神经机制。笔者把这种研究比喻为考古学研究中，对地下出土无字古物的研究。（梅剑华 2020）

这样一种基于科学物理主义的认知科学、神经科学对宗教的研究价值何在？能够完全解释宗教吗？还是根本不能解释宗教？笔者所主张的常识物理主义立场认为这种解释进路顶多是一种必要性解释，远不能形成充分解释。这种立场在詹姆斯《宗教经验之种种》中找到了呼应，本节将从詹姆斯的《宗教经验之种种》开始，来探讨这一常识回答的种种可能。

4.3.2 何谓宗教经验

一百多年以前，詹姆斯在爱丁堡大学发表"吉福德"系列演讲，一共二十讲，1902 年也就是第二年结集成书，即《宗教经验之种种》。本来詹姆斯的讲座计划是先讨论关于宗教经验的种种描述，然后转向形而上学探讨。讲座的实际进程超出了他的预期，詹姆斯的系列演讲刚刚结束第一部分的讨论，没来得及进一步探讨形而上学。在这个系列讲座中，詹姆斯没有讨论制度化宗教（制度、仪式等），而是专门探讨个人化的宗教。在他看来宗教经验在宗教现象中最为核心，可以说宗教信念、宗教仪式等都要以宗教经验为基础。一个人若没有宗教经验，很难形成信念去践行仪式。而且，有很多缺乏宗教信念也不去践行仪式的非宗教徒，亦多多少少分享一些宗教经验。詹姆斯认为宗教的本质部分在于个人宗教经验，因此制度宗教不如个人宗教根本，而这实际上和他作为心理学家的训练背景相关，也和他彻底经验主义者的哲学框架是一致的。

宗教经验不同于宗教情感，后者如对神的爱和因为神而来的喜乐。（爱德华兹 2015，第 3—4 页）不妨说，爱和喜乐更为宽泛，而不仅仅局限于大脑所产生的意识活动。宗教经验也不完全同于神秘经验，二者交叉，而非重叠。宗教经验属于一种神秘经验，神秘性构成了宗教经验的根底，詹姆斯明确指出："个人的宗教经验，其根源和中心，在于神秘的意识状态。""一切宗教的根本要点在于个人的神秘经验，我在非常宽泛的意义上使用神秘主义一词。"（詹姆斯 2005，第 21、271 页）"感受才是宗教更深刻的根源。"李泽厚曾论及宗教经验，提出以美育代宗教，实际上是要用审美经验代替宗教经验。尤其值得注意的是李泽厚区分了感性的神秘经验和理性的神秘经验。他把宗教的、美学的神秘经验称为感性的；把中国哲人的天地境界、哲学之谜称为理性的。从这个区分来看，宗教经验是一种感性的神秘经验。在李泽厚看来，"感性的神秘"或神秘经验可以由未来的脑科学做出解说、阐释，甚至被复制，它的"神明"也就很难存在而变得并不神秘。"理性的神秘"却不是脑科学和心理学的对象，也不能由它们来解答。（李泽厚 2019，第 187 页）这里李泽厚对宗教经验的态度比笔者更为乐观，持有一种科学主义态度。

《斯坦福哲学百科全书》介绍宗教经验主要分为四种类型。①通过第六感知获得宗教经验：也许大多数是通过视觉或听觉，但不是通过实际的眼睛或耳朵。受试者报告"看"或"听"，但很快否认任何用身体感觉器官看或听的说法。这样的经验容易被视为幻觉。但经验主体经常声称，尽管它完全是内在的，可幻觉也是觉，幻觉或想象仍然是一种真实的经验。②通过日常感知获得宗教经验：来自对普通物体的感官体验，但似乎伴随着一些超世俗的额外信息，例如，在大自然中体验上帝、从星空中体验上帝、从花朵中体验上帝等。站在体验者附近的旁人会看到完全相同的天空或花朵，但他或她的经验却不一定和体验者具有相同的宗教内容。③宗教经验就是日常感知：在某些情况下，宗教体验只是一种普通的感知，但物质对象本身就是具有宗教意义的对象。摩西在燃烧的灌木丛中聆听神的话语，或者佛陀的弟子看着他在空中飘浮就是这种类型的例子。站在附近的旁人会看到完全相同的现象，但只有奇迹的见证者才会经历这种宗教体验。④不可言传的宗教经验：它不能用感官语言来准确地描述，甚至不能用类比的方式来描述，但体验的主体坚持认为，这种体验是对主体之外的某种宗教意义上的现实之真实、直接的意识，这种经历通常被描述为"无法形容"。（Webb 2017）这里宗教经验和艺术经验也有相似之处，在理性的层次上都是不可理解的、非逻辑的。西班牙诗人洛尔迦认为，甚至隐喻都要让位于诗歌事件，即不可理解的非逻辑现象，他引用了《梦游人谣》中的诗句为例："如果你问我为什么写'千百个水晶的手鼓，在伤害黎明'，我会告诉你我看见它们，在天使的手中或树上，但我不会说得更多，用不着解释其含义，它就是那样。"（洛尔迦 2020，第 139 页）

　　本节不讨论宗教经验语言是如何具有意义的问题（语言哲学），逻辑实证主义者认为语言只有在我们对物质世界的体验中才有意义。我们不能通过将宗教语言与物质世界的经验联系起来来解释宗教语言，所以这种语言毫无意义。我们也不讨论宗教经验如何得到辩护／证实的问题（认识论），而是集中讨论宗教经验能否得到科学解释的问题（心智哲学）。如果宗教经验是宗教的核心，那么感受质就是宗教经验的核心。感受质如果不能用科学来解释，宗教经验亦然。

4.3.3 詹姆斯反对医学唯物论

《宗教经验之种种》的第一章"宗教与神经学"已经提出并回应
了今日心智哲学所面对的解释鸿沟问题：客观的神经科学解释和主观
的宗教经验之间的鸿沟。詹姆斯对这个问题的破解，首先是承认很多
宗教天才，如果从神经病学评估，就是神经不正常。但是他进一步指
出，宗教天才的神经机制并不能解释其为什么有宗教经验。我们的心
理状态应该具有独立的地位。

> 这种宗教天才也往往表现神经不稳的症状。宗教界领袖常患
> 变态的心理症象，也许比别方面的天才还多些。这些领袖总是天
> 生的善感情绪的人，他们往往过着矛盾的内心生活，并且他们一
> 生有一部分在忧郁之中。他们不知道节度，容易有强迫观念和固
> 定观念；并且他们常常陷于昏迷状态，听见虚幻的语声，看见幻
> 象，表现一切种类的通常认为病态的特别行为。而且，他们生涯
> 中的这些病态往往会使他们的宗教上威望和影响增大。

> 假如你们要一个实例，那么，最好的例就是佐慈·佛克斯这
> 个人。……没有人能够假定就精神方面的警悟和能力论，佛克斯
> 的心是不健全的。……可是从他的神经体质看，佛克斯是一个患
> 了最深度的精神病的人。（詹姆士 2011，第 5—6 页）[1]

詹姆斯认为，不能把我们的宗教经验、情绪当作只是我们身体状
态的表现，而应当认为无论我们的身体状态如何反应，我们的心理状
态都有独立的价值。（詹姆斯 2011，第 9 页）

医学唯物论的主张：宗教徒的心理状态可以从其身体（尤其是大
脑）的生理原因得到解释，或者可以说神经科学能够为宗教经验给出

---

[1] 本书关于《宗教经验之种种》的译文取自唐钺先生译文，唐译本中詹姆斯译作詹姆士，下文
唐译本皆作詹姆士。

充分必要的解释。这与当代还原的物理主义对意识的解释如出一辙。詹姆斯明确拒斥了运用神经学研究宗教经验的医学唯物论进路。当代哲学家查尔斯·泰勒也有类似的批评:"这种唯物主义的幻想——我们明白,这意味着我们可以是被某些疯狂的科学家所操纵的'缸中之脑'——要倚赖下述这种观点来获得其意义:所有种类的思想之物质的充分条件,就在头颅之内。"(泰勒 2016,第 39 页)宗教的神经科学探索通过大脑理解宗教经验,就是这种医学唯物论的当代版本。在当代语境里,神经科学成为理解宗教经验的一个必要条件,但远非充分条件。詹姆斯反对这种庸俗医学唯物论,按照我的概括,他至少给出了四个论证:循环论证、对等论证、解释论证和起源论证。

第一,循环论证。除非我们有一个关于心身的基本理论,"否则以宗教的心态有身体的原因作为否认这种心态有高等精神价值的理由,是十分不合逻辑,并且是任意立论。"(詹姆士 2011,第 11 页)

问题的关键在于,到目前为止,我们并没有唯一正确的心身哲学理论,也没有唯一正确的关于意识的神经科学理论。首先,在心智哲学层面,物理主义、二元论以及其他立场仍然处于长期争论之中。其次,在神经科学研究中,全局工作空间理论、信息整合理论及其他理论等仍然是诸神之争,并没有一统天下的神经科学理论。因此,不能根据某种特定的理论将宗教经验还原为底层的生理原因,宗教神经科学进路本身缺乏有效的辩护,也许有人会说,虽然不能作出唯一正确的还原,我们还是能作出基本的还原。但是,这种还原,并不能构成意识经验的必要条件,顶多可以说是支撑性条件。

第二,对等论证。詹姆斯认为如果我们信某个宗教不是出于某种高等价值的理由,同理我们不信宗教也不是出于某种高等价值的理由,因为这都是出自身体的原因。因此,信和不信都是缺乏根据的。如果认为信或不信都出于身体原因,这一点也不过是一种信念而已,缺乏正确的标准。这种论证思路很常见,当你因为某个证据主张某个立场 A 同时也可以因为这个证据主张立场 B,那么 A 和 B 都同样是没有什么理由的。两种立场在证据上相同，为了加固各自的立场，需要寻找独立的证据。

第三，解释论证。

> 在我们以为某些心态高于其他心态之时，几时是因为我们所知道的这些心态的身体前因的性质呢？不！都是因为与此完全不同的两种理由：或是因为我们对这些心态感到直接的愉快；或是因为我们相信它会替我们带来生活上的良好后果。（詹姆士2011，第11—12页）

这实际上提出了理解的要求，我们对心理状态的理解，不能诉诸微观的生理原因，而必须诉诸和心理状态处在同一层次的原因。进一步：

> 在我们赞美健康所引起的思想之时，健康的特种化学的代谢并不决定我们的判断。实际上我们对于这种代谢几乎一无所知。使我们认思想为好的，是这些思想所含的内在快乐性；使我们视它为真理的，是因为它与我们其他意见一致，或是它对于满足我们需要上很有用。（詹姆士2011，第12页）

解释有一个标准，那就是要满足我们理解的需要，但所谓化学代谢、神经元活动无法为我们提供日常理解，宗教神经科学缺乏日常直觉解释力度。

第四，起源论证。宗教史上的信徒和医学唯物论者都诉诸起源。起源于直觉，起源于教皇的权威，起源于超自然的启示，起源于身体或大脑。它们都共享了基本的概念框架。但要解释宗教经验，不能诉诸起源。如上所论，一个事情如何产生和一个事情本身如何，二者之间是有区分的。宗教神经科学混淆了发现的语境与辩护的语境，我们需要在辩护的语境中去理解宗教解释。但问题的关键是，科学只能告诉我们事情是如何（how）形成，但不能在根本上告诉我们为何（why）如此，因此神经科学解释进路存在根本的困难。

在这四个论证中，循环论证和对等论证属于一类，由于我们并没有唯一的神经科学理论，所以只能陷入论证的循环，并且我们的还原论解释和反还原解释都是可以得到辩护的。但是设想有一天，我们获得了唯一的神经科学理论，那么这两种论证就是可以拒斥的。解释论证和起源论证是不同的，即便我们拥有唯一的神经科学理论，也无法拒斥这两个论证，原因在于我们的解释标准是独立的，需要在心理活动的同一层次得到理解，而不能完全下行到微观层面来解释。也可以再退一步，微观层次的确为宏观的心理活动提供一定的必要解释，但并不能充分解释人类的心理活动、宗教经验。解释具有两个维度，一个是从微观到宏观的共时性解释，另一个是从宏观到宏观的历时性解释。宗教经验要获得完全的解释，二者缺一不可。维特根斯坦主义者可能会认为，只需要历时性解释就可以了，神经科学根本不能为宗教经验提供任何解释。笔者和这种立场保持距离。但笔者并没有做出一个论证来说明为什么必须具有两种解释维度，而仅仅是诉诸一般的解释直觉。这涉及如何考虑解释的问题，科学解释、形而上学解释、叙事解释等在我们认识事物时具有什么样的作用，尚需系统讨论，兹不赘述。

4.3.4 常识物理主义者呼应詹姆斯批评医学唯物论

詹姆斯对医学唯物论的批评和常识物理主义者对科学物理主义者的批评在根本思路上存在一致性。常识物理主义者否定上帝的真实存在，但不会否定宗教经验的真实存在。波兰德在《物理主义——哲学基础》一书中指出：

> 物理主义意味着不存在超自然的神或其他存在物，许多宗教

经文的主张是完全错误的。物理主义者可以做出这样的判断，但不一定谴责所涉及的宗教信仰和做法。在特定的环境中，字面上的真理并不总是重要的，物理主义者像其他人一样，必须尊重生活的这一事实。（Poland 1994，p.357）

承认心理层次具有独立的本体论地位，并不会导致违反物理主义基本精神的结论。物理主义者应该坚持心理层次和物理层次之间的必然联系，这种联系可以是非还原的。甚至在实践层次，我们可以把心理层次视作基本层次。这种思路吁请我们对"心理学本体论"多做思考。华东师大心理学家李其维先生对心理学和生理学之间关系的论断，也暗合常识物理主义的思路：

> 这里有个重大问题似不可不辨，即脑与神经的研究虽为心理学的"兄弟"，却不是与心理学"连体"的。对心理而言，有心理活动，就有相应的生理活动，这何奇之有！这些生理层面的研究是为心理的研究服务的。（李其维 2019，第 2 页）

因此，心理学研究要以心理为本体，生理学方法是作为辅助来探究心理现象的。同理，心智哲学也要以心智现象为本体，把自然科学方法作为辅助方法。不过李其维先生相当看重辅助方法 / 还原方法。

> 还原论是"污水"，但"污水"中有"孩子"（宝贵的实证研究数据）。要留下孩子，把"污水"换成"清水"（对数据作非还原论的解释）。否则，现在心理学家们非常热衷的那些神经科学研究的范式，其意义和价值岂非大大降低了！或许你会批评这种"换水"之举乃是一种变相的"还原"，不如还是把它正名曰"心理的神经关联物"更为贴切，因为你最多只能"还原"到心理的"机制"而非"内容"层面。比如你丢钱，心中懊恼，它

一定会出现相应的脑变化。这种变化会在各色人等中具有普遍性和一般性，但你无法"还原"到你是丢了人民币还是美元？是丢了一百元还是二百元（差别太大可能有所不同），是在路上丢的还是在某个公共场合丢的？只要涉及思维的具体内容层面，绝对的、生理和心理严格一一对应的还原是不可能的。未来国内外的各种脑研究计划也绝对不会、也不可能把所谓"阐明学习、记忆和思维等脑高级认知功能的过程及其神经基础"引向这一方向。（李其维 2019，第 3 页）

心理学应该研究心理活动的过程和机制，在这个意义上神经科学研究是必要而非充分条件。关于意识的神经科学研究，陈嘉映教授指出：

> 神经科学开入意识领域，并不是要接管这个领域的研究，而是为了发展神经科学自己。但它开入了意识领域，就必须了解意识的很多特点，就像地质学家来研究建筑地基就需要了解建筑本身的很多特点。（陈嘉映 2020）

一方面，地基是建筑的必要条件，没有地基就无法建造大楼；就好比意识的神经科学研究，没有神经科学探究，就无法为对意识的整体理解提供一个基础。另一方面，建筑师要建造的是大楼，而不是地基，了解地基是为了建造大楼，不能为了建地基而建地基，尚需要了解建筑本身的特征。建筑的功能是用来住人还是办公，风格是中式还是欧式，诸如此类，这些都不是基建者所能完全掌握的。

常识物理主义有很多相似的名号，例如有我的物理主义、宏观物理主义、基于对象的物理主义等。但基本立场可以概括如下：

第一，人及其周边的事物是基本存在的物理事物。第二，任何意识活动都是大脑活动，在这个意义上，我们是唯物论者。不存在离开大脑活动的意识活动，这是基本常识。第三，意识活动并不与大脑活动存在有意义地一一对应。①有些意识活动可以找到它的神经相关物（NCC），从事宗教神经科学研究的学者发现，在调查的两组患者中，宗教信仰程度都有显著差异。两组患者的宗教信仰程度与大脑右侧海马体体积显著相关，但与杏仁核体积无关。（Mcnamara 2009）在这方面，可以说存在着意识经验活动和神经元活动的相关联系。但是②有些意识活动找不到它的神经相关物，因为意识经验的来源是多方面的，有很多来自外部世界、抽象世界等。例如当一个人在思考复杂的数学定理时，就很难找到神经相关物。近期特别热门的意念书写，可以让患者想象某个字母，根据神经元的放电活动模式，猜测出患者的思想，然后写下患者想写的字母。这种方式如果发展到极致，是否就可以完全用神经技术来还原大脑的思想活动呢？笔者认为不能还原，因为这是一个实际操作问题，我们不大可能在神经元层次实现所有的表征，并被神经技术探测到，尽管可能取得巨大进展。进一步，假设有一天，原则上神经技术可以完全探测大脑的意识活动，但仍然不能提供对意识的充分解释。因为，如詹姆斯所言，解释仍然需要在同一层次展开。诉诸化学反应或神经元放电都不能解释意识经验。

从常识物理主义立场看宗教认知或神经科学研究进路，我们可以说宗教经验不能完全为认知、神经科学所解释，但的确给出了必要条件。那么应该采取什么思路解释宗教经验？詹姆斯也提出应该通过与宗教经验的同层活动来解释，其实就是日常感知思路，通过日常感知来解释意识经验。需要进一步讨论的是，所需的是什么样的日常感知或日常经验、常识。这里有必要区分两种常识，第一种是基于个人的、零散的、未经反思的常识，这种常识是不可靠的，不能作为解释的根据。第二种是被科学、哲学、自我或他人经验所修正的系统常识，这样的常识覆盖了人类的系统认知要素，但并不以某一种特定的认知思路（例如科学）去探究意识经验。从日常感知探究意识经验，可能会展开一条新的研究思路。

　　从哲学研究的规范来看，哲学问题不是如罗素所主张的逻辑分析就是哲学的本质。哲学问题也不是科学问题，如奎因所主张的那样。哲学问题是自主的。因此，确立世界的基本存在物依靠的不是物理科学，而是被科学、哲学、自我或他人经验所修正的系统常识。把人及其相关的日常宏观物理事物当作基本存在物。形而上学家皮彼得·范·因瓦根在《物质存在》一书中，把微观粒子和人类作为世界的基本存在物，体现了一种分裂的立场：一方面要符合自然科学，一方面要符合人类常识。（Inwagen 1995）与因瓦根不同，笔者认为微观粒子的存在是在推导的意义上存在的。笔者曾经谈过分析哲学的三种研究方式：概念分析或逻辑分析，自然化方法，概念考察或语词用法考察。（梅剑华 2020）可以说通过概念分析，我们可以获知部分先于整体存在，抑或相反，通过自然化方法，我们可以获知微观粒子的存在。但部分和整体的存在，微观粒子和自然律的存在，都在根本上依赖于人及其周边物理事物的存在，只有在哲学自主性的前提下，逻辑化、自然化、概念化的方法才有意义。

　　我们要想看到宗教神经科学研究对我们意味着什么，一方面要深入了解宗教神经科学的研究前沿之进展和细节，尽可能地去深入了解；另一方面需要明白，这种研究不过是对宗教经验的探究提供了必要的知识，却远非充分的知识。哲学的工作当然既要表明宗教神经科学研究的价值和局限，又要在宗教神经科学停下来的地方接着讲。这也是詹姆斯在《宗教经验之种种》一书中给我们的启示。

第五章　有我的非还原物理主义

　　如何理解心灵在自然世界中的位置是物理主义的核心工作。物理主义者认为一切事物都是物理事物，一切事物都可以为物理科学所描述和解释。这一主张在以下问题上遭到了诸多批评：亨普尔两难、感受质、心理因果、规范性、抽象对象等。这些批评有些源自误解，有些无足轻重，然而物理主义者必须对大脑和意识之间的关系问题给出正面的解释。学界关于如何理解意识问题有三种基本研究进路：概念分析进路、概念考察进路和自然化进路。我们认为物理主义者需要结合这三种方法来分析考察大脑和意识的关系，从而才能恰当定位心灵在自然世界中的位置。无我而有知的物理主义是当前心灵哲学研究中一种主流自然化立场，本章试图提出一种有我而无知的物理主义以应对意识问题的根本挑战。

　　物理主义的核心问题是意识问题，即大脑过程和意识过程如何相互关联的问题。本章分为五节：第一节，简要论述物理主义的基本主张；第二节，指出关于物理主义存在的一些基本误解并予以回应，指出意识问题是最根本的问题；第三节，讨论从三种分析进路来理解意识问题的局限；第四节，从认识论出发，提出物理主义的认识视角应该从有知转向无知；第五节，从本体论出发，提出物理主义对基本存在的承诺应该从无我转向有我。

5.1 / 如何理解物理主义的基本主张

如何理解心灵在自然界中的位置是哲学中的重大问题。在漫长的人类历史中，无论常人还是哲学家，大抵都认为心灵是和物质不同的事物。例如古人认为人死后身体终究腐烂消散，灵魂却永恒不朽，可以转世或升入天堂。笛卡尔的心身二元论，即认为身体和心灵是两种截然不同类型的实体，则是这一立场的典型代表。随着自然科学的不断进步，人们逐渐意识到，心灵并非一种独特的东西，很可能不过是自然的一部分，与山川河流、日月星辰一样同属于自然世界。这种理解心灵的立场被称为自然主义。为了突出对心灵的自然化理解，一些自然主义者进一步指出：世界万物莫非物理，除此之外别无他物。这就是物理主义。从某种意义上说，物理主义是我们这个时代的宗教。如果说有灵的二元论是古人的世界观，那么无灵的物理主义就是现代人的世界观。物理主义逐渐成为当代一个占有主导地位的世界观。近代以来自然科学的巨大成功是支持物理主义的一个重要支柱。无数的科学史案例告诉我们科学所理解的世界是一个祛魅的世界，万物的灵性不再成为人类的基础依据。从宇宙大爆炸到 21 世纪以来，科学解释了我们生活中几乎所有的现象，自然科学给出了世界的整体图景。科学观念已经融入我们生活的方方面面，求助科学解释是人类理解自身的一种要求，物理主义就是这种科学解释的哲学立场。

5.1.1 物理主义

物理主义和传统哲学中的机械论唯物主义有一定联系，经典的物质概念所指的物质就是占据空间的材质（stuff），具有惯性（inert），没有感觉（senseless），是坚硬的（hard）、不可穿透的（impenetrable）。（Daniel Stoljar 2010，p.10）

唯物主义就是建立在这种物质概念上的主张：一切事物在根本上都是由物质组成的。当代物理学的发展，尤其是广义相对论和量子力学的创建，让我们认识到有一些物理对象并不具备上述特征，比如电磁场、引力场、规范场以及不可观察的微观粒子等。传统的物质概念建立在经典物理学（尤其是力学）的基础上，当代的物质（物理）概念建立在当代物理学（尤其是相对论和量子力学）的基础上，不妨说物理主义是唯物主义的升级版本或者当代形式。物理主义之名的出现不过百年，其发展大致经过了三个阶段：语言学版本物理主义，本体论版本物理主义（取消论、还原论、非还原论），认识论版本物理主义（基于对象的物理主义、主观物理主义、模态怀疑论）。（Stoljar 2006, Howell 2013，Machery 2017）

　　维也纳学派的主要成员纽拉特最先提出"物理主义"，卡尔纳普随后对之进行了精确的表述。第一阶段的物理主义是维也纳学派时期的物理主义，这是一个语言学版本的物理主义，物理语言是普遍的科学语言，其他非物理陈述原则上可以翻译成物理陈述。卡尔纳普将自己的观点称为"方法论的唯物论"。第二个阶段为 20 世纪 50—90 年代的物理主义，主要关注心身关系问题（意识、意向性、心理因果、心理内容），对心灵的理解受到脑科学的影响。心脑同一论者认为所有的意识过程都是大脑过程；功能主义者认为心灵状态是一种承担恰当因果作用的功能状态。第三个阶段为 20 世纪 80 年代以来的物理主义，学界不再局限于心身关系的形而上学维度而是注重物理主义如何与脑科学研究相关联。这一时期的研究受到认知科学和神经科学的影响，关注具体的心理现象（注意、内省、认知渗透、信念以及更宽泛的心理现象）。与此种研究进路相伴的物理主义世界观是一种基于认识论角度的物理主义。直到今天，仍然会有人坚持语言学版本物理主义或者本体论版本物理主义，我们给出的这三个阶段的划分，与其说是历史的，不如说是一种基于逻辑的划分。而且本体论版本物理主义和认识论版本物理主义的主张之间也有重叠。但我们看到了物理主义发展的一个趋势，那就是不断放宽物理主义的标准和界限。

　　通常关于物理主义最简单的定义就是：一切都是物理的。对这个简单定义有几种不同的刻画：一、所有存在的事物都是可以被物理科学所识别的事物，或者是被物理科学所识别的事物的聚合。（Kim 2011，p.11）二、一切事物都是物理的，并且一切事物都可以被当代物理科学所解释和描述。（Jaworski 2012，p.1）三、物理主义为真当且仅当每一个被例示的性质要么是物理的，要么是为一些被例示的物理性质所必然导致的。（Stoljar 2010，p.37）四、物理主义是一种尊重自然科学的态度和符合自然科学方法的立场。（Ney 2008b）五、物理主义不仅仅是关于何物存在的主张，而且是关于世界上存在何种基本事物的主张，即物理学告诉了我们关于世界的基本存在物。（Ney 2018）第一和第二个定义是从认识世界的角度出发，主张物理科学可以识别、描述和解释的事物就是物理的，这是一个物理主义的认识论定义。第三个定义和第五个定义涉及必然性、基本存在物，是一个物理主义的形而上学定义。第四个定义是一种较为粗糙但接受度最广的定义。上述几种定义有一个最低的要求：物理事物在本体论上是优先的，物理科学在认识论上是优先的。需要说明的是，物理主义中的物理概念不仅仅指物理学，也包含化学、生物学、神经科学这些广义的物理科学，物理主义不是物理学主义而是物理科学主义。

5.1.2 物理主义解释心灵问题的三种立场及其困难

物理主义的第一种想法是拒斥这些事物是真实存在的，取消主义是其代表。例如在化学中我们曾经认为燃烧缘于燃素的存在，后来发现是氧气导致燃烧时科学家就取消了燃素。物理学家一度假设由于以太的存在使得时空之中的速度成为可能，相对论的发现导致科学家取消了以太。取消物理主义者指出，人们一开始认为存在独立的意识，后来发现是神经元系统的活动导致了人类有意识的心灵，科学家就不再需要承诺意识的存在，这是取消论的思路。[1] 在取消论看来，常识

---

[1] 取消论和我们通常理解的还原论存在一点细微的差异：燃素是被消除的而不是被还原的，温度和热是被还原的而不是被消除的。取消论是一种极端还原论立场。

心理学是错误的，常识心理学中预设的心理状态都是不存在的。取消论立场的缺陷有二：第一，把信念、欲望这些心理状态予以否认，过于违反我们的日常直觉。第二，我们关于常识心理状态的谈论对于生活交流是相当重要的，取消"相信""想要"这些日常语词的用法，理论代价过大。

物理主义的第二种想法不否认意识过程存在，而是指出意识过程就是大脑过程，这就保留了我们日常使用心理词汇的合法性。我们有关于同一个事实的两套描述：心理描述和物理描述，心理描述可以还原为物理描述。还原的物理主义也是受科学中的模式影响，水不过就是 H_2O，因此意识过程也不过就是大脑过程。还原的物理主义依然面临困境，我们直觉到的一些特别的心灵性质并不能被还原，例如感受质似乎具有独立的本体论地位。这种独特的心理状态不仅不能取消，也不能被还原。

物理主义的第三种想法是从还原的物理主义转向非还原的物理主义：心理性质不能被还原为物理性质，但依赖于或伴生于物理性质。非还原的物理主义和性质二元论之间的差别非常难以区分，因为二者都主张物理和心理之间的伴生关系。有物理主义者认为非还原的物理主义不是真正的物理主义，物理主义必须采取还原论形态。非还原物理主义除了面对感受质的困难，还需要面对心理因果问题。既然心理性质不能被还原，那就会出现心理事件导致物理事件的问题，这违反了物理世界的因果封闭原则：物理世界之中只有物理事件之间才有因果作用。

物理主义的总体思路是把不能被物理科学解释的东西还原为物理科学可以解释的东西，很多人因此把物理主义与还原论等而视之，进而主张只有还原论才是真正的物理主义。我们认为不能把物理主义和还原论画等号，这种等同忽视了"物理的"第二层含义：除了物理科学的含义还有日常物理对象的含义，我们对日常物理对象的解释依托和日常物理对象处于同一层次的周边环境、因果历史和其他日常物理对象，而不是通过还原为它的微观物理性质来得到解释。在这个意义上，物理主义是非还原的。主流的非还原的物理主义指心理性质不能还原为物理性质，我们认为心理性质和宏观日常物理对象性质处于同一层级，都是不可还原的，这种非还原的物理主义要比主流的非还原物理主义更为宽泛，对此笔者将在第四节给出论证。

5.2 对物理主义批评的回应

物理主义能否解释非物理事物的本体论地位是一个重大的争论。当代形而上学、心灵哲学中物理主义者和反物理主义者围绕意识、意向性、因果、伦理规范、抽象对象等问题产生了一系列争论。上述五种对物理主义的批评可以分为三类：第一类是定义问题，批评者认为物理主义不能得到合理的表述；第二类是基础性的批评，批评者认为物理主义不能解释意识问题、心理因果问题；第三类是拓展性的批评，批评者认为物理主义不能解释规范性问题、抽象对象问题等。定义问题是物理主义的边缘问题，无足轻重，也可以给出合理的回应。规范问题和抽象对象问题则出于误解。在本节的剩余部分笔者将回应针对物理主义的这类拓展性批评。在第三、四、五节笔者将给出对基础性批评的诊断和回应，并提出笔者所支持的物理主义观点。

5.2.1 无足轻重：定义问题

不管哪一种物理主义的定义都不可避免地要使用"物理的"这个概念，这会导致著名的亨普尔两难问题，即如果"物理的"意思指的是被当前物理科学所假设的性质和对象，那么建立在当前物理学基础之上的物理主义是错误的。因为物理科学是不断进步的，亚里士多德时期的物理学被牛顿时期的物理学取代，牛顿时期的物理学又被 20 世纪的相对论和量子力学取代，当前的物理学无疑又会被未来的物理学取代。如果"物理的"意思指的是被理想物理科学或者未来物理科学假设的性质和对象，那么建立在理想物理学基础之上的物理主义是空洞的、琐屑的为真。因为我们并不知道未来物理学具有怎样的内容。当前的物理主义是错误的，理想的物理主义是空洞的，所以物理主义是错误的。这个批评不会构成对物理主义的真正威胁，我们有两个回应：第一，我们对于理想物理学既非完全无知也非全知。因为根据目前的科学证据，当前的物理学很有可能是理想物理学的组成部分，再者当我们把日常物理概念纳入物理的概念之中，我们对物理的概念就更加丰富，所以接受一种基于当前物理学的物理主义是合理的。第二，物理主义的定义问题和基于物理主义对意识的解释问题二者可以彼此独立。定义问题是一个二阶问题，意识解释是一个一阶问题，二阶的问题不影响一阶问题的解决。亨普尔两难对物理主义的威胁可以被削弱。总的来说，单纯做概念分析，我们很难得到一个准确的物理主义定义，但我们可以得到一些基本的理解：物理主义是一种在本体论上只承认物理事物的存在、在方法论上主张自然科学方法优先的立场。

5.2.2 误解之一：规范问题

物理主义主张世界上的事实都是物理事实，那么我们如何谈论对与错、好与坏？好坏对错这类规范事实的本体论地位显然不同于物理事实的本体论地位。物理主义者在解释规范问题时一般都会谈论规范的自然化，通过描述来理解规范。但这里会遇到一个倒退问题：规范的自然化总需要一个标准，哪一种对规范的自然化解释是好的？这个标准本身并不是自然的。无论我们如何对规范进行自然化，似乎总为自然化留下了一个化不掉的尾巴。在人工智能领域有一个类似的问题，不管我们如何给机器人赋予语义、情感等，归根到底这些都是人赋予机器人，机器人不管表现得如何像人都不能去掉人的因素。同样，规范性的事实是源自人类生活，只要人不是一个完全由物理科学描述的对象，物理主义似乎就无法解释规范性问题。物理主义不能解释的规范、机器人所不具备的规范都源自人之为人的特质，一旦物理主义能够解释规范问题，那就意味着机器人也可以具备人的特质。相反，一旦机器人可以具备人的特征，那也就表明物理主义可以解释规范问题。如程炼所提议，物理主义者可以这样解释伦理规范而不必承诺机器人是否可以具有规范这一问题：

> 首先，他不必认为道德价值是超自然的性质（如神学的、迷信的）。其次，他认为存在着客观的规范领域，如逻辑领域。第三，他认为伦理领域在本质上与逻辑领域并无不同，两者的差别是主题上的。第四，规范领域并不是独立于事实领域的，这两个领域的关系恰好是科学探究的对象之一。
>
> （……）
>
> 与逻辑规范性一样，道德规范性，即不单独存在于主体意识中或者由心灵的某种神秘能力所保证，也不单独存在于外部世界中，而是漫长的历史过程所形成的一种协同性质。这些就是一位健全的科学主义者应该对伦理学所说的。如果这是对的，那么科学主义不仅不构成对伦理学的挑战，反而是伦理探究的助推器。
>
> （程炼 2012b）

通常人们只要听到物理主义这个主张，就会要求物理主义能够解释人类生活的方方面面。人文主义者尤其要求物理主义能够解释人们的伦理生活，当然其基础伦理规范需要得到同样的解释。我们认为这是对物理主义的苛刻要求，物理主义可以给出必要但并非充分的解释，并不意味着物理主义本身是错误的。这里需要对物理主义这个立场做一点澄清：物理主义是一个经验假说而非先天教条，物理主义是一个总体立场而非具体实施方案。物理主义主要在于强调心灵不是超出自然之外的事物而是物理世界中的事物，在这个意义上物理主义是一个守住底线的主义，更是一个祛魅的当代哲学观，体现了马克斯·韦伯的基本精神。传统上，宗教为人们的生活提供基本图式，启蒙运动以来，科学为人们的生活提供基本图式，物理主义就是对基本图式的总结。物理主义如果要发挥常人所期望的解释作用就不仅需要结合物理科学，也需要结合个人的内省、观察、经验，还需要结合认知科学、社会科学、文学历史学等才可以为人类生活给出比较充分的解释。物理主义本身是一个本体论主张，需要落实到具体解释中。

5.2.3 误解之二：抽象对象问题

在本体论上我们一般区分三个领域：物理领域、心理领域和抽象对象领域，在这个意义上抽象对象领域被称为第三域，例如弗雷格认为思想就是第三领域的事物。物理主义者当然反对心理领域的存在。但抽象领域是公认的存在域，尤其数学被认为是抽象存在物的典范。物理主义既然主张一切都是物理的，那么如何解释数学的本体论地位？数学的存在似乎对物理主义构成了严重挑战。

一个最为直接的回应就是物理主义论域并不涵括抽象对象。例如波兰德（Jeffrey Poland）指出："我们应该这样理解物理主义论题，它主要考虑我们生活在其中的宇宙的自然秩序，物理主义适用于在自然中客观为真为假的论断。这意味着这一论题并不适用于像数学结构、共相、命题等抽象领域。"[1]（Poland 1994，p.227）梅尼克（Andrew Melnyk）同样将他的物理主义论题限制为在因果秩序中具有作用的事物。（Melnyk 2003，p.10）物理主义并非断定只有在因果世界中的事物才是唯一的存在，而是说它只承诺因果世界中的事物，只对因果关系中的事物给出解释。波兰德的这一判断得到了经验调查的支持，查尔默斯等组织了一个针对哲学家立场的抽样调查，调查范围涵盖 30个问题领域，其中第二个话题是关于抽象对象的：赞成柏拉图主义的占比 39.3%，赞成唯名论的占比 37.7%，其他占 23.0%。其中第十六

---

[1] 斯图加在《物理主义》一书中给出了一个物理主义的初始定义，紧接着他就考虑了一个反驳即数字不是物理的，斯图加认为我们需要修改物理的定义，给物理主义一个限制性定义，而不是完全普遍的定义。问题在于人们对主义（ism）的直觉是认为其主张必然普遍才会形成这个反驳。

个话题是关于心灵现象的：赞成物理主义的占比 56.5%，赞成非物理主义的占比 27.1%，其他占 24.3%。（Bourget & Chalmers 2014）

这个经验调查表明，当代分析哲学家认为物理主义和抽象对象是两个彼此独立的观点。我们可以认为物理主义者和唯名论者应该采纳一致的立场，实际调查发现二者并不重合：物理主义者占比 56.5%，唯名论者占比 37.3%，这就表明一个物理主义者可以同时持有数学的柏拉图主义立场。有人会反驳：对主流哲学家的调查未必反映了哲学真理，物理主义必须对数学给出解释。一些物理主义者对数学给出了解释，例如菲尔德（Hartry Field）构造出不需要承诺数学存在的科学理论，在这个意义上否认了抽象对象的存在。（Field 2016）叶峰提出了严格有穷主义，即利用有穷的数学表达自然科学理论中的复杂理论而不需要预设无穷，从而否定了抽象对象的存在。（Feng Y.2011）还有学者把意识问题和抽象问题结合起来构造了一个更为根本的批评：对于意识的解释需要一套科学理论，而科学理论需要用数学来表述，因此要解决意识问题就必须解决数学问题。（Schneider 2017）这也构成如何理解意识的一个新的难题。在笔者看来，这个批评混淆了语义学和形而上学的区分。不管我们选择什么样的理论语言去描述和解释意识，意识都是独立于理论存在的。我们需要数学去理解意识，但意识本身并不是数学的；关于意识的描述需要数学，但这并不意味着我们在承诺意识存在的同时必须承诺数学的本体论地位。[1]

5.2.4 关键争论之一：心理因果

金在权认为非还原式物理主义会导致心理事件或性质在根本上缺乏因果效力而成为副现象，从而取消了我们日常实践中视为当然的心

---

[1] 有一个与此相关的批评，即物理主义主张一切都是物理的，那么这个句子就包含在一切里面，而常识告诉我们这个句子不是物理的，因此物理主义是错误的。这其实可以扩展为一个一般性的讨论，语言是否对物理主义构成一个挑战。一个最简单的回应就是认为这个问题是不相关的。因此我们只能回到物理主义定义句，也许其他语句和物理主义不相关，但是直接陈述物理主义立场的语句必定具有自指性，要求物理主义解释。

理因果，但要保留心理因果，则我们只能成为一个二元论者。金在权提出了关于因果效力的因果排斥论证。它有三个前提：1.任何物理结果都有充分的物理原因（物理因果闭合）。2.所有心理事件都产生物理结果（直觉）。3.所有物理结果都不是过决定的（over determination）。从这三个前提得出的结论是心理事件本身不会对物理事件的因果产生任何影响，因此变得没有意义。如果这个论证是对的，那么我们只能接受金在权的看法：要么拒斥心理因果，做一个强硬还原的物理主义者；要么接受心理因果，做一个二元论者。对因果排斥论证的一个反驳指出前提 1 和前提 2 中的因果概念并非同一个概念。物理世界的因果闭合指的是，t 时刻的物理状态加上自然世界中所有的物理定律就因果决定了 t+1 时刻的物理状态。所有的物理定律都只对封闭系统有效，将封闭系统中的因果概念应用到开放系统会导致麻烦。前提 2 中的因果概念是开放系统中的因果概念，所有的生命体都是开放系统。如果我们接受这一点，那么金在权的论证就是不成功的。问题的关键在于封闭系统和开放系统的区分是否可以刻画生命和其他自然物的区分，这会不会是一个循环论证？我们已经假设了心理因果和物理因果的不同，并据此来说明封闭系统和开放系统的不同。对封闭系统和开放系统的区分必须在实质上不借助因果概念，这样区分才是得以成立的。（郝刘祥 2013）主流的非还原物理主义对排斥论证有另一套解决方案：我们可以接受心理因果，但不会导向二元论。[1] 金在权把能够成功应对心理因果问题但无法解释现象意识问题的物理主义称为几乎够好的物理主义。现象意识问题是物理主义之路上的最后一个堡垒。

5.2.5 关键争论之二：现象意识

以查尔默斯为代表的二元论者认为物理主义者不能解释现象意识问题。他区分了两种意识：一种是心理学意识，指在功能上可以被

---

[1]　如何在心理因果上维持非还原的物理主义立场可参见钟磊的系列工作。（Zhong, L 2014）

当代神经科学和认知科学所解释的意识。例如我回忆发生在过去的事情、我注意到人群中的某个人，对这种心理性质的解决是科学可以完成的，这就是意识的容易问题。第二种是现象意识，主体具有的作为主体视角的独特感受，例如我看到一个东西对我呈现为什么状态，我感觉到一种难以言状的疼痛。这种特殊的感受质（qualia）是科学所难以解释的，这就是意识的难问题。科学可以解决意识的容易问题但无法解决难问题。[1] 在类似思路之下，塞尔总结了 8 个反驳物理主义的论证[2]，斯图加将其总结为模态论证（知识论证、可设想论证）。这一系列论证的核心思想是要表明现象意识和大脑过程是可分离的，因此现象意识既不能被还原为大脑过程也不必然伴随大脑过程。以查尔默斯著名的僵尸论证为例。他设想了一种和我们在所有外在层面都一样但缺乏内在现象层面（感受质）的僵尸，如果这种僵尸的存在是可能的，就表明现象性质和物理性质在形而上学上是可以分离的。如果它们在形而上学上是可分离的，就表明物理主义是错误的，因为物理主义主张二者不能分离。围绕现象意识和物理性质是否具有必然联系的争论是心灵哲学最为重要的争论，也是意识研究领域的基础问题，其他问题皆由此而派生。如果没有意识就不会有意向性，也不会有心理因果，更谈不上规范性。但是物理主义和二元论关于感受质的争论并没有任何实质的进展，这就是当前心灵哲学所面临的最大困境。

总的来说，我们对人类规范和抽象对象的理解，最终都依赖于我们对人类心灵的认识。人类到底是否具有与物理事物不同的心智性质？假如有的话，那么我们的规范和抽象性都可以从人类的心智得到理解；假如没有的话，那么我们生活于其中的物理世界如何具有这些

---

[1] 与意识相关的还包括心理状态的意向性，人类为什么会形成关于外部世界意向的心理状态。例如信念、欲望，我相信天上有星星，这种心理状态是关于外部世界的。我们的现象意识也是具有意向性的，例如我感到疼痛，这种疼痛也有某种指向性，指向我身体的某个部位等。

[2] 八个论证分别是：1. 感受质；2. 色谱颠倒；3. 托马斯·内格尔的蝙蝠论证；4. 杰克逊的知识论证；5. 布洛克的中国城邦论证；6. 克里普克的严格指示词论证；7. 中文之屋论证；8. 意向性论证。参见（Searle 2004, pp.84—95）。

非物理的事物。对于物理主义的拓展性批评的回应最终都依赖于对物理主义的基础性批评的回应。对基础性问题的解决要先于对拓展性问题的解决。在对基础性问题的批评和回应中，关于感受质或现象意识的讨论更为根本。因为我们人类认知世界的感受很大程度上确定了我们人之为人的特性。三十多年来，关于感受质的争论一直是心灵哲学中最为重要的争论。从西方哲学传统来看，查尔默斯哲学是笛卡尔哲学的延续。笛卡尔提出我思故我在，把思维作为人的本质特征；查尔默斯提出意识的难问题，把感受质作为人的本质特征。从笛卡尔到查尔默斯，人类理解思想的特征和意识的本性取得长足的进展。很多在笛卡尔看来是人所独有的思维特征，其机制都可以为科学所解释，甚至在机器人身上得以实现，唯独现象意识乃人所独有而不能复制。如果现象意识最终能得到科学说明，那就意味着人类将失去人之为人的独特地位，这也是为什么关于现象意识的争论是当代心灵哲学中最为重要持久的争论。本章后三节将集中精力讨论关于解决现象意识问题的困境及其可能的出路。

5.3
当前对意识的三种解决方案的困难

当前关于物理主义的核心讨论主要聚焦于现象意识和心理因果，本节也遵此来讨论意识问题并在此基础上含摄因果问题。对意识过程和大脑过程二者关系的阐释是心灵哲学各派必争之地，如前所述关于二者关系的阐释至少有三种不同的研究进路。

5.3.1 概念分析的缺陷

第一个研究进路可以称为概念分析学派，这一派看重弗雷格开创的概念研究范式，重视逻辑、直觉和思想实验，把建构论证、区分概念和逻辑论证作为分析哲学的首选方法，寻找从概念上对哲学的解决之道。在意识问题领域中，概念分析学派可分为两支：非还原的物理主义主张意识过程不能被还原为大脑过程，但意识过程依赖于大脑过程；性质二元论主张意识过程和大脑过程都是世界的基本构成成分，同时主张意识产生于大脑过程。还原的物理主义主要属于自然化学派，从神经科学获得证据，其着重点并非概念分析。主流分析学界的争论集中在非还原的物理主义与性质二元论之间，二元论者想在概念上论证意识过程和大脑过程是可分离的，物理主义者则持反对观点而捍卫二者的必然联系。概念分析学派虽然尊重科学的成就，但实质上要为哲学保留领地，因此他们认为概念分析方法是优先方法甚至是唯一的方法。这种概念分析乃是要寻求概念得以成立的充分必要条件。

僵尸论证、知识论证就是概念分析一派的典型代表。在二元论和物理主义的争论中，核心是要弄清楚心理事物和物理事物之间的联系是否必然，查尔默斯的僵尸论证要表明这种联系并不必然；而物理主义者通过回应僵尸论证表明心物联系是必然的。我们通常把物理主义理解成一个基于偶然性的必然性论题。偶然性指实际世界具有什么样的物理事实是一个完全偶然的事实，如果大爆炸和人类演化有所不同，世界就会是另外一副模样，因此世界上具有什么样的物理事实是偶然的。必然性指只要给定作为基础的物理事实，就给定了心理事实，物理事实和心理事实之间的关系就是必然的。这一必然性表明在任何与我们世界相似的世界中，物理主义都是真的，这就是基于偶然性的必然的物理主义。用 p 代表物理事实，m 代表心理事实。我们可以说，p 是什么物理事实是偶然的，但 p 和 m 之间的关系是必然的。"伴生性"就是刻画这种必然关系的概念，心附于物，不可分离。因此心物之间的关系不是物理因果关系而是概念上的决定关系。[1]

---

[1] 这种心物决定关系又可以分为两种，一种是先天逻辑关系，类似于红色的东西就是有颜色的东西；另外一种是后天必然关系，类似于水必然是 H_2O。接受前者的是先天物理主义，接受后者的是后天物理主义。

这种基于概念分析的二元论和物理主义都有很大的局限：第一，意识问题并不完全是一个概念问题，而是具有重要的经验维度。心物关系无论如何刻画，都是要脱离自然科学的引导而建立一种普遍必然的形而上学主张，但这和我们对意识的实际认知相冲突。第二，如果意识问题可以通过提出不同的思想实验来得到解决，那么思想实验依赖于人们的直觉。实际上有的人具有物理主义直觉，有的人具有二元论直觉。如果争论的双方不能达成一致，意识问题的争论就走入了死胡同，就在原地兜圈子。概念分析学派很大程度上运用思想实验来做概念分析，我们耳熟能详的黑白玛丽、色谱颠倒、中文之屋都是一些典型的思想实验。但思想实验所依赖的直觉是有待考察的，因为通过大量的经验调查，我们会发现人们并不具有普遍的哲学直觉。思想实验的有效性要大大削弱。因此概念分析学派忽视科学、重视直觉，就会面临实验哲学的挑战。（Sytsma 2015）

5.3.2 自然化方法的缺陷

第二个可以称之为自然主义学派，即利用自然科学的方法和证据来研究心灵现象。自然主义认为哲学应该跟随自然科学，科学方法是最为可靠、最为合法的探究方式。[1] 还原的物理主义主张将意识过程还原为大脑过程；同一论认为意识过程就是大脑过程，例如疼痛就是 C 神经纤维激活；取消论认为意识过程是人们的幻觉，真实存在的只有大脑过程。能够为意识问题提供真正理解的唯有认知科学、神经科学。丘奇兰德、丹尼特、侯世达、叶峰大都接受还原论、取消论的思路。笔者将其概括为无我有知的物理主义：就自我理解而言，他们认为自我是虚幻的，都反对笛卡尔式的自我，从科学角度来看自我是不存在的。丹尼特提出的多重草稿模型刻画了人类如何不基于笛卡尔式自我而做出行动、规划等。（丹尼特 2022）侯世达指出自我是个幻

---

[1]　例如奎因主张哲学和科学是连续的，认识论不过是心理学的一部分内容。

觉，其根源在于人类的自指模型，意识不过是极其复杂的物理模式而已。（侯世达 2018）叶峰则结合佛教指出人是没有自我的，人不过是一堆物理粒子的集合体，除此之外别无他物，所谓的自我不过是人类在与周遭世界打交道时出于方便而形成的一种认知。（叶峰 2016a）就人类的认识能力而言，他们认为对于意识问题，原则上具有完备的知识就可以对其进行解释，甚至我们当前的科学就足以解释意识问题。如果你认为不能解释，那不过是一个学科背景训练的问题，只要具有相关的科学背景，意识问题就可以得到解决。还原论完全取消第一人称视角，从第三人称视角来看待意识问题。忽视第一人称维度是自然主义最大的问题。当然我们可以说，自然科学本来就不是致力于解释第一人称视角的。但自然主义一旦要解决意识问题就会遇到第一人称问题，意识和第一人称在本质上不可分离。自然主义者想要取消第一人称，也就是取消自我从而建立一种无我的世界观。这使得物理主义对我们人类生活的解释变得过于简单和荒谬。

5.3.3 概念考察方法的缺陷

第三个是概念考察学派，即分析语词的日常用法。为了区别对待，笔者把罗素 – 克里普克风格称为概念分析学派，把维特根斯坦 – 奥斯汀称为概念考察学派（或记为维特根斯坦学派）。二者的共同之处是反对自然科学对哲学的侵袭，不同之处在于前者追求概念的理想条件，后者追求语词的实际用法。此派主要受维特根斯坦晚期和日常语言学派的影响，而对心理诸多概念进行考察，分析心理概念和物理概念在日常中的用法等。从人们日常使用的心理语汇入手来分析心身问题，指出心身问题的提出是一种基于对心理语言的错误理解，是从物理的层面去理解心灵的问题。当我们说心灵离开身体的时候，这种"离开"只是一种空间隐喻[1]，实际上意识过程／思想过程不仅可能与

---

[1] 参见韩林合对心理物理词汇用法的分析（韩林合 2012）。

大脑过程不相关而且是完全自治的。这就是说，心灵领域完全独立于自然领域，我们不需要借助任何自然科学去理解人类的心灵，我们需要在与心灵层面勾连的世界中去理解心灵，心灵与人类的实践（生活形式）密不可分。当然这种实践首先是一种语言实践，所以接受语言优先的思路，进一步从日常语言来分析心理语词的用法，是概念考察学派的主要方法。

但如果承认意识是生物发展的一个阶段，那么完全脱离意识科学去理解意识，不免陷于空洞，脱离了被科学化的常识来讨论意识问题会使得意识变得神秘。自然主义学派与维派争论的背后反映了人们看待哲学和科学问题的不同方式。哲学如何应对科学是近代以来哲学的主要焦虑，塞拉斯追求将世间万物之理融会贯通，尤其是对科学图像和常识图像的融会。但这种融会不能仅仅依靠于此种用法的考察来获得解决。

5.3.4 反驳意识问题的共同预设

不难看出上述三种解决方案大都依赖于笛卡尔以来的心身二元框架[1]，也有学者提出超越二元框架的心身形质论。（Jaworski 2011）

但其基本思路并未摆脱笛卡尔框架。从大的历史脉络来看，初民在理解人类生活之时求助上帝、巫术或命运为生活提供解释，"冥冥中一切皆有定数""这是上帝的力量""一切皆是因果报应"。启蒙运动以来，人类开始通过自然科学来理解生活，无论日月星辰还是山河大地，其运行变化都遵循自然定律。人类从上升到求助上帝和命运来获得解释转变为下行到依托基础物理学、化学、神经科学获得解释。不管上升还是下行，对于我们常人来说，上帝、命运是不可见的，粒子神经元也是不可见的。我们从充满神灵的世界图景转到了自然科学图景，看起来有巨大的断裂，但这变中却有不变的一面。在上帝图景下，"我"是没有

---

[1] 需要指出的是，笛卡尔心身问题框架和笛卡尔本人关于心身问题的解释是不太一样的，当代心灵哲学从笛卡尔出发构造了一个讨论问题的基本框架，这不是基于历史的而是基于逻辑的。

意义的，一切都是上帝或者命运的奴仆[1]；在科学图景下，"我"也是没有意义的，一切都在因果链条之中。这两个看似对立的图景，却共享了基本的结构：消解自我让自我之上的东西（上帝）或自我之下的东西（自然规律）成为主宰个人的力量。问题在于人类生活的世界是可见可感的，物理主义如何为可感可知的人类生活提供解释？通常我们把物理主义对心灵的解释称为还原解释，但什么是还原解释？这里存在一个分歧。我们发现常人所要求的还原解释和心灵哲学所讨论的还原解释有一定的距离。查尔默斯提出僵尸论证要表明还原解释是失败的。我们总希望还原解释能够解释爱恨情仇、喜怒哀乐、社会历史文化方面的诸多事实，但还原解释本身并不主张这一点。查尔默斯要表明如果心理性质和物理性质是形而上学可分离的，就表明了不能用物理学术语来解释心理性质，因此还原解释是失败的。这就是为什么心灵哲学的核心论证总是围绕心灵层面和物理层面是否可分离展开。一旦心物可分离，还原解释就是原则上不可能的。当代心灵哲学的还原解释是集中在这种非常基础的争论中，而不是要对宏观的文化、社会、历史个人事实进行解释。如果心物不可分离，那么对于日常理解而言，物理主义就建立了一个稳固的物理解释的基础。很多人会认为，这种关于心身是否可分离的形而上学论证与真正发生的解释无关。但这种论证为日常理解搭建了平台，它是我们在心灵哲学中遇到的首要问题。与我们的精神生活是否获得解释这个丰厚的问题相比，心灵是否和身体相分离的论证是相对单薄的。当代心灵哲学的主流立场是"知其厚，守其薄"，要对心身问题的基本框架做出最普遍的理解；与此对比，维派对心灵的立场则是"知其薄，守其厚"，要对语词做出超越简单语义之外的丰富理解。在心灵哲学家看来，任何厚实的心灵现象都必须预设单薄的心灵现象，因此从单薄的心灵现象开始是心灵哲学最基础、最重要的一步。一旦物理主义的基础心物必然联系得以维护，其常人心中的解释问题就可以交给自然科学、社

---

[1] 可能稍微有那么一点不太准确，因为基督教强调灵魂是有自由意志的。正是在这个意义上它不是"无我"的世界观，跟常识的观念更接近。

会科学和人文科学。至此我们可以明白感受质问题为何成为"兵家必争之地"。

5.4
从有知到无知的认识论物理主义立场

心灵哲学的本体论讨论向来两分天下，哲学家不归于物理主义阵营（同一论、取消主义、功能主义）就归于二元论阵营（实体二元论、性质二元论）。但有学者认识到二者各自的根本困难，便另辟蹊径开辟了第三条道路，认为意识是神秘的，其存在超越了人类的认识能力。这方面的代表人物是麦金。（McGinn 1991）一方面他认为意识完全是一个自然的现象，另一方面他认为我们对于意识这种自然现象是认知封闭的：人类原则上不能理解意识的本质，就好比二维世界的生物不能认识三维空间中的事物。意识并不神奇（miraculous），却是神秘的（mysterious）：在本体论上意识是世界的一个自然特征，在认识上意识不可还原即不存在我们能够获知的关于意识的解释。麦金的意识神秘论不是本节重点，但他提出的对意识的无知这一观念是无知的物理主义的起点。

5.4.1 无知与谦虚

庄子有言"生有涯而知无涯"，声称我们能够知道终极真理是一种认知傲慢，与此相对，当代认知哲学家麦希瑞倡导一种谦虚的模态论：

我认为解决许多传统的、当代的哲学问题超出了我们的认知界限；我们不能知道二元论是否为真（假定实际世界中的心理事件恰恰等同于物理事件），疼痛是否等同于某些复杂的神经状态（假定实际世界中的疼痛恰恰等同于神经状态），知识是什么，

　　一个行为在道德上被允许的条件是什么，因果是否仅仅就是事件之间的一种反事实依赖关系，伴随自我所持续存在的我是不是同一个人，如果我能有所选择是否我的行为就是自由的。我认为应该取消这些哲学议题……我们不能通过科学去获得关于可能和必然的模态事实。本书的主旨是模态怀疑论：或许有这样的事实，但我将论证我们并不知道这些事实。（Machery 2017，p.2）

　　传统分析哲学的主流是模态非谦虚论，例如刘易斯的模态实在论、知识定义、怀疑论。模态非谦虚论乃是要找到事情普遍必然的逻辑联系而非事物之间的实际联系，属于典型的概念分析学派风格。笔者认为用形式方法刻画心物之间的关系并非意识领域的核心问题，也不应该成为物理主义的主张。物理主义者不能完全诉诸逻辑论证、概念论证来辩护自己的立场，而是要转换思路，从理解人类实际生活的心智现象开始。首先要承认人类处于无知（ignorance）状况这一基本事实。

　　心智现象的无知论者主张：由于人类的认知能力具有局限，人类认识不到一些存在的物理真理，而这些物理真理和我们目前理解不了的心理真理很可能有着紧密联系。托马斯·内格尔在《本然的观点》一书中一般性地论证了存在着我们感知不到的存在。[1]麦金认为意识对于我们是认知封闭的：心灵 M 的某一类型对于某一性质 P（或者

---

[1] 内格尔在论证存在着我们无法认识的实在时，使用了类比论证：有大量的普通人，他们天生缺乏那种设想别人所了解的某些事物的能力，如天生的盲人和聋人不能理解颜色或声音，精神年龄永远只有九岁的人不能理解麦克斯韦方程、广义相对论或哥德尔定理。但是一个接受过高等教育的正常人能够毫无障碍地理解这些东西，他们还相信存在着基因、神经元、电子、质子等实体。假设在一个与我们所处的世界类似的世界中，存在着我们和一些有缺陷的生物，他们的智力永远停留在我们人类的九岁儿童的水平。他们可以拥有一种语言，这种语言和我们的语言足够相似，我们可以将他们的语言翻译成我们的语言。因此，我们能够理解九岁儿童所理解不到的东西。那么，假设同样一个世界，我们并不存在，九岁儿童依旧存在。这就说明世界上存在着九岁儿童所不能理解的东西。依此类推，在另外一个世界中，存在着我们和更高的存在物。我们类似于第一个世界中的九岁儿童，更高的存在物类似于第一个世界中的我们，如果更高的存在物并不存在，我们仍旧存在，就等于说世界上存在着超出我们思想的东西，即使我们不能理解它们。（Nagel 1986, p.95）

理论 T）是认知封闭的，当且仅当发生在心灵中的概念形成过程不能把握 P 或者不能理解理论 T。（McGinn 1989，395）认知封闭依照心灵类型而异，对于猴子认知封闭的，对于人类则未必；对于小孩认知封闭的，对于成人则未必；对于只有二维空间生物认知封闭的（空间性质），对于具有三维空间的生物则是认知开放的。最为关键的一点在于，性质 P 对于我们人类来说是认知封闭的，并不能表明 P 是不存在的，也不蕴含解释 P 的理论 T 是不存在。只能说对于我们有限的心灵而言，认识不到性质 P 和理论 T。这种无知的状态，就好比二维世界的生物无法认知三维空间的事物一样。不是我们人类缺乏足够好的认识工具，而是人类自身认知能力所限。有人据此提出康德式物理主义，我们只能认识现象界而不能认识本体界中的事物。如果意识属于本体世界，那么通过科学手段认识意识就是一件不可能完成的任务。

5.4.2 重新理解心身问题基本框架

接受心灵无知论和模态谦虚论，就意味着物理主义背景下的哲学–科学核心工作不是去寻找这些认识不到的物理真理和非物理真理之间的联系，而是去探索心灵现象的实际机制。[1] 与秉持意识可以还原为大脑过程的取消论、还原物理主义相对照，我们接受非还原的物理主义立场：意识过程不能被还原为大脑过程，但大脑过程约束、决定了意识过程。这种接受并非照单全收，我们并不致力于刻画心物不可还原的概念关系。既然心灵性质不可还原为物理性质，这就表明物理科学不能告诉我们关于意识的全部真理，因此存在着我们人类不能完全认识的意识现象这个结论就是合理的。当然我们并不主张意识问题完全不可理解。物理主义关注人类的心智实际上如何运作，即实际的心灵现象如何与物理现象相关联。例如实际的心物关系是否就是一

---

[1] 原因在于如果这种联系是概念上的，找到这种联系不会增加我们对世界的任何深入理解，因为物理主义本身乃是要拒斥超自然事物的存在，即不能承诺灵魂、上帝、命运和意识的独立存在，而是各种可能物之间的关联。如果这种联系是经验的，那么对物理真理和非物理真理关联的追索就只能蜕变为一个研究人类心智实际上如何运转的论题。

种形而上学的奠基（grounding）关系，心理事实是否能被物理事实所奠基，进一步这个奠基关系是否可以通过因果推理中广泛使用的结构方程模型来刻画。甚或我们根本不必预设心物二者是何种关系，只研究出现在人类生活中的各种具体的心理现象，例如表征、注意、认知渗透、冥想、盲视等。这就是物理主义的具体论题即物理主义者如何理解意识，这些需要借助科学（认知科学）、神经科学、神经生物学、文化社会心理学的经验性研究等。

要想理解这种新的物理主义立场，有必要重新思考笛卡尔所奠定的心身二元框架。很可能框架本身的预设使得心身问题无解。心身二元范畴的设立本身就预设了心理范畴和物理范畴本质上是对立的。从笛卡尔区分心物概念到查尔默斯在心理现象上区分意识的心理概念和现象概念，这些在根本上使得意识问题无解。因为无论是丹尼特还是查尔默斯，他们的基本精神都是科学主义的，即以测量为标准区分了容易问题和困难问题；要么意识能够被测量因此就被还原为物理的，要么意识不能被测量因此不能被还原为物理的东西。解决心身问题的第一步是对心灵和物理做新的理解。如果我们把物理的事物和心理的事物看成是关系项，那么心灵哲学中提出的同一、伴生、奠基就是关系。因此要调整这个心物框架，就有两种可能性：要么对关系作出新的理解，用新的二元关系去替代伴生，例如奠基（grounding）、建造（building）（Bennett, K. 2017）；要么对关系项作出新的理解，例如泛心论把心理和物理看作同一个东西的两面，一切事物既有心理内容也有物理内容。当然有人会提出直接取消心物二元框架，从头开始理解意识问题。本书不考虑这一极端选择，而是在学界的基本共识下不对心物关系做出特别的理解，是从如何理解"物理的"这一概念入手。

5.4.3 两种物理概念

世界的基本构成物是什么？是物理学理论所预设的对象，还是日常所见的物理对象？物理学理论所承诺的世界基本组分是基本粒子和场，塞德认为这些关于基本粒子的概念就是世界的根本概念（carving nature at its joints）。（Sider 2012）通常物理主义者所接受的物理概念就是物理学所给出的概念。如果我们把化学、生物学、神经科学包含进来，我们可以说物理概念就是物理科学所给出的概念。在物理主义的定义中不包含日常所见的物理对象。把日常的物理含义包含到物理主义定义之中应该是物理主义的一个新发展。斯图加区分了两种物理概念：基于物理学理论的物理性质和基于典范对象的物理性质。物理学理论所刻画的性质就是可溶性、导电性等。基于典范物理对象的物理性质，指人们日常所认知的物理对象，例如桌子、椅子、山川河流所具有的性质。桌子具有的是一张桌子这个性质，这是一个日常物理对象之为物理对象的性质。在斯图加看来我们可以认识到物理学理论的性质，却无法认识到典范物理对象的内在本性，而这些内在本性就包含意识。我们完全可以把大脑当作一个典范的物理对象，它的微观性质就是神经元活动展现的性质，它的内在特性就是和意识相关的特性。盖伦·斯特劳森也提出两种物理性质的区分：一种是基于结构的物理性质，一种是基于内在特性的物理性质。（Strawson 2003, 2008）斯特劳森认为意识就是一种基于内在特性的物理性质。我们很难通过常规的物理科学来理解意识，原则上可以知道大脑过程的细节，也可以知道大脑过程和意识过程之间的联系，但是我们并不能完全知道意识的细节。无论我们对物理事物／物质作何种不同理解的物理学解释，但有一点我们都遵从：无论物质如何变化，它总在空间之中。豪厄尔也提出了一个新笛卡尔式的物质定义：一个性质是物理的当且仅当它能够被完全地刻画为关于事物的时空分布的条件。（Howell, 2013）假设你能够将一个性质置入世界中，你就是置入了一组新的条件使得这个性质出现。物理性质可以为它们被置入世界中的时空条件所完全刻画。这样我们就对物理世界有了一个大致想法：一个世界是物理的当且仅当所有的偶然性质都伴生于这样的性质——能够完全通过它在时空之中如何分布的条件获得刻画的性质。把物理性质理解为在时空之中的性质拓展了对物理性质的理解。

总的来说，可以把基于物理学的物理性质扩张到涵盖日常物理对象的物理性质，从而让物理主义更为合理。我们可以把无知立场和对两种物理概念的区分结合起来。存在两种无知，其一是对未来物理学内容的无知，其二是对第二种物理概念（典范物理对象）内在本性的无知。通常的论证主要涉及第一种无知，例如亨普尔两难就是针对当前物理学和理想物理学之间的两难。理想物理学是空洞的概念，因为我们并不知道理想物理的具体内容。但在当代的讨论中尤其是概念分析学派的理解下，关于心灵的各种论证中哲学家假设了对所有物理学事实的全知。假设有一个超级物理学家（上帝）知晓所有物理学的事实，追问在这个情况下超级物理学家是否可以知晓所有心灵的事实。心灵哲学中大行其道的模态论证也就因此成为一个非常主流的争论。关于理想物理学，我们只能依靠思辨。哲学家总能设想只具有外在行为而不具有内在现象层面的僵尸是存在的，如果这是可设想的，那么就是形而上学可能的，心理和物理之间就不具备必然联系，物理主义就是错误的。要走出这个困境，应该转向第二种类型的物理概念，放弃心灵性质和物理学性质之间的二元对立。本书所主张的无知乃是对第二种物理概念所涵摄的内容之无知。也许心理性质和物理学性质之间的联系并非必然，但是在第二种物理概念之下，心理性质和物理性质的联系完全可以是必然的，甚至心灵性质就是物理性质的一个面向。认为这种表述奇怪，乃是因为受到心理性质和物理学性质二元对立的蛊惑。

5.4.4 垂直解释与水平解释的结合

与主流物理主义不同，我们接受一种基于无知的物理主义立场：第一，放弃狭窄的基于物理学性质的物理概念，把典范物理对象的物理概念包容进来，接受一种更为宽泛的物理概念，把日常物理对象视作和微观物理对象具有同等本体论地位的事物。第二，放弃对物理学内容的全知立场，转而接受一种具有人类认知有限性的无知立场。我们不仅对理想物理学的内容无知，还对典范物理对象的内在本性无知。第三，如何看待微观物理性质、日常的物理对象性质和心理性质三者之间的关系？微观的物理性质决定了日常的物理对象性质，如果没有底层的基本粒子的组合则不会有日常的物理对象。但这种决定是一种形而上学决定，而非因果决定。一块石头由它的基础部分构成，这是形而上学决定。这块石头是因为一场洪水被冲到某个河滩，这是一种因果决定。我们可以说形而上学决定是一种垂直关系，底层决定上层。因果决定是一种水平关系，同一层次的事物决定同一层次的事物。我们有时候需要的解释来自垂直关系，有时候需要的解释来自水平关系。微观物理性质和心理性质之间的关系类似于微观物理性质和日常物理对象的性质之间的关系。当还原论者谈到疼痛是 C 神经激活时，他说的是垂直关系，C 神经决定了心理性质。当我们谈到意识的不可还原时，实际上说的是水平关系，那些形成了特定心理性质的东西只能在同一层次得到理解。例如我对牙疼的理解，只能借助不同的疼痛经验来加以解释，而不能下行到神经元层次获得解释。就如同面对一块石头卧在河滩，你不能借用石头的组分来得到解释一样。但如果你是要治疗牙疼，医生需要下行到微观层次进行治疗。这种下行是要找到牙疼的神经机制，而非找到牙疼的现象经验。第四，我们具有微观世界的物理解释，这也就是笔者所说的垂直解释。我们也具有常识世界的物理／心理解释，这也就是笔者所说的水平解释。到底那一套才是真正的真理的呢？我们希望接受微观世界真理和日常世界真理两不相害的相容论。至于把何者视为更基本更真实，取决于我们的解释目的和理论要求，这也是一种实用主义真理观。在面对行为主义心理学对经济学的入侵时，芝加哥经济学派创始人弗兰克·奈特认识到这一根本冲突："但凡对人的意识机制有所认识的人都必须承认，上述两种答案都具有真理和意义，即使它们无法协调一些形而上学的矛盾，即两种真理和解释的存在性。我们的兴趣存在冲突，且我们无法在不考虑生活和实际思维的需求的情况下追求简化。激励能力递减的原理（principle of diminishing motivating power）意味着我们必须在某个地方达到平衡！"（奈特 2017，第 123 页）

概而言之，无知的物理主义有以下几个优点：第一，可以回应反驳物理主义的模态论证，我们可以认同，那些认为物理性质和心理性质可以分离的二元论者仅仅设想了物理学性质和心理性质的分离，尽管真实情况也许确实如此，但我们认识不到的典范物理对象的性质却和心理性质不可分离，因此物理和心理之间的必然联系得以维系。第二，物理主义的无知立场会和实用主义相容，形成一种稳健可靠的认识论立场，而对于我们解释纷繁复杂的心灵现象具有重要的作用。这实际上表明，在心身问题上，纯粹的概念形而上学分析只能提供单薄的框架，要深入讨论意识问题，我们需要引入自然化方法和概念考察方法。前者是一种垂直关系的研究，研究底层对上层的影响；后者是一种水平关系的研究，研究概念网络之间的关联和同一层次事物之间的联系。

5.5　从无我到有我的本体论物理主义立场

意识是构造自我的根本要素。第一，作为一个行动主体，我们的所思所想会引起行动。无数次心中的想法化为具体的行动，强化了自我主体的存在。第二，作为一个思考的主体，我在进行规划、构思、理解、运算、推理之时，都是有一个统一的主体在进行这种心理活动。第三，作为一个认知主体，我对世界的感知（五官感觉）使得主体具有一种独特的感受。不仅如此，我在思考和行动之时也会产生类似的独特感受，这些感受的主体就是自我。我们可以看到心理因果、意向性、功能意识、现象意识都在自我的塑造中扮演了至关重要的角色。还原论者取消意识的本体论地位，因此取消了自我。弗莱根

（Flangan 2008，2011）、侯世达（侯世达 2018）、叶峰等人据此提出一种无我的物理主义世界观：人就是一个物理功能结合体，自我是一种幻觉。"'主体'就是作为自然事物的人，所谓感觉、意识活动是大脑的活动，是自然世界的自然事件。"（叶峰 2016，第 303 页）他们进一步取消主体和外部世界之间的区别，取消了"我执"。他们看到传统笛卡尔二元论的缺陷，要取消这个"机器中的幽灵"，代之以一种去中心化的无我之脑，我即我脑[1]。这种解释彻底取消了心理实在甚至心理语汇在人类生活中的作用。其优点有二点：第一，本体论上节俭；第二，彻底贯彻了物理主义纲领。问题也有两点：第一，和我们人类的日常直觉存在剧烈冲突；第二，其主张虽彻底但理论代价太大。金在权也指出，因为感受质的无法解释，我们不能得到一种彻底普遍意义上的物理主义。但这并不意味着我们要放弃物理主义，能够解释大多数心理现象（意识的功能层面）的物理主义已经是足够接近真理了。（Kim 2005，pp.170—174）

5.5.1 幻觉论证

笔者希望提出一种有的物理主义。在科学意义上的人不过是一个物理的功能体，没有作为自我的"主体"存在。因为科学本来就不是把人作为与其他事物不同的存在来对待的，在物理科学的清单里没有人类的主体性，也没有自我。但在日常生活中，人作为思考、认知、行动的主体所产生的"主体性"却真实存在。物理主义包容这种主体性的存在，并不意味着要将这种"主体性"解释为"幻觉"。这里有必要区分唯科学主义和健全的科学主义，物理主义不是唯科学主义。我们可以认为物理事物是基本的存在，但并不否认其他和物理事物有密切联系的那些事物的存在，这是我们和以往物理主义不同的地方。

"幻觉立场"是分析哲学中唯科学主义者、自然主义者针对心灵

---

[1] 大脑研究家迪克·斯瓦伯的科普著作标题即为"我即我脑"（迪克·斯瓦伯：《我即我脑：从子宫中孕育，于阿尔茨海默综合症消亡》，北京：中国人民大学出版社，2011）。

现象的一个主要立场。通过科学来揭示世间的真相，一旦把世间的一切事物放在测量科学之中，那么测量不到的东西就自然而然被归为虚幻之物。超级物理学家知晓世间所有的测量真理，据此将不可以测量的事实归为虚幻。幻觉论证是哲学上一种过度反思的产物。概念分析论证中存在典型的怀疑论，例如对知识的怀疑、对因果关系的怀疑、对语言意义的怀疑、对规则的怀疑等都是幻觉论证的同胞。概念分析学派和自然主义学派虽然在主张和方法上各有不同，但在对真实存在之物（意识和知识）的否定上却是一致的。概念分析论证建立在逻辑可能性论证上，只要不能在逻辑上作出做梦和现实的区分，我们就无法拒斥怀疑论。自然主义者的论证建立在实证主义方法之上，证实不了的东西就不存在。这实际上是逻辑实证主义的当代翻版，概念分析论者诉诸逻辑，自然化主义者诉诸实证。二者方法虽不同，但精神内核一致：用无我之方法去寻找有我之知。问题的根本恰恰在于有我之知是无我之方法所追索不到的。

5.5.2 逻辑错误与心理实在

近代以来，将世间万物还原为基本粒子是唯科学论者不可遏制的冲动。他们认为意识需要在粒子层面、神经层面得到理解。科学的整体规划就是一种把人当作自然之物的理解，受到科学的影响，近代以来的哲学因此把心还原为物作为理解心身问题的一条主线。但如果心和物在概念上、逻辑上就是二元对立的，那么这种还原注定就是不可能的。科学所理解的物理概念是物理学的物理概念，粒子物理学、神经科学本身就不是要为与物理事物对应的心灵事物提供解释。在粒子层面我们看不到意识的存在，但意识是真切的存在。在粒子层面我们也看不到桌子的存在，但桌子是真切的存在。"桌子"不是物理学理论的概念而是典范对象的物理概念。"意识"也不是物理学、神经科学概念而是典范对象的概念，它和桌子一样实在。有人或许会问，我们用什么方法来表明意识是真实存在的，我们的内省、思想活动和常识表明了意识就是真实存在的，而不是用科学的测量手段。科学手段可以测量世界最为基本的对象，但并不测量和基本对象有联系的对象，更不测量规范对象和抽象对象。另一方面，意识过程由神经元活动组成就如同桌子由粒子活动组成一样。因此当说意识过程由神经元活动组成，并不意味着意识过程可以完全由神经科学描述和解释，也不意味着神经科学完全与意识无关。本章第四节已经提到，我们不需要纯粹从粒子层面来理解桌子，只要从桌子的功能及其周边环境等出发就可以解释为什么那里摆着一个桌子。我们不用粒子组合来谈论桌子，只有在特殊的情况下我们才下行到粒子层面去讨论桌子。意识过程也一样，我们在日常层面触及意识，只有在特殊的情况下，例如一些非正常情况下某人的意识发生幻觉或心理失常，我们才会追问这背后的生理机制。我们可以了解到意识的一些性质，但受限于手段我们不可能了解的深入而详细。我们对意识知得深切，只能从第一人称视角出发形成关于意识的切身之知，但我们并不知道意识如何与大脑关联，在这方面我们是无知的。我们是如此这般的造物，不能全知意识恰恰是我们成为人的起点。无知和有我是一个铜板的两面，只有上帝才具有全知的视角，人类具有第一人称视角，一方面受到第一人称的局限不能获得关于世界的全部真理，另一方面又受到第一人称的塑造形成了自我。

5.5.3 自我与《世界之书》

　　原则上我们可以知道所有物理学的事实，从而成为一名超级物理学家或上帝，但这原则上恰恰是我们另外一种幻觉：前面提到的一种模态非谦虚论的立场。伽利略曾说自然这部大书是用数学语言写就的。如果形而上学家想写一本世界之书，这本书里不会包含自我。形而上学家和伽利略一样，试图用数学语言、物理语言刻画世界。《世界之书》的作者是超级物理学家或上帝的视角。但是对世界给出结构性的描述解释会遇到一个根本性的困难：作者是否在《世界之书》中？如果作者在《世界之书》之外就不是一部真正意义上的《世界之书》；如果作者在《世界之书》中就不能单纯用数理科学描述。《世界之书》遗失了写书者，写书者的意识是真实存在的。当我们说意识是真实的存在的时候，我们也同时承诺了自我和第一人称的真实存在。意识、自我、第一人称本来就是互相勾连在一起的。科学是第三人称视角的（无我之知），生活在物理世界的我们具有不可被剥夺的第一人称视角。尽管我可以想象我可以占据其他人的位置，但这在形而上学上是不可能的。对这种基于想象的论证，伯纳德·威廉斯评论到，想象力不能作为何者可能的证据。"就自我而言，想象如此狡黠（tricky），不能为何者是逻辑上可能的理解提供可靠的道路。"（Williams 1973，p.45）

查尔默斯的僵尸论证也是一种基于想象的论证，这些都无助于我们认识真实的心身关系。

还原论者的根据是物理科学。如果我们从基于物理科学的物理主义转向广义的（包含日常物理对象）物理主义，就会转变成非还原的物理主义者。需要注意的是，我们此处的非还原物理主义者和通常基于物理科学的非还原物理主义者有所不同，不可还原的意识经验并非和物理学性质具有必然联系，而是和广义的物理性质具有必然联系。在这个意义上，物理主义可以和第一人称相容，因为我们人类具有第一人称的能力、语言能力，和解答方程式的能力一样来自自然演化。（Baker 1998）从自称"宝宝如何如何"到开始说出"我如何如何"这样的句子，从第三人称视角转换到第一人称视角，小孩在与他人的互动中成长为我们意义上的人。如果说上帝的视角、超级物理学家的视角是全知的视角，那么基于第一人称的视角就是具有认知局限的视角，在这个意义上第一人称与无知共在。我们不知道一些物理真理，也不知道这些物理真理和意识现象之间的关联。我们相信这些认识不到的物理真理和意识现象具有密切关系。真实的物理主义（real physicalism）提出者斯特劳森提出，宇宙中每一个存在的真实而又具体的现象……都是物理的。如果物理主义指一切具体现象都是物理的，那么意识经验现象就是物理的，就好比奶牛也是一种动物。
（Strawson 2008）斯特劳森还认为笛卡尔所犯的错误就是把意识经验
和物理事物当作非常不同的事物，这就导致他们拒斥意识经验的存
在，承诺了物理学主义（physicSalism，大写的 S 表示 science），但
物理主义不是物理学主义。物理科学所描述的物理事物是一种物理事
物，意识经验是另外一种物理事物，真正的物理主义应该包容上述两
种物理事物。与斯特劳森不同，基于无知立场的物理主义并不把意识
经验直接称作物理的，而是把意识经验视作由微观物理性质和宏观物
理性质所构成的事物。一方面意识经验不能在物理科学的意义上被还
原，另一方面意识经验并非广义物理事物之外的事物，而是和广义物
理事物紧密联系的事物。我们甚至可以把伴生性关系用在意识经验和
广义物理事物关系的刻画。这种伴生性刻画只是一个必要条件。实际
上广义物理性质决定了意识经验。再一次套用爱丁顿关于两张桌子的
说法，我们可以说在微观层面桌子不过是粒子的组合，但在日常层次
桌子就是一张桌子。对意识而言，在微观物理层面存在的是神经元的
活动，在宏观物理层面存在的是意识活动。意识、自我和第一人称都
是真实存在的，它们既不是非物理的也不是物理科学的，而是基于微
观物理性质和日常物理性质所成形的。我们不把意识叫做物理的并不
意味着不能坚持物理主义观点。这种解说并非来自科学的证据，也缺
乏有效的逻辑论证，只能是基于一种合理的推测。这种推测有助于更
好地理解人类的心理生活。例如我们可以在日常物理层面展开对意识
的理解，在具体情况之下或者求助于对意识的微观粒子解释，或者求
助于内在物理真理的解释。在这个意义上一部真正的《世界之书》应
该包含自我。《世界之书》不是用完全的数理语言写的，而是包含
宽泛的日常物理语言。

5.5.4 第一人称与解释

当我们要鉴别桌子的质地时，我们需要看它的微观构造；当我

们问到桌子的功能时可以用桌子的具体用途来解释，例如用来作为餐桌或书桌等；当我们问到是什么使得桌子成为桌子时可以用它的结构特性来解释——四条腿和一个平面以某种方式组合而成。我们并没有在桌子之外来为桌子求得不同情况下的解释。当然在根本的意义上，桌子是在和它的周边事物（椅子、书、笔、教室、学生、教师）一起获得整体理解的。我们也只有在这个层次上才能为桌子提供一种最好的解释。对意识的解释也是如此：我们有时求助于意识的神经科学解释，例如意识的神经机制；有时候求助于意识的认知科学解释，例如意识的功能；有时候求助于意识的哲学解释，例如意识的结构特性等。但在根本的意义上，我们的意识活动与我们的目标、计划、想法以及赋予我们这些心理事物的世界联系在一起。我们对意识的认识并非有一个全或无的解释，首先在于意识本身并不是全或无，从草履虫到人类，意识是随着生物的复杂程度而递增的。越初级的生物，科学的解释越有效；越高级的生物，科学的解释越有限。其次从解释的目标来看，由于意识具有不同程度和不同内容，因此具有程度不同、目标不同的解释，从而在不断切换视角中获得解释。转换视角恰恰是第一人称自我的特权：我们既可以从第一人视角理解意识，又可以切换到第三人称视角去理解意识。还原论者认为意识是幻觉，是因为他们不承认有视角的切换。他们只有一种视角：基于上帝／科学的视角。我们对世界的感受不是幻觉，根本上是因为我们并不以上帝的眼光感受世界，我们的感受就处在视角的切换之中。

5.5.5 无知而有我的物理主义

二元论者查尔默斯指出研究意识问题的三个约束条件：第一，严肃对待意识即意识真实存在而不是一种幻觉；第二，严肃对待科学即神经科学和认知科学可以解释一些意识功能，但原则上解释不了现象意识；第三，意识是一种自然现象即意识和物理事物一样是世界的基本构成物，不存在意识科学，因此意识是一种解释不了的基本存在物。（Chalmers 1996，pp.xii—xiv）与此对照，有知而无我的物理主义可能会这样理解三个约束条件：第一，严肃对待意识问题即意识不是真实存在而是一种幻觉；第二，严肃对待科学即神经科学和认知科学可以解释意识包括现象意识；第三，存在之物都是自然的。既然意识不存在，那么通过科学解释意识为什么不存在，物理主义者也就解释了常人所认可的意识了。

　　无知而有我的物理主义的三个约束条件如下：第一，严肃对待意识，即具有第一人称视角的个体是世界中的真实存在，这一事实是物理主义必须给予解释的而非拒斥或取消的事实。因此和第一人称密切联系的意识也是一种真实存在而非幻觉，物理主义必须解释意识而非取消意识。在这一点上，我们和查尔默斯相去不远，都拒斥还原解释。第二，严肃对待科学，即我们认同查尔默斯对科学的解释，自然科学能够提供关于意识的部分解释但不能完全给出对意识的解释，我们需要各门学科（自然科学、社会科学和人文科学）来丰富对意识的解释。但更重要的是，科学不能解释意识的原因在于关于意识的基本事实和我们所认识不到的物理事实有密切联系，甚至我们认识不到的物理事实决定了上述基本事实，由于人类的无知状态使得我们对一些物理真理是无知的，无法解释意识。第三，意识是一种自然现象，但意识既不是物理学意义上的科学事物，也不是和物理学事物对立的形而上学意义上的基本事物，而是一种基于实践的基本存在物。我们已经提过物理主义中的物理不仅仅包括微观层面的粒子（电子、质子、中子），也应该包括我们日常认知的物理对象（桌子、椅子、轮子），物理主义要包容上述两种物理概念。一方面从自然科学角度讲我们可以说物理学对象是世界的基本存在，基本物理学性质限制确定了宏观物理性质和意识性质。从广义物理概念来看，意识属于较高层次的存在，不能被还原。另一方面从人的反思和实践的角度讲，我们可以说宏观物理性质和意识是属于基本存在物，而物理学意义上的对象属于高级存在物，我们需要借助特定的物理学理论和实验设备才能发现基本的物理对象。我们把何者视为基本取决于我们理解意识的目标和方向。

长期以来为心灵哲学所忽略的是，第一人称、意识和自我都是世界中彼此联系的基本事实，理解意识需要更多地借助和意识活动同一层面的其他事物从而得到解释，而非仅仅依靠自然科学。那么无我而有知的物理主义如何解释传统的意识难题呢？

第一，感受质问题。我们考虑查尔默斯的僵尸论证，该论证的核心前提是心理和物理事物是形而上学可设想为分离的，如果引入广义的物理概念，就可以拒绝这个前提。心理性质和物理学性质的分离是形而上学可设想的，但心理性质和广义物理性质的分离是形而上学不可设想的，物理性质和心理性质之间的必然联系可以维持，类似的模态论证可以消解。但这只是获得了物理主义对心身关系的单薄理解。如果要更深入理解意识，我们需要引入两个维度：一个是经验科学的维度，利用神经科学等理解意识的机制，这方面有关于内省、注意、想象、理解等心理现象的大量研究文献；更重要的是引入实践的维度，不能仅仅理解现象意识和物理事物是如何关联的，还要理解不同现象意识之间的关系和区别，现象意识在我们生活中所扮演的作用等。这实际上指出了心灵哲学要从心灵表征世界的表征模式转入一种心灵与世界交互的新模式，以布兰顿等人为代表的新实用主义者开辟了一条新路。（Brandom 2019）

第二，心理因果问题。当我们把微观物理事物作为世界的基本构造之时，我们关心的是微观物理事物之间的因果关联。我的大脑神经元活动 A 导致了我的大脑神经元活动 B，这是因果封闭。一个物理事件导致另外一个物理事件，微观世界的物理事件之间的因果不预设主体，可以用因果律或因果机制来理解事件之间的关联。当我们把意识和日常物理事物作为世界的基本构造时候，我们关心的是主体和周遭世界的因果关联。我想喝水这个欲望导致了我想要选择喝什么牌子的矿泉水，也可能导致我去超市买一瓶水，这是在人类实践活动中的因果关系。在这里我们把自我 / 主体、意识作为世界的基本构造，一个心理事件导致另外一个心理事件，一个心理事件导致一个宏观的物理事件，或者一个物理事件导致一个心理事件。这里的物理事件都是日常的物理事件，在这个日常世界，心理因果也是符合封闭原则。封闭原则的关键在于原因和结果是处在同一层次。同一论者主张疼痛就是C 神经激活，自由意志决定论者主张大脑中的神经活动使得主体作出了一个决定。这种同一或因果的关系并非处在同一个层次。科学家可以通过抑制 C 神经激活来抑制疼痛，也可以通过控制大脑的神经活动进而改变主体的决定。在这一点上，笔者认同还原论者的解释，不存在心物因果，只有物理因果。因为心理性质和微观物理性质不处在同一个层次。但接受日常的物理性质，我们就可以接受一种新的心物因果，就是在心理事件和日常物理事件之间的因果。因果排斥论证的错误在于混淆了事物所处的不同层次，也混淆了理解世界的两种不同图景。我们既可以接受还原论视角下的物理因果，也可以接受日常实践维度的心物因果，至于哪一种是我们所欲的，这取决于我们的目的，在这里可以是一种实用主义的考虑，如莱特所言，两套真理在某个地方达到平衡。

无我有知的物理主义站在上帝的视角将意识还原到粒子层面而取消了自我，从而让科学成为理解世界的唯一模式。有我无知的物理主义站在我们的视角将意识保持在日常层面保留了自我，从而为我们可感的生活寻求了一种更为合理的理解模式。如果说无我有知是一种科学家不自觉所持有的物理主义立场，那么有我无知则是哲学家所应该采取的物理主义立场。在人工智能、脑科学、基因技术不断发展的今天，理解自我的位置和价值是哲学家首要的任务。我们可以通过自然科学、社会科学、人文科学来理解我们自身，我们也需要利用常识直觉、内省反思、生活实践来理解我们自身。无论是经验的还是概念的方法和证据，无论是先天的还是后天方法和证据都可以作为理解自我的凭借。采取哪种方法依赖于我们理解的目标，这种心理活动就在物理世界之中。在这个意义上，无法还原的自我、意识和第一人称正是我们认识世界的基础和起点。

第六章 物理主义世界观之下的意识问题

6.1
重新认识解释鸿沟

引言

意识问题是哲学和科学共同面对的问题。虽然关于意识现象存在诸多神经科学理论，但如何理解意识仍是哲学中最为核心的工作。20世纪五六十年代，物理主义者认为意识过程同一于大脑过程。在面临多重可实现的反驳之后，物理主义者转向了伴生性：心附于物，须臾不可离也。但这种关系仍然具有明显的缺陷：不能捕捉到物理事物在本体论上比心理事物更基本的直觉。20世纪90年代以来形而上学领域兴起的奠基（grounding）等概念刻画了物理比心理更为基本的物理主义直觉，用奠基来表述物理主义因此成为一种更为合理的立场。本章聚焦解释鸿沟，引入三种意识解释路径：形而上学解释、神经科学解释、日常经验解释。通过比较三种解释进路，阐明奠基概念的价值与局限，进而为重新认识乃至弥合解释鸿沟提供一种新的可能性。

物理主义是当代心灵哲学的主流立场。20世纪70年代以来，物理主义所依赖的基本理论框架是伴生性，用伴生性来刻画心物关系，这一框架逐渐遭遇理论困境。近二十年来，形而上学中最重要的变化

之一就是引入了奠基等概念重新解释传统形而上学的基本问题。[1] 以
范恩、谢弗等为代表的逻辑学家、形而上学家在这个领域作出了大量
的工作。一些学者开始将这些形而上学工作应用于心灵哲学、伦理
学、美学等领域的讨论。

　　我们关于世界的理解有两种基本框架：第一种区分为物理世界、
心理世界、抽象世界 [2]；第二种区分为物理世界、生物世界、精神世
界。在心灵哲学领域，区分的关键在于物理和心理，在此基础上，进
一步提出物理和生物的区分。从形而上学角度看，心理奠基于物理，
生物也奠基于物理，物理和非物理的（尤其是心理）的区分最根本。
昂格（Peter Unger）就认为生物机制对于我们理解人类存在（情感和
意识）不具有重要的哲学意义。（Unger 2000）

　　在心理和物理区分的基本框架中，产生了诸多心灵哲学问题，如
意识问题、意向性问题、心理因果问题、规范问题等。一般来说，学
界接受布洛克的区分，把意识区分为通达意识和现象意识，通达意识
指使用推理和理性来指导言语和行为的能力，现象意识指一种纯粹的
感觉经验，也被称为感受质。这和查尔默斯区分功能意识和现象意识
是一致的。在意识问题上，物理主义的困难是如何解释现象意识。在
意向性问题上，物理主义需要解释心理状态如何具有一种关于世界、
表征世界、指涉世界的能力。在心理因果问题上，物理主义需要解释
物理因果封闭和心理因果的不相容这一困难。在规范问题上，物理主
义需要解释世界中何以有超出自然的规范。上述四个问题中，现象意
识关注心理状态本身的特征；意向性关注心理状态和世界的关系；心
理因果关注心灵对于世界的作用或反作用；规范性关注心灵与世界之
间的关系。这些问题都建立在心物二元关系的框架基础之上，理解心

---

[1]　程炼教授将"metaphysical grounding"翻译为"底定"，底层物理决定上层非物理，非常形象
　　地传达了这种关系。笔者将其翻译为"奠基"，主要是考虑和传统哲学有一定的关联，例如康德的
　　《道德形而上学奠基》。

[2]　例如波普尔关于三个世界的划分：物理世界、心理世界和文化世界。

物关系是心灵哲学的基础。

心物关系包含关系、关系项（物理对象和心理对象）。在解决心灵哲学问题时，通常有三种策略：第一，扩大物理概念来回应心物问题，例如斯图加把物理概念分为物理学的概念和日常物理概念，把日常物理对象概念吸纳到关于物理主义的定义中；第二，扩大心灵概念，来回应心物问题，例如泛心论主张事物在基本层面都是具有意识经验的（陈敬坤 2020）；第三，我们可以重新理解心物二元关系。伴生性关系等不足以传达物理主义的基本直觉，物理主义者引入了奠基概念，对关系做了新的刻画。本章第一节分四小节：第一小节考察物理主义的基本框架从伴生到奠基的转变。第二小节在奠基物理主义的框架下讨论三种解释进路和两种鸿沟，说明奠基物理主义对本体论鸿沟的拒斥是成功的。第三小节论证即便奠基物理主义是对的，我们仍然面对认识论解释鸿沟。第四小节论证要回应认识论解释鸿沟，需要从日常经验解释开始。

6.1.1 从伴生物理主义到奠基物理主义

按照奎因的理解，形而上学是关于何物存在的研究。按照亚里士多德的理解，形而上学是关于世界结构的研究，探究何者更为基本。例如苏格拉底这一个体比"苏格拉底"这个名字更为基本，前者决定了后者；泥土比由泥土塑造的雕像更加基本，前者决定了后者。奠基就刻画了世界中基本事物和较不基本事物之间的关系。关于奠基存在诸多理解，我们不去讨论奠基内部的各种争论，而是聚焦于奠基的一般性特征。通常来说有两种关于奠基的理解：第一种是谢弗提出的奠基的谓词–事实理解，奠基是事实、实体之间的关系；第二种是范恩提出的算子–句子理解，奠基是句子之间的关系。一般来说，奠基具有以下特征：奠基关系是非自返的，自身不能奠基自身；奠基是非对称的，基本的事物可以决定非基本的事物，反之不然。[1] 奠基是传递

---

[1] 奠基是否具有上述特征，也是一个有争议的问题，但本节讨论基本中立于此种争论。

的，如果物理层面奠基了生物层面，生物层面奠基了心理层面，那么物理层面就奠基了心理层面。奠基的这些特性被谢弗用图模型中的有向无环图来刻画。因果关系和奠基关系具有相似的结构，都满足非自反、非对称、可传递等特性。从因果关系来理解奠基关系也成了一种思路。不过二者之间有一个基本的区别：因果关系是同层次关系，例如自然界中的物理因果关系；而奠基关系跨越了不同层次，基本层次的事物决定较不基本层次的事物。有人可能指出，心理因果中的上向因果和下向因果关系都是跨层关系，但如何理解心理因果本身就具有争议。

伴生是刻画心物关系的一个基本概念工具。伴生是一个两组性质集之间的逻辑关系，一组性质集是伴生性质（the supervenient properties），另一组是伴生基性质（the base properties）。非物理的性质伴生于物理性质，当且仅当在所有与物理性质相关联的情景中，所有非物理性质方面也相同。伴生关系成了所有物理主义的最小共识。二元论者如查尔默斯所构造的僵尸论证用以批评物理主义，就是要质疑心物之间的逻辑联系（伴生关系）。因此，伴生性就成为当代心身问题的一个框架性概念。伴生物理主义并非一个独立的立场，而是不同版本物理主义所需要的最小立场，因此不能把伴生作为定义物理主义的充分条件。

在比较伴生与奠基两个概念之前，不妨先从奠基来阐释物理主义的一些基本直觉。第一，化学的、生物的、心理的最终都奠基于物理的。这一点表达了物理主义的基本含义，一切归根到底都是物理的。第二，物理学在根本的意义上解释了化学、生物学、心理学。我们总试图用更加基本的理论去解释较不基本的理论，而第二条表达了物理主义的具体主张，如果缺乏解释力，那么物理主义就变成"一纸空文"。不妨把第一条称为物理主义的本体论主张，把第二条称为物理主义的认识论主张。这就和还原论中的本体论还原和理论还原对应起来。大部分人基本上不太会质疑第一条。严格来讲，二者之间的关系也比较复杂，认识论通常会为本体论提供证据和支持，本体论又为认识论提供方向和纲领，很难完全分开。第三，在形而上学层面，心理层面与生物层面或化学层面的对照没有特别之处，归根到底都是心理层面与物理层面的对照。这一点实际上反映了当代主流心灵哲学的共识。在哲学领域内，除了做生物学哲学的学者，心灵哲学领域大都坚持心理与物理的二分；在科学领域基本上秉持物理、生物、心理的三分，强调生物层面的独特地位。[1] 心灵哲学传统内部有意拒斥三分，即便在科学层面承认生物层面的特殊性，但转到心灵的形而上学讨论中，就基本上把物理和生物层面放到一边意识放到另外一边了。第四，奠基蕴含了形而上学的伴生性。奠基的主张比伴生性主张要强，有一些学者就认为物理主义的奠基概念等于形而上学的伴生性加心物的非对称性。第五，如果上帝创造了物理事物，那么一切都各就各位。（Schaffer 2017）在这里，宗教中上帝的地位类似于当代科学中超级物理学家的地位。当哲学家构造论证时，都预设了超级物理学家的视角，这是科学时代的"上帝之眼"。

与奠基相比，伴生存在以下基本缺陷。第一，伴生是非解释性的。接受伴生关系并不能解释为什么存在伴生关系，伴生性只是一种逻辑刻画，反映了二者之间的逻辑必然联系。所谓的解释比逻辑联系要强，解释就内在要求了解释项要比被解释项更基本，奠基反映的就是这样一种形而上学解释关系。第二，伴生性不适用于刻画本体论的形而上学优先性。非物理性质伴生于物理性质这一事实不能保证后者在形而上学上优先于前者。第三，奠基的逻辑形式不同于伴生的逻辑形式，奠基是非对称的、非自返的，而伴生是对称的、自返的。第四，奠基和基本性是一个超内涵概念，但伴生性概念不是超内涵的。超内涵概念描述了内容必然等同概念之间的区分。如果算子 H 表达某一个概念，A 和 B 在内容上等同，但 HA 和 HB 在真值上不同，那么

---

[1] 例如达马西奥、迪肯、埃德尔曼等。

H 是超内涵的。[1]第五，伴生性没有本体论区分性，伴生性是一个平面关系，而奠基是一个层级概念，背后有我们关于世界根本看法的差异。对于奠基物理主义来说，物理性质形而上学必然导致某些非物理性质，物理性质和非物理性质之间的形而上学必然关系是基本的、独特的。

奠基物理主义主张每一个真事实要么奠基于基本物理事实，要么就是基本物理事实。物理事实是化学、生物和心理事实的终极奠基。因此物理概念包含两种：第一种是物理学的基本概念，第二种是奠基于物理学基本概念的概念。相应地，我们就会获得基本真相（fundamental truth）和基本概念。塞德（Sider）把只包含基本物理学概念的基本物理真相称为纯粹真理（purity）。奠基概念的引入极大丰富了当前意识的形而上学讨论。[2]

6.1.2 三种解释与三种鸿沟

关于意识研究可以分为三个进路：形而上学中的概念分析、神经科学中的量化分析和日常经验解释（包括语法分析）。第一个进路是概念分析，其重视逻辑、常识直觉和思想实验，把定义、论证和提出反例等作为分析哲学的基本方法，从概念上寻找对意识的解决之道。一般以这种方式研究心灵哲学的学者，对形而上学、逻辑学、语言哲学也有研究兴趣，可以被称为心灵的形而上学研究，比较典型的学者有金在权、查尔默斯、斯图加等。第二个进路是自然化进路，利用自然科学方法和证据来研究心灵现象，尤其重视神经科学、演化论、生物学的资源。比较典型的学者有丘奇兰德、丹尼特、布洛克等。上述

---

[1] 谢弗就认为伴生性是一个内涵概念，而奠基是一个超内涵概念。例如对于必然的实体（数字）存在实质性的奠基问题，但伴生性对必然实体并没有任何实质主张。也有人不同意奠基是超内涵概念。（Duncan, Miller and Norton, 2017）

[2] 相关文献包括如下几类：第一，奠基对物理主义定义（Ney 2016, Wilson 2016, Wilson 2019, Melnyk 2016, Pautz forthcoming, Rabin 2022, forthcoming）；第二，意识问题（解释鸿沟）（Goff forthcoming, O'Conaill 2018）；第三，心理因果（Stenwall 2020, Kroedel & Schulz 2016）第四，意向性（Huizenga 2004）；第五，规范性（Morton 2020）。

两种研究进路属于心灵哲学研究领域的多数派。第三个进路是日常经验解释（包括语法分析）进路，通过分析哲学语汇的日常用法来解决哲学问题。笔者把克里普克风格称为概念分析，把维特根斯坦风格称为语法分析，二者的共同之处是反对自然科学对哲学的侵袭，不同之处在于前者追求概念的理想条件，后者追求语词的实际用法条件。语法分析主要对心理诸多概念进行考察，分析心理概念和物理概念在日常中的用法等，从人们日常使用的心理语汇入手来分析心身问题，指出心身问题的提出是一种基于对心理语言的错误理解，从物理的层面去理解心灵问题。当我们说心灵离开身体的时候，这种"离开"只是一种空间隐喻[1]，因而主张意识过程不仅和大脑过程无关，而且是完全自治的，心灵领域独立于自然科学探寻的领域，不需要借助自然科学去理解意识问题，而是要注意到心灵哲学中的问题、主张和论证"建立在对相关的表达式的语法的误解基础之上的。"（韩林合 2010，第265 页）。心灵与人类的实践（生活形式）密不可分。当然这种实践首先是一种语言实践，接受语言优先的思路，从日常语言来分析心理物理语词的用法。

　　针对解释鸿沟而言，概念分析论者会采用一些形而上学概念或原则来填平或加深解释鸿沟；自然化论会运用自然科学理论进行消解，例如丹尼特主张感受质并不存在，只是一种幻觉。语法分析论者会认为感受质和时间一样，属于伪问题，不存在所谓的解释鸿沟。在某种意义上自然化论者和语法分析论者会站在一起，认为意识问题是一个科学问题，而非哲学问题。因此，哲学的工作主要是消解这种伪问题。（Howrich 2012）有学者进一步发展出经验解释的思路，主张意识问题是哲学问题，但不需要科学解释和科学化的形而上学解释，恰恰需要系统的经验解释。例如贝克尔（Baker）发展的日常形而上学

---

[1] 参见韩林合：《维特根斯坦〈哲学研究〉解读》，北京：商务印书馆，2010 年。该书第二章、第三章、第四章系统讨论了维特根斯坦对心身问题的理解。其中尤以第三章"心灵与身体、大脑"与本书主旨密切相关，在该章中所建立的阐释思路应该成为日常经验解释的根据。

理论，洛（Lowe）关于经验主体的形而上学理论，这一思路的核心立场是把心身统一体作为世界的基本存在物，作为理解意识问题的起点。[1]因此，笔者把第三种进路称为日常经验解释（包括语法分析），包含两个部分：第一是传统分析哲学领域中维特根斯坦所代表的对日常语言的语法分析；第二是在当代形而上学研究领域中，以贝克尔、洛为代表的，对日常实在的形而上学建构。结合二者来研究意识是笔者目前支持的立场。

高夫（Goff）从科学史回顾意识的科学解释所面临的根本缺陷。在《伽利略的错误》一书中，他总结道，伽利略对科学革命的最大贡献就是在 1623 年提出的数学是科学的语言。量化科学取得了巨大的成功，但量化的问题就在于无法用完全定量的语言去把握第二性质所涵盖的种种感受事物，或者说无法用方程式、图表、数学去把握定性的事物。物理学的成功恰恰在于它完全排除了意识问题，但也使得意识问题在当代科学领域中无解。伽利略的错误使得意识的科学成为不可能。自然科学本质上是量化科学。一方面需要承认科学在意识研究中发挥着重要功能，例如对神经相关物（NCC）研究的很多进展，加深了我们对大脑的认识，但意识和大脑神经元的相关性理论不能成为真正的意识理论。当前的意识科学最多把定性和定量做一种关联而无法整合两种解释方式，要想获得关于意识的真正理论，需要走出伽利略量化式科学的道路，重新思考科学方法。另外，从概念分析来看，如果心理事物是定性的，物理事物是定量的，根据奠基物理主义，心理事物奠基于物理事物，就变成了定性事物奠基于定量的事物。但直观上我们会认为定性的事物是不能奠基于定量的事物，因为这是两类不同类型的事物。

一般认为所谓的解释鸿沟就是物理和心理之间的鸿沟，或客观的科

---

[1]　参见 Baker 2007, Lowe 1996。《维特根斯坦〈哲学研究〉解读》也持有这种立场，在谈到记忆时写道："甚至于针对于整个大脑，我们也不能说它具有记忆，因为严格说来只有针对于作为身心统一体的完整的人我们才能这样说。"（韩林合 2010，第 273 页）

学理论如何解释主观经验所造成的鸿沟。1971 年克里普克的《命名与必然性》第三讲、1978 年托马斯·内格尔的《成为一只蝙蝠具有怎样的感受》、1983 年列文的《物质主义与感受质——解释鸿沟与物理主义》、1989 年麦金的《我们能够解释心身问题吗？》、1996 年查尔默斯的《有意识的心灵》都以不同的方式提出了解释鸿沟。1999—2000 年，布洛克和斯坦尔内克发表的《概念分析、二元论和解释鸿沟》和查尔默斯与杰克逊的回应《概念分析与还原解释》(2001)，为解释鸿沟画上一个短暂的句号。(Block & Stalnaker 1999, Chalmers & Jackson 2001)后续虽还有讨论，但基本框架并没有发生变化。2016 年谢弗的文章《鸿沟之间的奠基》从奠基角度回应了解释鸿沟。2019 年拉宾(Rabin)发表《解释鸿沟与形而上学方法》，2021 年萨萨里尼(Sassarini)发表《没有奠基可以弥补鸿沟》，都指出即便谢弗的论证是成立的，仍然存在一个解释鸿沟。(Rabin 2019, Sassarini 2021)两位的结论和本章主张类似。我们将以此为基础讨论为什么仍然存在解释鸿沟。

列文的文章第一次正式提出解释鸿沟，他提出了三种同一性陈述：

（1）疼痛就是 C 神经纤维激活。
（2）热是分子的平均动能。
（3）处于一种疼痛状态就是处于一种神经活动状态。

克里普克认为在心物同一陈述和其他理论同一陈述之间有一个明显的区别。前者是偶然的，后者却是必然的。在（2）中，我们可以区分热现象本身和我们关于热的感觉；但在（1）中，我们无法区分疼痛和对疼痛的感觉。[1] 因此克里普克认为（1）是偶然陈述，（2）是必然陈述。我们可以用分子平均动能解释热，却不能用 C 神经纤维激活来解释疼痛。陈述（2）所表达的同一性可以完全得到解释，

---

[1] 这一点也是有争议的，有人就会认为疼痛和对疼痛的感觉是可以区分的。

没有遗漏。但陈述（1）遗漏了关键性要素，缺乏解释力，所以存在一个解释的"鸿沟"。陈述（2）可以诉诸功能解释：我们关于化学和物理学的知识能够解释分子平均动能如何与热因果联系。我们关于热的本质特征是其因果作用，一旦阐明因果机制，就没有什么需要再进一步解释了。针对疼痛，我们也可以讲一个类似的功能故事。但列文指出："我们关于疼痛的概念不仅限于因果角色，它有定性特征（qualitative character）。即便发现了 C 神经纤维激活，仍然不能解释疼痛为何应该是它所是的那个样子（why pain should feel the way it does）。关于 C 神经纤维的任何事实都不是自然而然地符合疼痛的现象性质，从而将疼痛的定性方面和 C 神经纤维激活等同，这就将二者之间的关系完全置于神秘的境地，我们感受疼痛的方式仅仅是一种原初的事实。"（Levine 1983）

列文在文中提出了两种解释鸿沟：第一种是形而上学的解释鸿沟，即在物理和心理之间存在基本的区别，二者甚至是完全不同的基本存在物，例如克里普克、查尔默斯等所主张的。第二种是认识论的解释鸿沟，即当前功能的、物理的概念对意识的现象特征的说明是不可理解的。神经科学家格林菲尔德也注意到这一问题：

> 在你的大脑中，个人主观体验是如何转变为喷薄而出的化学物质和电信号的？刚刚得到这个发现的人，会挥舞着一张大脑扫描图，或是对着一个数学公式拍手叫好吗？这些所谓的解答无论多么精巧，都没有任何说服力，因为它们无法解释我们客观观察到的事件如何转变为对独特个人经历的第一手感觉。（格林菲尔德 2021，第 4 页）

人们在现实生活中是以第一人称视角获得对现实的瞬时体验，而科学实验研究的特点则是以第三人称视角获取信息。这二者之间的差异所造成的概念上的鸿沟是难以跨越的。（格林菲尔德 2021，第 6 页）

科学家更为关注第二个鸿沟，通过科学理论理解意识是科学家的首要工作。认识论的解释鸿沟和物理主义的伴生性命题是相容的。本体论上的物理主义者，仍然面对认识论上的解释鸿沟。列文聚焦于认识论的解释鸿沟，他认为物理主义可以弥合形而上学的解释鸿沟，但无法直面认识论的解释鸿沟。认识论版本的解释鸿沟和僵尸论证是有区别的，后者类似于本体论的解释鸿沟。一个物理主义者可以回应本体论的解释鸿沟和僵尸论证，但仍然难以回应认识论的解释鸿沟。

谢弗对解释鸿沟和僵尸论证的回应开启了完全不同的思路，他提出存在两类鸿沟，第一个是物理和化学之间的鸿沟，一边是两个 H 原子和一个 O 原子，另一边是 H_2O 分子。这是部分和整体之间的鸿沟，属于整分论（mereology）所讨论的主题。第二个是大家熟知的心物鸿沟，一边是物理层面，另一边是现象层面，是 C 神经纤维激活和处于疼痛状态之间的鸿沟。从奠基物理主义的角度回应解释鸿沟，会这样理解：一个僵尸的世界和一个只有 H 原子和 O 原子的世界仅仅是概念上可能的，但绝非形而上学可能的。如果两个 H 原子和一个 O 原子构成 H_2O 分子是形而上学必然的，那么 C 神经纤维激活构成疼痛也是必然的。这两个鸿沟的类型相同，要么都存在鸿沟，要么都不存在鸿沟。认为前者不存在鸿沟，而后者存在鸿沟，只是因为我们没有认识到真相而已。一旦我们认识到物化之间不存在真正的鸿沟，也就应该认识到心物之间也不存在真正的鸿沟。的确从形而上学来看，如果用奠基刻画心物鸿沟，就能说明心物之间不存在本体论鸿沟。水分子的案例只是想表明，我们为什么会认为心物存在鸿沟而在物化之间不存在鸿沟。

6.1.3 解释鸿沟依然存在

谢弗虽然没有明确断言心物的关系类似于两个 H 原子、一个 O 原子同 H_2O 分子之间的关系，而只是诉诸所谓的一般形而上学原则。但他所给出的唯一示例就是原子和分子之间的关系。从本体论鸿沟来说，无需关注心物之间到底调用哪一种形而上学原则，只要心理奠基于物理即可。但从解释鸿沟来说，我们需要的是一种机制解释，因此调用哪一种原则就很重要。既然谢弗在原子和分子之间调用的是整分原则，那么我们也可以猜测他对物理心理关系的处理也会调用类似原则。不妨先从这种可能造成误解的类比出发，看看为什么类似的类比是错误的，其理由如下：

第一，谢弗把大脑神经元活动和意识的关系类比为两个 H 原子和一个 O 原子同 H_2O 分子的关系。我们可以很快从 H_2O 的结构中分析出它的部分。但当我们谈到意识状态时，却会感到迷惑。我们如何仿照整分原则去寻找意识状态的组分？一个很自然的想法就是，意识的组成部分还是意识，一个宏观的意识经验是由大量微观的意识经验所构成的。这是泛心论的立场，即天地万物在基本层面都是具有意识经验的。抛却这一主张本身的荒谬不谈，基本意识经验如何产生出宏观的意识经验就已是一个问题，这是泛心论所面临的绑合问题，不过是解释鸿沟在泛心论中的一个翻版。传统的解释鸿沟讨论的是微观的物理活动如何产生宏观的意识活动，泛心论版本的解释鸿沟是微观的意识活动如何产生宏观的意识活动。形式不同，实质则一。因此，诉诸微观意识经验和宏观意识经验的整分关系是错误的。谢弗选择用微观物理活动构成意识经验的比喻，这种构成关系也不能等同于整分关系，二者在范畴上不同。有人可能指出桌子的微观性质和宏观性质是范畴不同，前者是物理学所能捕捉到的性质，而像颜色、形状、质地等宏观性质并非物理学性质。但这里的不同在于，我们只有搞清楚了桌子的产生机制，才能知道它的整分关系。就像我们搞清楚了水的机制，才能知道它的整分关系。我们并不清楚大脑和意识的关系的整个机制，因此不能做出这种类比。

第二，"水的分子结构是 H_2O"，"疼痛是 C 神经元激活"，"金子的原子序数是 79"都是同一陈述。我们用化学理论解释水的特征，用元素周期表知识解释金子的特征，用神经科学理论解释疼痛的特征，这种类比看似可以成立。用底层解释上层，这背后依赖的是自然科学规律。谢弗用奠基关系来理解心身问题，背后依赖的是形而上学规律。问题在于我们对水的认识，首先是经验感知即感知到水是无色透明可饮用；后来通过科学，发现水的分子结构是 H_2O；进一步可以谈论其整体和部分的关系。从经验认知到科学认知再到形而上学认知。没有化学，我们就不能确定水分子的结构，只有确定了它的结构，才能有意义地谈论关于 H_2O 的整分论。在进行类比之前，我们需要唯一的关于意识的神经科学理论。问题在于，我们有唯一的化学理论，从而把水分子作为基本单元，展开科学解释和形而上学解释。但意识领域却不行，因为并没有唯一的意识科学理论来解释意识的基本特征。我们有意识的全局工作空间理论、信息整合理论、神经相关物理论等诸多理论，但并没有唯一的正确理论。因此类比是不合理的。

也许谢弗会回应说，在物理和心理之间，他并不诉诸整分原则，而是诉诸其他的形而上学原则。那么让我们考虑一下物化之间究竟具有哪些基本的原则。首先，我们有一套化学理论可以帮助我们理解原子如何通过化学键结合成一个分子，这是科学原则。其次，我们可以用整分原则来理解水分子和部分的关系。除了上述两种原则之外，我们似乎很难找到第三种神秘莫测的形而上学原则。有学者提出构成性原则，即神经元性质构成了（constitute）意识经验，但不同一于意识经验。（Baker 2007）但构成性原则面临的困难和整分原则是一样的，我们一样可以问构成的组分是什么？根据什么确定的原则而构成？上述针对整分原则的疑问同样适用于构成原则，尽管二者的确可能具有实质的区分。但在这个质疑中，二者的区别是可以忽略的。其实构成原则并不是什么新鲜事物，应该还是根据现有的化学理论和整分原则综合而来，否则我们就不能有意义地言说构成。

拉宾认为谢弗所填平的是一个形而上学鸿沟而非真正的解释鸿沟。解释鸿沟不过是要求在通常的意义上，如何解释感受，而这并不能从明显的物理事实推导出来。拉宾认为谢弗和查尔默斯一样犯，了一个严重的方法论错误，那就是对形而上学原则的不恰当调用。他也聚焦于谢弗的类比，他认为解释鸿沟关注的是夸克和意识之间的鸿沟，而谢弗的鸿沟是夸克和树熊之间的鸿沟。无论如何，我们可以直接断定树熊是由夸克组成的、西施是由夸克组成的，但我们不能断定意识是由夸克组成的。拉宾从日常案例出发，指出我们人类能理解的所有个体都是由部分组成的。虽然意识也是由部分组成的，可是我们无法断定这个部分就是夸克。谢弗忽略了所有对象的差别，认为只要是对象，就一定由部分构成，这一原则没有问题，但无法应用到意识这种独特的对象上来。谢弗从形而上学角度出发，有意忽略了对象的差异性；而拉宾提出的案例建立于我们日常感知对象的确立上。

　　从水分子和水的部分之间的鸿沟来看，化学发挥了重要的作用，确立了水分子这个基本对象。只有确认了对象，才能调用形而上学的整分原则。我们可以通过日常感知确认基本对象，比如树熊或西施，我们也可以用科学认知确认基本对象，如 H_2O 或金子。可以把对象确认分为三个阶段：第一个阶段是形而上学个体化原则阶段，任何一个对象都可以和其他对象分开，这是一个比较空洞的确认对象阶段；第二个阶段是科学认知和日常感知阶段，此阶段确认了科学领域和日常生活领域中的基本对象；第三个阶段是在确认对象的基础之上，可以调用整分原则来理解整体和部分的关系。也许有人会指出，完全可以在第一个阶段就应用整分原则，但这种应用对于我们要处理的问题来说没有意义。整分原则本身是完全抽象的形而上学原则，不依赖于部分的具体内容，但在解释鸿沟中所运用的整分原则需要确认其组分内容。因此首先就要确认基本对象，这种确认包含了我们对所关心的基本对象和其他对象之间关系的确认，对基本对象和其组分关系的确认等。科学认知和日常感知是人类认识世界的两种基本方式。由于我们对基本意识对象的确认存在问题，因此无论是把意识经验对象的组分理解为微观意识经验，还是把意识对象组分理解为微观物理组分，都存在问题。如果从日常经验解释思路出发，把心身统一体的人作为基本存在对象，那么思路就会相当不同。

回顾谢弗对解释鸿沟的处理，可以分为两个部分：第一，用类似整分关系的形而上学关系来理解物理和心理之间的关系。第二，用奠基来说明心物关系，即认为心理奠基于物理从而回应解释鸿沟。笔者不同意第一点，目前缺乏足够的理由在心理和物理之间运用类似整分原则的形而上学原则。但笔者部分同意第二点。奠基刻画了心物关系，可以弥合形而上学鸿沟，却不能弥合认识论鸿沟。目前我们只能断定物理的奠基了心理的，并不知道是如何奠基的，只能根据科学认知和日常认识做出一些奠基符合我们的科学和常识的断定。

目前的证据只能支持奠基物理主义，并不能证成。但这并不妨碍奠基物理主义成为当前一个合理的物理主义立场。神经科学家埃德尔曼和托诺尼提出研究意识的三个工作假设：1. 物理假设，即意识是由脑和某些动力学过程所产生的一些特定的物理过程。2. 进化假设，即意识与生物结构有关。3. 感受质假设，即意识的主观方面、定性方面具有私密性。埃德尔曼也是在物理主义工作的框架下去解释意识问题。这三个假设性质不同：第一个假设可以称为形而上学假设，论者持有一种物理主义立场；第二个假设可以称为科学假设，需要进一步的科学工作才能阐明，这就是埃德尔曼的达尔文神经主义；第三个假设可以称为日常感知假设，我们对感受质的确认是通过自身感知，而不是求助于形而上学思辨和科学研究。因此对于埃德尔曼来说，他是在物理主义的形而上学框架之下，运用神经动力学学说去解释感受质。科学家并不关心本体论鸿沟，而是关心认识论鸿沟。

意识的神经科学研究科学有两个路径：第一，如科赫探究意识经验和神经相关物之间的具体规律，即将质性特征和量化特征进行对应和关联；第二，如埃德尔曼的论述。

考察什么类型的神经过程才能真正解释意识的基本性质，而不只是和这些性质相关。……重要的是把注意力集中到产生意识的过程上去，而不仅限于产生意识的脑区，更具体的是要把注意力集中到确实能够解释意识的那些最基本性质的神经过程上。（埃德尔曼、托诺尼2019，第22页）

其中，基本意识经验的特征包括意识经验的整体性和信息性。但科学解释存在根本局限，科学可以解释意识的产生机制，仍然无法解释主观性。有很多神经科学家已经认识到这一局限。维特根斯坦的一段话，表明了科学家和哲学家在共同面对意识问题时的困惑：

关于意识和脑过程之间的鸿沟的不可逾越性的感受：这种感受为何没有进入日常生活的考虑之列？这种关于种类差异的观念与一种轻微的眩晕联系在一起，——当我们表演逻辑绝活时，就会出现这样的眩晕。（韩林合2010，第281页）

产生这一困惑的原因：

是因为他们不去关注并描述有关心理性质的概念或表示其的语词的实际的用法，而是企图将注意力以某种方式引向他的所谓的纯粹的意识状态。（韩林合2010，第280页）

萨萨里尼也认为存在两种鸿沟：形而上学鸿沟和解释鸿沟。她所理解的解释鸿沟指为什么一个确定的物理状态会以某一种特定的方式感受而不是其他的方式，或者什么也不感受？（［EG］Why does being in a determinate physical state feel the way it does, rather than some other way or no way at all? Sassarini 2021，p.6）奠基是一个解释关系，心物之间的奠基关系似乎有些任意，需要进一步的辩护。仅仅假设疼痛是因为C神经元激活，并没有让疼痛和神经元活动之间的关系在认知上变得清晰起来。为什么会在认知上不清晰，是因为奠基解释并不承担认识论上的解释功能。EG 只是要求获得日常意义上的理解，即便像丹尼特这样否认感受质存在的取消论者，仍然需要解释为什么在日常的意义上人具有如此特定的感受。[1] 萨萨里尼对解释鸿沟的诊断促使我们从日常感知来解释意识经验。

6.1.4 日常经验解释的可能

从日常感知出发解释意识经验，是一条值得尝试的思路。这包括分析日常心理语词的用法，承认日常对象的本体论地位，在日常感知层次将意识、因果、时间等问题做统一的处理。从日常经验来看，解释针对困惑而言，有一般性的困惑和个别化的困惑。如物理学、乐理解释一般的困惑，某人听不懂一段音乐，需要针对性的解释，这涉及听者的个人生活史、个人的听觉经验、音乐的感悟能力等。因此存在两类不同的解释问题：A 问题，即为什么经验主体具有主观经验而不是缺乏主观经验；B 问题，即为什么经验主体具有这种主观经验而不是那种主观经验。萨萨里尼提出的解释鸿沟实际上包含了这样两种问题。

为什么有的主观经验可以有一个科学回答，如我们可以研究感受质的产生机制。问题在于科学家也常常陷入哲学谬误，即便弄清楚这种机制，还是会像常人一样觉得不能传达理解。这需要对科学解释的限度做出界定。为什么有的主观经验也可以有一个哲学回答，其典型就是僵尸论证，它表明没有感受质的僵尸是形而上学可能的。用奠基物理主义确定心物的关系，就可以排除僵尸的存在，但这种排除并非完全基于经验证据的排除，也非逻辑的、先天的排除，而是一种基于心物规范的排除。一旦我们接受心物的奠基关系图景，就不能接受僵尸论证。应该说，这种科学的回答和哲学的回答，都是建立在科学模式下的回答，物理主义是一种物理学的形而上学，查尔默斯也接受其基本预设。

---

[1] 这篇文章，萨萨里尼一直在强调解释鸿沟在日常经验的意义上不能用奠基来填平，她 21 次使用了"日常"（ordinary）一词，不自觉地表明了这个立场。

查尔默斯也许会说，僵尸论证本来就是要质疑奠基物理主义的。不能直接用奠基物理主义回应僵尸论证，除了谢弗给出的理由，笔者有一个更为基本素朴的理由：奠基物理主义是理解世界的基本信念和框架。对框架的反驳不能运用论证，而是需要整体图景的变更。比如在神灵时代，我们的基本框架是有灵论。因此，心灵哲学的重要工作不是去研究如何拒斥形而上学可能性，不是要追问感受性何以在物理世界中存在，而是要解释具体的感受性。因此，解释为什么会有这样一个主观经验，实际上是哲学工作的中心。同时，还需要解释一个人在认识世界时具有何种经验内容。第一类解释问题是感受质的形式问题；第二类解释问题可以理解为感受质和思维内容等整合在一起的意识内容问题。解释感受质的思路应该把感受质还给丰富的感知本身，在日常生活实践中去解释意识。这里需要三个方面的工作：第一，对实际出现的心理物理语言表达式做出语法分析（参考《维特根斯坦〈哲学研究〉解读》的工作）；第二，在身心统一体作为基本存在物的基础上，重建意识研究的形而上学框架（参考《日常生活的形而上学》《经验主体》等论著的工作）；第三，吸纳神经科学关于大脑的研究（参考《不完备的自然》《笛卡尔的错误》等方面的工作）。

经验解释所依赖的经验机制应该和被解释项处于同一层次，而物理机制和被解释项处于不同的层级，跨层是科学解释的基本要求。对于理解抑郁症有科学解释和经验解释两个角度，生理学所研究的不同类别和程度的抑郁指标，在经验上却有所不同，其理解或不理解的抑郁是另一类。关于解释鸿沟，提出的问题是"C神经激活能否解释疼痛"。如果我检测到某人大脑中C神经激活，是否就知道他处于疼痛状态。这是一种较弱的解释，类似最近科学家研究的意念书写，测试者想到字母"a"，仪器就能预测字母"a"并记录下来，似乎大脑的活动就能"解释"意念书写者的心理活动。（Willett, Avansino, Hochberg, et al. 2021）但是对于组合型的句子、数学甚至更高层次的东西，意念书写很难成立。[1] 这是用预测来进行解释。解释鸿沟提出的质疑要比这更加根本。在刺激产生疼痛这个层次，即使 C 神经激活可以预测或知道疼痛也不能解释疼痛。这里的问题比较复杂，需要考虑"C 神经激活解释疼痛"和"多巴胺解释颜回的快乐"的复杂关系。

从解释鸿沟的原初讨论来说，"C 神经激活解释疼痛"没有预设任何有文化历史的感受个体，而是一纯粹个体（针对任何能感受到疼痛的人）。但颜回的快乐和颜回的个人生活史、精神世界密切相关。前者是一个主体极小概念，后者则是一个日常主体概念。解释鸿沟中所设定的主体概念，近似物理学中的质点、重心等概念，是一种在物理学的形而上学框架下所产生的观念。还原论者可能不会认为"多巴胺水平能完全解释颜回的快乐"，但应该接受"多巴胺解释快乐"类似于"C 神经激活解释疼痛"。他们认为这些模式和科学理论陈述（热就是分子的平均动能）具有类似的基本形式。这里存在几个问题：第一，同一陈述是否就是一种有效的还原解释？这是解释鸿沟的主要争论点，属于 A 问题。第二，"多巴胺水平解释颜回快乐"是否应该是解释鸿沟中唯一需要考虑的目标？这属于 B 问题。第三，对基本陈述（C 神经和疼痛是否同一）的回答是否可以导致对比较高级陈述（多巴胺和颜回的快乐）的回答？这属于 A 问题和 B 问题的结合。如何解释某一个纯粹主体的快乐和某一个真实个体的快乐之间的关系？问题的起点在哪里？是从颜回的快乐开始，还是从纯粹某一个体的快乐开始？应该说对解释鸿沟的回应，需要包含上述三个问题的答案。

经验解释一开始就明确了方向，感受质的解释依托于经验解释。不存在某一任意个体的快乐需要经验解释的问题，任意个体的问题是科学解释的目标。经验解释总是和某一实际个体相关。生理学解释提供了某一任意个体的快乐解释，比如生理学家会说屈原抑郁是因为他的多巴胺水平过低。从科学角度来看不存在纯粹主体所造成的解释鸿

---

[1] 但意念书写的研究者会坚持认为，只要能进行简单的意念书写，就有可能进行复杂的高级的意念书写。

沟，丹尼特大概就是这个想法。从感知角度来看，是某个实际个体的感受需要得到解释，经验解释作为其基本理解思路。

除了纯粹的经验感受，我们还可以将问题进一步延伸到一般的思维活动和大脑活动之间的关系上，这可以算作更为宽泛的解释鸿沟，不妨称之为 C 问题。可以问怀尔斯大脑的活动能否解释他如何证明定理吗？神经元放电和怀尔斯证明费马大定理之间有着根本性的断裂。这个断裂在于，怀尔斯自己可以告诉我们，他是如何证明费马大定理的，因为这是同层解释。但如果他自己拿着脑电图告诉我们，他自己的神经元如何放电，这提供不了什么解释。所谓证明费马大定理，就是要知道那些相关的数学事实和怀尔斯证明定理的相关事实，但神经元放电不在相关事实之中。在我们的理解中增加大脑事实，并不能增加解释。这里需要明确"可理解性"。我们从感知事物中获取这一可理解性，但下行到神经元层次，这种可理解性就无法提供了。这涉及科学解释和理解的关系，在列文的《解释鸿沟》一文中，他所提出的解释模型是亨普尔的覆盖率模型，但在后续关于解释鸿沟的讨论中，并没有就模型本身进行讨论。有人指出，科学解释模型依赖于一个理想的无知者，"覆盖律模型针对的理想科学共同体是理想的，不是现实的"。（胡星铭 2022，第 52 页）

但解释鸿沟其实最终是诉诸我们的直觉或常识而非科学理论。实验哲学也据此调查了人们对于感受质、僵尸论证、难问题的直觉。（Fischer & Sytsma 2021）

解释鸿沟的原初提出者把意识、体验、感受"做成了"形而上学意义上的主观感受。被剥离掉的那些特定感受本来可以依托经验解释，例如为什么有这种感受而非那种感受。但被剥离后的感受质缺乏可理解性，不能依托经验解释。这是一个感受质的两难：科学解释说明了感受质的机制，但是缺乏理解；经验解释说明了感受质的特性，但特性并不在解释鸿沟所预设的感受质之中。金在权注意到感受质的不同特点，他说我们可以解释感受质的关系性质（在本章的理解就是，为什么是这种感受而非那种感受），而无法解释感受质的内在性质（在本节的理解就是为什么是有感受而不是一无所有）。金在权将感受质的内在性质和关系性质进行区分。的确，现象意识和意向性是彼此不可分离的。

整体而言，当代心智哲学中的感受质研究，类似于艾耶尔从日常事物中抽象出物质对象、罗素从感觉经验中抽象出感觉材料，属于"形而上学虚构"。[1]科学家追求机制解释、原理解释，这种剥离和抽象是有益的，还原论者并不想要知道"为什么闻道让颜回快乐而不会让西门庆快乐"，他们想要知道的是"多巴胺能不能解释一个人的快乐"。科学解释和形而上学解释不在意颜回快乐和西门庆快乐之间质的区别。如果有区别，也反映在脑神经上，而不在生活方式上。问题在于人类生活的世界是可感的，物理主义如何为可感的人类生活提供解释。

关于还原解释存在一个基本分歧。常人所要求的还原解释和心灵哲学的还原解释有一定距离。常人希望还原论能够解释爱恨情仇、喜怒哀乐、社会历史文化方面的诸多事实，但还原解释本身并不主张这一点。[2]查尔默斯要表明，如果心理性质和物理性质是形而上学可分离的，这就表明了不能用物理学术语来解释心理性质，因此还原解释是失败的。这就是为什么心灵哲学的核心论证总是围绕心灵层面和物理层面是否可分离而展开。一旦心物可分离，还原解释原则上就是不可能的。心灵哲学的还原解释集中在非常基础的争论中，不是要对宏观的文化社会历史个人事实进行解释。如果心物不可分离，那么对于日常理解而言，物理主义就建立起一个稳固的物理解释的基础。很多人会质疑，心身是否可分离的形而上学论证与真正的解释无关。与我们的精神生活是否获得解释这个丰厚的问题相比，心灵是否和身体相

---

[1]　参考奥斯汀在《感觉与可感物》中对感觉材料理论的批评。奥斯汀：《感觉与可感物》，陈嘉映译，北京：商务印书馆，2010年。

[2]　这一段主要是针对目前学界对还原论存在的一些误解所做的澄清。

分离的论证是单薄的。当代心灵哲学的主流立场可谓"知其厚，守其薄"，要对心身问题的基本框架作出最普遍的理解；经验解释对心灵的立场则是"知其薄，守其厚"，要对语词做出超越基本形而上学框架之上的丰富理解。在心灵的形而上学研究看来，任何厚实的心灵现象都必须预设单薄的心灵现象，因此从单薄的心身现象开始是心灵哲学的第一步。一旦物理主义的心物必然联系得以维护，其常人心中的解释问题就可以进行科学解释和经验解释。用奠基来刻画心物关系，更加准确地刻画了物理主义的基本直觉，但并未能表明奠基物理主义是对的。谢弗的主张可以这样表述：如果奠基物理主义是真的，那么解释鸿沟是可以被填平的。其批评者的主张是：即便奠基物理主义为真，解释鸿沟仍然存在。

笔者认为目前的工作不是纠缠于这个单薄的心身框架，去对僵尸论证、知识论证的细节进行发展和回应，而是考虑放下形而上学解释论证思路，将日常经验解释系统纳入意识的哲学解释中。心物奠基观念为具体的哲学解释提供了基本的框架和预设，帮助我们克服形而上学的解释鸿沟，这是其理论之应用价值。但心物奠基论不能克服认识论的解释鸿沟，真正克服解释鸿沟需要经验解释的维度和科学解释的维度。从事意识的哲学研究，需要对三种解释进路做出系统分析。意识的哲学研究已经兴盛半个世纪之久，研究文献汗牛充栋。但解释鸿沟依然横亘在核心区域，无法回避，亦缺乏共识。也许应该考虑从日常感知来开始探究意识。

小结

奠基物理主义者主张心理事实奠基于物理事实，据此可以回应解释鸿沟、僵尸论证等。本节表明，即便承认奠基物理主义为真，也只能回应本体论的解释鸿沟，而无法回应认识论的解释鸿沟。根据现有的研究，无论是科学解释，还是形而上学解释，都无法解释感受质所造成的解释鸿沟。从科学解释来看，科学是量化解释，感受质具有质性特征，科学原则上无法解释感受质的质性特征；从形而上学解释来看，诉诸奠基概念无法达到解释的要求。两种解释的困难均在于，感受质具有一种定性的、日常意义的特征，而科学理论和形而上学框架无法容纳这类特征。解释的困境使得日常经验解释成为意识研究的一条思路：首先，需要重新思考形而上学框架，不是局限在心理和物理二元框架或心理、生物、物理的三元框架下做调整，而是把心身统一体作为基本存在对象来探究意识问题。其次，需要对实际的心理物理语词作语法分析，考察二者之间错综复杂的语法关联。最后，需要对意识的神经科学研究有更多了解，尤其是对神经科学的基本预设有充分的认识，充分认识到意识研究和大脑神经科学研究之间的关联和区别。

应该承认，奠基概念是目前刻画心物关系的最好的概念工具，但仍然无助于解决意识的基本问题。这提示我们，研究意识问题所需要的不是在老框架里修修补补，打怪升级，而是需要重新思考意识问题的基本框架，从语词的日常用法、对象的日常认知出发，综合分析，推进意识研究。

6.2
自盲与内省：反思内感觉理论 [1]

导言

内感觉理论（inner sense theory；Armstrong 1968，Lycan 1996）主张内省（introspection）和知觉（perception）是相似的。外部对象和感知之间有一个偶然的因果联系，被内省的对象和内省之间也存在一个偶然的因果联系。如果我的视觉是真实的，我看见我的摩托车在

---

[1]《自我知识》一书的译者徐竹将 self-blind 译为"自我蒙蔽"也是适当的。感谢奥地利萨尔茨堡大学哲学系 Johannes Brandl 教授给予本人的指导建议，实际上在萨尔茨堡大学哲学交流的那段时间，在教授的 introspection 专题讨论课上笔者才开始关注这一话题。

楼下，它就准确表征了摩托车的位置。在这个例子中，摩托车的位置有助于引起我的知觉状态。类似地，内感觉理论主张内省状态在真实情形下是由它们所表征的状态导致的。

对于知觉来说，因为知觉者的差异或者知觉者某些知觉功能的强弱，会出现知觉上的自盲（self-blind）情况。感知者可能会看错或者听错某些事物，看不到或者听不到某些事物。大家听莫扎特的乐曲，音乐家的耳朵比我们听到的更细腻；同样看画，受过绘画训练的人能看到常人注意不到的细节，诸如此类。在内省上也会出现类似的自盲，比如战斗中的士兵感受不到疼痛，发怒中的丈夫不觉得自己是在向妻子发怒等。这种普遍存在的现象支持了内感觉理论的基本主张：内省和知觉是相似的，内省就是"内在的感觉"。

休梅克（Shoemaker 1994）认为上述主张是错误的。在他看来，感知的确存在自盲的情况，但对于内省来说不可能存在自盲。内感觉理论蕴含了内省的自盲，如果自盲是不可能的，那么内感觉理论就是错误的。通过对自盲之不可能的论证，休梅克反驳了内感觉理论。

休梅克对自盲是不可能的这一结论的论证依赖于他的理性概念：一个有理性能力的生物（具有智力、概念能力和理性的常人）不可能出现自盲，自盲是概念上不可能的。在笔者看来，休梅克和内感觉理论对于自盲的理解存在根本的差异，说明二者之间的争论基于不同的自盲概念是理解争论的关键。

6.2.1 内感觉理论

洛克是内感觉论者，他把内省描述为知觉在内部的相似物：

> 任何人都在其自身中具备观念的这一来源……尽管就其与外部对象无关而言，它不是感觉；但它与感觉很相像，可以恰当地被称之为内感觉。（Locke, 1689/1975, II. p.1.iv）

当代的内感觉理论者大部分接受了洛克关于内感觉的观点，其中大卫·阿姆斯特朗（David Armstrong 1968/1993）、阿尔文·古德曼（Alvin Goldman 2006）、埃里克·罗尔曼德（Eric Lormand 1996）、威廉·赖肯（William Lycan 1996）以及肖恩·尼克尔斯和斯蒂芬·斯蒂奇（Shaun Nichols and Stephen Stich 2003）都是当代内感觉理论的支持者，本节主要涉及阿姆斯特朗和赖肯的内感觉理论。

在《心智的唯物主义理论》一书第 15 章（Armstrong 1968/1993, pp.323—339），阿姆斯特朗对内省给出了系统的解释。知觉的对象在外部世界，内省的对象在我们心智之中。在知觉和内省之间存在诸多类比之处：

一、一个主体有感知并不意味着这个主体具有对应的感知语言和概念。比如动物和小孩都能感知万物，但却不会说话或者缺乏相应的概念，因此，也就没有什么理由表明内省逻辑上依赖于语言。一个主体具有内省状态并不意味着主体具有关于内省的报告。对于动物和小孩而言，也可以说他们具有内省，能察觉到自己的疼痛，因此他们拥有内省的能力，但缺乏关于内省的报告。这种类比背后蕴含着非常复杂的哲学深意，像笛卡尔、康德、麦肯道威尔（见其所著《心灵与世界》）这一类哲学家是反对这种类比的，在他们看来没有语言和概念的生物是不会和人一样具有相似的感知经验的。

二、在知觉中，我们要区分知觉和知觉的对象，在内省中也要区分内省和被内省的对象。知觉和知觉的对象之间的区分是很容易的，比如我的知觉和外部世界的一个物理事物。困难在于理解内省和被内省的对象，二者都是心理状态，该如何区分呢？很多人把二者混淆了，阿姆斯特朗说："一个心理状态不能察觉到它自身，就好像一个人不能吃掉他自己一样。"（Armstrong 1968/1993，p.324）进一步，内省也可以成为高阶内省的对象，高阶内省可以成为更高阶内省的对象，以此类推，但这个链条是有终点的，最终的内省不能成为其他内省的对象。因为大脑是有限的，不会允许这种无限倒退发生。内省是大脑中的自我扫描过程。如上所述，扫描活动也会被高阶扫描活动扫描，但最终我们会有一个没有被扫描的扫描者（活动）。

三、身体感知是私人的主观经验。比如我看到独一无二、美不胜收的风景，体会到一种无可奈何的孤独，处于一种不可自拔的绝望之中，感受到撕心裂肺的疼痛，这样一些主观性的经验似乎完全不能为他人感知，也不能用一种科学术语对之加以描述。但是对于阿姆斯特朗来说，感觉的私人性只是一个纯粹偶然的经验事实，我们完全可以想象我们也能获得一种直接的感觉通道来获得他人的感受。比如有一种传感装置将我大脑中接受感觉的神经元与另外一个人接受感觉装置的神经元联系起来，同时切断我大脑神经元与身体感官之间的通路，我就能感觉到另外这个人的感觉。相似地，对于内省也是一样的，我们也可以想象通过直接的内省通道来获得他人的内省状态。我们也能设计一种传（内）感装置，使得我可能获得另外一个人的内省状态。

四、在万千世界中，有我们感知不到的事物；在诸多心理状态之中，有我们内省不到的心理对象，比如无意识状态，就是没有被内省到的心理状态。存在着不为感知的存在，也存在着没有被内省到的心理状态，认识到这一点似乎是弗洛伊德的重要发现。

五、知觉是可能出错的，内省也是可能出错的，这是讨论的重点。知觉的可错，就是知觉被蒙蔽而出现的情况，内省出错也是内省被蒙蔽（自盲）而出现的情况。

6.2.2 休梅克对内感觉理论的拒斥

休梅克描述了自盲的情况：一个理性生物具有诸如信念、疼痛这样通常的心理状态，而且也能熟练运用相关的概念，但很可能这个理性生物（人）不能内省到自己的思想，这样的生物就是自盲的。休梅克认为不可能出现这种自盲的情景，心理状态和相关现象的本质要在内省中揭示自身。这种不可能，应该理解为逻辑的不可能。阿姆斯特朗和赖肯都相信由于自然选择和演化进展不可能实际出现自盲的情况。对这里的不可能实际出现要稍作一点解释，它指的是：自盲不可能作为理性生物的群体特征（本质特征）出现，如果人类生物普遍是自盲的，那么就不可能存活下来。也许存在人类生物的普遍盲区，但只要这种遮蔽不会影响人类的生存延续，就是被允许的。可以给出稍微复杂一点的表述：自盲现象不可能作为影响理性生物生存延续的群体特征（本质特征）出现。休梅克接受实际情景中偶尔的自盲，他要表明自盲是逻辑上不可能的。

"逻辑上可能"是哲学上通常的论证，在反对物理主义的论证中，查尔默斯试图表明僵尸（和与其对应的个体具有相同的物理属性，却缺乏相应的现象属性）存在的逻辑可能性。大家都知道僵尸不可能实际存在，如果僵尸存在是逻辑上可能的，那么就表明心灵（意识）和物质（身体）是可以分开的（既不同一，也不依随），物理主义就需要对意识给出超越物理科学的解释，而这是不可能的，因此物理主义是错误的。

可以重构一下休梅克利用自盲进行的论证，笔者将它简单称为自盲论证[1]：

1. 如果内感觉理论是正确的，自盲就是逻辑上可能的。

2. 自盲是逻辑上不可能的。

3. 所以内感觉理论是错误的。

先考虑关于自盲的例子。在休梅克看来，疼痛的自盲是逻辑上不可能的。如果我在疼痛，我就知道我在疼，我疼和我知道我疼是一回事。拥有疼痛的概念和感到疼痛就假定了主体相信自身疼痛。虽然存在一些临界的情形，比如激战中的士兵，只有在退到战壕之后才发现自己受伤了、感到了疼痛，但这并不是通常情形。一个疼痛的状态

---

[1]　Amy Kind（2003）有一个不同版本的论证。

直接导致了对疼痛的觉察，这似乎是一个概念真理。在什么情况下你觉得疼其实你并不疼，或者你真的具有疼痛但你却没有感觉到疼呢？其次，关于信念的自盲是不可能的，一个人能够随着环境的变化调整自己的信念，这说明他能觉察到他的信念。个体有能力修改自己的信念，这似乎是一个概念真理。如果主体断定了 P，那么他的行为就会揭示他相信：他相信 P，信念主体就不是自盲的。本节暂不考虑信念等相关情况，而只是将论证聚焦于现象性质（疼痛等）。

6.2.3 赖肯和格特勒（Gertler）对休梅克的回应和理性概念

赖肯（Lycan 1996）认为休梅克混淆了疼痛的感觉（现象意识）和对疼痛的察觉（awareness），他对意识[1]的定义已经包含了二者。休梅克回应说，作为理性的生物，感到疼痛就蕴含了对疼痛的察觉。其他非理性动物虽然感到疼痛了，但并没有蕴含对疼痛的察觉。对于理性动物来说，现象状态和察觉有本质的关联，理性概念在这里起到了关键的作用。

疼痛的感觉和对疼痛的察觉之间的联系，在于理性概念，只有理性动物才能察觉到自己的疼痛。我们说一只受伤的狗没有觉察到它的疼痛？它只有单纯的因果反应：受伤—舔伤口。而不是说狗觉得疼而舔伤口，这听起来很奇怪。休梅克认为对某一事实和现象存在自盲只针对有能力想象这种事实和现象的动物。比如文盲可以通过其他方式来获得在书本上的东西，而智力水平不够高的动物并不具有这种概念能力。对于低等动物来说根本不存在是否自盲这一可能性（Shoemaker 1994, p.226）。[2]

休梅克在支持前提 2 时，实质地引入了理性概念：自盲是逻辑上

---

[1] 赖肯在《意识与经验》一书中区分了关于意识的七种用法。

[2] 与休梅克不同，阿姆斯特朗认为感知的存在，并不依赖是否有关于感知的语言（概念），动物和小孩虽然不能说话，但依然能感知事物。相应地，内省的存在也不依赖于是否有关于内省的语言（概念），因此可以合理假定动物和小孩不仅仅具有疼痛，也能察觉到疼痛。（Armstrong 1968, pp.323 — 324）

不可能的，如果一个人是理性生物。如前所述，理性生物就是：具有智力、概念和理性的一种生物。对于理性生物而言，被内省到的对象和内省之间是透明的，认知者总是有能力觉察到自己的心理状态。

　　格特勒认为内感觉理论对于理性的本质是中立的，它的主要关注点在于自我觉察发生的过程。内感觉理论可以开放地接受休梅克的理性概念，根据这一理性概念，理性必然包含某种程度的自我觉察。在一个具有恰当的**健全（robust）理性概念**下，自盲生物不会满足理性的要求。这样的理性概念和内感觉理论是相容的，内感觉理论不会推出自盲的可能性。理性的本质在内感觉理论看来，只在于内省与被内省到的对象之间的联系要比感知与被感知到的对象之间的联系紧密一点而，但并没有什么本质上的不同。休梅克关于内省的理性概念并没有动摇内感觉理论关于感知和内省的基本模型。因此格特勒拒斥了自盲论证的前提 1。

6.2.4 自盲的两种概念

　　在笔者看来，休梅克错误地理解了内感觉理论假定的自盲。在关于内感觉理论的讨论文献中存在着自盲概念的两种用法。内感觉理论支持一种自盲概念，施维茨格贝尔（Schwitzgebel 2008）属于这个行列。休梅克则支持另一种自盲概念，德雷斯克（Dretske 1994）大致属于这个行列。内感觉理论蕴含自盲是可能的，这是一种弱（自然）的自盲形式，休梅克并没有否认这种例子的存在："激烈战斗中受伤的士兵感觉不到疼痛；直到停止比赛，受伤的运动员才注意到自己的伤痛，诸如此类。"（Shoemaker 1994，p.273）但是，休梅克认为这种现象是例外的、偶然的。对于内感觉理论来说，这是一种自然的现象，在人类漫长的实践中时常发生。内感觉理论和休梅克都否认强（理性）的自盲的可能性。对于休梅克来说，人不可能自盲（强），这是一个概念真理，因为"处于疼痛状态的人，总是想摆脱疼痛，当然觉察到了疼痛的存在"。（Gertler 2010，p.150）在现象性质和对现象性质的觉察之间不存在鸿沟。对于内感觉理论而言，人们不可能实际出现强的自盲，这是一个自然真理。"自盲生物绝无可能是自然选择的产物。"（Gertler 2010，p.149）

现在，我们有两种自盲的概念，一个是弱的（自然）的概念，另一个是强的（理性）概念。根据笔者的理解，休梅克和内感觉理论都接受弱自盲的可能性，同时都拒斥强的自盲的可能性。休梅克与笔者（以及内感觉理论者）的分歧在这里：他认为内感觉理论蕴含全面自盲的可能性；笔者则想说明内感觉理论仅仅蕴含了弱自盲的可能性，绝不蕴含强自盲的可能性。按照内感觉理论，自盲论证可以有两种形式。

强版本的自盲论证：

4. 如果内感觉理论是正确的，强自盲就是逻辑上可能的。
5. 强自盲是逻辑上不可能的。
6. 内感觉理论是错的。

弱版本的自盲论证：

7. 如果内感觉理论是正确的，弱自盲就是实际上可能的。
8. 弱自盲是实际上不可能的。
9. 内感觉理论是错的。

显然，前提 4 是错误的，内感觉理论并不蕴含全面的自盲，所以强版本的自盲论证是错误的；前提 8 是错误的，自然的自盲是实际上可能的，所以弱版本的自盲论证是错误的。只要我们接受强弱自盲概念的区分，把自盲论证分解为上述两个版本论证并依次考察，就会发现休梅克并没有成功反驳内感觉理论。

基于休梅克的立场，乔纳森·布兰德（Johannes Brandl）教授提出了相似的反驳，他认为：

接受弱的自盲概念并不能完全回应休梅克的反驳。只有当谁说明休梅克意义上的自盲是不可能的这一点，能够用内感觉理论解释，休梅克的反驳才是可以被拒斥的。问题在于，内感觉理论并不能解释这一点。如果休梅克是对的，那么自盲就是不可能的，内感觉理论就是失败的，因为它解释不了为什么自盲是不可能的。[1]

首先，如果我们接受上述关于两种自盲概念的区分，这个反驳就可以被合理地拒斥。布兰德的论证基于这样一个前提：内感觉理论蕴含了强自盲的可能性。笔者不认为内感觉理论会支持这个假设。当我们谈论实际情形中的自盲，总是涉及自然的自盲。赖肯说："疼痛症状的哪些组分受到一阶疼痛因素的影响，哪些组分受到二阶觉察因素的影响，这完全是一个经验的问题。"（Lycan 1996，p.18）赖肯这个著名的内感觉理论者，接受了自然的自盲。他接着说："当然，对于任何一种生物都不可能在强烈、复合的意义上没有觉察到自己的疼痛。"（Lycan 1996，p.19）在这里，赖肯有两个论证。一方面，从自然演化的角度考虑，强自盲是实际上不可能的；另一方面，基于强弱自盲的区分，强自盲也不是概念上可能的。

其次，休梅克不能系统解释偶或出现的"没有感觉到的疼痛"等相似的例子。自然的自盲现象不能放入休梅克的理性主义框架。"尽管没有感觉到的疼痛并非频繁发生，但是它解释不了为什么会偶尔发生。"（Lycan 1996，p.18）对于内感觉理论来说，可以运用感知和内感知（内省）之间的类比来解释。就像我们有时候会有视觉、触觉、听觉的偶尔蒙蔽，我们也会有内感觉的偶尔蒙蔽。

自然的自盲无处不在，诸如没有感觉到的疼痛、没有注意到的情绪、没有反思到的信念等。这是一种相当普遍的心理现象。"大部分人在内省时，都很少觉察到自己的意识经验……我们无知并且容易

---

[1]　在和笔者的英文初稿的书面评论中，Johannes Brandl 教授提出了这个反驳。

犯错。"（Schwitzgebel 2008，p.247）施维茨格贝尔接受了自然的自盲，所以他断定素朴的（naive）内省是不可靠的。施维茨格贝尔在其论文中所举的几个例子与本节所列的例子是类似的：我妻子让我饭后帮着洗碗，我卖力刷碗筷，妻子提醒我尽管我很卖力但看起来我很愤怒，不过我并没有意识到这一点，并不认为自己很愤怒。实际情况是：妻子从我脸上读出来的我的心理状态，要比我自己内省反思的心理状态更为可靠。（Schwitzgebel 2008，p.252）

小结

如何理解内省，内感觉理论可能会说，我们需要从感知和外部世界的类似关系入手，德雷斯克强调表征系统和外部世界的关系；休梅克则认为内省知识源自人的理性。大致来说，内感觉理论和德雷斯克的表征理论属于经验主义理论，休梅克属于理性主义理论。关于内省、自盲逻辑可能性的争论其实是经验主义和理性主义争论的一个现代翻版。

基于内感觉理论（阿姆斯特朗和赖肯）的文本，笔者认为内感觉理论并不蕴含强自盲，休梅克并不能表明内感觉理论是错误的。更有意味的在于，内感觉理论能够比休梅克的理性模型更好地解释广泛存在的自盲现象。

第七章 物理主义世界观之下的因果问题

7.1
因果推断是人的基本能力：人工智能与因果推断

7.1.1 "图灵测试"与强人工智能

要探讨人工智能问题，不可避免地要回溯到图灵（A. M. Turing）及其所提出的"图灵测试"。1950 年，图灵在哲学杂志《心灵》上发表了《计算机与智能》一文，该文成了人工智能领域的开创性文献。在该文中，图灵提出了一个基本的测试标准，以检验计算机是否具有人工智能。图灵提出，我们可以设计一个模拟游戏，让不同的测试者轮流向某个人和一台计算机提出问题，这个人和计算机都借助打字机回答测试者提出的问题。如果在一段时间内，测试者无法识别两个回答者中哪一个是人，哪一个是机器，计算机就可以算作通过了图灵测试，具有了和人类一样的思考能力。这就是著名的"图灵测试"。

"图灵测试"的反对者们则提出，通过了这种测试的机器并非具有真正的人类智能，因为人类智能具有其生物基础，拥有意识（自我意识、现象意识），具有承担责任的能力（伦理责任、法律责任），具有理解和感受世界的能力及实践能力等，这些都是机器不能通过算法来完成的。人类的心灵不能通过算法模拟而获得。我们因而可在弱人工智能与强人工智能之间做出区分。弱人工智能建立在算法基础上，但算法本身不能建立强人工智能。诸如默会知识、现象意识、自由意志、责任、主体性等都不能从算法中产生出来，从算法到主体性之间有一道不可逾越的鸿沟。

不但如此，从专家智能到通用智能的跨越，传统研究也长期忽略了一个关键性因素，那就是机器人需要具有一种独特的能力：因果推断能力。因为专家系统对人类智能的模拟是针对某个特定的任务制定的算法程序，例如下棋、语音识别等。而要达到通用智能，就需要机器能够根据周边的复杂环境做出反应、进行推理。人类就是在复杂的环境中根据有限的数据进行推理。早期的专家推理系统取得了巨大成就，却不能像小孩一样进行常识判断和因果推断。它可以做出超越专家的事情，但无法做出小孩很容易做到的事情。小孩对外界环境的刺激进行回应，通过因果学习，建立因果推断模式。与计算机相比较，小孩获得的数据是少的，但解决的任务是复杂的。加州大学计算机视觉研究专家朱松纯将其总结为：人工智能不是大数据、小任务，而是小数据、大任务。环境中的智能体通过观察、操控甚至设想环境中的有限信息（小数据），建立信息和行为之间的因果关联，从而做出复杂的行为（大任务）。

与这一思考趋势相关联，2011 年图灵奖得主、计算机科学家珀尔（J. Pearl）及其同事提出，人的根本能力是因果推断能力，强人工智能就是让机器人具有因果推断能力。他们据此提出了一个因果版的"图灵测试"：我们需要测试机器能否回答人类可以回答的因果问题。（Pearl & Mackenzie 2018, pp. 36 — 39）塞尔可能会认为，即使机器能够回答因果问题，仍然不理解因果关系。但珀尔则认为，机器要通过成功回答因果问题来欺骗对话者非常困难。如何让机器具备因果知识是对人工智能领域的一个巨大挑战，珀尔在《因果性》一书中提出了因果推断的形式化模型，推动了人工智能领域中的因果革命。（Pearl 2009）

如果说因果推断是人工智能的一次范式革命，那么这种范式革命会不会加速人们所普遍关心的人工智能研究领域奇点的到来呢？这将是本章讨论所关心的另一个核心话题。人工智能学家用奇点表示人工智能远远超越人类智能的那一刻。古德提出："第一台超智能机器将是人类最后一个发明。"（转引自库兹韦尔 2011，第 10 页）从此之后，超能机器自身就会制造出比自己更具有智能的机器，跨越奇点就意味着人工智能的终结。既然设计机器是一种智能活动，那么超智能机器就可以设计出更具智能的机器人。智力爆炸和速度爆炸相关。根据墨菲定律，计算机的速度是倍增的，加速会导致智能迅速达到临界点。因此理论上可以预期"智力爆炸"的临界点可能会到来。

在人工智能问题上，是否承认人工智能拥有一个临界奇点，这将反映出不同的人对于人工智能理解的不同信念、不同态度，因此原则性地决定人们对于人工智能发展的性质及未来之判定的立场。机器如果具备因果推断能力，机器人智能则会产生实质性提升，因此因果推断在判定奇点是否会到来的问题上将发挥实质性的作用。

7.1.2 因果推断、反事实推理与强人工智能

因果性在人类实践生活中具有头等重要的地位。因果是"联结人类意识与物理世界的通道和桥梁，它们也是人类作为认知、道德等方面的能动的行为者（agent）的不可或缺的基础"（贾益民 2019，第113 页）。人工智能关注的正是人们如何运用因果推断能力与世界打交道。

强人工智能应该是一个心灵（mind）而不是单纯的人类工具。给机器配备因果推断能力，是让机器成为心灵的关键一步。我们如何行为依赖于对世界的认识，通过有限的观察获得世界的图景。人类似乎有一种因果直觉，能很快发现事物之间的关联。如果机器在不需要大量数据的情况之下，能很快发现事物之间的关联，那么它在行动上的表现就和人非常类似。因此，一方面，如果我们接受神经科学对大脑的研究，认为人的行动不是仅仅由"意志"发动的，而是和外部的因

果事件有联系，我们对人类自由意志的理解会弱化一些，这种自由至少部分是可以客观获得的。另一方面，如果我们对机器输入因果推理模式，它就会根据因果关联去行动，例如事件甲和乙之间具有因果联系，事件甲和丙之间具有相关性。机器选择了从甲到乙的路径而不是从甲到丙的路径，它就展示了像人一样的思维能力。机器在面对多个事件的时候，它选择了具有因果相关的事件而不是仅仅相关的事件，这也进一步表明，它具有一定的自由选择能力。因果推断能力是强人工智能的重要的标准，这一论断是一个双向理解的后果：一方面看到人的机械性，另一方面看到机器的主动性。传统哲学对于主体性、自由意志的理解是一种全或无的逻辑。某一个体或者具有，或者不具有自由意志。但在当代神经科学、认知科学的视角下，我们可能要说主体性和自由意志应该是有程度的。某一个个体更多一些主体性或者更少一些主体性，这样的说法应该是合法的。因此对于因果推断与强人工智能的关系，可以从理解和理论两个角度来说。从理解上来说，放弃人类中心主义会让人们倾向于认同机器具有一定程度的自由意志；从理论上来说，建构一套因果推断的形式系统为机器具有一定程度的自由意志提供了基础。

强调因果推断，是珀尔和其他主流人工智能研究的关键分界。早期的人工智能算法基于符号逻辑的演绎推理，1980 年以来的人工智能算法则基于概率（贝叶斯网络）的归纳推理。而因果推理则是结合了演绎推理和归纳推理两个维度的算法。作为 20 世纪 80 年代兴起的贝叶斯网络推理的教父，珀尔就从 90 年代起放弃了概率推理，转而进入因果推断领域。在他看来，目前的机器学习、深度学习不能发展出真正的人工智能，其根本缺陷就是忽视了因果推断。当前的人工智能不过是爬树登月，要登月必须建造宇宙飞船而不是种大树，建造宇宙飞船就是为因果推断构造出一套数学模型。

因果理论中两种最主要的理论是规则性因果说和关于因果的反事实理论。规则性因果说源于休谟：

我们把原因定义为有另一个对象跟随的对象，那么所有和前一个对象相似的对象都有和后一个对象相似的对象跟随。（休谟1997，第70页。译文有改动）

刘易斯对休谟的规则性因果说做了形式化定义：令 C 表示命题 c 存在（或发生），E 表示 e 存在（或发生）。c 是 e 的原因当且仅当：① C 和 E 为真。②自然律命题集 L 和特定的事实集合 J 联合蕴含了 C → E，尽管 L 和 J 并不联合蕴含 E，J 单独不蕴含 C → E。（Lewis 1970）

这里的问题在于，相关并不蕴含因果。事件 a 和事件 b 规则性相关，但二者之间并非因果关系。公鸡打鸣天就亮了，但公鸡打鸣并不因果地导致天亮；夏天来临，冰激凌销量大增同时犯罪率也上升，但冰激凌销量大增并不因果地导致犯罪率上升。刘易斯意识到了规则性因果说的局限，因而另辟蹊径地提出了关于因果的反事实理论。（Lewis 1970）

按照刘易斯的读解，休谟自己其实也已经提出了关于因果的反事实定义。在给出因果的规则性定义后休谟说：

或者换句话说，如果前一个对象不存在，后一个对象永远也不会存在。（休谟1997，第70页。译文有改动）

这里已经给出了一个与因果的规则性定义截然不同的反事实定义：如果 a，那么 b；并且如果非 a，那么非 b。人类能够想象反事实状况，这是认知能力的一大提升，是从已知到未知的一跃。

不难发现，很多物理学定律都可以用反事实条件句来刻画。例如胡克定律：弹簧在发生弹性形变时，弹簧的弹力 F 和弹簧的伸长量（或压缩量）x 成正比，即 F=k·x。它的反事实形式就是这样的：如果对弹簧施以双倍的力量，那么弹簧也相应双倍地伸长。

珀尔关于因果推断的模型受到了刘易斯反事实因果理论的启发。休谟的规则性因果说是一种归纳推理，而刘易斯的反事实模型更接近于演绎推理。珀尔在因果推断领域把演绎推理和归纳推理相结合构造了因果的数学模型。反事实推理对于人类生存实践至关重要，因为人类不可能实际上穷尽所有的可能性，只能基于有限的数据去推断。规则因果建立在对实际发生事件彼此关联的归纳之上，反事实因果则是建立在非实际发生事件的关系上。反事实推理要比规则推理更抽象、更普遍，也更符合人类实际推理情况。在规则推理和反事实推理区分之下重新看待感应思维和因果思维二分就会发现规则推理是基于实际发生事物的推理，反事实推理则是一种基于不存在事物的推理。因此理解因果推断能力的关键，就是理解反事实思维方式。让机器具有因果推断能力，就是让机器具有反事实思维能力。

基于刘易斯的反事实推理思想，珀尔认为人类获得因果推断能力分为三个渐进的层次。第一是观察层次，人类和动物都可以对周边环境的规律进行观测。第二是操作干预层次，通过预测后果作出相应的行为，例如早期人类使用工具。第三是想象反事实情形的层次，通过想象来获得对世界的理解。（Pearl and Mackenzie 2018，pp.23—51）

在观察层次上，我们观察到规则和相关性。可以提这样的问题：假如我处于某个特定场景，我会观察到什么？事件或变元之间如何关联？当我观察到新证据 x，这如何改变我关于既有事件 y 的信念？例如我们可以问：什么样的症状可以让我判断某人得了肌肉萎缩症？什么样的统计数据可以告诉我某一次选举的结果？这种相关性由条件概率刻画 $P(y \mid x)=p$，在我们观察到事件 X=x 的条件下，事件 Y=y 的概率就是 p。$P(y \mid x)=p$ 表达的是 x 和 y 的统计关系。当前被人们广为关注的机器学习问题就在这样一个层次上。相关不蕴含因果，也就意味着机器学习不蕴含强人工智能。当前深度学习的主要成就不过是曲线拟合，尚停留在相关性层次上。

在干预和操作层次上我们可以提如下问题：如果我对某一过程进

行干预会发生什么？如果我对 x 进行干预，y 会如何？例如我们可以问：如果我吃了奥美拉挫，胃疼会缓解吗？如果我戒烟，身体会好转吗？这种干预由珀尔发明的"do 演算"来刻画。P（y | do（x），z）指我们对 X 固定为值 x，并观察到事件 Z=z，事件 Y=y 的概率。

在反事实和想象层次上我们可以提如下问题：如果我这样行为，会有什么结果？是 x 因果导致了 y 吗？如果 x 没有发生，y 会发生吗？例如我们可以问是阿司匹林缓解了我的头疼吗？如果荆轲没有刺秦王，荆轲会活下来吗？如果我喝酒了，身体会更好吗？P（y$_x$ | x'，y'）指实际上我们观察到事件 X=x'和事件 Y=y 薪水是 5 万的概率；如果李冲大学毕业，他的年薪是 10 万的概率为多少？在给定实际情况的前提下，能够进一步去想象并预测一种反事实状况，这才是真正的人工智能。

不妨考虑这样一个情景来阐释这三个阶段，假设存在如下连续事件构成的情景：法庭宣判犯人执行死刑，队长下达任务，枪手甲和乙分别同时开枪，犯人死亡。（Pearl 2018, pp.39—46）

在第一个观察层次，我们可以问这样的问题：如果犯人死了，那么法庭宣判没有？由果溯因，我们知道犯人死了是因为枪手开枪，枪手开枪是因为队长下达任务，队长下达任务是因为法庭宣判，从而得到法庭宣判的答案。第二个问题可以这样问：如果甲开枪了，那么乙开枪了吗？这是一个相关性问题，甲和乙开枪是互相独立的事件。但我们可以分析，如果甲开枪了，那么队长下达了任务。和甲一样，乙接到了任务，那么乙也开枪了。在第二个干预层次，我们可以追问：如果杀手甲不等队长下命令就开枪，那么犯人是死是活？答案很简单，犯人死了。这种干预直接导致了犯人的死亡。在第三个想象层次，我们可以进一步追问一个反事实的问题：如果甲不开枪，那么犯人还会活着吗？给定犯人实际死亡，必定两个杀手都开枪了，因此队长肯定下了命令，法院下了判决。即便甲不开枪，乙还是会开枪而导致犯人死亡。

通过对这三个层次的分析，珀尔认为机器只有攀登到可处理反事实推断的层次，才具有真正的因果推断能力。他把反事实推断作为因果推理的核心特征。珀尔区分了机器如何获得因果知识和机器如何表达因果知识这两个问题，我们不妨分别称之为"获得问题"和"表达问题"。珀尔的工作聚焦于"表达问题"。机器要想能够表达因果知识，首先就需要为因果关系构造一个形式化模型。但是如何让机器获得因果知识，这一点则更为困难。为此我们需要搞清楚两个问题：第一，人的因果认知模型到底是什么样的；第二，因果认知模型是否必然依赖其生物演化机制。

7.1.3 从因果推断到奇点问题

在《奇点——一个哲学分析》一文中查尔默斯论证说：人工智能发展奇点的出现在逻辑上是可能的。（Chalmers 2010）以逻辑的可能性论证为基础，查尔默斯提请科学家必须慎重对待奇点问题。因为这是关乎人类未来走向的一个重大哲学问题。奇点的出现哪怕只有1%的可能性，都需要我们严肃认真地来对待。

查尔默斯为奇点的可能存在给出了这样一个论证：

> （1）将会出现 AI（不会太久，缺乏反对证据）；（2）如果会出现 AI，那么也将会出现 AI+（很快，缺乏反对证据）；（3）如果会出现 AI+，那么也将会出现 AI++（很快，缺乏反对证据）；结论:（4）那么将会出现 AI++（不会太过遥远，缺乏反对证据）。

他这里所说的"不会太久"指一个世纪以内，"很快"指几十年之内，"不会太过遥远"则是指几个世纪之内，"缺乏反对证据"是指缺乏阻止智能系统运用自己的智能能力去制造智能系统的证据。可能存在一些外部偶然因素比如大灾难之类。从人工智能内部来看，似乎不存在反对这种可能性存在的证据。人工智能的核心是算法问题，其进化主要基于算法，计算速度每两年会翻倍。在人工智能达到人类水平之后会进一步加速，一年之后速度翻倍，六个月、三个月、一个半月，直到最后达到奇点。此处我们不具体分析查尔默斯奇点论证的有效性，而是致力于澄清关于否认奇点的三个主要误解：算法问题、主体性问题和生物基础问题。三个问题彼此关联，相互支持。

首先，关于算法问题。目前人工智能的算法大概分为三种：基于演绎推理的算法（符号逻辑推理）、基于归纳推理的算法（概率推理）、结合归纳和演绎的算法因果推理。对算法的批评有两种，第一种来自哥德尔定理应用的批评，针对的是上述三种形式推理系统。由于哥德尔定理表明形式系统具有不完备性，因此这种批评是一般性的：人类可以发现形式系统的局限，但计算机发现不了自身的局限。针对这一类型的批评，图灵在《计算机与智能》中早有回应："尽管已经证明任意一台特定机器的能力都是有限的，但它没有任何证据表明，人类的智慧就没有这种局限性。"人类也会经常犯错，以判定哥德尔定理来质疑人工智能，实际上是要让机器具有人不具有的能力。自 20 世纪 60 年代以来，人们对于这个问题一直有广泛的争论。卢卡斯认为，人类要比任何机器都复杂，机器不能识别哥德尔定理的真假，但人可以：

> 给定任何一致的和能够做初等算术的机器，存在一个这台机器不能产生的为真的公式——即这个公式在此系统内是不可证明的——但我们能够看出这个公式为真。由此推出，任何机器都不可能是心灵的一个完全或充分的模型，心灵在本质上不同于机器。（译文转引自程炼 2005，第 14—15 页）

查尔默斯对于这一批评的回应是：这个思路基本上还是图灵式的。在《有意识的心灵》第四部分关于人工智能的地方，查尔默斯谈道：

> 没有理由相信人类能够看到关于哥德尔语句的真相，或者，充其量，我们能够看到如果一个系统是一致的，那么其哥德尔语句是真的，但是没有理由相信，我们能够确立任意形式系统的一致性。……所以，很有可能我们中的每一个人都能模拟一个形式系统 F，这样我们就不能确定是否 F 是一致的。如果是这样的话，我们将不能看到我们自己的哥德尔语句是否是真的。（查默斯 2013，第 396 页）

在《皇帝新脑》中，彭罗斯也给出了机器不能充分表现心灵的论证。但无论是哥德尔本人还是其追随者，"……Penrose 论证不会导致任何机器都不等价于人的全部数学能力这个结论"。（邢滔滔 2008，第 107 页）这类批评者对机器的要求超出了对人的要求。形式化系统本身的局限和人本身的局限一样是不能苛责的。

关于算法的第二个批评，即针对既有人工智能推理方法。从因果推断来看，当前机器学习所依赖的概率推理具有一个根本缺陷：它的模式是大数据小任务，通过获得大量数据，来解决一个专门任务。前面已经提过真正的人工智能是小数据大任务，基于有限的信息，来解决一个复杂的任务。人类不是通过暴力搜索法来理解认知世界的。反事实因果推理是人类认识世界的模式，让机器具有这种能力才是人工智能未来发展的方向。在自动驾驶汽车上装置因果推理程序，即使遇到缺乏数据的情况，也可以及时调整。因为这样的自动驾驶汽车不是考虑与突发事故相关的事物，而是思考到底是什么原因导致它遇到事故。查尔默斯在接受既有算法的前提下，认为奇点是逻辑上可能的。拥有因果推断能力的机器人比拥有概率推理能力的机器人更强大，更接近人的真实推理。所以对算法的因果理解可以加强查尔默斯的论证。

关于算法的第三个批评最为普遍，即人类的心灵不能为算法所穷尽。不妨区分智能和心灵，计算机具备智能，但人类是有心灵的。计算机可以模仿人类心灵中的智能部分，但心灵所具有的感受、意识、理解的非智能部分在原则上缺乏相应的算法。而且这些心智现象具有相当复杂的生物机制，机器也不能模拟这些生物机制。如果机器不能模拟非智能的心智部分，那么它就不能像人一样，既实现不了强人工智能，更不可能达到奇点。所以算法、主体性和生物基础三个问题互相纠缠，回答其中一个问题，势必要牵连其他两个问题。我们可以先聚焦主体性问题，再考虑生物机制问题。

其次，关于主体性问题。人生在世与周遭世界打交道，形成了关于世界的认知。因此与人类主体相关的意识、意向性、感受、理解、责任、自由意志、规范性等似乎不能为机器所拥有。

塞尔和布洛克认为即使机器可以模拟人类的大脑，但并不意味这个模拟自身就具有心智或智能。机器能复制我们的行为，但忽略了内在的层面：意识、理解和意向性等。（Searle 1980; Block 1981）这表明智能不单纯是一种信息加工处理，用算法实现不了完整模拟。图灵指出了这类批评者的一种极端情形：

> 确认一台机器能否思维的唯一办法，就是变成这台机器，并感受到自己在思维。（转引自博登编 2001，第 73 页）

这与内格尔提出的我们可否想象"成为一只蝙蝠是什么样"的反思思路接近。图灵指出，如果机器能够通过对话测试，就可以认为其是具有意识的。侯世达的主要主张虽然与主流人工智能保持距离，但是在这一点上则和图灵的理解相去不远：

> 意识是一种极其罕见的复杂组织的物理模式，而不仅仅是传统的物理活动。……我们所知的属于我们自己的意识只不过是人

类大脑中的物理活动……关键的是组织的模式，而不是构成物的本性。（侯世达 2018，第 338、339、346 页）

机器是否具有意识，这一问题至少部分和我们对心身问题的理解相关。当你接受物理主义立场，认为一切都是物理构成的，你就会和侯世达一样认为意识是一种物理模式。如果人类具有意识，那么机器也具有意识。通常我们把大脑产生的意识分为功能性意识和现象意识（感受性层面）。（参见查尔默斯）功能意识具有因果效力，现象意识不具有因果效力。机器可以模拟前者，但机器能否模拟现象意识并无定论。有研究者指出，我们可以对感受质进行模拟，发展出一套三层（亚概念的、概念的和语言的）算法。近年兴起的情感计算也致力于在这个方向上推进，努力让机器在外显行为上具有人类情感；通用人工智能研究者（如王培的纳斯系统）则力图追求让机器自身拥有情感。总之，这些努力都是要为主体性发展出一套算法。但只要主体被还原为算法，就会遭遇人们的直觉反抗：人类心灵是算法不可以穷尽的。是否支持人们的这样一种信念，这实际成了人工智能哲学领域的永恒之争。这里必须指出，心灵是否可以完全被算法穷尽，不是一个纯粹概念的问题，对于它的回答也依赖经验科学。

无论机器是否具有现象意识，如果我们能够让机器具有因果推断能力，机器就可以具有一定的独立的主体地位。因为在这种情况下，它可以在考虑反事实的情况之下进行推理和行动。如果机器人开始使用反事实的语言交流，例如他们说"你应该做得更好""你应该把手上的砖递给我，因为我在等你，而你递给了别人""你应该去把厨房收拾干净"，我们就可以说机器人具有一定程度的自由意志。当人在说我应该如何的时候，他已经考虑了各种反事实情况。如果在这个意义上机器人具有了自由意志，那么我们也就可以对其进行追责。如果我们能够对机器人进行某种程度的追责，那追责的标准就在于机器人运用何种算法。假设机器人甲建立在符号推理算法的基础上，机器人乙建立在概率推理的算法的基础之上，机器人丙建立在因果推理的算法上，机器人丁建立在类比推理的算法上。如果机器人甲乙丙丁同时做了一件事，那么对这件事的追责可以明显分为两类：甲和乙可以算作一类，其行为仅仅属于机械行为，因此承担较少的责任；无论是因果推理还是类比推理，由于它们都比较接近于人类的真实推理，因此丙和丁就需要承担较多的责任。

只要制造出具有因果推断能力的机器人，就意味着实现了强人工智能，而如果强人工智能是可能的，那么奇点也就是可能的。问题的关键在于，除了算法革命之外，我们更需要的是一种理解上的革命。在意识问题上丹尼特反对笛卡尔式的剧场模型，他提出了多重草稿模型，认为自我不是住在大脑中的小人。当代神经科学的大量证据表明，大脑并不存在一个中心控制区域。因此传统哲学所理解的行为者因果是存在很多疑问的，无主体的事件因果更有可能反映人类的真实生活。侯世达则指出自我不过是一种幻觉，这种幻觉源于人类长期频繁使用的哥德尔自指句（例如"我在说谎""下句话为假，上句话为真""我如何如何"等）经过叠加形成了一个指称自我的怪圈。但实际上并没有自我的对应物。凡此种种都是要破除人类是宇宙万物之最灵者的人类中心主义立场，而从万物平等的物理主义立场来看待智能体：

> "灵魂性"绝不是一个非开即关、非黑即白的离散变量，不像一个比特、一个像素或一个灯泡那样，只有两种可能的状态，而是一个渐变的、边界模糊的数字变量，其值域连续覆盖不同的物种与事物。（侯世达 2018，第 23 页）

在传统哲学那里，主体、意识、灵魂、自由意志、责任都是介于全有或全无之间的离散变量。当代认知科学的研究则表明，这些现象都是有着程度差异的连续变量。只要接受现代研究成果，破除了哲学传统既有的理解成见，我们就不会对机器拥有一定程度的主体性、意识、自由和责任持完全的否定态度。我们也不会一致纠结于机器是不是一个主体这样的问题。为机器赋予因果推断能力，就已经让机器向人靠近了一步。只要我们能够摆脱一种人类中心主义立场，来客观地看待未来人类和机器的关系，主体性问题就不再会构成我们理解奇点是否会到来的原则性障碍。

最后，关于生物基础问题。有的研究者认为，由于机器缺乏生物基础，因此不能具有真正的人类智能，这是影响奇点是否可能存在的最主要障碍。在《计算机与智能》一文中，图灵已经指出，有人会认为大脑神经系统是连续的，但计算机系统是离散的，离散的系统无法模仿连续系统。人们有一种直觉，会认为人类的生物本性是人和机器的本质差异。人类自身可以进行基因复制，大脑具有独特的生物基础，而机器的硬件核心不过是芯片，人造芯片不具有和大脑类似的功能。博登也在其近著中提出新陈代谢是生命存在的必要条件，机器缺乏生物学基础不能进行新陈代谢，因此不能成为真正的人工生命和人工智能。（参见博登 2017）

而另外一些学者则认为，如果机器和人能够干同样的事，那对机器的这种苛刻要求就是不必要的。在他们看来，认为机器不能像人一样具有生物基础，从而不能到达奇点，这是一个误解。查尔默斯奇点论证指出，人工智能的进化主要是来自算法，而不是其硬件生物基础：

> 人工智能的历史表明，通往人工智能的最大的瓶颈是软件，而不是硬件。我们必须找到正确的算法，但到目前为止离正确的算法还很远。（查默斯 2013，第 13 页）[引自朱建平译本，朱译本查尔默斯被译为查默斯，下文所有朱译本引文皆作查默斯。]

不过奇点反对论者可以说算法还是不能模拟大脑的生物机制。算法的局限性表明人的主体性和生物基础是人之为人所不可或缺的。而像查尔默斯这样的学者会反驳说，大脑的生物基础真的就是神秘而不可探测的吗？既然大自然可以演化出人类心智，就表明人类的心灵机制不是神秘的。人类演化，在其开端处并没有预设人类具有心智。既然人类心智可以从无到有自然地产生，机器的心智也同样可以从无到有自然地产生，所以在心智意义上，奇点的到来是可能的。反对者会进一步批评说，人类是经过几万年的漫长演化，才形成了如此复杂灵活的大脑，机器很难在这么短的时间内获得这种复杂性。反对者秉持生物学与非生物学的区分，认为人类大脑的演化有其生物基础，但机器大脑是非生物的。

在这里，我们有必要区分"模拟"和"复制"这样两个概念。机器当然不能完全复制人类大脑的功能，但是机器完全可以模拟人类大脑的功能。查尔默斯区分了人类大脑的生物物理层面和功能层面，机器能够模拟大脑的功能而不需要依赖大脑的生物物理基础。机器可以有其物理基础，这个基础可以是碳基也可以是硅基。目前已经有学者在研究如何培养和训练生物神经网络，将其变为现实世界中机器人的大脑，从而完全取代计算机系统。对人类大脑的生物机制进行模拟，这将使得机器能够出现类人的心智不再是一件遥不可及的事情。自然演化的生物本身也具有其内在局限。有机体都是由单层氨基酸排列组合而成的蛋白质所组成，蛋白质组成的机体缺乏力量和速度。而通过对大脑和身体器官进行系统改造，就可以使其性能更具优势。虽然目前生物机器人研究的进展与人类对人工智能的想象差距还很大，但是如果机器能够模拟所有源自生物机制的功能，就已经表明机械复制生物基础是不必要的。

当然，也还会有人认为生命可以新陈代谢，机器则不具备这个能力。事实上我们可以让机器具有类似的能力。目前为止，对此主张持反驳立场的人所持的唯一理由，就是认为人的新陈代谢和机器的新陈代谢是不同的，前者是真正的代谢而后者不是。两种不同立场之间的这种争辩再一次把我们带回前边已经触及的算法是否可穷尽心灵的问题上来。我们也已经提出，如果我们能够放弃对于算法的教条式理解，生物基础对于强人工智能的限制就不再是必然的。打破对人类生物机制的依赖，这是发展强人工智能，并促使其达到智能奇点的关键。

如前所论，我们区分了关于因果推断的两个问题：获得问题和表达问题。就表达问题来说，机器如何表达因果知识不需要生物基础，给机器赋予一个因果数理模型，就使得因果机器人比当前的机器人要更聪明，根据加速原理，就意味着奇点至少在逻辑上是可能的。如果要把可能性转化为实际性，就需要机器能够学会因果知识，这是获得问题。我们可以将三岁小孩的推理模式加以形式化，但我们并不知道三岁小孩是怎么获得这一套因果推理模式的。当前的人工智能推理都是建立在人类大脑是一种"空白"的基础上，人们完全通过系统收集数据，通过训练来建立一套认知模式。但是人类的大脑是经过演化获得的，小孩认识世界不是建立在"空白"基础上，小孩的大脑已经具备演化遗传下来的初级认知模式。因此要弄清获得问题，就需要探究小孩的大脑生理结构，也就要涉及人的生物基础层面。不过需要指出，到目前为止，对于小孩大脑结构的探索所得到的结论依然是开放性的：也许人类的生物基础对于获得因果推理模式是必要的，也许是不必要的。即便是必要的，也不需要我们以一种生物的方式去复制小孩的大脑，我们只需要从功能上加以模拟就够了。无论如何，并非如人们所设想的那样，生物基础本身并不构成人工智能发展至奇点的主要障碍。

从因果推断来看奇点问题，我们可以得到如下结论：第一，奇点是逻辑上可能的。因果推断的算法革命加强了奇点存在的逻辑可能性，珀尔建立的因果模型解决了表达问题，生物基础不对奇点逻辑上的可能性构成原则性障碍。第二，奇点是否实际可能到来，这是一个经验问题，其可能性需要依赖于人工智能在获得问题上的进展。如果通过研究发现小孩获得因果知识的模式是实质依赖于生物基础的，机器又的确无法模拟生物基础，那么奇点就是实际上不可能的。而如果通过研究发现小孩获得因果知识的模式并不依赖于生物基础，机器原则上可以模拟小孩的认知模式，那么奇点就是实际上可能的。

　　人工智能的发展经过了基于规则推理（符号主义）、概率推理（贝叶斯网络）的理论阶段，现在我们开始重视因果推理。如果说规则推理是一种演绎推理，概率推理是一种归纳推理，那么因果推理就是结合演绎和归纳的一种更加符合人类实际推理的方式。人工智能研究领域转向因果推理，这是一次范式转换、一场科学革命，这种转向对于理解人工智能和人类心智都具有不可估量的价值。以珀尔等人为代表的因果推理学派为此奠定了基础。我们相信奇点在逻辑上是可能的，但奇点的可能性并不等于实际性。理解人类智力的关键在于理解小孩的先天智力模式，搞清楚小孩智力的生物基础，才能把可能性变成实际性。研究小孩形成智力的基础具有头等重要的价值。库兹韦尔非常正确地指出，未来人工智能的发展应该融合传统生物智能和机器智能。

小结

　　科学家通过经验工作回答奇点是否实际来临的问题，哲学工作则表明奇点是逻辑上可能的。认为生物基础会对奇点的实际出现构成原则性障碍，这样一种观点实际上是对哲学工作本性的一种僭越。生物基础是否会成为人工智能奇点来临的障碍，这在根本上依赖于未来人工智能的发展。哲学家无法引用未来的证据来为奇点的实际不可能做出论证。而通过对人工智能、因果推断和奇点问题关系的反思，我们有必要重新看待哲学（家）和科学（家）的关系。关于因果问题，哲学家和科学家可以互相合作，彼此启发。例如刘易斯的反事实因果理论会成为珀尔因果模型不可或缺的部分，珀尔的因果模型又成为形而上学奠基关系的基本模型。关于奇点的逻辑可能性问题，与查尔默斯对僵尸可能存在的论证一样，哲学家们的工作具有独特价值。而关于奇点的实际性的分析，则表明哲学家的工作有其界限，需要保持适度的理论克制。因此，重新审视哲学反思和科学探究在人工智能问题的观点之间的分歧及其缘由，有利于加深人类对于自身的可能性及其限度的理解。

7.2

客观性、因果性与自然律

导论

　　因果和自然律是哲学研究的核心问题，围绕因果和自然律是可以被还原的问题产生了大量的争论。与当代主流的还原论相反，本节认为因果和自然律都是不可被还原的，是一种客观存在，但这种客观性并非物理对象意义上的客观性，而是一种实践的客观性。人类漫长的生存、生产和生活实践使得我们可以坚持一种因果和自然律的客观立场。进一步，认识到实践客观性的合理性对于我们理解其他相关哲学问题也有一定的意义。

　　寻找事物的原因似乎源自人类的天性，无论儿童还是成人，常人抑或科学家，莫不爱追问为什么。人们寻找现象背后的原因从而获得对世界的理解，通过主动干预来改变未来的走向。寻找事物因果关联是人类进步的动力。这种探究的结果是找到天地万物变化的因果律或自然律。这种认识让人们自然而然地认为世界中因果是客观存在的。进一步，因为存在着客观的因果事实或因果关系，所以也存在刻画因果关系的因果律。

　　应该承认，上述因果的客观论并未得到广泛认可。因果是否客观存在是当代形而上学和科学哲学核心争论问题。但这不是一个问题，而是一组问题。从形而上学上看，因果的本质是什么？是否存在客观的因果关系？因果关系项是事实、对象、事件还是事态？因果关系是不是一种必然关系？何为因果律？因果关系和因果律哪一个更为优先？因果事实和非因果事实之间的关系是什么？因果应该包含哪些基本的形式特征？诸如非自返、非对称、可传递等。从认识论上看，是否可以直接观察到因果关系，如何发现因果规律，如何用统计方法确认因果假设，如何辩护统计方法本身？从科学哲学来看，物理学中的因果律和特殊科学中的规律彼此之间有什么关系？因果与时空之间的关系如何？是否存在同时因果或逆向因果？既然因果和时间都是有方向的，那么我们用时间来定义因果还是用因果定义时间？热力学第二定律的熵和因果、时间的关系是什么？通常我们觉得世界是从有序变为无序，因果是从因到果，时间是从早到晚，这三组概念何者更为基本？

不管围绕因果的讨论如何繁杂，我们对因果关系都有一些非常基本的直觉：首先，因果关系发生在事件之间。其次，原因和结果是不对称的，原因导致结果而不是结果导致原因，导致也是一种决定关系，前者决定后者，而不是相反。再次，原因和结果之间的关系是必然关系。最后，这种必然关系背后是有规律的。任何一个对因果有所认知的人，稍微做一些反思都能得到这四个要点。在承认这四个要点的基础上，我们首先认为因果事实、因果关系和因果律都是世界的基本存在物，彼此不可互相还原。其次，因果关系、自然律和世界是客观存在的：一方面，因果关系和因果规律是客观存在的；另一方面，人们的兴趣、目标帮助发现这些因果关系。二者相辅相成，正因为因果关系是客观的，人们才能够发现因果关系。最后，因果关系和自然律的客观性源自人类漫长的实践，正是实践塑造了因果。本节不讨论某类特定的因果理论，而是以客观性为线索去理解因果关系、因果规律和世界之间的联系。[1] 我们首先论证因果和规律不能被还原为基本

---

[1]　在斯坦福哲学百科中，和因果概念直接相关的词条有十几条，例如逆向因果、概率因果、心理因果、法律中的因果、反事实的因果理论、因果的形而上学、莱布尼茨论因果、中世纪的因果、因果与干预、物理学中的因果、因果的规则和推理理论、阿拉伯和以色列思想中的因果、因果模型、因果决策论。

的物理事实；然后论证二者是一种客观的实际存在，而非虚构的主观产物；最后论证因果和规律的客观性是一种实践的客观性。

7.2.1 因果、规律与还原

休谟对因果的怀疑众所周知，从是否可还原来看，可以区分为形而上学还原和认识论还原。形而上学立场指休谟认为因果事实可以还原为非因果事实。认识论立场指休谟认为我们不能观察到事件之间的因果关系，只能诉诸事件之间的恒常联结。

多数派是还原论者。从实在论和唯名论的区分出发，有三种类型的还原。第一种是唯名论还原。刘易斯把因果还原为时空之中马赛克微观粒子之间的关系，即把因果诸事实还原为基本物理事实的集合。（Lewis 1983）马福德把因果还原为事物的能力或倾向（Mumford & Anjum 2011），把因果关系还原到世界中的物理事物的互相联系之中。第二种是实在论还原。麦基等把因果还原为规则或自然律，用自然律解释因果关系，自然律比因果关系更实在。（Mackie 1965）第三种是工具主义还原，用反事实条件句刻画因果关系（Lewis 1974），或者用概率来刻画因果关系（Reichenbach 1959）。第一种唯名论还原须和第三种工具主义还原结合在一起才具有价值，单说因果不过是自然界中的事实或物理事物的能力，并不能对认识因果有更多的贡献。从经验和概念的角度来理解还原，概念的还原主张因果关系和因果律逻辑伴生于世界中的物理事实。经验的还原主张因果关系是物理事物之间的能量传递。虽然角度不同，但都是从物理学出发来理解因果。

少数派是非还原论者。萨蒙认为因果是一种过程，不能还原。（Salmon 1984）阿姆斯特朗认为因果关系是基本的、实在的。（Armstrong 1983）安斯康姆等人认为因果是基本的、不可分析的、可以直接观察到的。（Anscombe 1971）卡罗尔认为因果不能通过反事实、概率或律则来还原，自然律就是被自然所因果导致的规则性。

他坚持自然律的不可还原性。从是否可以被还原能总结出关于因果的本质的四种立场：第一，休谟式还原论；第二，非休谟式还原论；第三，直接实在论；第四，间接实在论或理论实在论。

围绕因果、自然律是否能被还原产生了大量争论。谢弗有一个总结性的论证，不涉及某个具体因果理论，集中从还原入手来理解因果关系。他区分了因果性、自然律、历史（古往今来的物理事实模式的集合）：他首先论证将因果性还原为自然律和历史，然后论证将自然律还原为历史。谢弗认为因果律可以被还原为宇宙古往今来所有历史之中的事实集。（Schaffer 2008）谢弗对这三个概念进行了大致刻画：第一，因果是一种直观上可以理解的概念。如果在台球桌上有一个红球撞击了一个白球，那么白球就会因为红球的撞击而发生移动。第二，自然律是诸如牛顿运动定律、薛定谔方程，可以用真的全称量化条件句来表示。第三，历史指时空中所发生的一切，历史是事件的整体范式。一个事件就像电影的一帧画面，历史就是时空中发生的一切事件的总和。"电影不过是画面的序列；因果和定律不过是（历史）事件的模式。"谢弗所理解的还原指本体论还原，使用了形而上学中的奠基概念，如果高层事物可以被底层事物所奠基，高层事物就可以被还原为底层事物。例如在心灵哲学中的物理主义主张：所有的心理事物奠基于物理事物。笔者将总结这一核心论证，并加以反驳，进而捍卫因果本身的不可还原。

谢弗的还原总论题为，因果和规律可以被还原为历史。他区分了概念还原和本体还原，因果还原专门指本体还原，而非概念还原。如有人指出关于因果和规律的概念不能被还原为关于历史的概念，因此因果和规律不能还原。谢弗认为这是一种坏的反驳，需要回避。这个争论相当关键，概念还原和本体还原的关系并非截然二分，不能视为理所当然。谢弗的还原论证并非一个独立的论证，而是一组论证：在因果能否还原为规律和历史这个论断上，他提出了三个反对还原的论证和三个支持还原的论证；在规律能否还原为历史这个论断上，他也提出了三个反对还原的论证和三个支持还原的论证。一共包括十二个子论证，他反驳了六个非还原论证，捍卫了四个支持还原的论证，对两个支持还原的论证持有保留意见。我们逐次分析这十二个子论证。

就因果是否能还原为规律和历史这第一个分论题而言，他先提出三种支持不可还原的论证。第一种是因果概念不可还原论证：因果在概念上是不可还原的。他反对这种观点，认为要区分概念和本体，概念不可还原不能表明本体不可还原。这个批评是有疑问的，概念和本体二者当然具有区分，但我们总是通过概念系统去认识世界，尽管存在着当前的知识概念不一定能把握的世界，但并非意味着今后就不能把握。因此，概念的不可还原和本体的不可还原是密切联系的。如果有确定的论据表明因果概念不可还原，那么就对本体的不可还原形成了某种支持。笔者在这里并不是想表明概念上不可还原就一定意味着本体上不可还原，而是想指出二者之间既不可能完全彼此独立，也不可能浑然一体。在有些情况下，没有概念，就很难有意义言说本体，甚至说有本体存在就很荒谬。在有些情况下，我们也承认二者是独立的，可能存在概念上不可还原，但本体上可以还原的事物。区分概念还原和本体还原对于谢弗的论证并不是特别有力。[1] 第二种是因果事件不可还原论证：事件只有在因果术语的层次上才能个体化，而在规

[1] 关于概念还原和本体还原的关系，有人可能会指出例如水和 H_2O，尽管二者概念不同，但不妨碍我们在本体上把水还原为 H_2O，科学理论的同一陈述大多如此。在心身问题上，戴维森也认为心理概念不可还原为物理概念，但在本体上心理可以还原为物理。应该说在形而上学的框架上，还原论者主张心理概念可以还原为物理概念，心理事物也可以还原为物理事物。非还原论者主张心理概念不可以还原为物理概念，心理事物则可以还原为物理事物。性质二元论者也有存在的空间，虽然心理性质依赖于物理性质，但是二者还是不同的存在物。在这里非还原的物理主义和性质二元论之间的区分是很微妙的。到目前为止，并没有确定的科学证据表明性质二元论就是错误的。在因果问题上，更为明显。如果因果是人类的概念，那就表明这一因果概念所捕捉的实在特征不是底层物理实在特征所穷尽的，某些特征还是存在于人类实践这一层次之上。可以说在因果问题上，概念和本体之间的关系更为紧密；在自然类上，概念和本体之间的关系可以彼此分开；而在意识问题上，概念和本体之间的关系则有些模糊。谢弗从物理学的形而上学出发，当然会把科学理论同一陈述中的概念和本体的关系当作唯一的概念和本体关系的模式，这是有问题的。

律、历史术语层次无法个体化。他亦反对这种观点，认为事件是可以在规律和历史层次获得个体化的。这个主张取决于我们对于事件的定义，如果我们就是在人类实践层面来定义事件的，那么就只有在因果术语的层次才是概念化的。如果因果概念不可还原，事件也不可以还原。第三种是因果差异不可还原论证：存在因果具有差异，但是规律和历史没有差异的世界。谢弗认为不存在这个可能性。目前我们既不能通过科学，也不能通过逻辑来排除这样一种可能性，最终大家只能诉诸直觉。但笔者认为即便我们可以接受谢弗的前提，但因果的差异和规律历史的差异是同步的，不意味着必须把因果还原为规律和历史。因为因果是属于人类的概念，而规律和历史是脱离人类视角获得的东西。即便二者存在必然的联系，但并不因此就可以将因果还原。谢弗对这三个论证的反驳都不特别有力。除了大家的基本观念不同之外，看不出谢弗具有更有决定性的证据来反驳非还原论。

支持还原的第一个论证是因果知识论证，如果具有因果知识，那么因果知识要还原到规律和历史层次。这一点是错误的，我们具有很多不能还原的因果知识，例如历史的、社会的因果知识。支持还原的第二个论证是方法论还原论证。这个论证并没有太多本体论蕴含。谢弗觉得上述这两个论证都没有太大的说服力，他认为最重要的是支持还原的第三个论证：科学实践论证，即复杂物理学中只包含规律和事件，因果完全可以作为粗糙的概念被抛弃。笔者在本节第三小节"科学实践"中讨论这一还原论证。

就规律是否能还原为历史这第二个分论题而言。谢弗总结了反对还原的三个论证：第一是概念不可还原论证，规则的概念不能还原为历史的概念。如前所述，他认为要区分概念和本体，笔者则反对这种看法；第二是事件只能用类规律（nomic）的术语来个体化。如前所述，事件只能在因果层次个体化。这两个论证和将因果还原为规律和历史的论证是类似的，兹不赘述。

第三个是规律差异不可还原论证：存在规律具有差异但没有历史

差异的世界。卡罗尔为规律不能还原到历史提供了一个论证（Carroll 2008）：假设存在 10 种基本粒子，那么两个粒子的组合方式就会产生 55 种，再让我们假设已经找到并检测出来了 54 个自然律，但是还存在最后一对粒子（x，y）的规律没有被探测到。似乎应该存在 x 和 y 之间的自然规律。科学家已经完全找到了 54 种互相组合的规律，也可以进一步说找到了部分关于 x 和 y 之间的规律，尽管并非全部。卡罗尔说，似乎（it seems that）存在大量不同的关于二者之间的规律与既有 10 种基本粒子的世界是完美一致的。似乎（it seems that）宇宙的所有事件都不能确定 x 和 y 之间的规律是哪一个。甚至可能存在如下两种情形：存在自然律甲，当 x 和 y 互相作用时，二者毁灭；存在自然律乙，当 x 和 y 互相作用时，二者聚合成一个新粒子；似乎（it seems that）自然律并不伴生于非类规律（nomic）的事实或历史。卡罗尔多次使用似乎（it seems that），诉诸了思想实验和一种无法被确证的直觉。

谢弗的反驳论证如下：

（1）存在历史相同但规律不同的一些世界。

（2）如果存在历史相同但规律不同的一些世界，那么规律就不能还原为历史。

（3）规律不能还原为历史。

谢弗拒斥（1），但是他的拒斥同卡罗尔的正面论证一样没有力度：他认为本体论上相同的世界不可能有不同的规律。如果本体论相同，规律不同，那么非还原论者会面临虚空世界的困难，原则上存在无限多的没有任何事件发生的空无世界，它是由无限多的纯粹的虚空规律所约束。非还原论者不能承担这一后果。所以规律必须还原为历史。这个例子非常奇怪。因果总是发生在实际存在的事物之间，如果世界是虚空的，讨论因果也就毫无意义了。[1] 谢弗的反驳不能成立。笔者的进一步想法是，即便我们承认规律和历史具有必然联系这一事实，也不能将规律还原为历史，因为二者是不同层级的事物。这类似于非还原物理主义的立场，虽然心理性质奠基于物理性质，但是心理性质不能还原为物理性质。

谢弗提出了支持还原的三个论证：第一个论证是经济论证，即还原论是一种更经济的策略。这个论证是有疑问的。何谓更经济的需要看具体的目标，例如对于人类来说，理解规律是容易的，但是要认识大千世界的万物是困难的。当然谢弗可以说从他理解的形而上学来说，还原当然是经济的。但如果从广义的人类认知来说，这种还原当然是不经济的。掌握规律要比认识万物更经济。从形而上学来讲，因果事实是优先的，但是从认识论来讲，因果规律是优先的。（王巍 2011）在谢弗的意义上笔者承认其是更经济的，他的形而上学是物理学的形而上学；而在笔者所理解的意义上却是不经济的，笔者所理解的形而上学是包含人类实践的形而上学，本体论还原相对于前者是经济的，而相对于后者是不经济的，二者并不冲突。谢弗并没有一个决定性论证来表明还原的合理性，所以他用了一组论证。作为批评者也可以采用相同的策略。最终是两个世界观念的竞争，而非谁的论证更有逻辑效力。笔者不认为逻辑可能性是万能的。第二个论证是方法论还原论证，具有理论探测性和本体论节俭。这都是完全针对物理学理论还原和本体论节俭。第三个论证是奠基论证。谢弗认为第三个论证最为有力，规律奠基于历史，有什么样的世界，就具有什么样

---

[1] 也许有人会指出："谢弗只不过是用归谬法来驳斥反还原论——虚空世界问题是反还原论一个难以接受的推论后果。这里涉及的是理论的自洽性（任何一个理论，包括因果性理论，必须是自洽的），与因果性本来就没有关系。"这一点笔者也同意，但是在关于设想同样的历史具有不同的规律这一点上，谢弗所谓同样的历史是不受约束的，他包括了虚空的世界。但笔者的基本立场是建立在人类实践之上的，那就是在前提中排除了虚空存在的可能性。当然可以进一步反驳说，不能对"历史"做这么严格的约束。但二者的形而上学前提本来就不同，没有人类实践，就没有因果性和因果律存在。虽然这是一个理论的自洽性，但如果不承认虚空世界的存在，也就不会追求因为虚空世界的存在而导致的理论不自洽。

的规律，世界本身奠基了规律。应该指出，谢弗只是用奠基去刻画了规律和历史之间的关系，就如同他用奠基去刻画心理和物理之间的关系一样。他不能直接声称奠基物理主义是对的，也不能声称奠基历史主义是对的。

谢弗的还原论是把因果和规律还原为事件的模式集（pattern of events）。非还原的因果和规律观诉诸了常识和目的的世界观；还原论的优点在于保持了本体论的节俭和理论的可探测性。谢弗的因果和规律观完全以自然科学，尤其是物理科学为基础的，他的形而上学观念也是一种物理学的形而上学。因此还原、客观、说明都是以物理学为基本模型。这恰恰是谢弗形而上学世界观的根本缺陷，他没有认识到人在自然世界中的地位。因果不可还原，并非在物理学的意义上不可还原，而是在人类实践的层面不可还原。

综观谢弗的论证，因果不可还原的论证可分为两组：第一组是因果概念不可还原，因果事件不可还原，因果差异不可还原；第二组是规律概念不可还原，类规律事件不可还原，规律差异不可还原。实际上可以总结为两个论证，第一个是讨论因果概念和世界的关系，第二个是讨论因果规律和世界的关系；第一个是概念论证，第二个是形而上学论证。二者皆非一锤定音，相反的立场都完全可以成立。我们既可以主张概念和本体的区分，也可以成立二者之间的联系。我们既可以承认规律和世界的必然联系，也可以接受二者之间的偶然联系。总之任何一种立场都不能被完全驳倒。如果从人类实践的角度出发，我们当然捍卫因果性、因果规律的不可还原性。

谢弗的因果还原论证也分为两组：第一组是因果知识还原论证，方法还原论证，科学实践还原论证。第二组针对规律还原，即规律还原为历史更经济，规律还原为历史更节俭。但这一切都是因为规律奠基于历史之中，重点在奠基。谢弗支持还原的核心论证有两个根据：第一是形而上学论证，诉诸奠基；第二个是经验论证，诉诸科学实践。我们认为形而上学不能完全确定规律是否真实地奠基于历史之

中，顶多提供了一套新的形而上学框架。因此笔者和谢弗争论的关键
最后取决于人类实践（科学实践等）。

7.2.2 因果是客观存在的

因果不可还原也表明因果不是主观的，而是客观存在的。[1] 在特
殊科学中，存在因果是一个显然的事实。在政治学和社会学中，因果
推断是主要的方法论。日常生活之中，因果更是须臾不可离。没有
因果，几乎没有人类生活。儿童的因果认知、因果学习支持了因果的
客观性。人类乃至动物经历自然演化，习得了对世界的因果认知，仅
仅诉诸休谟的恒常联结无法充分说明人类的认知机制。儿童心理学中
关于因果学习有大量的研究。以伯克利大学心理学系著名儿童心理学
家高普尼克为代表的研究团队在《孩子如何学习——顶级心理学家给
出的全新答案》一书中综合了大量的研究成果。（高普尼克、梅尔佐
夫、帕特里夏 2019）

婴儿可以对事件之间的因果关系作出假设。三个月大的婴儿已经
懂得了行动因果，我们做事情会导致世界发生改变。一开始，婴儿会
重视心理因果，即被理解为巫师魔法的那些东西，婴儿们相信心灵感
应，相信心中的想法会对世界有影响。这导致他们会混淆心理因果和
物理因果，但这并不意味着他们不具有因果思维能力。

考虑如下实验，用一条丝带，一头系在三个月大的婴儿的脚上，
另一头系在一个悬挂的饰品上。婴儿一踢脚饰品就会动，他们马上就会

---

[1] 也许有人会指出：x 不可还原并不意味着 x 不是主观的，例如现象学家会认为意识是不可还原
的，但意识本身是主观的。笔者有两点回应：第一，本书主张因果不可还原，是因为人类实
践保证了因果的不可还原，说因果不可还原也就意味因果是客观的。本书并没有就这一主张
做直接辩护，而是通过不同的证据来支持这一立场。第二，笔者认为意识不可还原不能得出
意识就是客观的，但是也可以提出意识不可还原和意识是客观的这一结论并不冲突。能否从
是否还原过渡到是否客观，取决于论者的形而上学立场，不管是谢弗这样的形而上学家，还
是胡塞尔这样的现象学家，当然都有自己的形而上学立场，其前提已经蕴含了不同的立场。
本书想做的论证是想表明，相反的形而上学立场并非不可能，而是完全可以形成一个整体系
统的世界观。有的心灵哲学家就会因为意识不可还原，而赞成意识的客观论。因此，因果是
客观存在的就是对因果是不可还原的做一个展开论述。不可还原和客观存在都源自人类的因
果实践，不管是儿童认知还是科学实践。

发现这个因果关系：踢脚导致饰品摇动。当我们把丝带取掉后，婴儿还会踢脚，而且他们期待丝带会摇动。这表明，他们已经掌握了一个基本的因果关系：自己的踢脚动作和饰品移动之间的关系，但是他们还不明白这个因果关系需要经过一个中间的物理过程，即丝带和脚与饰品之间的接触才能完成。皮亚杰把这种不系丝带踢脚的行为称为魔法过程，这是错误的。婴儿和我们的远古先民一样掌握了基本的因果结构（即原因决定结果），但缺少对因果模式的科学理解：因果过程必须通过物质能量传递，缺乏这个传递过程，就变成了一种心理因果。因此，从这个角度我们可以重新考虑如何理解古人的非理性思维、感应思维甚至被称为奇特的魔法思维，古人的思维并非一种完全和理性、科学背道而驰的思维，而是同一个类型的思维。只是先民和婴儿缺乏区分心理因果和物理因果的能力。要做出这种区分，需要大量的日常实践和科学实践。但这并非意味先民就是蒙昧无知的。巫术也是利用了这样一种基本的因果关系结构，只是为这种因果结构做出了不同于科学的说明。

研究表明，十个月到十二个月左右的婴儿可以理解物理因果，考虑经典的撞球案例：第一个场景是一辆玩具车向前行驶，与另一辆相撞，让第二辆车移动。第二个场景是一辆玩具车向前行驶，在要撞到第二辆玩具车之前将其移走，让二者不发生接触。十个月的婴儿会更多注视到第二个场景，他们意识到这是反常的。十八个月左右的婴儿能理解更加复杂的因果关系。有一个实验，实验者向婴儿展示了一个手臂够不着的玩具，然后再给他们一个可以够到玩具的工具。实验发现，年纪更小的儿童会直接用手臂去够玩具，但是十八个月大的婴儿经过一番思考，会选择用工具去够玩具。随着年龄的增长，三四岁的孩子已经会很正确地说出具有因果语词的语句"凳子有些晃，因为凳子腿松了。""我肚子疼是因为早晨就吃了冰激凌。"甚至为了自己的某个错误行为编织原因，"我这样做，是因为……"。甚至在找不到具体原因时，孩子也会把"因为"挂在口头，以此表明他们的行动是可理解的。

儿童在进行因果学习中也包含了反事实的思维方式。反事实和因果联系紧密。儿童心理学中有大量关于反事实的研究，所谓的反事实就是与我们实际世界所处不同的世界状态。赵汀阳说第一个哲学词是否定。（赵汀阳 2019）说不，就意味着一种可能性。人们生活在现实世界，但我们大量的行动、思想都依赖于对世界的不同设想和规划。正是对不同于现实世界的可能世界的种种理解，人才变得和其他生物不同。人类总是会设想，如果我不这样做会怎样，这是一种典型的反事实理解。反事实是"应该、也许、可能的"世界。（高普尼克 2019, 第 19页）传统观点一度认为婴儿只能直接感知，无法区分想象和现实。而反事实要求儿童所不具备的、更高级的思维能力。弗洛伊德和皮亚杰大都持有这样的传统观点。但认知科学家的研究发现，婴儿已经能够考虑各种可能性，区分可能与现实，并能采取相应的行为来干预事情的进展。当代形而上学中，以刘易斯为代表的学者，运用反事实条件句来刻画因果关系；数学家鲁宾在反事实的基础之上建立了因果的潜在结果模型。

英国心理学家哈里斯设计了一个实验测试孩子们的反事实思维能力。他给孩子讲述了一个小故事，淘气的小鸭子穿着沾满了泥浆的鞋子，准备走进厨房。然后他给出两个反事实问题：一、"如果小鸭子就这样走进厨房，厨房的地板会怎么样？仍然很干净，还是会变脏？"二、"如果小鸭子先把鞋子弄干，再走进厨房，厨房的地板会怎么样？很干净，还是会变脏"。答案表明，即便三岁的孩子也知道，只有小鸭子把鞋子弄干净后走进厨房，地板才不会变脏。（高普尼克 2019, 第 26—27 页）孩子不仅懂得反事实推理，也懂得如何假装。如前所述，早期心理学家认为孩子的假装行为表明他们不懂得区分虚构与真实、假装与现实、幻想与事实。但认知科学家对孩子关于想象和虚构的研究表明并非如此，孩子事实在假装时具有比成年人更加强烈的情感体验而已。孩子熟悉反事实思维，而且孩子还掌握基本的因果结构，"这是发展心理学近期最重要、最具革命性的发现之一。"（高普尼克 2019, 第 35 页）制造和使用工具，对未来做规划等都建立在人类对事物因果关系的推理基础之上，或者说正是人类的生产和生活实践产生并塑造了人类的因果推理能力。

正是在这一基础上，人工智能专家珀尔提出，要机器像人一样具有思考能力，首先得具备基本的因果推断能力。他把人类的推断能力描述为因果推断的三个阶梯：第一层是相关性，第二层是干预，第三层是反事实。只有达到反事实推理，才真正掌握了因果关系。第二层的干预是一种实际的因果，第三层反事实是一种想象的因果。因果关系并不仅仅是关于当前现实世界的也是关于可能世界的，所以反事实的语义刻画更完整地反映了因果关系。更细致的区分还包括第四层，需要区分执果索因和由因推果两种不同的因果推理方式。四层因果阶梯中，第三层反事实是最根本的，在哲学中反事实的因果理论是最主要的一种理论模型。儿童的认知本身预设了因果关系的客观存在。没有因果关系，我们就无法理解人类的认知如何可能。[1] 儿童认知与成人认知的区分、先民思维与今人思维的区分、感性思维和理性思维的区分最终都可以统一为因果思维。人类享有基本的思维结构，科学思维的发展，让我们的思维结构锚定在科学内容上。一个东西为什么会被点燃，先民猜测是因为魔法、早期科学家猜测是因为燃素、当代科学告诉我们是因为氧气的存在。科学家找到了真正的原因。对原因的探究，乃是人类的天性，并非科学家的特权。这也是我们能从日常认知发展到科学认知的根本原因。正是因果关系和因果规律的客观存在，才使得人类的认知得以可能。因此谢弗区分概念还原和本体还原，他所谓的本体、客观性是一种超越了人类概念的，纯粹的物理的客观性。但是人类使用概念认识世界，并将认识到的真理表述在科学

---

[1] 也许有批评者会指出：婴儿和儿童具有感知因果关系的能力跟"因果是客观存在的"是两回事，从前者推不出后者。婴儿、儿童和成年人都有感知白色物体的能力，难道这能证明白色是客观存在的吗？这实际上涉及如何理解客观性的问题，批评人心目中的客观性是一种物理世界的客观性，也是为当代分析哲学主流立场所接受的。而本书所理解的客观性则是世界和人类互动产生的一种客观性，不仅仅是世界本身的物理特征使得儿童能够认识到事物之间的因果关系，也包括儿童的大脑结构以及相应的认知特征帮助儿童认识事物之间的因果关系。所以因果关系是一种人类在世界中行动所产生的客观性。不是一边只具有物理世界的客观性，另一边只具有人类意识的主观性，而是二者的交互所形成的一种实践客观性。当然在这个意义上来说，白色也是实践上客观存在的，而非物理意义上的客观存在。

理论中。概念和本体不能完全区分。因此，因果的客观性既不是本体的客观性也不是一种概念的客观性，而是二者相结合的一种客观性，即实践的客观性。

7.2.3 因果的客观性在人类实践之中

在因果的讨论中，我们面临两个主要的怀疑论者，第一个是休谟，第二个是罗素。在形而上学的因果研究中，最为关键的问题就是将罗素的因果取消论和卡塔莱特的因果重要论协调一致。（Field 2003）罗素认为因果概念在基础物理学中不再具有一种基础作用，因为自然律是没有方向的，但日常的因果推断是有方向的，这就使得日常的因果推断不奠基于物理学的自然律，所以因果是一个可以被取消的概念。（Russell, 1992）罗素是因果的取消论者，因果是出于人类视角而具有的概念。

罗素反对把自然律解释成事件之间的规则性联系。首先，把自然律解释为事件之间规则联系的休谟解释，依赖于一种个体事件的质性基础，而不能完全用客观的量化的术语。但是成熟的科学是量化的，而非质性的。其次，事件之间的规则联系可能使得过去和未来之间的区别成为基本的，而一门成熟的科学的目标应该是在自然律中不涉及时间，所有的自然律都要通过数学化的方法被明述出来。罗素本人是一个柏拉图主义者，尤其是他关于数学的观点。这一点和波普尔很像，波普尔区分三个世界：世界一是物理世界，世界二是心理世界，世界三是抽象世界。所有的科学理论都属于世界三。波普尔倡导的是一种没有主体的认识论，他也因此否定因果概念。应该说他们对因果的理解没有错，因果是具有人类视角的。不同的地方在于只是对因果作用的认识不同。

罗素对因果的否定和休谟不同，休谟从日常感知出发，认为在世界之中观察不到因果联系，而只能观察到恒常联系。罗素不同，他主要是从物理学出发来认识因果关系。不妨说罗素的角度是科学认知，而休谟的立场则是常识认知，二者怀疑因果的思路有所不同。当代哲学并没有否认因果概念在科学中的核心地位。但是，因果在日常和特殊科学中的作用与因果在物理学中的作用是非常不同的。首先，谈论高层的因果是合法的，不能因为底层的不同特征而被取消。例如我们会谈到社会、政治、经济、历史中的因果关系。其次，在基础物理学中，因果就像凝聚态一样，是一个表征的真实模式，对于一个充分成熟的科学来说是必要的。（Ladyman, et al. 2007, p.259）也有学者和罗素一样不认为底层具有因果关系，基础物理学致力描述整个宇宙的结构性质，但这些性质并非因果关系的。基础物理学的目标是自然律，特殊科学的"目标是识别因果事实"。上述论述不意味着自然科学要完全否认因果。

　　实际上，人类的科学实践支持了因果的客观性。罗素认为在科学中，不会用到因果和因果律这些概念，这有违我们通常对科学的认知，科学不就是要寻找事物的因果机制吗？与其在概念上进行争论，还不如去考察科学家的具体实践，罗斯等人从《科学》杂志选取了 1995 年 10 月至 2003 年 1 月这个时段的科学论文，调查发现 8288 篇文章出现了"原因"（cause）一词，每个月大概 90 篇文章出现了"原因"一词；10456 篇文章出现了"结果"（effect）一词，每个月大概 112 篇文章出现了"结果"一词；3646 篇论文出现了"影响"（influence）一词，8805 篇论文出现了"回应"（response）一词，2683 篇论文出现了"后果"（consequence）一词，553 篇论文出现了"哲学"一词。（Ladyman, et al. 2007, pp.259 — 270）在科学论文中，科学家大量使用因果术语去讨论科学问题，这是一个无可争议的事实性。罗素当然不认为这构成了对他的反驳。他会说，在实际的科学实践中使用因果术语是一回事，一个具体的科学理论本身需不需要因果概念是另外一回事，因此人类的科学实践蕴含因果不构成对他的因果取消论的反驳。谢弗的科学实践论证认为复杂物理学中只包含规律和事件，因果完全可以作为粗糙的概念被抛弃，只有在科学家发布他的成果时才会使用因果术语，但他不把科学家发布成果作为科学实践。他的科学实践论证如下：

（1）科学实践仅仅要求历史和规律，

（2）如果科学实践仅仅要求历史和规律，那么因果就必须被还原为历史和规律。

（3）因果必须被还原为历史和规律。（Ladyman, et al. 2007, pp.92、259）

在科学实践中，结果是科学家写出的数学方程式，结果本身是不包含因果的。对结果的阐述和解释发表在论文中，需要因果概念。谢弗主张结果本身和对结果的解释不同。进一步，有人会诉诸特殊科学或其他非物理科学中的因果。但他认为关于实在的基本特征是物理学给出来的，所以特殊科学中的因果在基础本体论中不承担作用。谢弗虽然是一个因果还原论者，但他并不是一个因果取消论者，他还是认为因果对于科学是很重要的，甚至用因果来理解奠基。这些主张彼此之间存在张力。我们暂不考虑这些差异，把罗素、谢弗作为一类还原论者，拒斥他们的基本主张，理由如下：

第一，因果关系、因果概念和因果语言之间的关系错综复杂。罗素的主张是否定了因果这一概念在物理科学中使用的合法性。但罗素并不否定人类实践中的因果语言，例如日常的因果语言和科学论文中的因果语言。罗素的主张也推不出不存在因果关系这个论断。虽然没有因果的科学概念，但是存在因果的人类实践概念。日常实践和科学实践能够使用因果语言的关键在于因果关系的存在，否则人类没有必要使用因果语言。在心灵哲学中有一个类似的问题，就是关于心理状态本身是否实在的问题。已经有证据表明大众心理学是错误的，是否表明就不存在欲望、相信这样的心理状态，转而采用一种取消主义的立场呢？目前至少可以表明，即便承认大众心理学是错误的，也不能表明不存在相关的心理状态。关于因果的特殊科学本身并非错误的，这至少可以为因果关系的存在提供一种支持。这里涉及语言和世界的关系问题，即因果语言和因果关系之间的关系问题。我们日常谈话的因果语言，科学家在撰写科学论文使用的因果语言，科学本身包含的因果语言都包含在因果语言之中。如此大规模地使用因果语言，本身至少不能构成对因果的反驳，甚至在某种程度上支持了因果的存在，否则难以理解我们为何如此大量地使用。我们的语言本身塑造了我们对于因果的理解。

第二，物理学理论本身需不需要因果概念仍然处在争议之中。和罗素的立场相反，有学者主张物理科学是包含因果的，这为争议的双方留下了理论空间。因此，主张基础物理学具有因果并非一个错误的主张。基础物理学所揭示的物理特征和因果性之间的关系是一种必然联系，一些物理特性使得因果性得以存在，基础物理特性就是因果性得以存在的必要条件。至少，基础物理的一些普遍特征为特殊科学中的因果提供基础这一点已经得到论证。（Kutach 2013）

第三，科学理论和科学实践并分简单的截然二分。虽然科学理论属于波普尔的世界三，但科学理论也是科学家发现的。一方面我们可以主张科学理论完全独立于任何认知主体，这是就它本身的真理性而言。另一方面，科学理论和科学家也是不可分割的，如果没有科学家寻根问底追求万物因果的动力，就不会有科学理论出现。科学理论的出现恰恰是以人类的追求为前提的。也许科学理论本身不包含因果概念，但是科学理论以预设因果为条件。科学家在使用科学理解来解释现象时，也要使用因果解释的模式，否则就无法解释现象。科学实践本身应该包含人类视角的因果，而不只是要求规律和历史，或者更进一步来说科学实践应该包含实践者。因此，科学实践论证的前提1是不成立的。科学理论本身不具有因果概念，不构成对因果客观性的挑战。

罗素的因果取消论，来自科学理论；谢弗的因果还原论，来自科学实践。应该指出，谢弗所理解的科学实践比较狭窄，更接近于罗素的科学理论实践，只涉及科学理论本身，而不涉及对科学理论的解释、推广和应用等。而我们所理解的科学实践比较宽泛，包括科学家的理论研究、动手实验、发表论文、进行会议报告和讨论等。不难想象，这是广泛使用因果语言的场景，更合乎真实世界中的科学实践。而且，也不能孤立地看待科学理论和科学实践，因为科学理论产生于人类的漫长的科学实践。

　　根据如上讨论，我们可以区分两种客观性：一种依赖于人类实践的客观性，一种不依赖于人类实践的客观性。科学理论本身之为真并不依赖于人类实践，但因果关系则依赖于人类实践的客观性。这里笔者支持一种日常生活的形而上学，而非物理科学的形而上学，日常的客观性和科学的客观性是不同的观念，这是和以谢弗为代表的形而上学家的根本区别。（Lynne Rudder Baker 2007）当代哲学中，因为拒斥实证主义的科学的客观性转而接受了建构主义的立场，从而导致了相对主义观念横行。我们认为放弃实证主义的客观性概念而代之以实践的客观性概念是理解基本哲学问题的关键。（见下节）人类制造工具和使用工具，经历漫长的生产和生活实践，[1]因果观念即从实践中来，并客观存在于人类实践之中。恩格斯在《自然辩证法》中指出"因此，由于人的活动，因果观念即一个运动是另一个运动的原因这样一种观念得到确证。"（马克思、恩格斯 2009b，第 48 页）虽然休谟对因果关系的怀疑有其道理，但是恩格斯认识到：

　　　　人的活动对因果性作出验证。……如果我们把引信、炸药和弹丸放进枪膛里面，然后发射，那么我们可以期待事先从经验

---

[1] "必须研究自然科学各个部门的循序发展。首先是天文学——游牧民族和农业民族为了定季节，就已经绝对需要它。天文学只有借助于数学才能发展。因此数学也开始发展。——后来，在农业的某一阶段上和在某些地区（埃及的提水灌溉），特别是随着城市和大型建筑物的出现以及手工业的发展，有了力学。不久，力学又成为航海和战争的需要。——力学也需要数学的帮助，因而它又推动了数学的发展。可见，科学的产生和发展一开始就是由生产决定的。"（马克思、恩格斯 2009b，第 427 页）

已经知道的效果，因为我们能够在所有的细节上探究包括发火、燃烧、由于突然变为气体而产生的爆炸，以及气体对弹丸的压挤在内的全部过程。在这里甚至怀疑论者都不能说，从以往的经验中不能得出下一次将出现同样情形的结论。确实有时候并不发生同样的情形，引信或火药失效，枪筒破裂等等。但是这正好证明了因果性，而不是推翻了因果性，因为我们对这样偏离常规的每一件事情加以适当的研究之后，都可以找出它的原因，如引信发生化学分解，火药受潮等等，枪筒损坏等等，因此在这里可以说是对因果性作了双重的验证。自然科学和哲学一样，直到今天还全然忽视人的活动对人的思维的影响；它们在一方面只知道自然界，在另一方面又只知道思想。但是，人的思维的最本质的和最切近的基础，正是人所引起的自然界的变化，而不仅仅是自然界本身；人在怎样的程度上学会改变自然界，人的智力就在怎样的程度上发展起来。（马克思、恩格斯 2009b，第 483 页）

恩格斯的这段论述中，关于射击的描述几乎等价于当代科学中的干预主义思想，即当没有成功射击的时候，并非否定了因果，而恰恰是因为其他干预因素的存在所引起的。例如火药失效作为干预，枪筒破裂作为干预等。然后，他强调了人类的活动对思维的因果、对智能的影响。没有人类的实践活动就不会有因果关系和因果解释。在谈到人工智能时，朱松纯在《浅谈人工智能——现状、任务、构架与统一》一文中指出对智能的理解是任务塑造智能，人类需要解决特定的问题才能形成某种智能。这也就是恩格斯所说的，人怎样改变自然界，智力就怎样发展。当代科学哲学家、因果干预主义理论的代表伍德瓦德的新书《带有人类面孔的因果》也表达了同样的观点。（Woodward 2021）他认为就理解因果认知以及因果本身而言，应该认识到因果推断就是人类实施的一种活动。我们思考因果的方式部分受到我们人类兴趣目标和能力的约束。在这本新书里，伍德瓦德将哲学中的因果、机器学习和统计中的因果、人类的因果学习有机结合起来互相印证。该书副标题即为"规范理论和描述心理学",把因果的规范理论和经验理论做一种结合,可谓是一种从人类实践来理解因果的进路。伍德瓦德本人持有最小的实在论立场,他认为因果关系和相关关系的差异是客观的,存在于在世界之中。我们认同罗素的观念因果是出自人类视角的,但并非完全主观任意的视角。人们的因果观念受到两个基本约束:第一,世界本身的物理、生物、化学特征等;第二,人类漫长实践中形成的认知能力。伍德瓦德更为强调前者,所以他持有一种因果的最小的实在论。罗素更为强调后者,他认为因果是一个完全人造的概念,所以他持有一种因果的取消论。本书的立场是结合世界的特征和人类的认知,坚持一种因果的客观实在论立场。如前面一再强调的,这种客观实在不等同于物理实在。因此,所有针对物理实在的论证不能对实践实在构成挑战。

但是有人会指出,这种基于实践角度对因果的论证会面临一个根本质疑,那就是这种立场会导致在人类出现之前不存在因果关系这一荒谬的后果。这肯定是笔者不想接受的立场,应该指出我们也只有预设了基本的因果关系,才能有意义地谈论在人类出现之前是否存在因果关系这一问题。我们似乎还是认为在人类出现之前是存在因果的,这恰恰是因为人类的存在才能有意义地谈论这一问题。我们把世界本身理解为具有因果和世界本身是否具有因果是两个问题,但似乎在人类出现之前,并不能作出有意义的区分。因为恰恰一方面是世界本身具有的基本物理特征,才使得我们可以因果地看待这个世界。另一方面如罗素所注意到的,因果是带有人类视角的概念。因此,一旦我们去言说那个不存在人类的世界,这个世界就在我们言说的意义上具有了某种因果。但这并非一种脱离了人类实践的因果。

小结

因果研究正逐渐成为国内外学术界、不同学科的研究的重点和热点。对因果的认识就是对人类自身及其所处世界的认识。不管是自然世界还是人类世界，因果都是我们认识世界的重要根据。因果问题研究是一个问题家族：因果关系、因果解释、因果知识、因果规律、因果推断、因果学习、因果认知等。名目如此之多的因果研究，本身就昭示了因果的客观性。

休谟是因果的怀疑论者，罗素是因果的取消论者，谢弗是因果的还原论者。他们的总体思路是要表明因果没有本体论地位，因果也没有科学地位，因此可以被质疑、被取消或被还原。在本章中，我们通过概念论证表明因果和因果律是不可还原的，通过经验论证（儿童认知）表明因果是客观的，通过人类的实践（科学实践和生产实践）表明这种客观性与人类的实践密不可分。因果的客观性乃是一种实践客观性，对此种客观性的探究，对于我们重新认识哲学问题具有一定的意义。

7.3
理解与理论：意识、因果与人工智能

7.3.1

人工智能的基础问题遇到两种类型的问题：第一种类型的问题是理解上的，即计算机能否思考？强人工智能能否实现？奇点能否来临？这些取决于我们对相关问题、论证及其概念的反思；第二种类型的问题是理论上的，即人工智能需要相关性的推理模型还是因果性的推理模型？人工智能可否建立一种反映真实世界的四维符号系统？这取决于科学家的理论工作。在理解问题上，一旦澄清相关的概念和论证，就会消除对人工智能的悲观态度。在理论问题上，一旦深入理解了相关数学的、技术的难题，也会消除对人工智能的乐观心态。

人工智能在最近几年成为各个学科、各个阶层、各个国家竞相关注的话题。它在最基本的层面推动我们对人之为人、人与机器之异同

诸多哲学—科学论题的理解，这包括了大量哲学、认知科学、计算机科学之间的交叉研究。人工智能也在最现实的层面推动社会的发展，人工智能技术的应用极大改变了人类的生活，重塑了各种行业的生存状态。

在人工智能的基本层面，一些乐观的哲学家、科学家认为人类能够制造出和人一样具有智能的机器人；另一些悲观的哲学家、科学家，认为人类乃万物之最灵者，不能（无法）造出具有人类智能的机器人。自1950年图灵在哲学杂志《心灵》上发表《计算机与人工智能》至今，围绕图灵测试、中文屋这些论题的讨论从未停歇（据谷歌学术，这篇文章到目前的引用次数为10010）。一些具有人文主义情怀的哲学家试图通过反对强人工智能，为人类留下最后的尊严。一些具有自然主义倾向的哲学家则试图对强人工智能展开论证，表明人不过是自然世界中的一个复杂智能体而已。

在人工智能的应用层面，一大批务实的企业家和科技工作者希望用人工智能去解决一个个社会难题，而另外一批具有批判意识的知识分子则担忧，人工智能技术可能催生新的伦理、政治问题。阿法尔狗、阿尔法元争论未止，京东已开始利用人工智能技术探索物流新路径，阿里则使用人工智能进军农产领域。过于强盛的人工智能技术会不会剥夺人类的工作机会，从而引发巨大的社会动荡呢？乐观派似乎暂时占了上风，而一大波没有发言权的基层劳动者（如送货员、超市销售员、农民工）则在铺天盖地的媒体新闻里看到了自己的失业前景，产生了巨大的焦虑。杜威曾说："哲学家不处理哲学家的问题，哲学家处理我们的问题。"人工智能问题不再仅仅是书斋或实验室里的问题，而是我们每个人必须面对的问题。

人们对人工智能的种种乐观或焦虑，很大程度上源于对人工智能问题的误解和偏见。这些问题大致可以分为两类，第一类是理解性的，第二类是理论性的。理解性的问题需要澄清，理论性的问题需要解决。机器能否思考，奇点能否来临，机器是否会统治人类？这属于理解层面的。机器人能否运用因果推断知识，人工智能能否建立一个真实反映世界的四维符号系统？这属于理论层面的。对于理解层面的问题，笔者的态度是乐观的，即使奇点来临，我们也会与机器人和平共处。对于理论方面的问题，笔者的态度是悲观的，除非发生巨大的科学革命，我们很难让机器人完全具有和人一样高的推理系统。本节第 2 小节对相关概念进行辨析。第 3 小节就机器能否思考，机器能否进行因果推断，机器能否建立真正的符号系统给出分析。第 4 小节就奇点能否来临、强人工智能可否实现给出笔者的论证。

7.3.2 人工智能概念的误解与澄清

　　人工智能的发展大致可分为三个阶段：逻辑推理——概率推理——因果推理。自 1956 年起人工智能推理以命题逻辑、谓词演算等知识表达、启发式搜索算法为代表。20 世纪 80 年代盛行的专家系统就是其典型。随着研究的深入，科学家发现逻辑推理不能完全模拟人类思维。人类思维是一种随机过程，人工智能应该建立在概率推理的基础之上。这就形成了 20 世纪八九十年代以来的视觉识别、语音识别、机器学习等研究领域。2000 年以后以加州大学洛杉矶分校计算机系的珀尔（Judea Pearl）教授、卡内基梅隆大学哲学系的格利穆尔（Clark Glymour）教授等人为代表的因果推理派也逐渐进入了人工智能学界的视野，珀尔教授在人工智能领域引入因果推断方法。目前发展火热的仍是基于概率的机器学习及其分支深度学习等领域。

　　人工智能的一些基本概念在传播过程中，不免发生混淆。尤其是弱人工智能、强人工智能、通用人工智能和超级人工智能这四个概念之间的区别和联系。例如通用人工智能可以等同于强人工智能等问题。

　　让我们逐一进行分析，弱人工智能／强人工智能（在后面的讨论中，视其语境，将人工智能简写为 AI）这个区分是塞尔在《心灵、大脑与程序》（1980）一文开头提出来的，塞尔指出弱人工智能不过断言计算机是研究智能的一个有用的工具。[1]一个弱意义上的人工智能程序只是对认知过程的模拟，程序自身并不是一个认知过程。强人工智能断言一个计算机的运行在原则上就是一个心智，它具有智力、理解、感知、信念和其他通常归属给人类的认知状态。通用人工智能（下文简写为 AGI）指计算机在各个方面具有和人类同样的智能。它们能够执行与人类相同水平、相同类型的智力任务。苹果公司的创始人之一史蒂夫·沃兹尼亚克将咖啡测试作为 AGI 的一项指标。在测试过程中，机器人必须进入普通家庭并尝试制作咖啡。这意味着要找到所有的工具，找出它们如何运作，然后执行任务。能够完成这个测试的机器人将被认为是 AGI 的一个例子。根据如上理解，我们可以说一个弱 AI 可能就是通用人工智能，因为弱 AI 虽然只是工具，但它可以实现对人类所有智能模块的模拟。强 AI 则不仅仅是通用人工智能，而是要和人类心灵在性能上完全一样。如果我们做一些强行划分，弱人工智能分成两个部分，弱 AI（a）第一部分，在某个方面对人类智能的模拟，这也是一般人对弱 AI 的理解。计算机不过是人的工具。就像我们所接触到的各种机械系统一样。弱 AI（b）的第二部分，可以是通用人工智能。它是对人类智能的全面模仿。机器人进入普通家庭制作咖啡。这个任务，就如同图灵测试中的计算机一样，只要计算机能成功地回答提问者的问题，就可以表明计算机能够思考。同样，我们可以把机器人制作咖啡，做任务分解，机器人如果能完成这项复杂的任务，这也表明它具有和人一样的推理能力。按照塞尔的理解机器人制作咖啡也是弱 AI。所谓"强"，就意味着机器人知道自己在制作咖啡，或者更

---

[1]　这里有必要引用塞尔的相关论述："我们应当怎样评价近来计算机在模拟人类认知能力方面的成果所具有的心理学和哲学的意义呢？在回答这个问题时，我发现，将我称之为'强'AI 的东西与'弱'AI 或者'审慎'的 AI 加以区别是有益的。就'弱'AI 而言，计算机在心灵研究中的主要价值是为我们提供了一个强有力的工具。例如，它使我们以更严格、更精确的方式对一些假设进行系统阐述和检验。但是就'强'AI 而言，计算机不只是研究心灵的工具，更确切地说，带有正确程序的计算机确可被认为具有理解和其他认知状态，在这个意义上，恰当编程的计算机其实就是一个心灵。在强 AI 中，由于编程的计算机具有认知状态，这些程序不仅使我们可用来检验心理解释的工具，而且本身就是一种解释。"（博登编 2001，第 92 页）

深入一些，套用托马斯·内格尔的术语，机器人必须知道"成为一名咖啡制作者具有怎样的感受"（what it is like to be a coffee waitress）。显然目前所理解的通用人工智能做不到这一点。强 AI 既包括老百姓的一般理解，计算机要像人一样做所有的事情，它还必须具有人类也有的意识：情感、感受性，甚至伦理道德等。而这几乎回到了心灵哲学中关于意识问题的物理主义和二元论的永恒争论上来了。

至于超级智能，作为人工智能领域的领军人物之一的尼克·博斯特罗（Nick Bostrom）将超智能定义"在几乎所有领域，包括科学创造力，一般智能和社交技能方面，都比人类最优秀的智能更聪明"。从哲学的角度来看，这也是一个比较含混的表达，如果要根据塞尔的两分法，超级人工智能在类型上既可以是弱的也可以是强的人工智能。在塞尔看来，机器是否具有理解、意识（自我意识），是衡量机器是否具有人工智能的唯一标准。因此人工智能按照徐英瑾的说法只有真假之别（也就是强弱之分），而无程度（宽窄）之别。（徐英瑾 2018）颇为吊诡的是，不管是大众还是人工智能领域的专家，都有意无意地忽略了塞尔最早提出强弱两分的标准，而是代之以新的标准：弱的人工智能就是对人的局部模仿，强的人工智能就是对人的全部模仿。大众更从实用、后果的层面理解人工智能。在这里为哲学家津津乐道的"what it is like to be 问题"处在了边缘。不难看出，哲学家、科学家、大众对何谓人工智能的理解并不是一致的，这里存在系统的差异，对这种差异的检测或许会成为新的研究的起点。

7.3.3 人工智能基础问题反思

7.3.3.1 机器能否思考的实验哲学考察

图灵在《计算机与人工智能》一开头就抛出了人工智能的根本之问：计算机能思考吗？他认为不能通过考察"机器"和"思维"的实际用法，来获得机器是否能够思考的答案，尤其是不能通过对大众意见的统计调查来获得答案：

我建议来考虑这个问题："机器能够思维吗？"这可以从定义"机器"和"思维"这两个词条的涵义开始，定义应尽可能地反映这两个词的常规用法，然而这种态度是危险的。如果想通过检验它们通常是怎样使用的，从而找出"机器"和"思维"的词义，就很难避免这样的结论：这些词义和对"机器能够思维吗？"这个问题的回答，可以用类似盖洛普民意测验那样的统计学调查来寻找。但这是荒唐的。与这种寻求定义的做法不同，我将用另一个问题来替代这个问题，用作替代的问题与它密切相关，并且是用没有歧义的语言来表达。（博登 2001，第 56 页）

统计调查的办法是荒唐的，图灵变换策略，建立了图灵测试，通过他制定的标准来建立计算机是否能思维的标准。半个世纪之后，实验哲学家重新拾起这个被图灵有意忽略的问题：大众实际上是如何理解计算机能否思考这个问题的？这并非老调重弹，而是具有重要的价值。如前所论，人们对机器是否具有人类智能依然众说纷纭。在科学未能给出终极解决方案之前，大众常识的看法是值得考量的。21 世纪之初兴起的实验哲学方法运用科学的工具去处理哲学的问题。在实验哲学家看来：认识到语言如何工作这个任务具有经验蕴含。语言不仅仅会误导专家，也同样误导大众。人类的语言实践会对人类关于机器、思维这些基本议题产生影响。实验哲学就在试图探测这种影响的细节。

我们在谈到计算机能否思考这个问题的时候，实际上经常涉及的是三个意义相近，但又彼此不同的概念：计算机（Computer），机器（Machine），机器人（Robot）。机器能够思考吗？表面看来，我们可以迅速对计算机能否思考给出确定的答案。如果细致区分，应该被分为三个问题。计算机能够思考吗？机器能够思考吗？机器人能够思考吗？对这一问题的统计调查显示：17/65 的人认为机器能够思考、27/75 的人认为计算机能够思考，27/56 的人认为机器人能够思考。同时测试者针对同一群体做了一组术语测试：计算机是机器吗？机器人是机器吗？结果 98.6% 的人相信计算机是机器；所有人相信机器人就是机器。这个测试很有意思，当这一组语词（计算机、机器、机器人）没有和其他语词产生语义学关联的时候，它们之间的差异被忽视掉了。而将这些语词置于一定的语境之中就导致人们的看法发生变化。通过对调查人群的教育背景的分析，会发现受教育程度越高，人们越倾向于认为机器能够思考。关于机器能否思考这个问题的大众答案，和大众对语词的使用有密切的关联，也和大众的教育背景有紧密联系。（Livengood & Justin Sytsma 2017）

这里有两点需要注意：首先，实验测试是英语语境，如果是中文语境，可能对于机器人能否思考这个问题，给出肯定回答的比例会更高一些。因为中文语境中"机器人"和"人"的语义关联度要远远高于"robot"和"person"。其次，受试者的教育背景会影响其对这个问题的回答。（心灵哲学中的物理主义和二元论之争，我们也会发现受到自然科学教育越多的人越倾向于接受物理主义立场，而受到传统哲学和宗教影响的人则青睐二元论。）

当我们在思考人工智能是否能够超越人类智能的时候，对于"什么是人类智能"的理解也会直接影响"人类智能是否能够被超越"这个实质问题。而哲学家对于智能的理解并不能完全摆脱大众对智能的理解。专家和大众会对智能的看法有细节差异，但实质则一。实验哲学在这个层面提醒研究者，在回答任何关于人工智能问题之前，用实验调查的办法考察人工智能中广泛使用的概念是极有裨益的。

7.3.3.2 机器人具有因果推理能力吗？

人工智能的一个核心要求是机器人要在每一个方面都像人一样，比如机器人应该具有意识、具有道德等。不过在此之前，有一个更基础的问题，机器人首先应该像人一样行动。它可以通过周围环境的改变，调整自己的行动，建立行为范式。早期的人工智能运用符号推理和概率推理模拟人的推理系统，取得了巨大的成就。但是建立在强大的数据和推理手段之上的智能系统却不能像小孩一样进行常识判断和因果推断。它可以做出专家不能做的事情，却无法做出小孩能做的事情。原因在于小孩通过对外界环境的刺激进行反应，进行因果学习。他们可以通过因果学习，建立因果推断模式。正如加州大学计算机系计算机视觉研究专家朱松纯提出的：人工智能不是大数据、小任务；而是小数据、大任务。（朱松纯 2016）环境中的智能体应该根据环境中的有限信息（小数据），通过观察，建立信息和行为之间的因果关联，从而做出复杂的行为（大任务）。朱松纯做了一个对比：大数据小任务的典范是鹦鹉学舌，通过给鹦鹉输入固定的语音信息，使得鹦鹉学会相应的语句。但鹦鹉和聊天机器人都不懂得真正的话语，不能在语句之间建立真正的联系（中文屋的再现）！小数据大任务的典范是乌鸦喝水。乌鸦比鹦鹉聪明，"它们能够制造工具，懂得各种物理的常识和人的活动的社会常识"。乌鸦进城觅食，它找到了坚果，面临一个任务：它需要把坚果砸碎。通过在马路边观察，它发现，路过的车辆可以把坚果压碎。但是它也发现了如果它在坚果压碎之后去吃，很可能会被车辆轧死。怎么办？乌鸦既需要车辆把坚果压碎，又需要避免被车辆压到自己。乌鸦把最初的任务分解成了两个问题：1. 让车辆压碎坚果，2. 避免车辆压到自己。通过进一步观察，它认识到需要找到车辆停止的情况可以避免自己被压死。它发现有红绿灯的路口就是这样一个合理的场景。它发现了红绿灯和人行横道、车辆之间的因果关联。因此它选择在红灯车辆等待的时候去捡坚果。在这个过程中，乌鸦获取的数据是少的，但任务是大的。问题的关键不是它获取了多少数据，而是它有效提取了数据之间的因果关联，根据这个因果联系制定了解决方案。

　　人工智能要想成为真正的人类智能，就必须对人类的因果认知、推理模式有深入的了解。目前人工智能研究领域并未重视这一问题。珀尔教授以《因果性》一书获得了 2011 年计算机图灵奖，他于 20 世纪 80 年代率先在人工智能领域提出贝叶斯推理，20 世纪 90 年代又转入因果推理领域，两次居于科学革命的中心。从概率推理转到因果推理，珀尔认识到，只有让机器人建立了真正的因果推理模式，机器人才具有真正的智能。在珀尔看来，当前人工智能领域盛行的机器学习模型在棋类博弈、图像识别、语音识别等方面卓有成效，但这个技术已面临瓶颈。之所以机器学习导向是错误的，是因为它是以数据为导向，不是以人的推理特征为导向。机器学习的倡导者认为数据里面有真经，只要具有巧妙的数据挖掘技术，学习机器通过优化参数来改进其表现就可以了。学习机器通过大量的数据输入来实现其表现的改进，但是强人工智能之为强人工智能，是希望机器拥有像人一样的能力。数据是盲目的，数据能够告诉我们服药可以比其他方法恢复得更快，但是不能告诉我们原因，推理的优越性在于它能够回答为什么的问题，如干涉问题，即服用这个药物对身体的康复有效吗？如反事实问题，即这个没有接受过科学教育的人，如果他接受科学教育，那么会怎么样？人类的大脑是处理因果关系最为先进的工具，在与环境互动的过程中，大脑建立了系统的因果推理模式，回答各式各样的因果问题。这是人工智能要努力了解人之为人的卓越能力。并通过计算机来模拟这样一种能力，最终实现真正的人工智能：探究未知的现象，解释已有的现实，从周围环境中发现因果关系。让机器人拥有理解和处理因果关系的能力，是通向强人工智能中的最大困难之一。

在技术上让机器人具备因果推断能力，必须解决两个最实际的问题：第一，机器人如何与环境互动来获取因果信息？第二，机器人怎么处理从它的创造者那里所获取的因果信息？珀尔的工作主要试图解决第二个问题。在他看来图模型（有向无环图）和结构方程模型的最新进展已经使得第二个问题的解决成为可能，而且也为第一个问题的解决提供了契机。但这一切依赖于一套完整系统的因果语言。珀尔为因果推断提供了一套完整的形式化语言，为人工智能中的因果推断打下了坚实的基础。但如何在技术上实现这一点，对于科学家而言仍然是"雄关漫道坚如铁"。

7.3.3.3 人工智能可否建立真实的符号表征系统？

我们已经说过人工智能必须发展一套因果推理的语言，比如这些语言中包括：do 算子、干涉、反事实、混杂共因、内生变元、外生变元、噪声等。但这里存在一个基本的困难：人工智能中的智能体是在四维时空中行动，而我们的语言是一维的。一维的语言如何表现四维时空中的事物呢？从语言来理解人工智能，构成了人工智能的困境。在叶峰看来，20 世纪人工智能研究对语言（不管是日常语言分析还是逻辑语言分析）的盲目崇拜是人工智能陷入泥潭的主要原因。（叶峰 2016）人类语言是一维符号系统，而世界是四维的，这使得人类语言不能有效表征世界。我们所具有的形式化语言，都是一维的。比如我们直接用谓词逻辑语言来描述物体及部分的时空位置关系，或者设立射孔坐标，把时空切割成方块；将目标对象看作时空小方块的集合，然后用一维语言描述时空的特征。这两种办法都会丢失四维时空中物体的一些特征，套用"言有尽而意无穷"的说法，我们可以说一维语言的表述能力是有限的，但需要表述对象的特征却是无穷的。表述能力的缺失，就会导致数据的重复和增加。如果运用高级手段就能很清楚地表述对象之间的时空关系，但是手段粗糙，只能靠大量地抓取数据来获取有效信息，而这显然不是智能的做法。语言并非和大脑的思维状态同构。人类大脑对世界的认知很有可能的是多维的。比如视觉认知，大脑直接保存了所见物体的空间位置特征，大脑的记录是多维的而非一维的。我们可以合理假设：大脑并非像语言一样通过一维来重建多维，大脑可以直接表征记录物体的四维结构。不然大脑需要处理的信息就太复杂了，不能在极短的时间内完成识别任务。应当指出叶峰关于当前人工智能路径的批评是非常有创见的，虽然他并没有提出一种可以改进的方案。

回过头来考虑语言－心灵／大脑－世界之间的关联。通常我们认为语言表达世界（见维特根斯坦《逻辑哲学论》），心灵表达世界，语言也在这个意义上表达了思想。语言、心灵、世界建立了稳定的三角关系。这是一种稍加反思就能达致的形而上学观念，但这并非科学所揭示的真相，认知科学的大量证据表明人类对世界的认知要先于语言的发明（让我们忽略哲学上塞拉斯—麦肯道威尔—布兰顿一系的匹兹堡学派的概念论立场）。人类和动物对外部世界的视觉表征要早于语言。"简单的人类语言之所以能够传递大脑中极其复杂的表征，是因为人类大脑之间的相似性。这种相似性使得两个大脑对同样的物体或场景产生的内部表征（如看见一个物体所产生的视觉图像）大致是相同的。"（叶峰 2016b，第 78 页）语言的抽象概念是怎么建立的呢？我们理解"婚姻"这个概念，依据的是与这个词相关联的大量视觉、触觉、嗅觉、记忆等知觉表征，比如阅读一个婚姻故事、参加一场婚礼、为离婚打官司等。"婚姻"这个概念并不仅仅是因为坐落在一堆与之相关的概念家族中而得到规定，而是使用这个词的主体通过社会实践（各种知觉活动），建立了这个概念和其他概念所关涉的生活之间的联系。因此，如果大脑在表征世界的时候，是将世界的场景如其所是地反映在大脑之中，那就表明大脑的神经元结构足以表征世界的四维图景。而一维的语言则在把四维图景反映到语言中时，丢失了一些重要的结构和细节。基于一维语言符号系统的计算机必然不能像真正的人一样对世界进行表征、预测和行动。放弃一维的语言也许是走出困境的一条道路。但是如何发明建构一套四维的符号系统呢？这个困难甚至比制造具有因果推断的智能体这个困难更大，不仅仅是"雄关漫道真如铁"，而且根本无法"迈步从头越"。

7.3.3.4 强人工智能、超级智能时代会到来吗？

强人工智能可以实现吗？这可以算是人工智能的终极之问。大部分人认为它是不可实现的。比如曾任微软亚洲研究院首席研究员的李世鹏认为所有的人工智能都只有一个高级搜索功能，它依靠大数据训练这些模型，一些它没遇到的情况，它解决不了，没有智能，没有推理功能。学习机器的训练集大于测试集，就表明了这一点。机器学习专家周志华则对目前没有强人工智能做了全面的论述：目前人工智能的主要技术源于弱人工智能，主流人工智能学界的努力并非朝向强人工智能。即使想要研究强 AI，也不知道路在何方。甚至，即便强 AI 是可能的，也不应该去研究它。周志华在原理上、技术上、伦理上都反对强人工智能。（周志华 2018）

　　另外一拨反驳强人工智能的人出于思辨的忧虑：如果强人工智能是可能的，那么制造出来具有人类智慧水平甚至比人类更强的机器人就会奴役人，产生一个新的奴隶时代。哈佛大学心理学家斯蒂芬·平克新近撰文批判了这一观点，他指出假定机器人具有了强人工智能，但"复杂系统理论中没有任何定律认为，有智力的行为主体必定会成为残忍的征服者"。（平克 2018）但他也和周志华、李世鹏具有类似的观点，"根本没有任何机构正在研究通用人工智能"，"AI 的进步不是来自于对于智力机制的理解，而是来自于处理速度更快、能力更强的芯片和丰富的大数据"。（平克 2018）的确目前大数据的流行、深度学习方法的深入，都极大推进了目前的人工智能技术。如纽约大学教授马库斯（Gary Marcus）在 2018 年 1 月发文批评目前占据主流的未知的深度学习：我们必须走出深度学习，才能迎来真正的通用人工智能。（Marcus 2018）

　　目前大量的人工智能技术被应用于现实生活：机器翻译、图像识别（人脸识别）、语音识别、棋类博弈、无人驾驶、AI 金融等。2018年 2 月 6 日，马云正式发力 AI 养猪项目，利用人工智能技术养猪。马云养猪全过程将使用人工智能技术，依靠视频图像分析、人脸识别、语音识别、物流算法等 AI 技术来高效准确地完成各项工作。例如，为每一头猪建立成长档案，其中视频图像分析技术可以记录猪的体重、进食情况、运动强度、频率和轨迹、是否怀孕等。ET 大脑通过红外测温技术和语音识别技术，监测猪的体温和咳嗽的声音，随时关注猪的身体健康，对猪的生长会有更全面、更精细的照料。人工智能技术提高猪的产量，降低了人工成本。类似的还有京东的无人运行的物流技术，提高了精准性，降低了人工成本。在可以利用机器的地方，让人退出而去从事更有创造力的工作，这种对于社会行业结构的改变，应该是良性的。千百年来，技术的进步，解放了人类的双手和双脚，产生了越来越多的新职业。在这个意义上，目前大批人工智能技术并没有对人类社会造成威胁。可以说弱 AI 在原理开发和技术运用上都得到了极大的运用，产生了良好的效果。

但关于人工智能最令人焦虑的问题还是强人工智能：第一，我们能否实现强人工智能？第二，我们如何实现强人工智能？第三，如果我们实现了强人工智能，人类的命运会怎样？根据第 2 小节的分析，强人工智能可以在两个层面理解。第一个层面是高级复杂的通用人工智能；第二个层面是具有人一样的感受性（意识）。对这两个问题的回答各有不同。如果在第一个层面理解，珀尔所提倡的让智能体具有因果推断能力，就是迈向强人工智能的重要一步。智能体既可以对环境的因果信息进行抽取，又可以运用从它创造者那里获取的因果信息，那么就造成了通用的人工智能体。这样意义上的强人工智能在技术上是可能达到的（可以记为强 AI［a］）。遗憾的是，到目前为止，将人工智能转向因果推断研究的研究者还非常少。深度学习的成功使得目前的人工智能研究者忽视了这一进路。如果在第二个层面理解强人工智能，机器人就要具有意识，要成为一个有意识的心灵（可以记为强 AI［b］）。这就不单单是技术推进可以解决的问题，其背后也是哲学观较量的问题。就如在第 3 小节所谈，人们对机器能否思考的问题，具有系统的差异。最近的实验心灵哲学也对人们关于现象意识、机器意识做了大量的经验调查。大众对机器是否具有意识的意见并不一致。（Sytsma 2015）这都表明，这个层次的强人工智能是一个理解问题。即使针对人类心灵，物理主义者会断言心灵不过就是大脑，所谓的现象意识如丹尼特所言不过是幻觉，真实存在的是神经元网络的活动。但二元论者反对心灵的大脑解释。物理主义和二元论者对待心灵的态度，会影响哲学家对人工智能的理解。只要接受物理主义立场，强 AI（b）就是可能的，它也不过是机器人的幻觉而已。一个物理主义者可以承认强 AI（b）是可能的，但未必认为强 AI（a）是可能的。如果人类的视觉识别在根本上是四维的，而一维的语言又不能完全刻画这些信息的话，那么强 AI（a）就是不可能的。但这并不妨碍像叶峰这样的物理主义者接受第二种含义上的强人工智能。

　　现在来看第二个问题，如果我们认为强人工智能是可能的，如何去实现它。第一种意义上的人工智能就是建立因果推断的数学模型。第二种意义上的人工智能不是一个如何实现的问题，而是牵扯如何理解心灵的问题。只要你是一个物理主义者，就会认为这样的强人工智能是可以实现的。对于一个接受因果推断的物理主义者来说，强人工智能是一个迟早都会到来的时代。我们会造出机器人作为我们的帮手和朋友，就如同现实生活中我们的帮手和朋友可能会祸害我们一样，机器人也可能会祸害我们。但人类能够制造出类人机器人，就能够与他和谐相处。父母生儿育女属于生活的常态，弑父弑母属于生活的反常情形。与此相似，反人类的机器人也是属于异类。

　　有人相信存在超级人类智能。如果有一天制造出在智能上超越人的机器，这就是所谓的奇点来临，这在逻辑上是可能的。人类能造出比人的智力更强的机器人是什么意思呢？我们制造了比自己聪明的机器人，他们就可以独立生存自我繁殖演化吗？这就需要我们人类所制造的机器人能够自己制造或者生育自己的机器人。查尔默斯在关于奇点的哲学分析中，坦承他的分析纯粹是思辨的，但他的结论是比较乐观的：他认为奇点是可能存在的，目前存在的障碍可能是动机的障碍，而并非在能力上不足。如果奇点来临，机器也可以建立合适的价值观，可以在虚拟世界中构建第一个 AI 和 AI+ 系统。此处不展开对查尔默斯奇点观的分析。笔者基本认同查尔默斯的立场。如果人类能制造出更加聪明的机器人，则那些制造者的智力程度也大大提高了。虽然未来的机器人可能比现在人的智力水平高，但只要人能制造出机器人，未来的人就不会完全受未来机器人的控制，也不太可能被自己制造的机器人击败。这看似是一个经验问题，实则是一种概念反思。即使强人工智能时代到来，那也并不意味着人类将面临最大的危险。一句老话说得好：风险与机遇共存。我们可以想象无人驾驶、餐厅里有机器人服务员、机器人看护老年人、危险场所有机器人处理棘手问题等场景。不管他／她们是什么类型的人工智能，总之他／她们与人友好相处，有时也会像人类一样伤害同类。如果人类互相伤害的历史是可以接受的，我们没有理由不接受机器人像人一样的行为。况且机器人可以帮助人类从事务性的工作中解脱出来，投身到更具创造性、更自由的活动中去。就像马克思在《德意志意识形态》所讲的那样："在共产主义社会里，任何人都没有特殊的活动范围，而是都可以在任何部门内发展，社会调节着整个生产，因而使我有可能随自己的兴趣今天干这事，明天干那事，上午打猎，下午捕鱼，傍晚从事畜牧，晚饭后从事批判，这样就不会使我老是一个猎人、渔夫、牧人或批判者。"（马克思、恩格斯 2003, 第 29 页）人工智能技术消除了强制性的、固定性的分工，让每个人作为个人参加共同体，个人的存在摆脱了对人与对物的依赖，成为独立的、有个性的个体，成为全面发展的自觉自由的个人。那不是一个生活更加美好的时代吗？

第八章　物理主义世界观之下的规范问题

8.1
如何理解客观性：对象、意义和世界

引言

　　阐释学的任务在于一方面需要拒斥海德格尔的强制阐释，但不拒斥精神的主动性；另一方面拒绝还原的强制阐释，但不拒斥精神的客观性。我们时代哲学阐释的核心任务，乃是在这两种强制阐释之外找到第三条道路，既保留阐释学之为精神科学的精神性而非物质性，又保留阐释学之为精神科学的客观性而非任意性，从而建立真正的阐释学。

　　大致来说，我们把人类的知识分为两类：一类是自然科学知识，另一类是人文历史知识，狄尔泰（Dilthey）的自然科学和精神科学区分大概与此对应。20世纪以来，我们遭遇到来自两个方向的"学科霸权主义"。一方面可以称之为现代主义—科学主义，用自然科学范式去研究社会科学乃至广义人文学，科学真理观、科学方法、科学标准成为一切学问的尺度。另一方面可以称之为后现代主义—人文主义，认为在人文社科领域并不存在类似科学的客观真理和客观标准，甚至在自然科学领域也不存在这些标准，其方法是用权力、意识形态去理解科学。科学主义者的客观性标准建立在科学之上，人文主义者为了反对科学标准，也反掉了客观性标准。我们所希望的是能够在非科学

领域或精神科学领域建立一种客观性标准。因此问题就变成了如下几个彼此联系的问题：精神科学领域存不存在客观性标准？如果存在，应该是一种什么样的客观性标准？这种客观性与科学的客观性有什么不同？在人文社会科学领域建立一种客观性标准，超越简单的科学主义与人文主义的对立，是哲学探究的重要任务。

正是在这个大背景下，张江教授的《再论强制阐释》一文提出了阐释学的根本问题，即在文本、思想的阐释之中是否存在意义的客观性，是否存在发现意义客观性的方法？（张江 2021，第 4—23 页）该文的基本立场和结论是：反对阐释的任意性，坚持阐释的确定性。阐释的确定根据在于阐释是有对象的，对象是客观存在，可以就客观存在的对象通过理论和逻辑进行合适的整体主义阐释，进而在后现代主义时代捍卫真理、意义和世界的客观性。这是一个非常重大的问题，在当代哲学中处于相当核心的位置。本节将从对象的客观性、意义的客观性，以及人与世界基本关系的客观性三个层次展开论述从而捍卫客观性，并就《再论强制阐释》中关于阐释对象的区分、整体主义的解释原则进行分析和讨论。

8.1.1 指称为客观性奠基

本节无法就客观性本身给出特别准确的定义，但我们知道逻辑、数学是客观存在的，科学理论是客观存在的，自然世界、已经发生的历史事实也是客观存在的。客观性不应该仅仅限于自然科学，自然科学和精神科学都分享了客观性的一些基本特征。客观性的一个最基本的含义可以这样理解：客观事实、客观真理等不因为人类的认识与否而发生变化。波普尔的三个世界理论中物理世界和文化世界所共同具有的客观性和本书所预设的对客观性的基本理解相近。关于客观性的争论贯彻整个 20 世纪的哲学史。[1]一个较受忽视的问题则是由克里普克的指称理论所引起的关于客观性的争论。通常对克里普克《命名与必然性》一书的研究主要集中在其语言哲学中的描述论和反描述论、形而上学中的后天必然性与本质主义、心智哲学中的模态论证等，而很少就克里普克从指称论出发所形成的客观性标准展开研究，这一角度对理解阐释的客观性具有非常基础的作用。

克里普克在《命名与必然性》（Kripke 1980）演讲中提出了革命性的观点：名字的意义就是指称／对象，一个个体在产生之初被命名，然后其名字通过外在的历史因果链条传到了使用名字的说话者这里，说话者在谈到某一个体时，就通过因果链条指向那个被命名的个体。例如我们说到孔子或苏格拉底的时候，就说的是历史上曾经存在的那个孔子或苏格拉底。因此名字的意义不是内在于大脑的，而是外在的，由外部世界的状态决定。克里普克理论有几种不同的名称：直接指称理论、因果历史理论、外在论。名号之间，有细微区分，直接指称理论本身的形而上学承诺较少，因果历史论和外在论则有实在论的承诺。[2]克里普克的指称论，在语言哲学内部反对传统的弗雷格－罗素－塞尔的描述论，在广义的哲学领域和不同的哲学思潮都有交

---

[1] 1929 年达沃斯之辩，海德格尔与卡西尔就如何理解康德，产生了严重的分歧。卡西尔从马堡学派出发，坚持从数学、科学角度捍卫康德，海德格尔则从人的有限性出发重新阐释康德。双方都大致同意《纯粹理性批判》的真正贡献在于提出了为形而上学奠基的问题。但海德格尔否认人类可以进入无限领域，哲学的本质恰恰在于认识到并坚守我们本质的有限性。康德本人认为有限之人可以从有限中解脱出来，进入客观有效、永恒必然的数理科学领域和道德领域，卡西尔认同这一基本立场。卡西尔对逻辑、先验直观的捍卫，可以说是对客观性的第一次捍卫。逻辑经验主义的主要人物卡尔纳普也参加了这次辩论，并在 1930 年 11 月写成了《通过对语言的逻辑分析来克服形而上学》一文。卡尔纳普指出海德格尔的"无本身无着"（Das Nichts selbst nichtet）这一陈述不合逻辑，它违反了"无"的逻辑形式。因为海德格尔把"无"既用作名词，又用作动词，而现代逻辑早已表明"无"不能做名词或动词，只能由存在量词和否定来构造。海德格尔回应说他所称之为"无"的东西，先于逻辑，先于"否定"概念。比逻辑更根本的乃是此在，乃是人的有限性，"无"就是属于这一层面的东西。1926 年爱因斯坦与柏格森关于时间的争论，以及 1946 年维特根斯坦与波普尔关于是否存在真正哲学问题的争论，广为人知。（参见弗里德曼 2010，第 110 页；卡纳莱丝 2019；波普尔 1988，第 169 页）。

[2] 例如娜丰（Cristina Lafont）就在"指称的因果理论"和"直接指称理论"二者之间选择后者，因为她觉得"捍卫这些新的指称理论的关键洞见并没有要求，甚至没有暗示过对指称的因果解释的接受，或者是对形而上学的实在论的接受"。（娜丰 2019，第 3 页）

锋。以下从科学史和后马克思主义两个领域的争论来说明克里普克的客观性立场。

第一，因果历史的客观性。克里普克的因果历史理论和库恩的"范式转换"直接冲突，如果名字的意义就是对象本身，那么某个名字不仅在现实世界指称同一个对象，也在不同的可能世界（当然包括曾经存在的历史世界）指称同一个对象。库恩的范式论则主张在不同的范式时期，同一个名字或概念指称的东西是不同的，例如亚里士多德的物理概念和牛顿时期的物理概念不同，二者之间存在范式的不可通约。不难看出，克里普克的观点对于解释科学真理、科学进步是非常方便的。夏佩尔指出"极端不可通约的学说仍然是有缺陷的；因为它从根本上说是不一致的。怎么可能有两件东西是完全不可比较的？另一方面，如果两个科学语境真的不可对比（在库恩关于一切事物的范式依赖性的主张所暗示的极端意义上），就不可能把它们都称为'科学'，或者更具体地说，'理论'或'范式'，也不可能说它们在解释的标准上有差异（它们在解释什么上有分歧）。"（Shapere 1989，pp.419—437）科学哲学中，关于不可通约的讨论已经非常成熟乃至过时了。现在能比较清楚地看到，能够为批评范式提供理论基础的是克里普克的指称论。克里普克主张指称物存在于外部世界，库恩则认为并不存在这一独立于思想体系的外部对象。对于克里普克来说，指称物存在于外部世界，存在必然真理——后天必然真理，事物具有本质，如水的本质结构就是 H_2O。而对于库恩来说，不存在所谓客观真理，当然也没有什么必然性和本质。和克里普克同为外在论者的普特南在《理性、真理与历史》一书中也提出了类似的批评："不可通约论题是指在另一种文化中使用的术语，例如，17世纪科学家使用的'温度'一词，在意义或指称上不能等同于我们拥有的任何术语或表达……如果这个（不可通约）论的确为真，那么我们根本无法翻译其他语言——甚至是我们自己语言的过去阶段……告诉我们伽利略有'不可通约'的概念，然后继续详细地描述它们，完全不一致。"

（Putnam 1981，pp.114—115）

第二，本质主义的客观性。克里普克的严格指示词理论和反本质主义存在冲突。严格指示词理论被齐泽克在《意识形态的崇高客体》中用作与拉克劳、墨菲讨论反本质主义的概念工具。"是什么创造了并维持着既定意识形态场域的同一性，使之不受其实证内容的所有可能的变体的影响？对于这个生死攸关的意识形态理论问题，《霸权与社会主义策略》勾勒了或许是最明确的答案：通过某个'纽结点'的干预，众多'漂浮的能指'、众多'原意识形态因素'组成了一个统一的场域。"（齐泽克 2014，第 107 页）这里的纽节点、缝合点、能指保证了意识场域的同一性。"如何阐明某个特定领域的决定性作用，又不落入本质主义的陷阱？我的看法是，索尔·克里普克的反描述主义为我们解决这个问题提供了概念工具。"（齐泽克 2014，第110 页）"桌子"能够指称桌子，在描述者看来完全是因为它们的意义，但反描述主义者认为名字是通过"原初命名"这一行为与桌子这一对象联系起来的。因此从克里普克来看，齐泽克的缝合点就是严格指示词，指称拉康意义上的小客体。严格指示词是"意义之结"。不妨说是严格指示词所指称的对象聚集了意义，而不是相反。意义是偶然的，对象是必然的，如同在库恩和克里普克争议中一样。外部对象的同一性保证了意义的产生。这里需要澄清的是，齐泽克和克里普克对本质的理解是相当不同的，在齐泽克看来属于本质的，例如那些关于一个名字能够指称的条件或那些描述，在克里普克看来都不是本质的。对于个体来说，本质就是个体的性质，虽然我们不一定知道。但齐泽克所理解的本质则是关于个体的不同描述。"本质主义的幻觉之为幻觉，就在于它相信，最低限度地确定明确的特性、实证的特征，完全是可能的。这样的特性、特征能够表明'民主'等概念的永恒本质"（齐泽克 2014，第 121 页）在这种解读下，克里普克就是反本质主义者，而描述论者是本质主义者。齐泽克使用了严格指示词，名字在所有可能世界指同一个对象，但并不一定满足我们所理解的各种本质描述。尤其是关于"民主""阶级"这些概念不能有一个确定的标准条件，不能进行本质化的理解。可以说，克里普克是一种形而上学的本质主义立场，而齐泽克则持有一种社会政治学上的反本质主义立场，这和克里普克的立场并不冲突，但需要明确两者并不是一回事。甚至我们可以进一步主张说，尽管齐泽克、克里普克看起来反对传统形而上学，接近后现代的思路，但他们的基本形而上学框架并没有走出实在论、本质主义的框架。他们的反本质背后预设了指称本质的客观性。

因果历史的客观性和本质主义的客观性都指向了名字所指称的对象本身的客观性，正是指称本身的客观性奠基了克里普克所理解的客观性。应该看到 20 世纪上半叶，不管是维特根斯坦、海德格尔，还是卡尔纳普、奎因，都反对形而上学，他们认为形而上学没有意义。真正有意义的只有逻辑命题、科学命题和日常陈述。粗略而言，逻辑实证主义和奎因把逻辑和科学作为研究的核心，而海德格尔和维特根斯坦则转向了日常实践。但克里普克不同于上述两派，他区分形而上学与认识论，提出了后天必然命题、可能世界，恢复了形而上学在哲学中的地位。如果把以科学为方法的哲学研究称为自然化进路，把以分析日常语言为方法的哲学研究称为日常实践进路；那么前者把哲学还原为自然科学，后者把哲学还原为用法、实践和历史等，两种还原都丧失了哲学领域本身的客观性、自主性。[1]

在分析哲学内部，弗雷格、戴维森和克里普克对客观性的论证是一条独特的思路，尽管他们彼此之间的立场可能相互冲突。[2] 但本章将以一种新的方式重新理解他们关于客观性的立场：首先，笔者引入克里普克关于形而上学与认识论的区分、波普尔的三个世界区分，来理解对象的客观性，并区分不同的阐释对象。其次，从意义和指称的

---

[1] 在《物导向本体论》一书中，思辨实在论代表哈曼把海德格尔的称作向上还原，把自然科学的还原称作向下还原（Harman 2018）。

[2] 例如克里普克反对弗雷格指称论，戴维森反对指称概念对于意义理论的重要性等。

区分入手，引入弗雷格语义学意义的客观性、克里普克的指称决定意义和戴维森的真值条件语义学来说明意义的客观性。最后，从整体论角度阐释对象、意义和世界的客观性，以回应强制阐释带来的挑战。在这里，克里普克的指称理论是贯穿对象的客观性、意义的客观性和世界的客观性的一条纽带。

8.1.2 阐释对象的客观性

首先，我们可以接受一个基本的区分，形而上学和认识论的区分。在《命名与必然性》开篇，克里普克提了一个问题：到底独角兽存在不存在？假设我们找到了独角兽的化石、了解到关于独角兽的传说等，这些证据能证明独角兽存在吗？克里普克说不能。独角兽要么存在，要么就不存在，它的存在独立于我们所能找到的证据。一个东西是否存在是独立于我们认识的。这既是一个基本的常识，也是哲学的一个重要立场：实在论，即实在独立于我们的认识。

在实在论的背景之下，宽泛来说，我们有三种对象：物理对象、心理对象和抽象对象。物理对象可以分为微观物理对象和宏观物理对象，前者由物理学理论确认，后者由我们的生活经验确认。心理对象则是通过自我反思确认。尽管当代物理主义者主张将心理对象还原为物理对象，但心理对象依赖于物理对象，并不能完全还原，因此可以说心理对象也是基本的存在。此处我们不卷入关于意识哲学的复杂争论之中。抽象对象则比较复杂，包含理论、数学、逻辑、文学作品和艺术作品中的文本和人物等。关于抽象对象也存在实在论和虚构论的不同立场。我们也在非常初级的意义上承认抽象对象是存在的，或者我们可以说物理对象、心理对象和抽象对象都是真实的（real），在范恩等人引导的后模态形而上学研究以来，形而上学的中心不再关注于何物存在，这个问题应该交由科学回答。形而上学应该关注何物更为基本，基本物和非基本物之间的关系是怎样的？因此，在一个非常直观的意义上物理、心理和抽象都是真实的。

波普尔区分的三个世界——物理世界、心理世界和文化世界大致可以对应这三种对象世界。物理对象独立于我们的认识而存在，尽管我们需要用物理学或感知经验去认识。抽象对象也独立于我们的认识而存在，尽管有一些抽象对象是由人类所创造。例如《红楼梦》《西游记》，虽然一千个人有一千个不同的理解，但孙悟空和林黛玉的基本形象绝不会因为我们的认识而发生完全改变，因为他或她的形象完全由小说所决定，这是每一个认识者所不能改变的。就如同我们对物理对象的认识受制于物理学理论一样，我们对小说人物的认识也受制于小说本身的结构。这里有一个问题，就是该如何认识心理对象？似乎我们有两种意义上的对象，一种是我们无论如何认识这个对象，都不会改变这个对象；另外一种是我们认识对象有可能改变对象。前者典型的是物理对象和虚构对象；后者就是心理对象，更为宽泛的说法是自我。认识自我会改变自我，你想成为一个什么样的人，这本身会塑造你的自我。戴维森把知识分为三种：关于自我的知识、关于他心的知识、关于世界的知识，以此区分知识的三种对象。按照戴维森的思路，心理对象可以区分两种：自我意识对象和他心意识对象。戴维森把笔者所理解的物理对象和抽象对象都划归为外部对象。在这个对象三分的基本框架下，可以分析《再论强制阐释》对阐释对象的区分。

《再论强制阐释》区分了两种阐释对象："所谓阐释对象，本当两重蕴含：其一，对象或对象化的一般意义。对象是面对之象，是独立于阐释者之外的他物。唯有进入阐释者视野，阐释有了对象，阐释才有展开和实现的可能。阐释是对象的阐释。其二，在合法性意义上，阐释者与对象的关系是双向的，互有义务与责任。对阐释者而言，阐释的对象是开放的，应当允许阐释者任意阐释；于对象而言，阐释主体是有责任的，其责任就是，以此对象为标的，阐释其他有的意义，当然是阐释者自主感受和理解的他有的意义。"（张江 2021，第5页）进一步区分了两类阐释对象："一是，独立于阐释主体之外的自在之物，或为与主体意识毫无关联的自然现象，或为与人的主体意识密切相关的精神现象，可称之为外在对象。二是，阐释主体自我，其心理，其意识，其反思，包括情感和意志，可称为内在对象。两种对象本质上完全不同，但对阐释而言，皆为阐释的对象。"（张江2021，第6页）作者根据内外之别区分了两种阐释对象，内外的标准建立在自我与他人、世界的区分之上。按照笔者的读解，自在之物就是笔者所说的物理对象，精神现象就是抽象对象，而内在对象属于笔者所讨论的心理对象。

首先，在笔者所理解的心理对象之中，既包括自我意识对象，也包括他人意识对象，戴维森称之为自我知识的对象和他心知识的对象。但关于他心意识对象似乎没有被作者提出的两类阐释对象所涵盖。如果做一个形象的理解，一个阐释活动，除了给定的外部世界（物理世界和抽象世界之外），还需要阐释者、阐释的文本和文本的创作者（被阐释者）。虽然我们可以说一个阐释活动只需要阐释者聚焦于阐释文本，但对被阐释者的了解对于阐释文本是非常有帮助的。被阐释者和文本之间具有一个最基本的因果联系，被阐释者在确定的时空之中创造了文本。从阐释者和被阐释者之间的关系来看，二者都处在同一个世界之中，尽管不一定处于同一个时空之中，但处在我们古往今来的人类自然历史世界之中。虽然二者不一定具有共同的语言，但我们大致具有共同的世界，因此阐释者和被阐释者具有基本可以共享的世界观念。一方面，我们区分自我和他人，承认这是两种极为不同的阐释对象；另一方面又得承认，与物理对象和抽象对象相比，二者的相似度还是很高的，因为二者都是心理对象。阐释对象如需要扩充，需要考虑他心作为阐释对象。

其次，《再论强制阐释》指出两种阐释对象本质上不同，一个非常直接的理由就是，第一类对象在自我之外，第二类对象就是自我。以自我作为标准，似乎过于主观。经验主义和理性主义对于经验主体的划界也是如此，所谓的经验主体类似笛卡尔心灵，如果把心灵作为认知主体，我们甚至可以说我的四肢、五官都可能在我之外。这种自我过于狭隘，也许应该解释为自我的涉身性理解，自我并非单纯的一个心灵。作为阐释对象，人类所创造的精神现象也凝结了自我和他人的认知，和完全的自然现象不同，也不是完全的私人心理现象。可以说精神现象处于二者之间，又涵括二者。因此《再论强制阐释》所区分的两种阐释对象，更适合被区分为三种对象：自然现象、精神现象和自我现象，把他心归结到一般的精神现象之中。将对象区分为两类似乎承诺了笛卡尔式的主客二分。破除这种二分框架，并不会丢失掉客观性。把阐释对象分为三种，似乎更符合我们现在对世界的基本理解。

再次，《再论强制阐释》强调阐释的客观性，实际上暗合了阐释学的发展，虽然海德格尔和伽达默尔都重视所谓的前见，强调解释的主观性，但近期的发展阐释学走向了客观性。无论认知主体认识世界还是阐释文本，一个明显的事实就是，我们所要认识的和阐释的对象并非在我们自身之内，而是和我们保持一定距离。因此，20世纪在阐释学内部经历了从阐释的反实在论到阐释实在论的进展，菲格尔接受伽达默尔的看法，认为哲学是完全独立任何现代科学理性方法基础的。但不同之处在于，即便如此，并不意味着哲学研究就丧失了客观性。在菲格尔的哲学规划中，"客观性"并没有挑选出符合我们从现代认识论或现代自然科学研究中所熟悉的规范的观察或信念的特征。相反，他的术语是指对象的特征，因为它们作为需要我们注意和解释的实质性问题与我们短兵相接。哲学研究的开放性和无穷尽性首先不是由我们作为主体、作为解释者所受到问题的多元性，以及创造性才能、观点和需求的多样性所驱动的，而是最终由对象本身赋予我们的永无休止的可理解性源泉所驱动的。有鉴于此，菲格尔断言："人不是衡量万物的尺度。"这和高尔吉亚"人是万物的尺度"相对照。科赫的《阐释实在论》、菲格尔的《客观性——阐释学与哲学》站在客观性的立场，超出了海德格尔、伽达默尔的阐释学框架。（Figal 2010，Koch 2016）对象的客观性已将指称论和阐释学联系在一起了。

在《解释学哲学中的语言学转向》一书的第 5 章"语言作为理解的媒介——语言的认知用法"中，该书作者特别提出了，克里普克对"意义决定指称"这一传统论题的挑战，克里普克、普特南、唐纳兰强调了指称的优先性，不是意义决定指称，而是指称决定意义。（娜丰 2019）对象决定意义，从这个角度来看，克里普克的指称理论可以成为阐释实在论的基础理论。

最后，海德格尔提出的强制阐释"为了从词语所说出的东西那里获取它想要说的东西，任何的解释都一定必然地要使用强制"。（海德格尔 2011，第 192 页）无论阐释者采取什么立场，如果把对象搞错了或者把对象虚无化了，这种阐释就是不成功的。设想有人会为海德格尔阐释梵高笔下农夫的鞋提供一个温和的辩护。虽然这双鞋不是农夫真正的鞋，即不是同一个物理对象，但仍然属于同一个精神对象。这双鞋的用途、功能、形式为其提供了客观性，这便是《再论强制阐释》所说的外部对象之中的精神现象。我们认为尽管海德格尔使用了强制阐释，但他还是坚持了最为基本的对象客观性，尽管并非所谓的在物理时空之中的农夫之鞋，而是在精神空间中的农夫之鞋。无论如何，对象本身的同一性和客观性为海德格尔的强制阐释做了最为基本的约束。如果没有精神现象的同一性、客观性作为保障，恐怕连强制阐释都不能进行。这是《再论强制阐释》所提出的阐释责任，无论阐释者如何阐释，必须以对象为目的，不管其对象是物理对象、精神对象还是其他。阐释者的责任就是和对象之间建立合理的阐释关系。有人可能会指出，海德格尔哲学自身的思想框架超越了主客二分的近代思维框架，因此我们的批评可能是无的放矢甚至错误理解了海德格尔的阐释。坚持这种主张的人，实际上把海德格哲学理解成为一个和其他哲学体系不可通约、不可比较的思想系统。无论如何，应该坚持最低程度的共识，就是我们都知道海德格尔在阐释农夫之鞋，这个基本事实保证了农夫之鞋作为对象的客观性。

但是这里仍然留有一个疑问，不同的认识主体或阐释者在认识同一个对象的时候，必然会因为自己的背景、语言、视角等的不同，会产生不同的认识，进而产生了不同的阐释。如何统一这种不同阐释视角下的意义差别，是本节接下来的工作。

8.1.3 意义在世界之中与真理性

客观性的第一重保证乃是由对象本身的客观性所保证的；客观性的第二重保证乃是由意义的客观性所保证的。弗雷格区分指称与意义是一个革命性的贡献。他的立场可以分为三点：第一，名字具有意义和指称；[1]第二，意义确定指称；第三，意义是客观的、第三域的东西。应该说克里普克等反描述主义者主要反对的是第二条——意义决定指称，以及被归给早期描述论者的意义的内在论：知道意义就是处于一种特定的心理状态。弗雷格本人并不主张一种内在论的意义理论。意义的客观性可以有两重保证：第一，语言本身的客观性；第二，意义的客观性。如果意义就是指称，那么显然指称是客观的，意义也就是客观的。如果意义不是指称，而是如弗雷格所理解的描述，那么意义也是客观的。最终由于阐释者、文本和被阐释者共处于同一个因果关联的自然－历史世界之中，世界的客观性也提供了最后的担保。

大量的心理学都在研究人们为什么会进行强制阐释，从而产生各种不同的后果。认知科学、心理学、实验哲学的研究告诉我们，人具有很多偏见，例如著名的诺布效应（Knobe Effect）所指出的，人们所进行的有意无意的判断经常受到道德偏见的影响。这些都属于描述性研究，揭示人类进行推理、判断、阐释的实际心理机制。任何人，无论专家还是大众，都具有无法完全消除的偏见、前见。因此，这种研究是一种消毒剂，指出了人们的阐释中所隐含的各种错误。《再论强制阐释》一文就专辟一节讨论这一问题。这属于一种清道夫式的工

---

[1] 例如"孔子"名字的指称就是历史上的那个孔子，"孔子"的意义就是为如下描述所表述："儒家学派创始人""其字为仲尼""中国古代著名的教育家、思想家""出身于鲁国陬邑的那个人"等。

作，因而非常重要。反对强制阐释，不仅要从否定方面进行揭示，更需正面立论。因此该文的第 3 节从整体主义出发强调阐释的客观性是该文的核心论证。本书不对心理学和阐释学的关系作出评论，因为这属于另外一个独立的工作。我们将从对象/指称推进到意义，从捍卫意义的客观性出发来讨论其整体主义解释方案。

　　萨蒙区分了弗雷格所理解名字的三种意义：心理学的、语义学的和认识论的。心理学意义指一个有语言能力的说话者以一种特定的方式使用语词对对象进行纯粹的概念表征，语词的意义就是主体所把握到的，仅仅包括纯粹质的性质，外部事物不能成为其组分。语义学意义指语词的指称机制是被语义确定的。认识论意义指语词的信息值，语词的信息值对语句的信息值做贡献。（Salmon 1981）弗雷格的意义包含上述三个维度，但当他强调意义的客观性时，他主要指的是语义学意义。有人把弗雷格的意义理解为变化的，即随着不同的个体、语境、时空等发生变化，很多描述论者都是意义的变化论者。但是罗伯特·梅（Robert May）令人信服地论证了弗雷格意义的客观性，他不仅把对象当作客观对象，也把意义视作客观对象，把所谓变动的意义视作是对意义的不同侧面的认知。（May 2006）例如就"鲁迅"这个名字的意义来讲，我们可以从"野草的作者"这个意义来认识他，也可以通过"周作人的哥哥"来认识名字的意义，还可以通过"五四文化的主将之一"来认识名字的意义。无论如何"鲁迅"名字的意义是客观的，它独立于不同人的认识而存在。有人或许会质疑，这不就是认识名字的指称吗？当然这里的认识是在两个层面展开的，你在认识名字意义的时候，也就进一步确认了指称。但意义本身是客观的，这一点恰恰保证了你在大多情况下能识别出指称，尽管并非逻辑必然如此。对于强制阐释而言，无论如何对阐释进行认识，总不能脱离对象和名字的意义集，否则这种阐释就是不可理解的。文本和阐释都离不开语言，语言本身就为阐释提供了一个限制。

　　无论语言是用来表达世界的还是用来交流思想的，我们对说出的话或写出来的语句，有一个通常的判断，这些都应该是真的语句。基于这一直觉，戴维森提出了真值条件语义学，他指出一个句子的意义就是它的真值条件。"雪是白的"是真的，当且仅当雪是白的。戴维森对真理的理解非常特别，他反对真理的冗余论、认识论和符合论，坚持真理的原初论。"真"是原初的，不可定义的，我们可以有关于"真"的标准，但却无法定义"真"。一方面，他的真理论不是传统实在论，但却可以具有客观性。另一方面，真理论也不是现代认识论意义上的，主体相信某事并不能使得某事为"真"。戴维森并不认为自己是一个实在论者，但他显然是一个客观论者。在把什么当作意义理论的核心这一点上，戴维森选择了"真"。普特南、奎因、达米特则把证据当作意义理论的核心。意义是真值条件，意义理论也必须建立在真理论上，解释的关键就在于对真值条件的理解。他批评了维特根斯坦主义者将"真"和意义区分开来，从而把意义等同为用法的立场。戴维森认为："由于真的原初性和它在解释与认识中的基础性作用，我们不可能没有真概念而能理解其他命题态度，这其中包括意义。不但如此，解释一个句子首先就在于发现它的真值条件。所谓'可断定性条件'，或'适当的使用'等等，即如达米特和 Horwich 等人所提出的一些替代的概念，都在实质上已暗含了真概念。"（叶闯 2006，第 159 页）"我们关于真值条件的理解对于我们理解每一个句子都是中心的。"（Davidson 1999，p.113）戴维森批评罗蒂，两者都同意对传统认识论的批评，但是他不同意罗蒂进一步的推论："真"不再占据核心位置。他认为"真"仍然扮演着极为核心的作用，他的理论就是"要让真概念成为我们大家理解、批评、解释和预见思想与行为所必须使用的那个框架的实质性部分"。（Davidson 1990，p.282）"真既与人的思想、认识和活动相关，但同时又是客观的。"（叶闯 2006，第 173 页）首先，真值条件是客观的，不依赖你是否已拥有知道真值条件被满足的证据，也不在于你是否知道或者相信（真值条件独立）。其次，"真"作为理解的条件是主客观的，不是完全的第一人称视角（主体交互）。再次，个体与外部世界有着个体不能选择的因果关系（人与世界之间的因果关系）。"真"是我们认识和理解世界的基本概念，像"真"、意义、信念、原因和知识已经是基本概念了，如果没有这些概念，就不可能具有任何其他概念。这里有必要区分基本概念和非基本概念。我们无法把基本概念还原为更简单的概念。因此，当我们去理解真的时候，就是探究真与其他最基本概念（同一层次）之间的联系，例如我们需要从信念、意义、因果和行为来理解"真"这个概念。（Davidson 1996，pp.264—265）在短短的一两页中，戴维森已经多少涉及我们讨论语词之争、基本性等元形而上学问题了。他指出知识是基本概念，和威廉姆森在《知识及其限度》（2000）一书中提出的知识优先论可算作遥相呼应。

戴维森的真值条件语义学暗含了对语言的基本看法，他像罗素或者卡尔纳普那样，对改造自然语言不感兴趣，而是对理解它感兴趣。他把形式语言或标准符号体系看作揭示自然语言结构的装置。（Davidson 1977）因此语言的组合特征、递归特征乃是他心之所系。可以说语言本身的形式化特征建立了某种意义上的客观性。这样一种语言的表达能力被戴维森总结为如下一段非常深入系统的论述：

> 我们所知道的每一种自然语言，都具有类似于最高度发展的那些语言的表达力。这些表达力包括：等价于带等词的一阶谓词演算的基本逻辑结构，具有因果潜能和公共时空中位置的宏观对象的本体论，指称说话者和其他人，指称地点，指称过去、现在和将来的方式。……当一个人有了这个核心，他就有了语言，……任何人的语言或概念储备中的在此共享核心之外的要素，我都看作这个核心的边缘。……每一个新词或新概念都产生新的概念框架不是我的观点。框架就是我们大家共享的这个核心。（叶闯 2006，第 352 页）

在戴维森的原始解释中，我们最终能理解对方，是因为包含基本的理解条件：我们共享的基本世界观，我们相信对方所说为真，人类是可以交流的理性动物等。最终在于阐释者和被阐释者在同一个世界下的生活交流这些基本要素的确立，这一点建立了阐释的可能，也排除了阐释的任意性。不管阐释对象是文本还是艺术品等，都是人类漫长历史演化中产生的精神产品或带有精神属性的自然物，而不管我们带有多么强大的理论和前见去阐释。笔者想指出的是，其实最大的前见，就是我们生活于其中的世界所产生的观念。与奎因面对经验法庭的理论整体论相比，笔者更支持戴维森的基于语言—心灵—世界的"金三角"整体论。

克里普克的因果历史理论建立了对象的客观性，弗雷格和戴维森的意义理论建立了意义的客观性，戴维森的解释理论建立了阐释者和世界本身的客观性。对象、意义、阐释者、世界是打包在一起的，彼此之间不能独立，在这个意义上构成了作为整体主义的客观性。

8.1.4 意义的整体论与意义的实在

阐释学的基本立场是强调整体的重要性，整体大于部分，整体与部分之间循环，因此意义的整体论是阐释学的一个核心立场，但是否阐释学就坚持意义的实在论，这是一个值得分析的问题。应该说，早期的阐释学都反对意义的实在论，但是后期的阐释学逐渐接纳意义的实在论。

《再论强制阐释》持有一个实在论的真理观。这个实在首先包含阐释对象的实在性，其次包含阐释对象和阐释者所处世界的实在性。根据意义与指称的区分，不妨说阐释对象的实在就是指称的实在性。不是意义确定指称，而是指称确定意义。指称的实在性、客观性保证了意义的实在性和客观性。

关于如何理解整体论，《再论强制阐释》提出三点：（1）整体统辖部分，"整体性是系统结构的本质性特征。在一个系统结构中，整体不等于各孤立要素的部分之和。部分特别是部分要素的特性和功能不能从其自身推导出来。整体的特性和功能由整体结构和集合关系所决定，只有当各要素按照一定的结构和集合方式构成整体时才能表现出来"。（2）对象整体是阐释的最终目标。其一，认知是整体的认知。"心理学主张，人的心理和行为并非由个别刺激物的性质及其总和决定，而是对事物整体的反映。研究心理的完整结构，反对把意识分解成各元素的组合。"其二，认知从整体开始。其三，部分叠加不是整体。对部分的认知是必要的，只有更深入细致地认知部分，认知各要素之间的关系，对整体的把握才是完整的把握，没有对部分的准确认知，对整体的认知就会是模糊与混沌的。（3）理解的循环是整体间的大循环。传统的循环，主要是施莱尔马赫所主张的文本内部的循环，我们可以称之为小循环。但是，阐释的循环不止于此。阐释的循环在更大系统内，由更多要素集合而成。其核心要素有历史传统、当下语境和阐释主体。（张江 2021，第 14—17 页）这三点可以总结为两条：第一，从文本或阐释对象看整体和部分的关系；第二，超越阐释对象的整体大循环。

在形而上学中，整体和部分的关系研究就是整分学（mereology），也有人译为偏全学或分体学。有人主张部分决定了整体，也有人主张整体决定部分。当代形而上学中，谢弗认为世界并没有一个基本层面，因此微观粒子不能决定宏观物体，最终所有的东西都依赖宇宙这一整体。这是一种形而上学的整体论观念，谢弗在经验上和概念上都有独立论证。在认知神经科学研究中，微观神经活动和宏观生物活动之间的关系探究也符合整体论原则。因为动物或人类等生物都是一个自组织。微观的物理活动不能决定宏观的生物物理活动。相反，宏观能够约束微观。（Schaffer 2003）

外部对象就是自然现象和精神现象（或我所理解的物理对象和抽象对象）。首先确定基本的阐释对象。就自然现象而言，整体统摄部分的原则不是特别重要，因为自然现象不依赖于人类认知，是独立自存的。从部分去理解整体，或将整体分析为部分是一种非常正常的认识原则，这就是科学里面的还原论方法。总是要把高阶的事物或性质还原为低阶的事物或性质，这种还原就是一种科学解释，为自然对象提供了充分的阐释。因此在自然对象这里，整体对部分的约束，或整体与部分的循环解释是不必要的。而且这里不存在强制阐释的问题。即便我们使用了一种科学理论去理解事物，我们也相信事物本身就遵守了理论所描述的规律。但是就精神现象而言，事情没有这么简单。因为精神现象虽然也是客观的，但是由人类所创造的，如何确定作为整体的精神现象就是人类的任务。如何确定对象本身就为对象为何存在提供了最低限度的阐释，例如当王羲之创作了《兰亭集序》，那么这样一幅作品就必须作为整体来理解，不可能通过对一个个字的研究来获得对这幅作品的理解。

　　情况更为复杂的是内部阐释对象自我。如果我们把内部阐释对象理解为意识对象（既包括自我也包括他人），那么就能清楚地理解对象整体是阐释的总体目标这一说法。在关于意识活动和大脑活动关系的探究中，有一种常见的观点：通过研究大脑微观的神经活动从而理解意识活动。这种看法有一定的价值，但具有很大的危险性。因为意识活动是一种自组织活动，不能完全由微观的神经活动得到阐释。在心智哲学的讨论中，经常把心理事件、心理过程、心理性质、心理状态作为同一种类型心理层级加以讨论，但是意识活动是一个动态过程，应该区分心理状态和心理过程。意识的活动过程不能完全从微观来理解。如果一定要从神经科学理论来解释意识，其实就是"强制阐释"，是理论先行。[1]

　　如何理解意识这样的阐释对象？一方面我们需要来了解并借用意识的神经科学证据，同时实现整体和部分的小循环。但更重要的则是

---

[1]　可能会有人指出，人文学中的阐释（interpretation）和科学中的解释（explanation）是不同的，二者之间仍有相似之处，波普尔也曾谈到科学理解和历史理解的相似，克里普克也谈到科学解释和历史解释的相似。阐释和解释当然有所不同，但并不存在原则性的差别。认为二者极端不同恰恰已经预设了库恩的不可通约，这正是本书拒斥的立场。

需要引入历史传统和当代语境。意识问题是在时间中展现，把握意识问题发展的来龙去脉，了解意识问题当代所处的环境，才是解释意识的关键。不难看出，两类阐释对象中，最为关键的乃是自我或更为广义的意识现象。在阐释学语境中，这里的广义意识现象包含阐释者本人和作品的创作者。我们需要通过多种方式来理解阐释者和被阐释者所理解的文本的意义，一方面我们要明确，不管是阐释者、被阐释者还是文本，都是世界中的客观存在，不能被任意的观念所扭曲；另一方面，需要明确所有和人相关的意识、精神都不用自然科学的还原。如果用自然科学去研究人类精神，那就是执无以驭有，是缘木求鱼，南辕北辙。

因此，"强制阐释"有两个面相，一个是人文观念先行的海德格尔之阐释，完全不理会阐释对象本身的客观性、实在性；另一个是科学主义观念先行的还原论之阐释，完全不理会阐释对象本身的整体性、自主性。阐释学的任务在于一方面需要拒斥海氏的强制阐释，但不拒斥精神的主动性；另一方面在于拒绝还原的强制阐释，但不拒斥精神的客观性。我们时代哲学阐释的核心任务，乃是在这两种强制阐释之外找到第三条道路，既保留阐释学之为精神科学的精神性而非物质性，又保留阐释学之为精神科学的客观性而非任意性，从而建立真正的阐释学。

8.2
真实自我的规范性

导论

"自我"是哲学的核心议题之一，苏格拉底在德尔菲神庙得到的神谕就是"认识你自己"。笛卡尔、洛克、休谟等近代哲学家都对自我有过专门论述。例如笛卡尔提出自我是非物质的心智，洛克提出了心理连续性是自我和个人同一的基础。在当代哲学里，自我知识、自我意识是高频词汇，是心灵哲学和认识论的核心概念。与自我相联系的词汇也频繁出现在日常谈论之中。我们经常会听到关于自我的一些说法，诸如超越自我、保持自我、实现自我、失去自我、迷失自我、背叛自我、回归自我、找回自我等。虽然用的都是同一个词，但所指并非完全相同。比如超越自我中的自我和保持自我中的自我应该不是一回事，需要超越的就不能保持，否则就产生矛盾。失去自我中的自我和实现自我中的自我也不是一回事，失去自我似乎是丢失了一些美好的品质等。我们不无嫉妒地谈论那些成功人士："当下谁变成了成功人士，谁就失去了自我。"而实现自我实际上触及人生价值、理想、规划等维度。它超出了单纯美好品质的限定。

查尔斯·泰勒在《自我的根源——现代认同的形成》一书中指出，自我是一个产生于近代的观念，他认为现代以来把自我当作孤立的、原子式的、平等的个体来看待，并不是对现代人历史境遇的真实描述，它毋宁是在社会世俗化过程中逐步产生的一种自我理解方式。泰勒用"本真的自我"来阐释他心目中的自我问题。在泰勒看来，人们对本真性观念的误解，使本真性失去了"本真"，从而导致个人主义甚嚣尘上。如何生活完全变成个体自己的选择，道德变成纯粹私人的决断，人因之失去了自我的本真性。

詹姆斯在《心理学原理》一书中用"经验自我"指称人们对于自己的看法，将经验自我分为物质自我、社会自我、精神自我。其中物质自我可以分为躯体自我和躯体外的自我，躯体之外的自我包括我的家人、手机、财产、作品等；社会自我指他人如何认识和看待我们，尤其是人们处在各种不同的社会关系之中，他人根据这些社会关系做出的评价是社会自我的核心部分；精神自我指我们所感知到的内在心理品质，我们对自己的感受。詹姆斯的三重自我学说影响深远。米德的《心灵、自我与社会》发展了社会自我的概念。受到查尔斯·泰勒影响，有学者指出自我应该是一个社会学概念，而非心理学概念。一方面，第二次世界大战之后社会心理学的出现，扩大了心理学的范围，社会心理学关注人们的心理和社会现象之间的关系，或者说社会因素对人们心理状态的影响。自我就是心理和社会互相作用的一个突出示例。另一方面跨学科的研究交流合作，哲学、心理学、社会学、经济学、语言学的多重视角交叉融合使得我们不必纠结自我问题到底属于哪个学科。不同学科研究自我的侧重点不同，并不意味着自我属于某一个特定的学科，更不意味着自我仅仅是某一个学科的概念。

　　本节不是讨论一般的自我概念，而是集中讨论自我概念的一个最重要的子集：真实自我（the true self）。试想一下，如果人们在不同的社会环境下展示出不同的自我，比如李明在家长和老师的眼中是乖学生，但在朋友和同学的眼中却是调皮捣蛋的孩子王。究竟哪一面反映了李明的真实自我呢？存不存在一个稳定的核心自我呢？有些人认为自我都是由我们的各种社会角色构成，不存在独立于社会角色之外的"真实"的自我，也有学者认为存在一个稳定的真实自我。

　　最近，一些心理学、认知科学、实验哲学的研究者提出了一个真实自我的理论：真实自我在根本上是善好的（moral good）。（Newman, Bloom & Knobe 2014）接下来，笔者首先简要介绍真实自我理论，然后引入支撑这一理论的几个关键性实验调查。最后笔者对真实自我理论的各个子论断做详细的概念分析，进一步厘清它们之间的关系。

8.2.1 真实自我与良好德性相关

　　纽曼等人通过经验调查发现人们具有这样一种普遍的信念：真实自我在根本上与善好（moral good）相关。人们在评价自己的时候把真实自我与善好相联系，人们在评价别人的时候同样把真实的自我与善好相联系。（Newman, Bloom & Knobe 2014）

　　这个论题涉及很多重要的问题：真实自我与一般自我的关系；真实自我与个人同一的关系；真实自我与表面自我的关系；真实自我中的道德因素和非道德因素的关系；自我理解中道德特征与人格特征、

记忆、感知、偏好的关系；有意做某事和无意做某事中认知不对称（洛布效应）与自我归属的关系等。（Sripada 2010）后续的讨论中会触及这些问题的不同侧面。善好真实自我理论可以视为由如下六个子论断组成。需要澄清的是，并非所有坚持善好真实自我理论的学者都接受以下六个论断，有的人可能不接受心理本质主义，有的人可能认为真实的自我并非普遍一致。笔者相信任何关于真实自我的理论都可以从这六个论断中衍生出来。

（1）不对称性：人们对真实自我的看法是不对称的。人们根据自己的价值系统，把他们认为是好的道德品质与真实自我相联系，而很少把坏的道德品质与真实自我相联系。比如美国的自由党和保守党，因为具有不同的道德标准，使得他们对真实自我的判断存在明显的差异。

（2）普遍性：真实自我是普遍的、稳定的。（2.1）以美国人为例，乐观人群和悲观人群对于真实的自我看法是一致的。（2.2）以美国人、哥伦比亚人、新加坡人、俄罗斯人样本为例，这些不同国家、民族、信仰的人群对于真实自我的看法是一致的，人们对善好真实自我的理解跨越了文化传统等语境。（De Freitas, Newman, Sarkissian, Grossmann, De Brigard, Luco & Knobe 2017）（2.3）以美国、穆斯林等族群为例，具有敌意的族群对于彼此真实自我的看法是一致的。（De Freitas & Cikara 2017）

（3）自我的概念和真实自我的概念之间存在系统差异。自我概念一般可能会随着文化传统发生改变。例如从个人是否独立的角度来理解自我概念，东西方存在显著差异。东方人更愿意把自我看成在社交网络（家庭、族群、国家）中的自我，西方人更愿意把私人化的、内在的东西当作自我的标志。一般而言，可以这样区分一般自我和真实自我。一般自我具有如下特征：内容是关乎个性特征的，价值中立（可以是正面的也可以是负面的），依赖于视角（第一人称或第三人称）。真实自我则具有道德特征，价值依赖（总是正面的）；视角中

立（无关乎第一人称还是第三人称）。（Strohminger, Knobe & Newman 2017）

（4）真实自我与人格同一：人格同一是与真实自我密切相关的问题。在以往的研究中，心理连续性尤其是记忆特征被哲学家当作人格同一的标准（比如洛克）。最近的实验哲学家挑战了这一说法，他们提出了本质道德自我假设。道德特征被认为比其他心理特征更有资格成为人格同一的和自我的本质部分。（Strohminger & Nichols 2014）

（5）根源：真实自我的判断源自更为一般型的心理本质主义。心理学本质主义指人们认识世界所产生的一种基本心理倾向：认为所有的实体（entities）都拥有深层的、内在的、不可观察的性质，它们组成了事物的本质。心理本质主义适用于很多事物，比如人类、动物、城邦等。如果某一个城邦拥有好的法律和良好的道德秩序，这个城邦更接近真正的城邦。（De Freitas，Tobia，Newman & Knobe 2016；De Freitas，Grossmann & Schlegel 2016）

（6）解释力：善好的真实自我模型能够很好地解释一些道德判断的不对称性，例如它能解释为什么人们对于如下事情拥有不同的直觉：行动者是否快乐，行动者是否值得谴责或赞扬，行动者是否表现了意志软弱，什么是行动者的价值？等等。（Sripada 2010）

8.2.2. 经验确证

心理学家运用了三组实验来对论断（1）进行验证（De Freitas, Newman，Sarkissian，Grossmann，De Brigard，Luco & Knobe 2017），实验一表明，旁观者更愿意把一个人的真实自我与道德上好的品质而不是坏的品质相联系。实验二重复了实验一，表明旁观者自己的道德价值影响了他们对他人真实自我的评价。实验三表明关于这个真实自我的规范性论点与独特的心理状态（信念或感受）无关。已有的研究主要从第一人称角度来考察人们如何进行自我评价。而这三组实验主要从第三人称视角出发，考察人们是否在对他人进行评价时，受到自身价值系统的影响。三个实验彼此独立，又紧密联系。实验一是对不对称性的一个确证，实验二是测试出不对称性的原因在于参与者的道德观，实验三表明参与者道德观是导致不对称性的唯一原因，消除了混杂共因（confounder）。为了理解这一组实验是如何获得这些结论的，我们概述一下实验过程。

实验一：参与者阅读一些关于主角的叙述。在这些叙述中，主角的行为和信念发生了种种变化，或者从坏人变成好人，或者从好人变成坏人。用迫选法（forced-choice measure）让参与者选择哪一种转变反映了主角的"真实自我""表面自我"，或者什么都不是。同时让他们使用李克特量表来标示在何种程度上新的行为或信念更反映内心深处（deepdown）的自我。除了这一组实验，还需一组对照实验：当人们的一些非道德的信念或行为（比如个人的喜好从听古典音乐变成听民谣、布鲁斯，从练习太极变成练习综合格斗）发生了变化，人们对真实自我的评价是否也会相应发生变化。调查结果显示参与者更愿意把道德上好的变化归属于真实自我，而把那些道德上坏的变化或者与道德无关的变化归属于表面自我（受到他人或者环境影响的）。

实验二：证明实验一的结果与如下预测一致，人们关于他人自我的观念与他们自己的价值观一致。如果人们倾向于相信真实自我在根本上是善好的，那么何谓好的品性就依赖于人们关于他们自己何谓好坏的判断。实验者设计了一个问卷，其中一半的语汇描述了保守主义者所认为的好品质，另一半语汇描述了自由主义者所认为的好品质。保守主义者支持的好品质包括：从同性恋转变为异性恋，从无神论转变为具有宗教信仰，从不爱国变成爱国，从淫乱放荡转变为忠贞不贰。自由主义者支持的好品质包括：从拒斥全球变暖转变到保护环境，从男性至上转变为众生平等，从贪婪转变为慷慨，从反对流产转变为尊重流产者。然后提问哪一种品质的变化反映了真实自我，如果参与者自己的道德观念真的会影响他们对真实自我的评价，那么持有保守主义立场的参与者可能会把那些属于保守主义的好品质归属给真实自我，而持有自由主义立场的参与者可能会把属于自由主义的好品质归属给真实自我。

实验三：考察信念和感受这两种心理状态中的哪一种影响了人们对真实自我的看法。按照通常理性和感性的区分，我们也可以问是人们理性的一面更反映真实自我，还是其感性的一面更反映真实自我呢？亚里士多德认为真实自我反映在理性慎思之中。也有学者认为真实自我反映在人的欲望和情绪之中。这个实验表明，参与者的价值系统决定了他们对真实自我的判断。例如，对于那些吸食海洛因成瘾的人，他们不愿意放弃自己的嗜好，我们可以说没有保持真实自我。当人们能够抵抗种种欲望、诱惑，他们就是在坚持真实自我。

实验让参与者想象某个人面临理性和感性的冲突。一方面他很理智地相信同性恋是不道德的，另一方面却在感情上接受同性恋。当我们问究竟哪一个维度（信念或者感情）才反映这个人的真实自我，实验者预测：通过个体的价值差异可以推断参与者把信念还是把感受作为主角的真实自我的一部分。自由主义者更愿意认为主角受到同性的吸引反映了他的真实自我。一个相反的例子是，主人公相信同性恋是完全可以接受的，但在情感上却极为反感。根据我们对善好自我的假设，保守主义者更愿意把主人公这种反感情绪视作他真实自我的一部分。

为了考察究竟是信念还是情绪属于真实自我，实验者构造了两个不同的故事。

故事一描述了主人公相信同性恋在道德上是错误的，但是在情感上却经不住诱惑。马克是一个福音教派信徒，他相信同性恋在道德上是错误的。事实上，马克正在主持一个研讨班，他向学员传授一种可以抵御同性恋的技巧，然而马克自己却不能摆脱同性恋的诱惑。他公开承认，他的确是在和同性恋做斗争。

与此相反，故事二描述了主人公相信同性恋在道德上是可以接受的，但却在情感上对同性恋反感。马克是一个世俗人文主义者，他相信同性恋是完全可以接受的。事实上，马克正在主持一个研讨班，他向学员传授一种可以抵御对同性恋反感的技巧，然而马克自己却不能摆脱对同性恋的反感。他公开承认，他的确是在和对同性恋的反感做斗争。

在马克相信同性恋是道德上错误的，但在情感上不能摆脱同性恋这个条件下，57% 的自由主义者认为马克情感上受到同性的吸引反映了他的真实自我，他的信念处在边缘位置；只有 26% 的保守主义者做了和自由主义者一样的选择；42% 的保守主义者认为他的信念和感受都是其真实自我的一部分。

在马克相信同性恋是道德上允许的，但在情感上厌恶同性恋这个条件下，68% 的保守主义者认为情感上厌恶同性恋反映了真实自我，他的信念处在边缘位置；只有 38% 的自由主义者做了和保守主义者一样的选择；43% 的自由主义者认为他的信念和感受都是其真实自我的一部分。

实验三的综合研究说明参与者更倾向于把那些他们认为在道德上是好的心理状态当作真实自我的一个部分，这个心理状态可以是感受也可以是信念，关键在于这一特定心理状态所表现出来的倾向是否与参与者本人的价值系统一致。但是如果把信念和感受做对比，人们更愿意接受是感受反映了人们的真实自我这一看法。

总之，不管评价自己还是评价他人，人们在理解何为真实自我时，都存在不对称的关系，即把道德上好的品质归属给真实自我。进一步来说，人们对自我的判断受到了自身价值系统的影响。人们的价值系统当然会发生变迁，会随着时代发生变化。

8.2.3. 真实自我理论结构分析

论断（1）在真实自我的理论中扮演最为重要的角色，这种不对称性源自人们的价值观，在第 2 小节已经通过三组实验进行了详细说明。本小节主要分析其余的五个子论断。

论断（2）主张善好的真实自我是普遍存在的，跨越文化、种族和阶级。如果这一点成立，且真实自我受到价值系统的影响，那么我们不难得出如下结论：人们的价值系统是跨越文化、种族、阶级而普遍存在的。这看起来似乎违背我们的通常看法。仔细考究，应该得出的是如下结论：与真实自我相联系的价值系统是跨越文化、种族、阶级而普遍存在的。这里有必要区分两种价值系统：一种是价值系统的内容，一种是价值系统的形式。比如保守党认同的价值和自由党认同的价值就不同，东方人认同的价值和西方人认同的价值也会有所不同。这类不同是从价值系统的具体内容来说。人们把价值系统中善好的东西与真实自我联系起来，这一点是普遍存在的，也是跨越各种文化、种族、阶级的。区分具体的价值系统和抽象的价值系统，这一点类似于冯友兰先生的抽象继承法。1957年1月8日，冯友兰先生在《光明日报》上发表《中国哲学遗产底继承问题》，同年又在《哲学研究》第5期发表《再论中国哲学遗产底继承问题》。他指出，中国哲学史中有些哲学命题，如果需要全面了解，需要注意它的两方面意义：一是抽象／一般的意义，一是具体／特殊的意义。在中国哲学史中一些命题的具体内容受到批判时，他提请大家注意这些命题的抽象／一般意义。哲学思想中有为一切阶级服务的思想，用现在的话来说，哲学命题的抽象意义是超越文化、种族和阶级的。人们愿意接受善好的东西作为自己的真实自我，这也是一个抽象的／一般的论断。人们把忠诚国家、爱护家人的品性作为自己的真实自我，这是一个具体的论断。而对于佛教徒来说，爱护家人就不是他的善好品性，他需要抛家弃子，独身修行。对于民国时期的无政府主义者来说，忠诚国家就不是自己的善好品性（这里的国家指政治意义上的）。在人们接受的价值系统中区分抽象和具体，有助于理解东西文化的异同。

论断（3）旨在区分真实自我与一般自我。一般自我可以包含詹姆斯的三种维度：物质自我、社会自我、精神自我。从物质自我出发，可以涵盖自我意识和自我知识中的自我概念。当我们要超越自我、实现自我，多半是从一般自我尤其是社会自我来考虑。儒家的仁、礼都是建立在与他人交往之上的概念。一般性自我在社会网络中发展，不断磨砺，成就真实自我。实现自我，用儒家的语汇来说，就是成为圣人，让良知在道德实践中呈现出来，或者让仁心在格物致知中展现，不断克服自我的种种不足以成就真正的自我。不难看出，真实自我反映了人之为人的独特品质。从孟子到阳明，心学一路呼应了善好的真实自我理论。不管你具有什么样的一般自我，不管你在社会中承担什么责任和义务，不管你的物质自我、社会自我和精神自我各自扮演了什么样的角色，我们对真实自我的看法都分享了基本的道德观念。学以成人（learning to be human），其主旨就是在实践学习中以实现真实自我。成为有德之人，这也是成人的应有之义。

论断（4）试图理清真实自我与个人同一的关系。如果我们接受如下两个论断：真实自我就是个人同一的本质组分，善好的真实自我是普遍存在的，跨越文化、种族和阶级，那么我们就不难得出人们对个人同一的看法受到价值系统的影响，个人同一的标准应该是跨越文化、种族、阶级而普遍存在的。我们知道个人同一标准有好几种：灵魂标准、心理标准（记忆）、身体标准、大脑标准、叙事标准。这些都应该属于一般性自我：物质自我和精神自我。如前所述，真实自我大致对应于社会自我。在目前个人同一研究领域中，个人同一的标准是道德要素这一立场是比较少见的。目前只有史多明戈（Strohminger）和尼克尔斯（Nichols）在 2014 年的文章中提出了个人同一的道德假设（the essential moral self hypothesis）：在个人同一标准问题上，道德特征要比心智的其他特征更重要。（Strohminger & Nichols 2014）他们考察了五种情形：大脑损伤、服用药丸、大脑移植、灵魂转世、年龄变化。在这五种情形中，实验者选用了道德词汇、人格词汇、记忆词汇和欲望词汇等来进行测试，实验发现当一个人的道德特征发生了改变，参与者倾向于认为这个人变了。这一点符合大众的直觉，当你的恋人失去了记忆，你会认为他仍然是他；当他的个性特征发生了变化，喜好的事物发生了转移，你仍然认为他还是他；可是一旦他变成了一个坏人，你可能会认为他变得再也不是以前的那个他了。我们对一个人是否还是以前的那个人的判定标准高度依赖他在道德特征层面的变化。原因何在？也许对一个人道德特征的识别，可以为你和他／她的交往提供线索。我们在选择朋友、同事以及爱人的时候，道德特征是首要的考虑因素。在 2015 年的文章中，史多明戈和尼克尔斯研究了神经退行性病变的一些病例来验证本质道德自我假设。（Strohminger & Nichols 2015）在额颞叶痴呆（frontotemporal dementia）、阿尔茨海默病（Alzheimer's disease）、肌萎缩侧索硬化（amyotrophic lateral sclerosis）的影响下，当病人因为这些疾病影响了某些道德特征，才被视为发生了实质改变的病人。神经性病变导致病人道德能力的削弱成为同一性变化的主要原因。例如前额皮质损伤导致的功能失常，使得某些道德能力减弱，这包括病人变得不诚实，行为怪异，缺乏同情心，不遵守社会规范等。实验的参与者会认为这样的病人发生了实质的改变。病人大脑的病变使得他产生了不同的道德特征，进而影响了人们对个人同一的看法。如果我们接受真实自我等同于个人同一的说法，那么大脑的生理病变就是真实自我发生改变的原因，这是自然主义的思路。

论断（5）提出善好真实自我的假设源自心理本质主义。按照心理本质主义的看法，我们认为世间万物都存在不变的本质，人的真实自我在本质上是善好的这一说法不过是心理本质主义的一个推论。最近的系列研究支持如下三个论断：1. 人们把个人同一等同于真实自我。这里有必要引入同一的区分：数（numerical）的同一和质（qualitative）的同一。从自我观点看，所谓数的同一，就是真实自我的同一，质的同一就是表面自我的同一。个人同一的同一指的是数的同一。假设你的孪生兄弟在所有方面都和你相同，但他依然不是你，你们之间只有质的同一，没有数的同一。2. 人们关于真实自我的信念展示了心理本质主义的标志性特征。人们对个性特征进行评估时，认为对个人同一关键的特征要更内在，更稳定。在自我的本质和其他特征之间是存在界限的。3. 关于善好的真实自我是普遍的，这就是论断（2）。这实际上支持了心理本质主义，自我拥有不变的本质。（De Freitas，Tobia，Newman & Knobe 2016）

论断（6）是善好真实自我理论的一个应用，我们可以据此解释很多认知不对称的现象。幸福感的不对称：当参与者相信故事叙述中的主角的行为是道德上善好的（与道德上不好的行为对照），他们就更倾向于说主角是幸福的。这似乎是对康德"有德之人就是有福之人"论断的一种经验证实。意志软弱的不对称：当行动者承受了欲望和信念的冲突，最终选择实现欲望。如果他的欲望是道德上好的而不是坏的，参与者就不倾向于认同行动者是意志软弱的。谴责或赞扬的不对称：当行动者受到情绪的操控实施了一个行为，如果参与者相信他的行为在道德上是坏的，那参与者就会认为行为者应该受到谴责；如果参与者相信他的行为在道德上是好的，那参与者就会认为行为者应该多少受到表扬。这些不对称，在善好真实自我理论下面都能获得解释，因为人们都相信行动者的行为反映了真实自我的行为。人们对真实自我的看法是受到道德观念影响，这就不难解释为什么在幸福感、意志和道德谴责上存在不对称。一个处处彰显了真实自我的人，必定是道德善良的，因此他一定是有福的，是意志坚定的，在道德上是值得表扬的。

善好真实自我理论的六个子论断是紧密相关的，真实自我的两个基本特征是不对称性（1）和普遍性（2）；一方面，真实自我和一般自我相区别（3），另一方面，真实自我和个人同一密切联系（4）；真实自我的根源在于心理本质主义（5）；真实自我理论具有广泛的解释力（6）。这六个论断对真实自我的特征、根源、应用和其他概念的区分给出了全面系统的界定。任何一个关于真实自我的新理论都必须对上述六个论断给出系统的意见。

汤一介先生在 2014 年 6 月 22 日的《北京晨报》上发表了一篇文章，题目为《找回自我》。文中他讲到了冯友兰先生的三个阶段：

正如冯友兰先生所说，他在 20 世纪 50 年代之前的学术历程中是有"自我"的，但在 50 年代后则失去了"自我"，只是到 80 年代又找回了"自我"。

冯友兰在 20 世纪 50 年代以前写就的《中国哲学史》和"贞元六书"是中国哲学史上里程碑式的著作。但在 20 世纪 50 年代后，按照某种政治正确原则而非自己认同的学术原则进行哲学写作和自我批判，可谓迷失了自我。直到 20 世纪 80 年代，冯先生重写《中国哲学史新编》，坚持学术标准，终于回归了自我。在冯先生的自我评价中，显然是把善好的真实自我作为他自己理解人生三阶段的基本预设。

以往的研究表明，就评价自我而言，人们愿意把好的方面归给自己，而把坏的方面归于环境；就评价他人而言，人们愿意把好的方面归功于环境，而把坏的方面归给他人。（Malle B. F. 2006）这种对自我和他人的评价是不一致的。但在关于真实自我的理解上，人们却达成了广泛的一致，把善好的道德品质归诸真实自我。但这个新发现与以往的研究结论是有冲突的，如何调和二者之间的张力，有待后续的研究。

8.3
反思与道德行为关系的两个面向

导言

职业会塑造人的品格，反思会改变人的行为，尤其是人的道德行为。这就带来了一个问题：研究伦理学、道德哲学是否让人在道德上变得更加善好。这一问题既关乎知行合一问题，也关乎职业伦理问题。近十年来的心理学、实验哲学的研究表明反思和道德行为之间的相关性并不明显，这是二者关系的经验判断。另一方面，按照韦伯的立场，学者以学术为内在天职，不应该以道德规范要求学者从而降低学术研究本身的真理性。学术研究的价值中立是一个基本规范。但问题在于，伦理知识不同于一般理论知识，具有实践特征，要求反思／知识和行动的内在关联。理解伦理学学科本身的性质，有助于我们对反思和道德行为之间的关系给出一种新的解释。理解反思与道德行为之间关系的两个面向（经验与规范），有助于理解伦理学本身的性质，从而对反思和道德行为之间的关系给出一种新的解释。

培根有言"读史使人明智，读诗使人聪慧，演算使人精密，哲理使人深刻，伦理学使人有修养，逻辑修辞使人善辩。总之，知识能塑造人的性格"。我们通过读书、接受教育来塑造我们自己成形。读书改变气质，所学与所行似密不可分。你喜爱什么似乎反映了你的品行。王国维在《此君轩记》说："物我无间，而道艺为一，与天冥合，而不知其所以然。故古之工画竹者，亦高致直节之士为多，如宋之文与可、苏子瞻，元之吴仲圭是已。观爱竹者之胸，可以知画竹者之胸，知画竹者之胸，则爱画竹者之胸亦可知也已。"喜欢画竹之人，也多为"高致直节之士"。一个人所从事的事业和他个人的心性修养、人格特征分不开。周敦颐著《爱莲说》："晋陶渊明独爱菊。自李唐来，世人甚爱牡丹。予独爱莲之出淤泥而不染，濯清涟而不妖，中通外直，不蔓不枝，香远益清，亭亭净植，可远观而不可亵玩焉。予谓菊，花之隐逸者也；牡丹，花之富贵者也；莲，花之君子者也。"周敦颐在莲花之中，注入了君子人格的理想。这种个人性格和学问之间的关系，也为当代学者所留意，威廉·詹姆斯在《多元的宇宙》中说一个人具有什么样的心肠就会有什么样的哲学立场。硬心肠者是唯物主义者，软心肠者是唯心主义者，等等。庞朴先生也有类似的观察："作为史学家的徐复观以'忧患意识'概括中国文化精髓，而作为美学家的李泽厚却从传统中抽绎出个'乐感文化'来，是否也有点受到了所事文化领域的反作用，抑'君子所性'各异……？"

（庞朴 2011，第 271 页）这种看法类似亚里士多德、康德、密尔和纳斯保姆等人的认识。上述所论表明所学和所行之间关系密切，所学影响其所行，性格影响其立场等。维特根斯坦则就哲学反思与日常思考提出了更深入的看法：如果一个人的哲学思考不能导致他关于一般思考的深入，那么哲学就是无用的。在维特根斯坦给他的学生马尔康姆的一封信件中，他回忆了几年前和马尔康姆关于所谓英国阴谋暗杀希特勒进行的一场争论，兹录如下：

我亲爱的马尔康姆：

……每逢想到你，我就不禁想起一件特殊的在我看来很重要的事情。你和我曾沿着河朝铁路桥方向散步，我们进行了一次热烈的讨论。你关于"民族性格"的议论，它的简单幼稚使我吃惊。我因而想到：研究哲学如果给你的只不过是使你能够似是而非地谈论一些深奥的逻辑之类的问题，如果它不能改善你关于日常生活中重要问题的思考，如果它不能使你在使用危险的词语时，比任何一个……因为怀着自己的目的而使用这些词语的记者都更为谨慎，那么，研究哲学还有什么用处呢？你知道，我懂得要彻底地思考"确定性"、"或然性"、"知觉"等等是很困难的。但是要对或者力求对你的生活和别人的生活进行真正诚实的思考，如果可能这样做的话，那就还要困难得多。麻烦在于，思考这些事情并不紧张激动，倒往往使人陷入困扰。而既然它使人困扰，它就是最重要的。——让我们停止说教吧。我要说的是：我非常高兴再见到你；但是如果我们见面时避而不谈哲学以外的严肃问题，那将是错误的。我由于胆小，不爱争吵，尤其是不爱同我喜欢的人争吵。但我宁愿争吵也不愿说一些纯粹敷衍的话。——真的，我以为你慢慢停止给我写信是因为你觉得，如果我们往下挖掘得足够深，在很重要的事情上我们就不能意见一致了。也许我完全错了。但是无论如何，假如我们能活到重逢，让我们不要逃避往下挖。如果你不想伤害自己的感情，你就不能正确地思考……

你亲爱的
路德维希·维特根斯坦
（马尔康姆 2012，第 131—134 页）

　　维特根斯坦借回忆他和马尔康姆的一次争吵，阐明他自己的哲学观：如果哲学不能帮助我们对生活中重要问题的思考，哲学就没有什么用。通常，哲学家研究专业哲学问题，例如语言哲学中的指称问题、心智哲学中的意识问题、知识论中的知觉问题等。但更重要的是那些我们所面对的生活之中的真实问题。哲学有助于我们去系统反思生活中的方方面面。重要的不是我们去思考哲学问题（thinking philosophical problems），而是要学会哲学地思考问题（philosophical thinking problems）。如果一个研习哲学之人，日常思考和常人无异，那么他并没有获得真正哲学思考的能力。维特根斯坦提出了研究哲学的规范：研习哲学应该帮助我们理解、调整我们的所行。这里的所行涵盖比较广泛，包括实际的行为、一般性的思考、一般的立场等。我们不妨把所学和所行二者的关系概括为两点：第一，基于经验观察，我们注意到实际上人们的所学和所行是有关系的，这是一个描述性论题；第二，在培根、维特根斯坦看来，人们的所学应该有助于所行，这是一个规范性论题。直觉上，我们会觉得伦理学家的所学与所行之间的关系更为密切。伦理知识并不是一种理论知识，而是有关在生活中如何行动的知识。这也相应产生了两个问题：伦理学家是否比其他人更有道德修养，伦理学家是否应该比他人更有修养、更有道德，或者我们是否应该对伦理学家提出伦理要求。

8.3.1 伦理学家实际上是否更有德行？

　　一般而言，我们对一个人的职业和其行为之关系有一种心理预期，比如教师是人类灵魂的工程师，警察是社会安全的守护者，医生是白衣天使。但真实生活中，如下情况也屡见不鲜：警察犯罪、医生酗酒，经济学家投资失败，牧师淫乱，又或者康德主义者撒谎，美德论者狂放，功利主义者非理性。那么伦理学者的伦理反思、立场、知识和他们的行为之间究竟是什么关系？伦理学家是比其他人更有道德，还是更缺乏道德？通常我们会觉得伦理学家在行动时会有道德考虑，毕竟他们在反思和教授关于道德的知识。道德反思促进道德行为，而职业伦理学家要比非职业的其他人拥有更多道德反思。

通常我们似乎可以接受一个数学家、物理学家在自己的领域有卓越之贡献，但在生活中一团糟，例如爱因斯坦、陈景润之类。但我们似乎不能接受一个哲学家在自己的领域有卓越贡献，生活中却一团糟。至少我们希望能找到其生活方式和哲学之间的联系，例如犬儒学派。研习伦理学应该知行合一，这似乎隐含了伦理学家在道德地位上应该高人一等，不仅身为道德楷模，还以教授德行知识为业。有学者对伦理反思和德行的关系早有警醒："善好和德性是否可教？即使可教，是靠'身教'还是靠伦理学这样的系统论理来教？'伦理学教人为善'，这个命题若说古时已经可疑，今天恐怕就更难成立。伦理学系挨个儿跑一跑，哪个教授好意思说他敢教人善好和德性？毕竟，尚没有伦理学的时候，世间早已有善好之人善好之行。'伦理学教人为善'这个主张还进一步暗含，有大家都要接受的善好，而伦理学家更了解这种共同的善好，这种说法也有待商量。"（陈嘉映2014a，第145页）亚里士多德对理论反思带来道德变化颇有疑虑。不过亚里士多德仍然认为研究伦理学并不仅仅在于获得理论知识而是实际上变得"善好"。理论道德反思虽然不足以产生德行，但不意味着不存在好的影响。

上述既有常人之观察也有哲学家之自省，不妨转换视角从大量采样调查入手来看看实际上伦理学家的道德状况究竟如何。一旦从理论考察层面进入经验验证层面，问题就变得更为复杂。首先如何设计经验调查本身就是一个值得讨论的问题。笔者曾以这个话题组织过一次学生讨论，请学生讲出他们所设计的调查，讨论发现有很多调查建议违反基本伦理规范。英美等国家在设计实验（在线心理学调查）发放问卷之前，都需要经过伦理审查，防止问卷调查会侵犯被调查者的个人隐私。同学们给出了各种各样的调查建议，考察这些调查建议的问题，对我们理解和实验关于哲学家的调查是有帮助的。第一个建议：先确定中国有多少伦理学家，然后对他 / 她们所有的网络信息、个人信息进行搜集，再评估伦理学家是否更有道德。第二个建议：直接采访伦理学家问他 / 她个人的道德状况。第三个建议：可以去访问伦理学家的子女尤其是小孩，因为小孩不会说谎。第四个建议：首先确定伦理学家的道德标准，再去调查。除了第四个建议，前三个建议都没有考虑到伦理学家的个人隐私问题，违反了基本的调查伦理。有同学反问，既然你是伦理学家，为什么不可以问你的行为是否符合伦理。这种提问背后隐含了一个基本的判断：伦理知识和伦理行为是内在联系的。设计实验有两个关键点：第一，不违反伦理规范，侵犯个人隐私；第二，能搜集到与伦理学家道德相关的真实数据。不妨说，第一点是伦理要求，第二点是哲学要求。所有的实验都应该遵循上述两条规则。

实验哲学家做了大量的经验调查来探究伦理学家和他们伦理行为之间的关系。加州大学河滨分校的哲学系教授施维茨格贝尔是这一领域的主要研究者，他发现学界关于伦理学家是否更有道德这一问题大多停留在直观或自身经验基础之上，并没有得到系统的经验研究。因此他就这一问题做了多项经验调查，结果表明二者之间实际上并无密切联系。这个经验调查包含多个维度：第一种是纯粹量化评价，第二种是主观评价（自我评价和他人评价）。这个经验调查包含以下案例：伦理学图书丢失率，哲学家（非伦理学）对伦理学家的评价，哲学学者（非伦理学）对本系伦理学者的评价，伦理学学者的公共事务参与程度，伦理学者作为听众在学术会议上的表现，伦理学学者对待学生的态度，伦理学学者在所属学会的参与程度，伦理学学者与亲人的密切程度，关于饮食、器官捐赠、献血、慈善的自评，可以统计的慈善行为，回答调查统计问题是否诚实，等等。我们将其分类并逐一讨论。

第一种：纯粹量化的评价。这种测试，不是发放调查问卷去问关于别人和自己的道德评价，而是从已有的数据中去发现伦理学家道德行为的系统特性。

施维茨格贝尔等人（Schwitzgebel 2009, pp.11—25）调查了顶尖大学学术图书馆伦理学图书的丢失率，并与其他类型的哲学书籍做了对比。这个调查包括两个方面：第一，他们发现当代伦理学的学术著作主要是被伦理学教授和高年级伦理学学生借走了，其丢失率要超过其他非伦理学哲学著作的50%。第二，他们发现经典伦理学著作（1900年以前的著作）的丢失率要比其他非伦理学的哲学著作的丢失率高出两倍。伦理学领域的研究者和学习者更有可能借阅此类书籍，因此其丢失率就成为伦理研究者道德水平的一个指标。这两个调查都表明在是否遵守还书规范这一条上，伦理学家并不比其他人更遵守规范。应该说这个调查设计得非常巧妙，首先没有涉及任何特定的个人，不会侵犯隐私；其次这种数据搜集使得所获的数据与我们想要关心的问题（伦理学家是否遵循规范）具有内在关联。

采集图书馆伦理学图书的丢失率是最符合实验规范的一种办法。次之，是调查伦理学家的公共道德行为。施维茨格贝尔（Schwitzgebel 2010, pp.189—199）调查公共选举的参与程度，把伦理学家、政治哲学家作为一组，哲学中的非伦理学家作为一组，其他领域的非政治科学领域的学者作为一组，通过计算投票参与度，结果发现伦理学家并不比其他哲学领域的学者或者比其他学科领域的非政治学研究学者表现得更愿意参与公共事务或具有更好的道德行为。还有就是调查伦理学家的学术行为。施维茨格贝尔等人（Schwitzgebel, Rust, Linus, Moore, and Coates 2012, pp.11—25）也调查了伦理学学者的日常会议学术表现：1. 是否在正式报告中，在下面说话；2. 是否在讲座人报告过程中，进出会议室并且砰的一声开门或关门；3. 是否把纸杯和垃圾留在自己的座位上径自离开。结果表明伦理学者在哲学会议上的表现并不比其他哲学学者更懂礼仪，只有环境伦理学学者做得较好。最后是调查伦理学者缴纳会议注册费。施维茨格贝尔（Schwitzgebel 2012，pp.371—380）的调查显示在 2005 年左右，美国哲学学会注册费缴纳情况的统计表明伦理学学者缴费率低。在纯粹量化的数据中没有发现伦理学家优于常人之处。有人难免质疑，上述的所谓道德行为都是比较典型的公共伦理规范，而不是我们所理解的道德行为，例如扶危济困、仗义执言、为人坦诚、友爱他人等。但这种量化研究自有其优势，它所关注的道德行为是一些最低限度的规范，在不同国家可以有基本相同的标准。我们所理解的比较高标准的道德规范很难被量化，很难被观察，无法进行数据搜集。当然也许有人会进一步质疑，我们的数据搜集不是和真正的道德行为相关，不过是些表面化的数据搜罗，缺乏深度分析。但这个研究，并非以单个案例研究来定是非，而是有比较系统的实验。

　　除了纯粹量化的调查，还有来自自我和他人的道德评价，把那些不能完全量化的定性评价包括进来，这就是施维茨格贝尔主导的第二类调查：研究来自伦理学家自己和他人的道德评价。首先考虑伦理学学者的自我评价，施维茨格贝尔等人（Schwitzgebel & Rust 2014，pp.293—327）在美国的五个州选取了三组对象：1. 哲学系的伦理学学者；2. 哲学系的非伦理学学者；3. 同一所大学的其他学系学者。测试问题如下：1. 是否遵守学会制度；2. 是否积极参与投票；3. 是否亲近父母；4. 是否吃肉；5. 是否献血；6. 是否接受器官捐赠；7. 是否及时回复学生的问题；8. 是否愿意慈善捐赠；9. 对于调查问题是否诚实。调查表明只有两个问题有明显的差别：哲学研究者更少亲近父母；非伦理哲学研究者更少捐赠。其他方面没有明显的区别。在具有慈善激励的条件下，非伦理领域哲学学者更愿意完成问卷调查；而在非慈善激励的条件下，非伦理学领域哲学学者的参与度较低。针对这两种不同条件，伦理学学者无动于衷。在调查伦理学家和学生的交往行为以及在给学生及时回复电子邮件调查中，伦理学者并没有做得比非伦理学学者更好。

其次考虑其他哲学家对伦理学家的评价，施维茨格贝尔等人（Schwitzgebel & Rust 2009，pp.1043—1059）调查了美国哲学学会太平洋分会上哲学家对伦理学家的伦理行为的看法。第一个问题是：伦理学家的平均道德水平是否高于或低于其他非伦理学家的道德水平？第二个问题是考虑其所在哲学系的伦理学家和形而上学、知识论学家之间道德水平的差异。施维茨格贝尔等人的系统研究表明，实际上伦理学家的道德水准并不高于常人。目前这一研究的样本仅限于美国、英国等少数英语国家。也有学者在德国进行实验，结论一致。当然如果要得到一个更为稳定的结论，可能需要进行更大规模的调查。不过目前的数据已经足够支持一个初步的结论：伦理学家的道德水准并不如常人所理解的那样比其他哲学家的道德水准更高。当然这一系列实验还有很多可以质疑的地方，例如把什么行为划到伦理学家的道德规范之中，如何确定不同文化传统中的道德规范。不过这些问题并不专门针对实验调查，而是伦理学本身面临的问题，不宜苛责实验研究者。

8.3.2 伦理学家是否应该更有德行？

如果伦理学家视自己为良好生活之典范，那么实验调查的结果让人震惊，因为他们一点儿都不比其他行当的学者更有道德。哲学家对此不以为然。施维茨格贝尔设想了一个伦理学教授的故事，该教授在大学里教伦理学，特别熟悉关于保护动物权利的观点，尤其是彼得·辛格关于动物保护的观点，并对现有的一些反驳都给予了很好的回应。根据论证，他认为吃肉是不道德的，素食主义是道德上可辩护的。但是，在现实生活中，他超级爱吃肉。我们不免会对伦理学教授展开如下批评：如果你自己都不践行素食主义，凭什么你认为这个立场是真的？如何能够把你没有践行的伦理主张教授给你的学生呢？因为伦理学并不是一门和生活无关的学科。伦理学家并不会被这个批评驳倒，相反他会给出更加合理的回应：辛格的论证无懈可击，吃肉在道德上是错误的，但哲学家的作用就是讨论哲学问题，分析考察、反思评价立场和论证，而不是按照某个立场去生活。不能因为我是研究伦理学的，就要求我具有更高的道德水准。大学雇我只是对我教授知识进行了付费，如果需要对我的个人伦理行为做进一步的要求，那应该加薪。而且，让伦理学家必须按照正确的伦理规则生活，会对伦理学家产生压力，从而使得我们不能发现真正的道德规则。如果我必须按照我教的知识去生活，那么我可能会选择那些和我的生活行为相符合的伦理学去授课，从而降低学术讨论中的标准。比如在生活中我是个肉食爱好者，不能改变自己的吃肉偏好，为了避免苛责，只好在课堂教学或者学术报告上做反对素食主义的论证；但由于我的能力恰恰在于论证素食主义，因此我发展不出一个好的反素食主义论证，这势必降低课堂的知识水准。另一方面，如果素食主义在道德上是高尚的，我为了自己的个人偏好，坚持在道德上低下的观点而反对素食主义，那么势必会降低课堂讲授的道德标准，让学生认为吃肉才是道德的。总而言之，伦理学教授对于自己的知行分离有着相当清楚的认知，为了坚持课堂的职业规范，不能把生活中的立场带入职业中来，这个回应背后带着强烈的韦伯价值中立立场。

当今伦理学教授对上述批评泰然处之，根本原因在于哲学行当发生了巨大的变化：哲学曾经作为一种生活方式，如今变成了一种学院工作方式。德国古典哲学是一个巨大转折，在这之前的哲学家是哲学—科学—政治—历史学家。笛卡尔在哲学和数学上都有巨大贡献；洛克既写作认知论著作《人类理解论》，也有政治学著作《政府论两篇》；休谟既有认识论著作《人性论》，也有历史学著作《英国史》；密尔既有逻辑学著作《论逻辑体系》，也有政治学著作《论自由》。他们都非纯粹学院中人，大都参与政治、社会、商业事务。德国古典哲学的鼎盛时期，康德、黑格尔是纯粹的大学教授，他们都从事专门哲学研究。德国古典哲学时期以前的哲学家是哲学地思考问题，而德国古典哲学家是专业地思考哲学问题，这种区分并不准确，但大致成立。哲学与科学的分化、哲学的专业化与科学的专业化密不可分。

这种知识的学院化、专业化必然导致韦伯所反复申论的价值中立。1917 年 11 月 7 日周三晚 8 点，受德国自由学生联盟巴伐利亚分会邀请，韦伯在慕尼黑的斯坦尼克艺术厅做了一次《以科学为天职》的演讲。1919 年，在演讲速记稿的基础上，经过彻底修订的《科学作为天职》正式出版。这里的科学大概可以涵盖知识系统、实证主义科学、自然科学、精神科学、文化科学、历史科学。在韦伯看来，科学具有其内在天职：

> 首先是受到专业化的限制，科学已经踏入了一个前所未知的专业化阶段，而这种趋势在未来还会持续下去。……一个人只有在严格的专业化情况下，他才能确实体会到，自己在科学领域里获得了某种真正完善的成就。……在今天，一项最终确定的杰出成就无不属于专业性的成就。而如果谁没有能力，完全蒙上双眼，不顾周围一切地想象，他灵魂的命运就取决于他是否对抄本此处的文本做出了正确的推测，他就尚未步入科学的门径，他自身也将永远不会对科学有所谓"体验"。一个人要是没有一种被每个局外人嘲笑的奇特的迷狂，一种"生前千载已逝，身后寂寞千年"都取决于你能否对释读做出正确的推测的激情，那么他也就没有科学的天职，趁早改行算了。因为，人之为人，不能以激情去做的事情，就是没有价值的事情。（马克斯·韦伯 2018，第 12 页）

在科学上被超越，不仅是我们所有人的命运，也是所有人的目标。随着人类对世界认知的深入，亚里士多德被牛顿超越，牛顿被爱因斯坦超越，爱因斯坦也将会被未来的科学家超越。只做专业化的贡献，而且意识到自己会被超越，这是科学家的内在天职和命运。

但对于我们这些凡夫俗子而言：

> 唯一重要的问题就是："我们应该做什么？我们应该怎样生活？"而科学并不能回答这个问题。……所有的科学工作都预设了一个前提，自己在逻辑和方法上采用的规则是有效的，这是我们在这世界中取向的总体基础……但科学还有进一步的预设，就是说，科学工作的成果之所以重要，正因为它们"值得我们知道"。……因为像这样的预设，本身没有办法通过科学的手段来证明，而只能依据它的终极意义来解释。……如果科学要成为一项"天职"，就应该"为了科学本身而科学"。可是，这一预设本身又绝对是无法证明的。（马克斯·韦伯2018，第26—27页）

科学的价值不在于为生活谋求意义，而在于为真理而真理。这就要求研究者具有理智的诚实：

> 确定事实、确定文化价值的数学或逻辑关系以及内在结构是一回事，而要回答文化及其各部分具体内容有什么价值，以及因此在文化共同体和政治团体当中应该如何行动这样的问题，则又是另一回事了。要清楚二者是完全不同的问题。（马克斯·韦伯2018，第30页）

因此，"教师的任务是用自己的知识和科学经验使学生获益，而不是把自己个人的政治见解强加给学生"。（马克斯·韦伯2018，第31页）对于个人的实践生活，科学能贡献什么呢？韦伯认为至少有三条：第一，科学的知识帮助人们生活；第二，科学为我们提供了思维的方法、工具和训练；第三，让我们变得明晰、清醒。但我们对生活最终可能有不同的立场，相互之间不可调和，我们必须在这些立场中进行决断，决断在科学之外就是一种价值判断，不属于科学本身。（马克斯·韦伯 2018，第 38 页）

　　以真理为旨归，学术乃天下之公器，学术上对真理的追求必须和实践生活分离，否则无法获得真理。韦伯的这一提法，让科学摆脱了政治、宗教的干扰，形成了独立的评价标准。问题在于，伦理学属于韦伯所理解的科学吗？

　　在讨论伦理学和科学的关系之前，可以对反思和道德行为之间的关系做一个新的回答。并非像韦伯所主张的伦理学要保持价值中立，伦理学教授在从事学术研究中会发现存在多种相互冲突的伦理主张，例如西方伦理学中功效主义和康德论者的冲突，中国先秦哲学中杨朱的"重生贵己"、墨子的"兼爱"和孔孟的"爱有差等"三者之间的矛盾。伦理学教授认识到不能把某一种道德立场作为绝对正确的主张，即便他就素食主义的主张发展出非常充分系统的论证，也未必表明素食主义就一定是对的。因此，他在生活中的吃肉行为并非在道德上不可辩护，或者说吃肉并非一个在道德上可以攻击的立场。也许在另外一个时代，由于世界上的动物繁衍太多，而植物稀缺，吃肉反而变成了一种道德的行为，而吃素变成了一种不道德的行为。因此，不能把某一个时代、民族的伦理规范视为普遍，以此来谴责伦理学家。而伦理学家唯一可以做的就是在课堂上尽可能坚持他认为对的观点，尽管他也意识到自己的观点有可能是错的。但这并不意味着反思无关于道德行为，反而使伦理学教授认为自己的所行并没有违背自己的反思。当然也可能产生这种情况，伦理学教授充分了解各种不同的伦理主张的缺陷，从而在现实活动中忽视"地方性"的道德观念。在常人看来，他的行为并不符合某一地域所默认的道德规范，从而让人们觉得学伦理学之人不讲道德。但研习伦理学和研习儒学不太一样，伦理学包含各种主张，而儒家思想、道家思想则整体上内在一致，例如王阳明教人为善去恶，老子教人清静无为。但伦理学不是修身书，它有实践层面内容，却非实践指南。

威廉斯强调反思阻碍道德行为，通过引入不确定性来削弱传统的道德概念。在他看来，道德反思和伦理学内在具有价值，并不在于其能够影响行为，而是我们能够从道德反思和伦理学的讨论中受益。韦伯和威廉斯虽然主张各异，但有一点非常类似，他们都切断了反思和行动的密切关联。对于韦伯来说，伦理学的科学化造成了伦理学家的专业知识和行动之间的分离。但我们应该承认伦理学有科学化特征或科学化部分，例如道德心理学。但伦理学本身也有其非科学化部分，例如规范伦理学。伦理学的科学化维度和非科学化维度可以算作伦理学的两翼。但归根到底伦理学的基础是非科学化的。这实际上也是康德区分自然哲学和道德哲学的关键。不妨先以直觉为例，数学直觉对数学是不重要的。数学可以在生活中有应用，但数学之为真不根据于生活，而是自有其规则。伦理直觉对伦理学是重要的。伦理难题源自生活才促成我们的伦理反思。虽然伦理反思的立场不一定能指引我们的生活，但这些立场是从生活中来的。（梅剑华2018，第95—103页）

我们不妨从亚里士多德对人类活动的分类出发，来理解反思和伦理行为之间的关系。亚里士多德把人类活动分为三类：理论活动、实践活动和制作活动。这三类活动对应三类学科：理论学科、实践学科（伦理学、政治学）和制作学。近代以来制作活动越来越依赖于科学理论的指导，这使得亚里士多德时期的三类活动发生了根本的变化。（陈嘉映2014，第15—23页）这种三分法尤其强调实践活动和制作活动的区别，康德也相当自觉，他区分了作为自然哲学的理论哲学和作为道德哲学的实践哲学，但他也谈到了一类特殊的实践——技术实践，例如土地丈量术、实验者观察的机械艺术、家庭经济、国家经济、饮食学产生的规范等。这些在康德看来都不能算作实践哲学，"因为它们全都仅仅包含技巧的规则，这些规则因而只是技术实践的，为的是产生一种按照原因和结果的自然概念而有可能的结果，这些自然概念既然属于理论哲学，就服从作为出自理论哲学（自然科学）的纯然补充的那些规范，因而不能要求在一种被称为实践哲学的特殊哲学中有任何位置"。（康德 2007，第 182 页）这里的技术实践差不多对应于制作活动。科学理论指导技术实践，但科学理论并不指导道德实践，这在康德看来相当明显。如果对伦理学做科学理解，那显然伦理学不能指导道德实践，甚至不能完整描述道德实践。而如果对伦理学做非科学理解，那显然研习伦理学会改善我们对世界的认知，理解我们的处境，但并不在直接的意义上进行指导，而是我们可以据此来理解我们的行为。因此，反思和道德行为的关系并不是通常所设想的那样具有一种指引和促进关系。

小结

通常人们觉得反思促进道德行为，实验哲学的经验调查发现，实际情况并不支持这一看法。韦伯看来，学术研究保持价值中立才使得伦理学家可以追求真正的道德真理，不会因为自己的生活处境而放弃真理。问题在于，反思和道德行为之间的联系并不简单。韦伯和威廉斯的回应切断了二者之间的关联，但不意味着我们不能对一个行动者的反思和道德行为的关联做出一种规范要求。如果他的行为还是道德的，就还受到反思的约束。这种约束不是源自理论对实践的指导，而是他认识到自己行为的道德特征和反思之间的张力，不管他选择放弃其中之一的标准而获取某种一致性，还是他在自己视域之内保持这种知行分离的张力，都将是他从事学术研究必须承受的代价。[1]

余论：意识研究的"二重证据法"

意识问题是当代哲学与科学最为关注的问题之一，理解意识就是理解人类自身。当代心灵哲学、现象学、认知科学、心理学、佛教的

---

[1] 本书不对伦理与道德做出严格区分，也不对伦理学家、道德哲学家做出区分。文中所谈论的伦理或道德泛指被常人当作伦理道德的一些品性和行为。伦理学家包括伦理学研究者、伦理学教授，也就是研究和教授伦理道德的专家。伦理学家并非限定于在伦理学研究中有卓越贡献的学者，并没有中文语境中成名成家的意思。

研究都逐渐在意识研究领域聚焦汇集。意识是一个典型的跨学科研究话题。在心灵哲学研究领域的里程碑著作《有意识的心灵》（1996）一书序言中，著名心灵哲学家大卫·查尔默斯为他的意识研究设定了三个约束条件：

　　第一，严肃对待意识。不能简单认为意识不存在或将意识还原为物理。

　　第二，严肃对待科学。不能草率认为科学对于意识问题没有任何贡献，所有关于意识的理论应该与科学保持一致。

　　第三，意识是一种自然现象。意识活动服从自然规则，并无任何神秘之处。

这三个约束条件相当重要。

首先，我们必须承认意识真实存在，我们的内省和对他人的观察无数次印证意识是一种真实的存在物，这种第一人称理解意识的视角是不能被取消的。其次，科学是一种客观研究的方法，它是从第三人称视角解释意识的。对意识的神经生理探究，增进了人类对意识现象的深入理解。从笛卡尔时代到 21 世纪，我们的内省方法或第一人称方法并无任何实质进展。但人类的科学探究方法或第三人称方法却取得了重要的进展。心理学也已从内省心理学发展到实验心理学。最后，意识并非凭空产生，是生物发展到一定阶段所产生的自然现象，它之存在并非奇迹使然。理解意识本身是理解自然现象的重要一步。到目前为止，对于如何迈出这一步仍然存在争议。

研究意识问题有不同的研究方法，这反映出了哲学家根本立场的差异。叶峰教授主张的无我的物理主义世界观（见叶峰《从数学哲学到物理主义》，华夏出版社，2016 年）是从当代神经科学的角度去阐释意识问题。他认为主体性、感受质不过是一种幻觉，是一种需要去除的"我执"，人就是一个纯粹的物理性存在。叶峰教授的立场是典型的自然主义立场，尊重当代科学，依赖当代科学的成果。有人会指出，按照叶峰教授的思路，哲学会被科学取代从而失去独立的地位。但运用科学成果去研究哲学问题和从事科学是两回事情，哲学虽然依赖科学，但不会被科学取代。

韩林合教授在《维特根斯坦〈哲学研究〉解读》中从概念考察的角度提出截然不同的心灵观，概而言之，这是一种维特根斯坦式的心灵观，考察意识概念家族之间丰富的内在联系。他认为人是一个身心统一体，作为经验主体是真实的存在。这一主张贯彻在韩林合教授的维特根斯坦、庄子的系统研究之中。陈嘉映教授的《无法还原的象》（收录于《无法还原的象》，华夏出版社，2005 年）一文主张哲学要为思想、信仰、情感、感受留一席之地，隐含反驳了物理主义。哲学是概念研究，科学是事实研究。哲学和科学界线分明，各美其美，但不宜僭越各自的领地。还原的物理主义者认为，意识完全可以还原到物理层面来解释；维特根斯坦论者则主张思想过程和大脑过程的截然两分，思想意识过程不能通过大脑过程得到任何说明。这可以算作当代意识研究领域的两种截然相反的立场，两类风格不同的学者编织了两种截然相反的理解意识的图景。

笔者自己的想法是希望能够整合科学解释和哲学解释，坚持意识的解释的多元论思路，这和王晓阳教授的《意识研究》（上海人民出版社，2019 年）的立场比较接近，属于“中庸”之道，执两用中。一方面，重视意识研究的概念分析、概念考察维度，大量运用了当代扶手椅式哲学家的论证和分析；另一方面，又重视当代认知神经科学视域内的意识研究，引用这方面的经验研究成果。这种立场看似中庸，却容易被学者批驳为骑墙做派、蝙蝠行径。“正统的”研究者会指出意识问题要么是一个哲学问题，要么是一个科学问题，因此只存在一种合法的研究路径。二者并重的研究思路非常容易招致都不讨好的结果。从辩护策略考虑，极端的立场除了荒谬之外，更容易获得一致性的辩护。中庸的立场，却常常因其包容，而被斥为杂糅。关于意识研究的方法之争实际上是哲学方法论之争，关乎哲学本性的理解。

接下来，笔者想以此为契机，替心灵哲学研究中概念与经验并重的进路做一个简单辩护。结合概念与经验两种方法研究意识问题颇类似 20 世纪中国古代史学研究的二重证据法。1925 年 9 月，王国维先生在清华国学研究院讲授古史新证，提出二重证据法：考古学与历史学的结合，出土文献与传世文献的结合，从而打开了中国古代历史研究的新思路。在《古史新证》讲义中，王国维先生讲道：

> 吾辈生于今日，幸于纸上之材料外，更得地下之新材料。由此种材料，我辈固得据以补正纸上之材料，亦得证明古书之某部分全为实录，即百家不雅驯之言，亦不无表示一面之事实。此二重证据法，惟在今日始得为之。虽古书之未得证明者，不能加以否定，而其已得证明者，不能不加以肯定：可断言也。（王国维 2010，第 2 页）

"二重证据法"把"纸上之材料"与"地下之新材料"相互结合、相互发明、相互印证，是对古史研究中历史学与考古学关系的一种全面表述。在未有出土材料之时，对传世文献的整理、辨别、诠释、建构是历史学的主要工作；这非常类似于在经验科学方法没有引进之时，对已有哲学文本、哲学问题的诠释、重构、批评和反驳是哲学的主要工作。当出土文献出现的时候，历史学就不能忽略出土文献中的记录，如何将出土文献和传世文献中的说法统一起来，就变得非常重要。如果二者之间面临冲突，就需要判断哪一种说法正确，再通过鉴别整合进新的历史叙述中。与此类似，当经验科学方法引进时，传统分析哲学就不能回避经验科学方法对哲学论证建构的质疑，将科学证据和概念反思的立场整合起来就变得非常重要。

长久以来，在考古学领域，大家都重视地下的有字材料，有字的材料可以告诉我们直接的信息。在认知科学研究领域，大家更看重神经科学中核磁扫描技术而轻视选择受试者进行问卷调查。因为前者在某种意义上是直接"看到、观测",而后者更多是通过控制变量进行推理。心灵哲学将"地下的"经验调查和"地上的"概念分析结合起来,构成心灵哲学的二重证据法,从而推动哲学研究。

　　冯契先生的《智慧说三篇》的第一部题为《认识世界和认识自己》(华东师范大学出版社,1996 年),其哲学的核心主题正如其书名所示:认识世界和认识自己。在古代,我们通过个人的经验观察和想象来认识世界:天圆地方、太阳东升西落、大地四季轮回、天上神灵主宰尘世人类的生活等。随着经验的拓展、科学的兴起,人们逐渐认识到世界不仅仅是我们感受的世界,而且世界自有其规律,万有引力、电磁场、量子场等都不可见,但自有其约束的基本物理法则。我们通过科学学说理解世界。在这种人类理解的进程中,一门门新的学科随之诞生,天文学、物理学、化学、生物学、心理学、计算机科学……似乎曾经被认为属于哲学家的问题被科学家整体接盘。科学为我们编织了一个世界图景,我们从中获得理解。甚至关于人类自身的生活,我们都需要从某种科学的维度去加以理解。斯宾诺莎的《伦理学》模仿几何学的方式,笛卡尔对心身问题的探究借助解剖学的成果,休谟对人性的研究借助经验探索……在先哲那里研究哲学的方法是没有界线的,概念分析和经验考察并重。

　　本书的主标题为"即物以穷理",这里的"物体"既指物理科学所探究的物理学理论对象,也包括日常的宏观物理对象,人类和周边的存在物都是宏观物理对象,意识活动也属于物理现象的一种,只不过不是物理科学的现象。这里的"穷理",就是通过笔者所提倡的二重证据法,用经验探索和概念分析去认识人和周遭世界的关系,以及人在世界中的位置。本书的副标题"一种有我的物理主义世界观",表明笔者把人类、第一人称作为世界的基本构成。但我们不认为这有什么神秘之处,我们也是自然演化而来的,我们的第一人称也同样源于自然演化。无论是意识、因果、规范、行动,没有人类就没有它们存在的价值，但是科学也能为认识它们提供独有的资源。因此笔者想整合哲学与科学的方法和证据，呈现一种比较全面的哲学立场，这就是有我的物理主义世界观。

为哲学设定界限是相当晚近的事情。部分原因是启蒙以来科学方法日渐渗透到学问的方方面面，甚至左右了我们的日常思考。为哲学划定界线毋宁是为哲学自身的存在寻求一种合法性。我们在维特根斯坦、海德格尔这些哲学家那里看到了清醒的界线意识。在他们所处的时代，我们似乎可以看到哲学问题和科学问题的明显二分。随着人类生存处境的改变，脑科学的进展、生物技术的突飞猛进、人工智能的飞跃发展，意识问题变成了当代科学和哲学最为重要的问题。这让科学家注意到意识问题里纠缠着本体论的思考，也让哲学家注意到意识问题中的脑科学机制不可或缺。门户之见也罢、界限意识也好都已成明日黄花、过眼云烟。哲学家需要和神经科学家、认知科学家、人工智能学家携手共同探讨意识问题。对于这一基础问题，哲学家的作用尤其关键，因为他们会分析、反思、评估各种不同的意识的科学理论，而这是科学家甚少思考的。

近几年来，学界已经认识到学科的分化和割裂导致意识问题研究的碎片化，要想获得实质进展需要回归到学科的交叉和统一上来，从而直接面对问题本身。这正应了天下大势"分久必合，合久必分"的老话。

尤其值得注意的是：虽然意识研究者有了新的研究方法和视角，但我们必须清醒地认识到关于意识的探究仍然处在漫长的物理主义与二元论争论的初级阶段，并且将在很长一段时间内处于初级阶段。意识研究初级阶段论应该成为学界的共识。到目前为止，国内外学界并没有一个广泛认同的意识理论，我们可以看到各种理论：在哲学上有取消论、还原论、非还原论物理主义、二元论、泛心论、突现论、中立一元论，层出不穷；在神经科学研究领域有全局工作空间论、信息整合论，名目众多。各种竞争理论各有其拥趸，这是一场意识领域的诸神之争，也许是一种永恒的诸神之争。无论如何，我们仍然需要保持开放的心态，从认识世界和认识自己的大背景出发，在人工智能和生物技术如日中天的新时代借助"二重证据法"去理解意识及其相关问题。

参考文献

中文参考文献

陈敬坤（2020）《物理主义泛心论——组合问题及现象绑合策略》，《学术月刊》2020 年第 5 期。

陈嘉映（2005）《无法还原的象》，北京：华夏出版社。

陈嘉映（2014a）《伦理学有什么用？》，《世界哲学》2014 年第 5 期。

陈嘉映（2014b）《实践／操劳与理论》，《同济大学学报（社会科学版）》2014 年 2 月第 25 卷第 1 期。

陈嘉映（2020）《神经研究与意识：从神经元聚合假说谈起》，《信睿周报》第 47 期。

陈嘉映（2023）《谈谈解释鸿沟》，《自然辩证法通讯》2023 年第 1 期。

程炼（2005）《人工智能基础评论》，载于《思想与论证》，北京：北京大学出版社。

程炼（2008）《杰克逊的"知识论证"错在何处？》，《哲学研究》2008 年第 4 期。

程炼（2012a）《作为元哲学的自然主义》，《科学文化评论》第 9 卷第 1 期。

程炼（2012b）《如何做一个健全的科学主义者》，《中国科学报》2012 年 4 月 30 日，第 3 版。

程炼（2015）《亨普尔两难》，《世界哲学》2015 年第 4 期。

冯契（1996）《认识世界和认识自己——冯契文集第一卷》，上海：华东师范大学出版社。

冯友兰（1957）《关于中国哲学遗产底继承问题》，《光明日报》1957 年 1 月 8 日。

冯友兰（1957）《再论中国哲学遗产底继承问题》，《哲学研究》1957 年第 5 期。

高新民、储昭华编译（2002）《心灵哲学》，北京：商务印书馆。

韩林合（1995）《石里克》，台北：东大图书出版社。

韩林合（2006）《虚己以游世——〈庄子〉哲学研究》，北京：北京大学出版社。

韩林合（2010）《维特根斯坦〈哲学研究〉解读》，北京：商务印书馆。

韩林合（2013）《分析的形而上学》（修订版），北京：商务印书馆。

韩林合（2013）《简论世界及其内的事物的实在性》，载于《分析的形而上学》
　　（修订版），北京：商务印书馆。

郝刘祥（2013）《物理主义是最可能的形而上学吗？》，《自然辩证法通讯》
　　2013 年 6 月第 35 卷第 3 期。

洪谦（2005）《论逻辑经验主义》，北京：商务印书馆。

洪谦主编（1989）《逻辑经验主义》（上卷），北京：商务印书馆。

胡星铭（2022）《科学解释与科学理解——重思亨普尔覆盖律模型》，《自然辩
　　证法通讯》2022 年 2 月第 44 卷第 2 期。

黄益民（2019）《因果理论——上向因果性与下向因果性》，《哲学研究》2019
　　年第 4 期。

李其维（2019）《心理学的立身之本——"心理本体"及心理学元问题的几点
　　思考》，《苏州大学学报（教育科学版）》2019 年 7 月第 3 期。

李文钊（2018）《因果推理中的潜在结果模型——起源、逻辑与意蕴》，《公共
　　行政评论》2018 年第 1 期。

李龑（2012）《金在权心灵因果理论中的排斥论证》，博士学位论文，北京大学
　　哲学系宗教学系，2012。

李泽厚（2019）《人类学历史本体论——存在论纲要》，北京：人民文学出
　　版社。

梅剑华（2015）《论"解释鸿沟"》，《中国改革》2015 年第 1 期。

梅剑华（2018）《洞见还是偏见——实验哲学中的专家辩护问题》，《哲学研
　　究》2018 年第 5 期。

梅剑华主编（2019）《自我问题研究》，北京：首都师范大学出版社。

梅剑华（2020）《概念分析与经验探索——实验哲学的二重证据法》，《社会科
　　学》2020 年第 5 期。

梅剑华（2021）《跨越意识研究的卢比孔河——从日常感知探究意识》，《解放
　　日报》2021 年 3 月 20 日书评版。

梅剑华（2020）《梅剑华读〈二十世纪分析哲学史〉》，《澎湃新闻·上海书评》

2020 年 1 月 11 日。

倪梁康（2020）《何谓意识?——东西方意识哲学传统中的视角与理解》，《南京大学学报（哲学·人文科学·社会科学）》2020 年第 1 期。

潘雨廷（2020）《潘雨廷先生谈话录》，张文江记述，北京：作家出版社。

庞朴（2011）《三生万物——庞朴自选集》，北京：首都师范大学出版社。

钱立卿（2014）《物理科学的历史与限度——第六届〈哲学分析〉讲堂综述》，《哲学分析》2014 年第 1 期。

汤用彤（2010）《魏晋玄学论稿及其他》，北京：北京大学出版社。

王国维（2010）《古史新证》，长沙：湖南人民出版社。

王晓阳（2019）《意识研究》，上海：上海人民出版社。

王巍（2011）《说明、定律与因果》，北京：清华大学出版社。

蔡肖兵（2011）《物理学的哲学分析》，北京：中国社会科学出版社。

邢滔滔（2008）《哥德尔定理正反观》，《科学文化评论》2008 年第 2 期。

徐英瑾（2018）《强人工智能、弱人工智能及语义落地问题》，《社会科学战线》微信公众号文章，2018 年 1 月 18 日。

叶闯（2006）《理解的条件——戴维森的解释理论》，北京：商务印书馆。

叶峰（2012）《为什么相信自然主义及物理主义》，载于《哲学评论》（第 10 辑），武汉：武汉大学出版社。

叶峰（2014a）《对〈"物理事项"与认识论物理主义〉初稿的评论》（未发表）。

叶峰（2014b）《玛丽的大脑中发生了什么?——从大脑的角度评价知识论证及对它的回应》，载《首届心灵哲学前沿论坛论文集》，2014 年 4 月。

叶峰（2016a）《从数学哲学到物理主义》，北京：华夏出版社。

叶峰（2016b）《论语言在认知中的作用》，《世界哲学》2016 年第 5 期。

张江（2021）《再论强制阐释》，《中国社会科学》2021 年第 2 期。

朱菁、卢耀俊（2013）《从唯物主义到物理主义》，《自然辩证法通讯》2013 年第 3 期。

朱松纯（2016）《浅谈人工智能——现状、任务、构架与统一》，http://www.stat.ucla.edu/%7Esczhu/research_blog.html#VisionHistory，访问日期 2023 年 6 月 1 日。

赵汀阳（2016）《哲学的第一个词汇》，《哲学研究》2016 年第 10 期。

赵汀阳（2020）《中国哲学的身份疑案》，《哲学研究》2020 年第 7 期。

周志华（2018）《关于强人工智能》，《中国计算机学会通讯》2018 年第 1 期。

曾自卫（2022）《自然语言的逻辑图像——斯特劳森形而上学思想研究》，北京：中国人民大学出版社。

译著

埃德温·阿瑟·伯特（2012）《近代物理科学的形而上学基础》，张卜天译，长沙：湖南科学技术出版社。

艾莉森·高普尼克、安德鲁·梅尔佐夫、帕特里夏·库尔（2019）《孩子如何学习——顶级心理学家给出的全新答案》，林文韵、杨田田译，杭州：浙江人民出版社。

艾莉森·高普尼克（2019）《孩子如何思考——大师级心理学家的突破性发现》，杨彦捷译，杭州：浙江人民出版社。

奥托·纽拉特（2000）《社会科学基础》，杨富斌译，北京：华夏出版社。

玛格丽特·博登编（2001）《人工智能哲学》，刘西瑞、王汉琦译，上海：上海译文出版社。

玛格丽特·博登（2017）《AI——人工智能的本质与未来》，孙诗惠译，北京：中国人民大学出版社。

巴里·丹顿（2016）《自我》，王岫庐译，上海：上海文艺出版社。

布瑞·格特勒（2013）《自我知识》，徐竹译，北京：华夏出版社。

大卫·查默斯（2013）《有意识的心灵——一种基础理论研究》，朱建平译，北京：中国人民大学出版社。

查尔斯·泰勒（2016）《世俗时代》，张荣南、崇明等译，上海：上海三联书店。

笛卡尔（1986）《第一哲学沉思集——反驳和答辩》，庞景仁译，北京：商务印书馆。

笛卡尔（2000）《谈谈方法》，王太庆译，北京：商务印书馆。

丹尼尔·丹尼特（2022）《意识的解释》，苏德超、李涤非、陈虎平译，北京：中信出版社。

迪克·斯瓦伯（2011）《我即我脑——在子宫中孕育，于阿茨海默氏病中消亡》，陈琰璟、王奕瑶、包爱民译，北京：中国人民大学出版社。

弗兰克·奈特（2017）《经济心理学的事实与形而上学》，载于《经济学的真理——弗兰克·奈特文集（卷一）》，王去非、王文玉译，杭州：浙江大学出版社。

葛瑞汉（2000）《中国的两位哲学家——二程兄弟的新儒学》，程德详等译，北京：大象出版社。

马丁·海德格尔（2011）《康德与形而上学疑难》，王庆节译，上海：上海译文出版社。

哈勒（1998）《新实证主义》，韩林合译，北京：商务印书馆。

海森伯（2011）《物理学和哲学》，范岱年译，北京：商务印书馆。

侯世达（2018）《我是个怪圈》，修佳明译，北京：中信出版社。

吉梅纳·卡纳莱丝（2019）《柏格森与爱因斯坦之辩——改变我们时间观念的跨学科交锋》，孙增霖译，桂林：漓江出版社。

杰拉尔德·M.埃德尔曼、朱丽欧·托诺尼（2019）《意识的宇宙——物质如何转变为精神》（重译版），顾凡及译，上海：上海科学技术出版社。

伊曼纽尔·康德（2007）《康德著作全集（第5卷）——实践理性批判、判断力批判》，李秋零译，北京：中国人民大学出版社。

卡尔·波普尔（1988）《波普尔思想自述》，赵月瑟译，上海：上海译文出版社。

卡尔·波普尔（2003）《客观的知识——一个进化论研究》，舒炜光、卓如飞、梁咏新等译，杭州：中国美术学院出版社。

鲁道夫·卡尔纳普（1999）《世界的逻辑构造》，陈启伟译，上海：上海译文出版社。

库兹韦尔（2011）《奇点临近——当计算机智能超越人类》，李庆诚、董振华、田源译，北京：机械工业出版社。

拉·梅特里（1959）《人是机器》，顾寿观译，北京：商务印书馆。

洛尔迦（2020）《船在海上，马在山中——洛尔迦诗集》，戴望舒译，昆明：云南人民出版社。

约翰·洛克（2011）《人类理解论》（上下），关文运译，北京：商务印书馆。

伯特兰·罗素（2006）《我们关于外在世界的知识——哲学上科学方法应用的一个领域》，陈启伟译，上海：上海译文出版社。

约翰·麦肯道威尔（2014）《心灵与世界》（新译本），韩林合译，北京：中国人民大学出版社。

迈克尔·弗里德曼（2009）《分道而行——卡尔纳普、卡西尔和海德格尔》，张卜天译，南星校，北京：北京大学出版社。

马克思、恩格斯（2009a）《马克思恩格斯文集》（第一卷），北京：人民出版社。

马克思、恩格斯（2009b）《马克思恩格斯文集》（第九卷），北京：人民出版社。

马克斯·韦伯等著（2018）《科学作为天职——韦伯与我们时代的命运》，李猛编，北京：生活·读书·新知三联书店。

诺尔曼·马尔康姆（2012）《回忆维特根斯坦》，李步楼、贺绍甲译，北京：商务印书馆。

克里斯蒂娜·娜丰（2019）《解释学哲学中的语言学转向》，何松旭、朱海斌译，杭州：浙江大学出版社。

尼克（2017）《人工智能简史》，北京：人民邮电出版社。

彼德·迈克尔·哈曼（2000）《19世纪物理学概念的发展——能量、力和物质》，龚少明译，上海：复旦大学出版社。

乔纳森·爱德华兹（2013）《宗教情感》，杨基译，北京：生活·读书·新知三联书店。

乔纳森·布朗、玛格丽特·布朗（2015）《自我》，王伟平、陈浩莺译，彭凯平校，北京：人民邮电出版社。

石里克（2005）《普通认识论》，李步楼译，北京：商务印书馆。

斯拉沃热·齐泽克（2014）《意识形态的崇高客体》（修订版），季广茂译，北京：中央编译出版社。

斯蒂芬·平克（2018）《马斯克和霍金错了吗？平克犀利驳斥 AI 威胁论》，王培译，改编自平克的新书 *Enlightenment Now: The Case for Reason, Science, Humanism, and Progress*, 首发于 *Popular Science*, 2018 年春季智能专刊（the spring 2018 intelligence issue）

苏珊·格林菲尔德（2021）《大脑的一天》，韩萌、范穹宇、李贯峰译，上海：上海文艺出版社。

索尔·克里普克（2016）《命名与必然性》，梅文译，上海：上海译文出版社。

温伯格（2007）《终极理论之梦》，李泳译，长沙：湖南科学技术出版社。

威廉·詹姆斯（2005）《宗教经验种种——人性的研究》，尚新建译，北京：华夏出版社。

威廉·詹姆斯（2012）《心理学原理》，田平译，北京：中国城市出版社。

威廉·詹姆士（2011）《宗教经验之种种》，唐钺译，北京：商务印书馆。

维特根斯坦（2013）《哲学研究》，韩林合译，北京：商务印书馆。

休谟（1997）《人类理解研究》，关文运译，北京：商务印书馆。

英文参考文献

A

Alter, T and Walter, S. eds. (2007), *Phenomenal Concepts and Phenomenal Knowledge: New Essays on Consciousness and Physicalism*, Oxford: Oxford University Press.

Anscombe, G. E. M. (1971), *Causality and Determination: An Inaugural Lecture.* Cambridge: Cambridge University Press.

Armstrong, D. (1993), *A Materialist Theory of the Mind,* London: Routledge.

Armstrong, D. (1983), *What Is a Law of Nature?* Cambridge: Cambridge University Press.

Armstrong, D. (1989), *Universals: An Opinionated Introduction,* New York: Avalon Publishing.

Armstrong, D. (1997), *A World of States of Affairs*, Cambridge: Cambridge University Press.

Armstrong, D. (1999), *The Mind-Body Problem: An Opinionated Introduction*, New York: Avalon Publishing.

Armstrong, D. (2005), "Four Disputes about Properties," *Synthese* 144(3): 309-320.

Aydede, M. (2003). Is Introspection Inferential? in *Privileged Access: Philosophical Accounts of Self- Knowledge*, B. Gertler (ed.), Aldershot: Ashgate Publishing.

B

Barry M. eds. (2001), *Physicalism and its Discontents,* Cambridge: Cambridge University Press.

Baker, L. R. (1998), "The First-Person Perspective: A Test for Naturalism." *American Philosophical Quarterly* 35 (4): 327-348.

Baker, L. R. (2007), *The Metaphysics of Everyday Life: An Essay in Practical Realism*, Cambridge: Cambridge University Press.

Berker, S. (2018), "The Unity of Grounding," *Mind* 127(507): 729-777.

Bennett, K. (2017), *Making Things Up,* Oxford: Oxford University Press.

Blackburn, S. (1990), "Filling in Space," *Analysis* 50(2): 62-65.

Block, N.(1978),"Troubles with Functionalism", *Minnesota Studies in the Philosophy of Science* 9: 261-325.

Block, N. (1981), "Psychologism and Behaviorism," *The Philosophical Review* 90(1): 5-43.

Block, N. (1995), "On a Confusion about a Function of Consciousness," *Behavioral and Brain Sciences* 18(2): 227-247.

Block, N., & Stalnaker, R. (1999), "Conceptual Analysis, Dualism, and the Explanatory Gap," *The Philosophical Review* 108(1): 1-46.

Block, N.(2015), "The Canberra Plan Neglects Ground," in Terence Horgan, Marcelo Sabates & David Sosa (eds.), *Qualia and Mental Causation in a Physical World: Themes from the Philosophy of Jaegwon Kim*, Cambridge: Cambridge University Press, pp. 105-133.

Bourget, D. and Chalmers, D. (2014), "What do Philosophers Believe?" *Philosophical Studies* 170: 465-500.

Boyles, R. (2012), Artificial Qualia, Intentional Systems and Machine Consciousness, in *Proceedings of the DLSU Congress,* pp. 110a–110c.

Brandom, R. (1994), *Making It Explicit:Reasoning, Representing and Discursive Commitment,* Boston: Harvard University Press.

Brandom, R. (2019), *A Spirit of Trust: A Reading of Hegle's Phenomenology*, Boston: Harvard University Press.

C

Carnap, R. (1932), "Die physikalische Sprache als Universalsprache der Wissenschaft," *Erkenntnis*, II, English translation *"The Unity of Science"*, London: Kegan Paul.

Carnap, R. (1932/33), "Psychology in Physical Language," *Erkenntnis* 3: 107-142.

Carnap, R. (1967), *The Logical Structure of the World: Pseudoproblems in Philosophy,* Berkeley: University of California Press.

Carnap, R. (2003), *The Logical Structure of the World: And Pseudoproblems in Philosophy*, Open Court Publishing.

Carroll, J. (2008), "Nailed to Hume's Cross?" , in Theodore Sider, John Hawthorne and Dean W. Zimmerman (eds.), *Contemporary Debates in Metaphysics.* Oxford: Blackwell. pp. 67-81.

Chalmers, D. (1996), *The Conscious Mind:In Search of a Fundamental Theory,* Oxford: Oxford University Press.

Chalmers, D. & Jackson, F. (2001), Conceptual Analysis and Reductive Explanation, *The Philosophical Review* 110(3): 315-360.

Chalmers, D. (2002), *Philosophy of Mind: Classical and Contemporary Readings.* Oxford: Oxford University Press.

Chalmers, D. (2002). "Does Conceivability Entail Possibility?" , in T. Gendler & J.Hawthorne, (eds.), *Conceivability and Possibility*, Oxford: Oxford University Press.

Chalmers, D. (2003), "Consciousness and its Place in Nature," in *Blackwell Guide to the Philosophy of Mind*, Oxford: Blackwell, pp.102-142.

Chalmers, D. (2010), "The Singularity: A Philosophical Analysis," *Journal of Consciousness Studies* 17 (9-10): 9 -10.

Chalmers, D. (2012), "The Singularity: A Reply to Commentators," *Journal of Consciousness Studies* (7-8): 141-167.

Chomsky. (1959), "Review of Verbal Behavior," by B.F. Skinner, *Language* 35(1).

Churchland, P. (1989), *Knowing Qualia: A Reply to Jackson from His A Neurocomputational Perspective,* Cambridge, Mass: MIT Press.

D

Dasgupta, S. (2014), "The Possibility of Physicalism," *Journal of Philosophy* 111 (9/10): 557-592.

Davidson, D. (1970), "Events and Particulars," *Noûs* 4 (1): 25-32.

Davidson, D. (1970), "Mental Events," in L.Foster and W.Swanson (eds.), *Experience and Theory*, Oxford: Clarendon Press, pp.207-224.

Davidson, D. (1973), "Radical interpretation," *Dialectica* 27(314): 313-328.

Davidson, D. (1977), "The methods of Truth in Metaphysics," *Midwest Studies in Philosophy* 2: 244-254.

Davidson, D. (1990), "The Structure and Content of Truth," *The Journal of Philosophy* 87(6): 279-328.

Davidson, D. (1993), "Reply to Eva Picardi's First-Person Authority and Radical Interpretation," in Ralf Stoecker (ed.), *Reflecting Davidson: Donald Davidson*

Responding to an International Forum of Philosophers (Foundations of Communication), Hawthorne: De Gruyter.

Davidson, D. (1996), "The Folly of Trying to Define Truth." *The Journal of Philosophy* 93(6): 263-278, 264-265.

Davidson, D. (1999), "The Centrality of Truth," in *Truth and its Nature (if any).* Dordrecht: Springer, pp.105-115.

Davisons, D. (2001), *Inquiries Into Truth and Interpretation: Philosophical Essays,* Volume 2, Oxford: Clarendon Press.

De Freitas, J., and Cikara, M. (2017), "Deep Down My Enemy Is Good: Thinking about the True Self Reduces Intergroup Bias," Retrieved from osf.io/preprints/psyarxiv/4gz35.

De Freitas, J., Cikara, M., Grossmann, I., and Schlegel, R. (2016), "How Deep is the Good True Self Concept?" Manuscript under review.

De Freitas, J., Newman, G. E., Sarkissian, H., Grossmann, I., De Brigard, F., Luco, A., and Knobe, J. (2017), "Consistent Belief in a Good True Self in Misanthropes and Three Interdependent Cultures," *Cognitive Science* 42 (S1): 134-160.

De Freitas, J., Tobia, K. P., Newman, G. E., and Knobe, J. (2016), "Normative Judgments and Individual Essence," *Cognitive Science* 41(S3): 382-402.

Dennett, D. C. (2004), "'Epiphenomenal' Qualia?," in *There's Something about Mary: Essays on Phenomenal Consciousness and Frank Jackson's Knowledge Argument,* Cambridge, Mass: MIT Press, pp. 127-136.

Descartes, R. (1641), "Meditations on First Philosophy," in Cottingham et al.(eds.), *The Philosophical Writings of Rene Descartes,* Cambridge: Cambridge University Press.

Dowell, J. (2006), "Formulating the Thesis of Physicalism," *Philosophical Studies* 131(1): 1-23.

Dowell, J. (2006), "The Physical: Empirical, not Metaphysical," *Philosophical Studies* 131(1): 25-60.

Dretske, F. (1994), "Introspection," *Proceedings of the Aristotelian Society* 94: 263-278

Duncan, M., Miller, K. and Norton, J.(2017), "Is Grounding a Hyperintensional Phenomenon?," *Analytic Philosophy* 58(4): 297-329.

F

Feigl, H. (1958), "The 'Mental' and the 'Physical'", *Minnesota Studies in the Philosophy of Science* 2: 370-497. Appeared in Chalmers (2002).

Field, H. (2003), "Causation in a Physical World," in M. Loux and D. Zimmerman(eds.), *Oxford Handbook of Metaphysics*, Oxford: Oxford University Press.

Feinberg, G. (1966), "Physics and the Thales Problem," *The Journal of Philosophy* 63(1): 5-17.

Feng, Y. (2011), *Strict Finitism and The Logic of Mathematical Applications*, New York: Springer.

Feng, Y. (2023). *Studies in No-self Physicalism,* New York: Springer Press.

Field, H. (2016), *Science Without Numbers* (2 edition), Oxford: Oxford University Press.

Figal, G. (2010), *Objectivity: The Hermeneutical and Philosophy*, translated by Theodore D. George, Albany: State University of New York Press.

Fine, K.(1994), "Essence and Modality: The Second Philosophical Perspectives Lecture," *Philosophical Perspectives*, 8, pp.1-16.

Fine, K. (2001), "The Question of Realism," *Philosopher's Imprint* 1 (1): 1-30.

Fine, K. (2012), "Guide to Ground," in Fabrice Correia & Benjamin Schnieder (eds.), *Metaphysical Grounding*, Cambridge: Cambridge University Press 37-80.

Fischer, E., and Sytsma, J. (2021), "Zombie Intuitions," *Cognition* 215(Article 104807).

Flangan, O. (2008), *The Problem of the Soul: Two Visions of Mind and How to Reconcile Them*, New York: Basic Books.

Flangan, O. (2011), *The Bodhisattva's Brain: Buddhism Naturalized*, Cambridge, Mass.: MIT Press.

Fodor, J. (1974), "Special Sciences (Or: The Disunity of Science as a Working Hypothesis)," *Synthese* 28 (2): 97-115.

Frege, G. (1879), "Begriffsschrift, a Formula Language, Modeled upon that of Arithmetic, for Pure thought," in *From Frege to Gödel: A Source Book in Mathematical Logic*, 1931, pp. 1-82.

Frege, G. (1884), *The Foundations of Arithmetic,* trans. JL Austin, Evaston, IIlinois: Northwestern University Press.

Frege. G. (1893), *On Sense and Reference*, Geach, P. and Black, M. (eds.), translations from the Philosophical Writings of Gottlob Frege, Oxford: Blackwell (1952).

G

Geach, P. (1957), *Mental Acts*, London: Routledge and Kegan Paul.

Gertler, B. ed. (2003), *Privileged Access: Philosophical Accounts of Self-Knowledge,* Farnham: Ashgate Press.

Gertler, B. (2009), "The Role of Ignorance in the Problem of Consciousness: Critical Review of Daniel Stoljar," in *Ignorance and Imagination: The Epistemic Origin of the Problem of Consciousness,* Oxford: Oxford University Press.

Gertler, B. (2010), *Self-Knowledge*, London: Routledge.

Göcke, B. (2012), *After Physicalism,* Notre Dame: University of Notre Dame Press.

Goff, P. (2019), "Grounding, Essence, and the Knowledge Argument," in *The Knowledge Argument,* Cambridge: Cambridge University Press.

Goodman, N. (1978), *Ways of Worldmaking* (Vol. 51), Indianopolis: Hackett Publishing.

Goldman, A. (2006), *Simulating Minds*, New York: Oxford University Press.

Grim, P., ed. (2008), *Mind and Consciousness: Five Questions*, Copenhagen: Automatic Press.

H

Harman, G. (2018), *Object-Oriented Ontology: A New Theory of Everything,* Londor: Penguin UK.

Heil, J. (2003), *From an Ontological Point of View*, Oxford: Clarendon Press.

Heil, J. (2005), "Dispositions," *Synthese* 144(3): pp. 193-231、343-356.

Hellman, G. (1985), "Determination and Logical Truth," *Journal of Philosophy* 82/11: 607-616.

Hempel, C. (1980), "The Logical Analysis of Psychology," in N.Block (ed.), *Reading in Philosophy of Psychology*, Boston: Harvard University Press. pp.1-14

Hempel, C. (1980), "Comments on Goodman's Ways of World of Making," *Synthese* 45: 139-199.

Hohwy, J. (2005), "Explantion and Two Conceptions of the Physical," *Erkenntnis* (2005) 62: 71-89.

Horst, S. (2007) *Beyond Reduction: Philosophy of Mind and Post-Reductionist Philosophy of Science,* Oxford: Oxford University Press.

Howrich, P. (2012), "The 'Mystery' of Consciousness," in *Wittgenstein's Metaphilosophy,* Oxford: Oxford University Press, pp.170-211.

Howell, R. (2013), *Consciousness and the Limits of Objectivity: The Case for Subjective Physicalism,* Oxford: Oxford University Press.

Huizenga, S. (2004), "Grounding Intentionality," Master's thesis, Available electronically from https://hdl.handle.net/1969.1/ETD-TAMU-2004-THESIS-H85.

Humberstone, I.L. (1996), "Intrinsic/Extrinsic," *Synthese* 108(2): 205-267.

I

Inwagen, P. (1995), *Material Beings,* Ithaca: Cornell University Press.

J

Jackson, F. (1982), "Epiphenomenal Qualia," *Philosophical Quarterly* 32: 127-36.

Jackson, F. (1986), "What Mary Didn't Know," *Journal of Philosophy* 83: 291-295.

Jackson, F. (1998), *From Metaphysics to Ethics: A Defence of Conceptual Analysis,* Oxford: Clarendon Press.

Jaegwon, K. (1993), *Supervenience and Mind,* Cambridge: Cambridge University Press.

Jaegwon, K. (1998), *Mind in a Physical World: An Essay on the Mind-Body Problem and Mental Causation,* Cambridge, Mass: MIT Press.

Jaegwon, K. (2005), *Physicalism, or Something Near Enough,* Princeton: Princeton University Press.

Jaegwon, K. (2011), *Philosophy of Mind,* London: Routledge.

Jaworski, W. (2012), *Philosophy of Mind: A Comprehensive Introduction,* Oxford: Wiley-Blackwell.

Jaworski, W. (2011), *Structure and the Metaphysics: How Hylomorphism Solves Mind-Body Problem,* Oxford: Oxford University Press.

Joatha, S. (1997*), Explaining Consciousness-The Hard Problem,* Cambridge Mass:

MIT Press.

Judisch.N. (2008), : "Why 'Non-Mental' Won't Work: On Hempel's Dilemma and the Characterization of the 'Physical'" , *Philosophical Studies* 140 (3): 299-318.

K

Kallestrup, J. (2006), "Epistemological Physicalism and The Knowledge Argument," *American Philosophy Quarterly* 43(1): 1-23.

Kelly, T. (2009), Daniel Stoljar, "Ignorance and Imagination: The Epistemic Origin of the Problem of Consciousness," *Philosophical Review* 118(2): 269-273.

Kim,S.(2005), *Physicalism, or Something Near Enough,* Princeton: Princeton University Press.

Kim, J. (2011), *Philosophy of Mind,* (3 edition), London: Routledge.

Kind, A. (2003), "Shoemaker, Self-Blindness, and Moore's Paradox," *Philosophical Quarterly* 53(210): 39-48.

Klein, C. (2010), "Error, Reference, and the First Horn of Hempel's Dilemma," http://www.osti.gov/eprints/topicpages/documents/record/546/1983746.html.

Koch, F. (2016), *Hermeneutischer Realismus*, Tübingen: Mohr Siebeck.

Koons, R. and Bealer, G. (2010), *The Waning of Materialism*, Oxford: Oxford University Press.

Kripke, S. (1980), *Naming and Necessity.* Boston: Harvard University Press.

Kroedel, T. and Schulz, M. (2016), "Grounding Mental Causation," *Synthese* 193(6): 1909-1923.

Kutach, D. (2013), *Causation and Its Basis in Fundamental Physics,* New York,Oxford: Oxford University Press.

L

Ladyman, J. and Ross, D. (2007), *Every Thing Must Go: Metaphysics Naturalized*, Oxford: Oxford University Press.

Lei, Z. (2014), "Sophisticated Exclusion and Sophisticated Causation," *The Journal of Philosophy* 111(7): 341-360.

Levine, J. (1983). "Materialism and Qualia: The Explanatory Gap," *Pacific*

Philosophical Quarterly 64(4), 354-361.

Lewis, D. (1970), "How to Define Theoretical Terms," *Journal of Philosophy* 67(13): 427-446.

Lewis, D. (1974), "Causation," *The Journal of Philosophy* 70(17): 556-567.

Lewis, D. (1983), "New Work for a Theory of Universals," *Australasian Journal of Philosophy* 61(4): 343-377.

Lewis, D. (1986), *On the Plurality of Worlds*, New Jersey: Wiley-Blackwell.

Lewis, D. (1997). "Finkish Dispositions," *The Philosophical Quarterly* 47: 143-158.

Lewis, D. (1999), "What Experience Teaches," in *Paper in Metaphysics and Epistemology*, Cambridge: Cambridge University Press, pp.262-290.

Livengood, J. and Sytsma, J., (2017), *Empirical Investigations: Reflecting on Turing and Wittgenstein on Thinking Machines (Preprint)*.

Loar, B. (1990). "Phenomenal States," *Philosophical Perspectives* 4, 81-108.

Locke, J.(1689/1975) *An Essay Concerning Human Understanding*, edited by P. H. Nidditch, Oxford: Clarendon Press.

Lormand, E. (1996), Inner Sense until Proven Guilty, Draft.

Lowe, E. J., (1996), *Subjects of Experience*, Cambridge: Cambridge University Press.

Lucas, J. R. (1961), "Minds, Machines, and Goedel," *Philosophy* 36 (137): 112-127.

Ludlow, P., Nagasawa, Y. and Stoljar, D. (2004), *There's Something about Mary: Essays on Phenomenal Consciousness and Frank Jackson's Knowledge Argument*, Cambridge, Mass: MIT Press.

Lycan, W. (1996). *Consciousness and Experience*, Cambridge, Mass : MIT Press.

M

Machery, E. (2017), *Philosophy within its Proper Bounds*. Oxford: Oxford University Press.

Mackie, J. L. (1965), "Causes and Conditions," *American Philosophical Quarterly* 2(4): 245–264.

Majeed, R. (2013), "Pleading Ignorance in Response to Experiential Primitivism," *Philosophical Studies* 163(1): 251-269.

Malcolm, N. (1972), *Problems of Mind: Descartes to Wittgenstein*, London: Allen and Unwin.

Malle, B. F. (2006), "The Actor-Observer Asymmetry in Attribution: A (Surprising) Meta-Analysis," *Psychological Bulletin* 132(6): 895-919.

Mallon, R., Machery, E., Nichols, S. and Stich, S. (2009), "Against Arguments from Reference," *Philosophy and Phenomenological Research* 79(2): 332-356.

Marcus, G. (2018), "Deep Learning: A Critical Appraisal," *arXiv* :1801.00631.

Martin, C. B. (1994), "Dispositions and Conditionals," *Philosophical Quarterly* 44(174): 1-8.

Martin, C. B. (1996), "Properties and Dispositions," in T. Cran ed., *Dispositions: A Debate,* London: Routledge, pp. 71-87.

Martin, C. B. (1997), "On the Need for Properties: The Road to Pythagoreanism and Back," *Synthese* 112(2)193-231.

May, R. (2006), "The Invariance of Sense," *The Journal of Philosophy* 103(3): 111-144.

McGinn, C. (1989), "Can We Solve the Mind-Body Problem?," *Mind* 98(391), 349-366. p. 359.

McGinn, C. (1991), *The Problem of Consciousness: Essays Toward a Resolution,* Basil: Blackwell.

McGinn, C. (1999), *The Mysterious Flame: Conscious Minds in a Material World,* New York: Basic Books.

McGinn, C. (2004), *Consciousness and Its Objects*, Oxford: Oxford University Press.

McGinn, C. (2011), *Basic Structures of Reality: Essays in Meta-Physics*, Oxford: Oxford University Press.

Mcnamara, P. (2009), *The Neuroscience of Religious Experience,* Cambridge: Cambridge University Press.

Melnyk, A. (1997), "How to Keep the 'Physical' in Physicalism," *Journal of Philosophy* 94 (12): 622-637.

Melnyk, A. (2003), *A Physical Manifesto: Thoroughly Modern Materalism*, Cambridge: Cambridge University Press.

Melnyk, A. (2016), "Grounding and the Formulation of Physicalism," in *Scientific Composition and Metaphysical Ground,* London: Palgrave Macmillan, pp. 249-269.

Morton, J. (2020), "Grounding the Normative: A Problem for Structured Non-Naturalism," *Philosophical Studies* 177(1): 173-196.

Mumford, S. and Anjum, R. L. (2011), *Getting Causes from Powers,* London; Oxford: Oxford University Press.

N

Nagel, E. (1962), "The Structure of Science: Problems in the Logic of Scientific Explanation," *Philosophy*, 37(142).

Nagel, T. (1980), "What it is Like to be a Bat?," in *The Language and Thought Series,* Boston: Harvard University Press, pp.159-168.

Nagel, T. (1986), *The View from Nowhere,* New York: Oxford University Press.

Neurath, O. (1931a), "Physicalism: The Philosophy of the Viennese Circle," *The Monist* 41 (4): 618-623.

Neurath, O. (1931b), "Sociology in the Framework of Physicalism," in *Philosophical Papers 1913-1946*, Dordrecht: Springer, pp.58-90.

Neurath, O. (1934), "Radical Physicalism and the 'Real World'" , all in *Philosophical Papers 1913-1946*, edited and translated by Robert S. Cohen and Marie Neurath D.Reidel ,Dordrecht.

Newman, G., Bloom, P. and Knobe, J. (2014), "Value Judgments and the True Self." *Personality and Social Psychology Bulletin* 40(2): 203-216.

Ney, A. (2008a), "Defining Physicalism," *Philosophy Compass* 3 (5): 1033-1048.

Ney, A. (2008b), "Physicalism as an Attitude," *Philosophical Studies* 138(1): 1-15.

Ney, A. (2016), "Grounding in the Philosophy of Mind: A Defense," in *Scientific Composition and Metaphysical Ground*, London: Palgrave Macmillan 271-300.1-37.

Ney, A. (2018), "Physicalism, Not Scientism," in Jeroen de Ridder, Rik Peels, and Rene van Woudenberg(eds.), *Scientism: Prospects and Problems*, Oxford: Oxford University Press, pp. 258-279.

Nichols, S. and Stich, S. (2003), *Mindreading*, Oxford: Oxford University Press.

O

O'Conaill, D. (2018), "Grounding, Physicalism and Necessity," *Inquiry: An Interdis-*

ciplinary Journal of Philosophy 61 (7): 713-730.

Oppenheim, P. & Putnam, H. (1958), "Unity of Science as a Working Hypothesis" in Herbert Feigl, Micheal Scriven and Grover Maxwell(eds.), *Concepts, Theories, and the Mind-Body Problem,* Minneapolis: University of Minnesota Press, pp.3-36.

P

Pautz, A. (forthcoming), "How to Achieve the Physicalist Dream Theory of Consciousness: Identity or Grounding?" *Grounding and Consciousness.*

Pearl, J. (2009), *Causality*, Cambridge: Cambridge University Press.

Pearl, J. (2016), *Causal Inference in Statistics: A Prime,* Oxford: Wiley-Blackwell Press.

Pearl, J. and Mackenzie, D. (2018), *The Book of Why: The New Science of Cause and Effect,* New York: Basic Book.

Penrose, R. (1994), *Shadows of the Mind*, Oxford: Oxford University Press.

Pereboom, D. (2011), *Consciousness and the Prospects of Physicalism,* Oxford: Oxford University Press.

Perry, J. (2001), *Knowledge Possibility and Consciousness,* Cambridge,Mass: MIT Press.

Place.U. (1956), "Is Consciousness a Brain Process?" , *British Journal of Psychology* 47(1): 44-50.

Poland, J. (1994), *Physicalism: The Philosophical Foundations,* Oxford: Oxford University Press.

Prior, E. （1982）, "The Dispositional/Categorical Distinction", *Analysis,* 42: 93-96.

Putnam, H. (1975), "Brain and Behavior," in *Readings in Philosophy of Psychology*, Boston: Harvard University Press, pp.24-36.

Putnam, H. (1981), *Reason, Truth and History,* Cambridge: Cambridge University Press. pp. 114-115.

Putnam, H. (1988), *Representation and Reality*, Cambridge,Mass: MIT Press.

R

Rabin, G. O. (2019), "Grounding the Gaps or Bumping the Rug? On Explanatory Gaps and Metaphysical Methodology," *Journal of Consciousness Studies* 26(5-

6), 191-203.

Rabin, G. O. (2022), "Fundamentality Physicalism," *Inquiry,* 65(1), 77-116.

Reichenbach, H. (1956), *The Direction of Time*, New York: Dover Publications.

Reichenbach, H. (1959), *The Rise of Scientific Philosophy,* Oakland: University of California Press.

Russell, B. (1905), "On Denoting," *Mind* 14(56), 479-493.

Russell, B. (1927), *The Analysis of Matter*, London: Kegan Paul.

Russell, B. (1992), "On the Notion of Cause(1913)," in J. Slater, (ed.), *Logical and Philosophical Papers*, 1909-13,London: Routledge,pp.190-212.

Russell ,B.(1992): *Logical and Philosophical Papers 1909–1913*, London: Routledge, pp. 193–210.

Russell, B. (2020), *The Principles of Mathematics,* London: Routledge.

Ryle.R. (1949/2002), *The Concept of Mind*, London: Hutchinson and Co.

S

Salmon, N. (1981), *Reference and Essence,* Princeton: Princeton University Press.

Salmon, W. (1984), *Scientific Explanation and the Causal Structure of the World,* Princeton: Princeton University Press.

Sassarini, E. (2021), "No Ground to Bridge the Gap," *Synthese* 199(3): 7981-7999.

Schaffer, J. (2003), "Is there a Fundamental Level?" , *Nous* 37 (3): 498-517.

Schaffer, J. (2008), "Causation and Laws of Nature: A Reductionist Approach," in *Contemporary Debates in Metaphysics,* T. Sider, D. Zimmerman, and J. Hawthorne (eds.), Oxford: Blackwell 82-107.

Schaffer, J. (2009), "On What Grounds What," in David Manley, David J. Chalmers & Ryan Wasserman (eds.), *Metametaphysics: New Essays on the Foundations of Ontology,* Oxford: Oxford University Press, pp 347-383.

Schaffer, Jonathan (2017), "The Ground Between the Gaps," *Philosophers Imprint* 17:1-26.

Schneider, S. (2017), "Does the Mathematical Nature of Physics Undermine Physicalism?" *Journal of Consciousness Studies* 24: 7-39.

Schroer, R. (2010), "Is there More than One Categorical Property?" *Philosophical Quarterly* 60 (241): 831-850.

Schroer, R. (2010), "How Far Can the Physical Sciences Reach?" *American Philosophical Quarterlly* 47 (3): 253-266.

Schroer, R. (2012), "Two Challenges That Categorical Properties Pose to Physicalism," *Ratio* 25 (2): 195-206.

Schroer, R. (2013), "Can a Single Property be Both Dispositional and Categorical? The 'Partial Consideration Strategy', Partially Considered," *Metaphysica* 14(1): 63-77.

Schilpp, P. A. (1963), "The Philosophy of Rudolf Carnap," *Philosophy* 42 (161): 291-293.

Schwitzgebel, E. (2008), "The Unreliability of Naive Introspection," *Philosophical Review* 117: 245–273.

Schwitzgebel, E. (2009), "Do Ethicists Steal more Books?", *Philosophical Psychology* 22(6): 711–725.

Schwitzgebel, E., and Rust J. (2009), "The Moral Behavior of Ethicists: Peer Opinion," *Mind* 118 (472): 1043-1059

Schwitzgebel, E., and Rust, J. (2010), "Do Ethicists and Political Philosophers Vote more often than other Professors?" *Review of Philosophy and Psychology* 1(2): 189–199.

Schwitzgebel, E., Rust, J., Linus, H., Moore, A., and Coates, J. (2012), "Ethicists' Courtesy at Philosophy Conferences," *Philosophical Psychology* 25(3): 331–340.

Schwitzgebel, E. (2013), "Are Ethicists any more Likely to Pay Their Registration Fees at Professional Meetings?", *Economics & Philosophy* 29 (3): 371-380.

Schwitzgebel, E., and Rust, J. (2014), "The Moral Behavior of Ethics Professors: Relationships Among Self-Reported Behavior, Expressed Normative Attitude, and Directly Observed Behavior," *Philosophical Psychology* 27 (3): 293-327.

Searle, J. (1958), "Proper Names," *Mind* 67(266): 166-173.

Searle, J. (1980), "Minds, Brains, and Programs," *Behavioral and Brain Sciences* 3(3): 417-424.

Searle, J. (2004), *Mind: A Brief Introduction,* Oxford: Oxford University Press, p. 34.

Sellars, W. (1962), "Phiosophy and the Scientific Image of Man," in *Frontiers of Science and Philosophy*, edited by Robert Colodny, Pittsburgh: University of

Pittsburgh Press, pp.35-78.

Shapere, D. (1989), "Evolution and Continuity in Scientific Change," *Philosophy of Science* 56 (3): 419-437.

Shomaker, S. (1980), "Causality and Properties," in Peter van Inwagen (ed.), *Time and Cause*, Dordrecht: Reidel Publishing Company, pp. 109-35.

Shoemaker, S. (1994), "Self-knowledge and 'inner sense," Lecture II: The Broad Perceptual Model," *Philosophy and Phenomenological Research* 54: 271-290.

Sider, T. (2012), *Writing the Book of the World*, Oxford: Oxford University Press.

Sider, T.(2020), *The Tools of Metaphysics and the Metaphysics of Science*, Oxford: Oxford University Press.

Siewert, C. (2003), *Self-knowledge and Rationality: Shoemaker on Self-blindness*, Aldershot: Ashgate Publishing.

Smart, J. (1959), Sensation and Brain Process, *The Philosophical Review* 68(2):141-156

Sripada, C. (2010), "The Deep Self Model and Asymmetries in Folk Judgments About Intentional Action," *Philosophical Studies* 151 (2): 159-176.

Stenwall, R. (2020), "A Grounding Physicalist Solution to the Causal Exclusion Problem," *Synthese* 198(12): 11775-11795.

Stern, D. (2007), "Wittgenstein, the Vienna Circle, and Physicalism: A Reassessment," in *The Cambridge Companion to Logical Empiricism*, Alan Richardson and Thomas Uebel(eds.), Cambridg: Cambridge University Press, pp. 305-331.

Stoljar, D. (2001a), "Two Conceptions of the Physical," *Philosophy and Phenomenological Research* 62(2): 253-281.

Stoljar, D. (2001b), "The Conceivability Argument and two Conceptions of the Physical," *Philosophical Perspectives* 15: 393-413.

Stoljar, D. (2006), *Ignorance and Imagination: The Epistemic Origin of the Problem of Consciousness,* Oxford: Oxford University Press.

Stoljar, D. (2009), "Response to Alter and Bennett," *Philosophy and Phenomenological Research* 79(3): 775-784.

Stoljar, D. (2010), *Physicalism*, London: Routledge.

Stoljar, D. (2011), "On the Self-Locating Response to the Knowledge Argument," *Philosophical Studies* 155 (3): 437-443.

Strawson, G.(2003), Real Materialism. in *Chomsky and his Critics*, L. Antony and N. Hornstein (ed.), Oxford: Blackwell.

Strawson, G.(2008), *Real Materialism: And Other Essays,* Oxford: Oxford University Press.

Strawson, (1959), *Individuals: An Essay in Descriptive Metaphysics*, London: Routledge.

Strohminger, N., Knobe, J. and Newman, G. (2017), "The True Self: A Psychological Concept Distinct from the Self," *Perspectives on Psychological Science* 12(4): 551-560.

Strohminger, N. and Nichols, S. (2014), "The Essential Moral Self," *Cognition* 131 (1): 159-171.

Strohminger, N. and Nichols,S. (2015), "Neurodegeneration and Identity," *Psychological Science* 26(9):1469–1479.

Sungho, C. and Fara, M. (2012), "Dispositions," The Stanford Encyclopedia of Philosophy (2012 Spring), URL = ⟨http://plato.stanford.edu/archives/spr2012/entries/dispositions/⟩.

Sussman, A. (1981), "Reflection on the Chances for a Scientific Dualism," *Journal of Philosophy* 78 (2): 95-118.

Sytsma, J. ed. (2015), *Advances in Experimental Philosophy of Mind*, New York: Bloomsbury Publishing.

T

Tiehen, J. (forthcoming), "Recent Work on Physicalism," *Analysis*.

Turing, A. (1950), "Computing Machinery and Intelligence," *Mind* 49.

U

Unger, P. (2000), "The Survival of the Sentient," *Philosophical Perspectives* 14: 325-348.

V

Vicente, A. (2011), "Current Physics and'the Physical'," *British Journal for the Philosophy of Science* 62 (2): 393-416.

W

Weatherson, B. and Marshall, D. (2013), "Intrinsic vs. Extrinsic Properties," The Stanford Encyclopedia of Philosophy (2013), URL<http://plato.stanford.edu/archives/spr2013/entries/intrinsic-extrinsic/>.

Webb, M. (2017), "Religious Experience," The Stanford Encyclopedia of Philosophy(2013), URL = <https://plato.stanford.edu/archives/win2017/entries/religious-experience/>.

Willett, F.R., Avansino, D.T. and Hochberg, L.R. et al. (2021), "High-Performance Brain-to-Text Communication via Handwriting," *Nature* 593(7858): 249–254.

Williams, B. (1973), *Imagination and the Self: In Problem of the Self*, Cambridge: Cambridge University Press.

Williamson, T. (2000), *Knowledge and its Limits*, Oxford: Oxford University Press.

Wilson, J. (2006), "On characterizing the Physical," *Philosophical Studies* 131(1): 61-99.

Wilson, J. (2014), "No Work for a Theory of Grounding," *Inquiry* 57 (5-6): 535-557.

Wilson, J. (2016), "Grounding-based Formulations of Physicalism," *Topoi* 37(3): 495-512.

Wilson, J. (2019), "Correction to: Grounding-Based Formulations of Physicalism," *Topoi* 38 (1): 261.

Woodward, J. (2021), *Causation with a Human Face: Normative Theory and Descriptive Psychology*, Oxford: Oxford University Press.

Worrall, J.(1989), "Structural Realism: The Best of Both Worlds?" *Dialectica* 43 (1-2): 99-124.

Zhong, L. (2014), "Sophisticated Exclusion and Sophisticated Causation," *The Journal of Philosophy*, 111(7), 341-360.

后　记

　　本书是我从撰写博士论文到现在关于物理主义和意识问题的一个比较系统的研究。我自己的观点也从一种以理想物理科学为根据的物理主义，逐渐转向一种广义的物理主义。十年前博士论文写毕之即，我写了如下文字：

　　　　论文虽然已经写完，但我明白关于物理主义的研究只是一个开头。

　　　　导师韩林合教授对于论文的结构、细节、体例、格式多有要求，经他多次批评指正之后，我才算对如何写文章有了一个清楚的认识，或者说我才勉强学会如何写一篇规范的学术文章。他对论文一个最为关键的质疑是，如何有意义地谈论对理想物理学的无知，可能直到目前也仍然是我最为迫切地想要厘清的问题之一。正因如此，我的物理主义研究只是一个开头，还有漫长的路要走。在此郑重致谢！

　　　　叶闯老师对亨普尔两难的建议，尤其是关于"齐一性原则"的谈法使我深受教益。每次与叶老师交流论文的各种话题，都能获得不少写作灵感，谨致谢意！李麒麟老师亦师亦友，他提醒我注意关于18世纪唯物主义和当今物理主义的区分、古代原子论和当代原子论的区分，并让我放弃了直接用可错论谈论物理主义的路径，谨致谢意！

　　三年前，论文开题之时，韩水法老师对物理性质的质疑，让我不得不多下了一份功夫，每次完笔，都要想一想能不能应付韩老师的考问。刘哲老师认为我要补充大量的自然科学知识，才能有效地展开研究。起初，我不以为然。如今深感刘老师建议之重要。除了翻阅过部分科学史、物理学史和物理学哲学著作，我还和从事物理学研究的朋友做过多次交流。吴天岳老师提醒我注意中世纪伊斯兰教的原子论思想家。先刚老师对论文也多有建议，吴增定老师每次相见，鼓励有加，一并致谢！

　　论文撰写之时，得知程炼老师撰写了相同主题的文章，遂发去邮件获得了他的未刊稿《亨普尔两难》。论文完成之初，我请叶峰老师指正，他写了将近两万字的评论，时至今日，我仍尚未完全吸收。也因为此，我方知研究物理主义路途之遥远。感谢两位国内重要的物理主义者所提供的重要支持！

　　我在首都师范大学的老师、同事以及朋友在我学习期间，帮助支持良多。感谢系主任程广云老师和系书记夏年喜老师支持我攻读博士学位，感谢陈嘉映老师给予的点拨与指引，感谢陆丁兄、磊蕾姐经常替我承担各种教学课程，其他不一一感谢。

　　论文撰写前后，我先后参与了一些学术会议和讲座。2010年秋在中国人民大学组织的"维特根斯坦与当代哲学"会议上，我做了《认知物理主义的内在困难》的报告；2011年秋以相同的题目在华东师范大学组织的"分析哲学：中国与世界"上做了发言；2014年4月19日，在中国人民大学哲学院刘晓力老师组织的"科学－社会－人文"论坛第五十五期做了《亨普尔两难》的报告；2014年5月9日在山东大学哲学院王华平老师组织的分析哲学论坛做了《认识论物理主义》的报告，2014年5月17日在王晓阳老师组织的"首届心灵哲学论坛"上做了《认识论物理主义与上帝之眼》的报告。在此感谢刘晓力老师、刘畅兄、王晓阳兄、王华平兄的安排与邀请。感谢参加讨论的朋友，很多意见和建议已经反映在博士论文之中。

　　感谢阿杰，帮我代办了在北大上学期间很多麻烦而又琐碎的实际事务。没有他，我不知道会如何走完这条漫长而又艰辛的毕业之路。感谢我的朋友们：德中兄、畅哥、丁哥、晓阳、朱岳、磊蕾姐、国荣、露露、湘陵、阿杰、小安、大圆、小马、老张、家艺、金岳、景雁、罗庆、沁咏、华侨、远哥、韬哥、宇光、毛毛、老黄、明朝、外长、端哥。因为你们，学院生活才变得可以忍受。最后感谢我的父母以及我的爱人明明，感谢你们在我攻读博士期间给予的无私支持！

　　我最开始的兴趣是语言哲学。2008 年春季，我们邀请斯图加（Daniel Stoljar）来首都师范大学做心智哲学报告；2008 年暑期，我们又邀请查尔默斯（David Chalmers）来北京做了两场报告，正是两位的论著使我决心以物理主义为题开始了心灵哲学研究。

　　倏忽间十年过去了，在这十年里，我一直在从事心智哲学、人工智能哲学和实验哲学方面的研究，物理主义和意识问题一直是心头所系。这些年，与多位师友的讨论交流使我深深受益。

　　第一个是钟磊兄组织的论文讨论班。十多年前他回北大，组织了个论文讨论班，我大概做过三次汇报，其中有一次就是关于认识论物理主义。我清晰记得钟磊当时的批评，斯图加区分了物理学对象（基于理论的）和典范物理对象（基于对象的），进而认为对于典范物理对象内在本性的无知回应了查尔默斯的可设想论证。钟磊认为，为什么我们不可以说可设想论证的前提建立在基于对象的可知基础上？即便我们知道所有的物理性质和心灵性质联系在一起，但仍然可以设想二者的分离。斯图加和我的回应都是直接的：我们原则上并不知道典范物理对象的内在性。当然，并没有特别的论证，而是整体立场的不同。钟磊在心理因果研究中，做出了一系列出色的成果，为非还原的物理主义作辩护，我从他的研究中受益不少。

　　第二个是王晓阳兄组织的物理主义讨论。大概十年前，晓阳就组织过物理主义会议，陆丁、刘畅和我都是积极的参与者，不管会上还是会下，在北京还是在外地，经常辩得面红耳赤，有时直到深夜。这样的场合有很多次。但我生性不好辩，只是个倾听者，甚至睡在一旁听三位高论，但我仍然受益于他们的争论。在这些讨论中，我们彼此都弱化了自己的立场。因为都在北京，有时候和刘畅、陆丁的讨论就更多一些，乃至后来大家都讨论烦了，一提到"物理主义"或"鸽子"，就喟然长叹。因此，有一阵儿，大家的研究兴趣转到了行动、意图和自我等话题上来。不过晓阳一直坚持不懈，坚守物理主义阵地，他组稿在《学术月刊》等期刊上讨论物理主义，我的《奠基物理主义》一文就是这样发表的。我的感觉是，晓阳似乎越来越倾向于一种广义的物理主义，他发表的《物理主义不等于物理学主义》显示了这种转变。抛开细节不论，在这一点上，我们的观点是相同的。晓阳的学术组织和研究使我颇为受益。

　　第三个是在首师大与陈嘉映老师和叶峰老师的长期讨论。叶峰老师是国内还原物理主义的旗手，我提出的有我的物理主义立场，也和他的无我的物理主义世界观相对照。没有他的刺激，我也许不会如此坚定地表达这种立场。

　　陈嘉映老师对意识问题有自己的独特看法。很长一段时间，我们这些人在嘉映老师的引导之下，包括陆丁、刘畅、明艳，常常在一起讨论意识问题，说着说着就争论起来了。我在山西大学的同事陈敬坤老师，也常加进来一起讨论。疫情防控期间，嘉映老师组织过几次小型的意识问题讨论会，围绕解释鸿沟做了颇有深度的探索。我受益于嘉映老师学术小共同体的熏陶。

　　在2021年9月首师大组织的"陈嘉映哲学五十年的会议上"我做了解释鸿沟的报告，中间讨论了菲利普·高夫的新书《伽利略的错误》，高夫是当代泛心论的主将，他回顾科学史，指出伽利略对意识问题的忽略，提出了颇具特色的泛心论思路。2019年此书刚出，敬坤即推荐给我，彼时他正关心泛心论。我读过后，推荐给同事傅星源老师翻译，即将出版。实际上，当查尔默斯在 1995 年提出意识解释的难题，认为量化科学不能解释现象意识时，就已经埋下了泛心论的种子。在追溯泛心论历史时，查尔默斯的立场也被认为是非常接近于泛心论的。思想之路是困难的，想找到一条新路有时候需要的是勇气。不过，如何回应意识的难问题乃至一般的意识问题仍然是心灵哲学中最难的问题。叶峰老师是坚持自然化解释的最重要的论者，而陈嘉映老师则区分机制解释与经验解释，把意识的解释放在个体与社会他人互动的维度之中进行考量，这和他长期以来的思考是一致的。

在研究中，我逐渐发展出一种意识解释的多元论，那就是将形而上学解释、自然化解释和日常经验解释三者结合，从而互相补充的思路。我在本书中作了一些探讨，但其实里面还有相当丰富的思考空间。

第四个是重读了韩林合老师的书。在这十年中，我断断续续，不断回到维特根斯坦和中国哲学，重新阅读了韩林合老师的《维特根斯坦〈哲学研究〉解读》和《虚己以游世——〈庄子〉哲学研究》。他关于经验主体、经验世界的阐释和陈嘉映老师的经验解释思路，对我都有启发。韩老师重视翻译，重视哲学史，重视基本问题研究，这些都慢慢影响了我。我自己的兴趣和韩老师的研究有不少重合，除了分析哲学，对中国哲学我一直有强烈的兴趣。当年在北大读书，为撰写毕业论文，很少读大书，都是读文章。现在时间充裕了，就可以把视野放宽一些。韩老师说研究哲学要保持大与小的结合，根本关切和论证细节一个都不能少，这是努力的方向。

第五个是刘晓力老师和她带领的人大哲学与认知科学平台。多年以来，刘老师倡导跨学科交流，在哥德尔、认知科学、人工智能等领域发起并组织了多次学术报告和会议，这是一个稳定的小共同体，拥有持续的跨领域交流，让我认识了不同领域的学者，从中获益匪浅。

此外，和唐热风、任会明、王华平、汤志恒、徐竹、李忠伟、王球、代海强、郁锋、孙谦骞、吴小安、薛少华、杨仁杰等师友的交流，让我不断反思。这些年，我总感觉，学术讨论随时都在发生。一种松散的、稳定的、独立的、自由的学术精神共同体对于学术研究至关重要。此书完成也算是我的一个新的开始。

我要特别感谢两位师友，一位是我的同门和朋友沈洁，我几乎所有的文章都请他看过第一稿，他认真细致，提过很多实质的建议。我们经常通电话，有时候会打上一两个小时，讨论心灵哲学问题。沈洁的维特根斯坦研究很有水平，他的视角对我有一定的矫正作用。第二位是叶峰老师，我所撰写的关于物理主义的论文都请他看过，叶老师非常细心，提出了很多好的建议。在我们这个时代，一个日趋内卷的时代，大家都在不断磨砺自己的研究，很少有人实质性地关注别人的研究。能有二位师友牺牲自己的时间，阅读我那些还不够成熟的初稿，并给出具体的建议，这实在是非常不容易的事情。他们也给了我最初的信心。我的博士论文才 10 万字，叶老师就给我写了 2 万字的评论。之所以能够如此，我想是源于对学术本身的纯真之心吧。

我也特别感谢愿意批评我的师友，他们的批评让我看到自己还不够专心，还不够努力，还不够放下世俗之见。但我也想说"wait and see"，我会慢慢改正。

最后，感谢山西大学哲学学院的坚强支持，感谢北京大学出版社的慨允出版，感谢责任编辑田炜老师和张晋旗老师为此书付出的辛勤工作。

梅剑华

2023 年 4 月 22 日